（第二版）

锅炉及锅炉房设备

主　编　杜　渐
副主编　李东雄
编　写　田　华　袁发崇
主　审　夏喜英

中国电力出版社
CHINA ELECTRIC POWER PRESS

内 容 提 要

本书为普通高等教育“十二五”系列教材（高职高专教育）。本书力求汲取国内、外最新的技术信息，试图从锅炉与锅炉房的设计、运行、维护和管理的角度，介绍其种类、组成、构造、工作原理及选型计算等内容。主要内容包括锅炉房设备的基本知识，燃料与燃烧计算，锅炉的热平衡，锅炉的燃烧设备，锅炉的构造，锅炉的炉型及选择，锅炉房的燃料供给与除灰渣，锅炉的烟气净化，锅炉的通风，锅炉给水的处理，锅炉房的汽（热水）、水系统与锅炉房布置，锅炉受压元件强度计算和本体热力计算，锅炉房的运行管理等。

本书主要作为建筑设备工程、供热通风与空调工程、热能与动力工程和环境工程等专业的教材，也可作为函授和自考辅导教材或供相关专业人员参考。

图书在版编目(CIP)数据

锅炉及锅炉房设备/杜渐主编．—2版．—北京：中国电力出版社，2011.3（2025.6重印）
普通高等教育“十二五”规划教材．高职高专教育
ISBN 978-7-5123-1269-2

Ⅰ.①锅…　Ⅱ.①杜…　Ⅲ.①锅炉-高等学校：技术学校-教材 ②锅炉房-设备-高等学校：技术学校-教材　Ⅳ.①TK22

中国版本图书馆 CIP 数据核字(2011)第 001556 号

中国电力出版社出版、发行
（北京市东城区北京站西街 19 号　100005　http://www.cepp.sgcc.com.cn）
固安县铭成印刷有限公司印刷
各地新华书店经售
*
2004 年 2 月第一版
2011 年 3 月第二版　2025 年 6 月北京第十六次印刷
787 毫米×1092 毫米　16 开本　19 印张　465 千字
定价 **56.00** 元

前　言

"锅炉及锅炉房设备"是建筑设备工程技术、供热通风与空调工程技术、热能与动力工程和环境工程等专业的一门重要课程。本书是为职业技术学院和高等专科学校该课程的教学编写的，也可以作为中等职业学校同类专业的教材。

我国幅员辽阔，各地的供热政策不尽相同，对锅炉与锅炉房的要求也相差甚大。例如，区域供热能耗高、投资大，在经济发达的国家已不再采用；但是由于我国煤炭资源比较丰富，煤的价格比较便宜，区域供热有利于环境保护，所以在我国北方较多采用燃煤锅炉（如在北方有些城市为区域供热建造了120t/h的燃煤链条锅炉）。而在北京、上海等许多大、中城市，出于环境保护的需要，不准再新建燃煤或燃重油锅炉。随着我国经济的发展，从一些发达国家进口的燃油与燃气燃烧设备或整体锅炉也越来越多。而且各地的学校为了适应当地经济的发展，满足学生就业的需要，培养目标、教学内容、教学方法与教学设备也有或多或少的差异。因此，各地对教材内容要求的多样化，使我们在编写教材中感到棘手。

本书第一版使用已有六年，编者参考了国内、外最新的技术信息，在2004年第一版的基础上进行了必要的修订与增补，从锅炉与锅炉房的设计、运行、维护和管理的角度，介绍了其种类、组成、构造、工作原理及选型计算等内容。考虑到电力类学校的需要，增加了少量本体热力计算的内容，作为部分学校选学内容。

本书由南京高等职业技术学校的副教授杜渐主编，他负责编写第一、二、三、四、五、六、七和八章；太原电力高等专科学校李东雄副教授任副主编，编写第九、十、十二章及第十一章第一、二、三节；南京高等职业技术学校田华编写第十三章；袁发崇参加了第十一章第四、五节的编写。

本书由黑龙江建筑职业技术学院夏喜英教授主审，提出了许多宝贵意见，在此谨致诚挚的谢意！

在编写中，我们得到了德国布德鲁斯（Buderus）热力技术有限公司天津分公司、德国瓦尔特·德莱斯勒（Dreizler）燃烧技术有限公司和德国威能（Vaillant）燃气技术有限公司提供了大量资料；德国汉斯·赛德尔基金会对部分中国教师赴德进修给予了大力支持与帮助。在编写中还参考了其他一些有关书籍，在此一并表示衷心的感谢！

限于编者水平，加上国内、外锅炉技术和标准的发展和更新很快，书中一定存在不少疏漏之处，敬请广大读者批评指正。

编　者

2011年1月

第一版前言

"锅炉及锅炉房设备"是供热通风与空调专业的一门重要课程。本书是为职业技术学院和高等专科学校该课程的教学编写的，也可以作为中等职业学校同类专业的教材。

我国幅员辽阔，各地的供热政策不尽相同，对锅炉与锅炉房的要求也相差甚大。例如，区域供热能耗高、投资大，在经济发达的国家已不再采用；但是由于我国煤炭资源比较丰富，煤的价格比较便宜，区域供热有利于环境保护，所以在我国北方采用较多（如在太原为区域供热建造的一个锅炉房拥有2台90t/h的燃煤链条锅炉）。而在北京、上海等城市，出于环境保护的需要，不准再新建燃煤或燃重油锅炉。我国加入WTO之后，进口的锅炉也越来越多。而且各地的学校为了适应当地经济的发展，满足学生就业的需要，培养目标与教学内容也有或多或少的差异。因此，各地对教材内容要求的多样化，使我们在编写教材中感到棘手。

本书参考汲取国内、外最新的技术信息，从锅炉与锅炉房的设计、运行、维护和管理的角度，介绍了其种类、组成、构造、工作原理及选型计算等内容。考虑到电力类的学校的需要，增加了少量本体热力计算的内容，作为部分学校选学内容。

本书由南京职业教育中心的高级讲师杜渐主编，他负责编写了第一、二、三、四、五、六、七和八章；太原电力高等专科学校的李东雄副教授编写了第九、十、十二章及第十一章第一、二、三节；南京职业教育中心的田华老师编写了第十三章，袁发崇老师参加了第十二章第四、五节的编写。

本书承蒙黑龙江建筑职业技术学院夏喜英教授主审，她结合自己多年的教学和实践经验，提出了许多宝贵意见，在此谨致诚挚的谢意。

在编写中，我们得到了德国布德鲁斯（Buderus）热力技术有限公司天津分公司、德国瓦尔特·德莱斯勒（Dreizler）燃烧技术有限公司和德国威能（Vaillant）燃气技术有限公司的大力支持，在编写中还参考了其他一些有关书籍，在此一并表示衷心的感谢。

限于编者水平，加上国内、外锅炉技术和标准的发展和更新很快，书中一定存在不少疏漏之处，敬请广大读者批评指正。

编 者

2003年6月

目　录

第一章　锅炉房设备的基本知识

第一节　锅炉房设备的组成

自人类发现火以后，各种燃料被用来产生热能。锅炉就是一种使燃料的化学能转化为热能、生产热水或蒸汽的设备。在锅炉的燃烧室中，燃料释放出来的热量通过热辐射和烟气对流与水产生了热交换，在辅助受热面中进一步将烟气的温度冷却到可以排放的温度，水被加热成具有一定的温度和压力的热水或蒸汽，供民用（例如采暖、食堂和浴室的供热等）和工业用（例如驱动机械、发电、造纸等）。

一、锅炉的分类

锅炉的类型很多，分类的方法也不同，下面是常用的一些分类方式：

(1) 按烟气在锅炉中流动方式的不同，有火管锅炉（烟气在管内流动，水在管外流动）、水管锅炉（烟气在管外流动，水在管内流动）和水火管锅炉（前两者的结合）。

(2) 按锅筒放置方式的不同，有立式锅炉和卧式锅炉。

(3) 按压力的不同，有低压锅炉（设计工作压力不大于 2.5MPa）、中压锅炉（设计工作压力在 2.5～3.9MPa）、高压锅炉（设计工作压力在 3.9～10MPa）和超高压锅炉（设计工作压力大于 10MPa）。

(4) 按运输安装的不同，有快装锅炉、组装锅炉和散装锅炉。

(5) 按能源的不同，有燃煤锅炉、燃油锅炉、燃气锅炉、垃圾锅炉、余热锅炉、电锅炉，可以使用不同能源的锅炉（如燃气、燃油锅炉，太阳能—燃气锅炉）等。

(6) 按锅炉生产的热媒不同，有热水锅炉（高温水锅炉——供水温度在 100℃以上、中温水锅炉——供水温度在 90℃以上、低温水锅炉——供水温度在 70℃以下)、蒸汽锅炉（饱和蒸汽与过热蒸汽锅炉）和汽水两用锅炉。

(7) 燃煤锅炉按燃烧方式的不同，有层燃炉、悬浮燃烧炉、流化床炉（沸腾炉）等。

(8) 燃油或燃气锅炉按锅筒材料的不同，有铸铁锅炉、钢制锅炉和硅铝合金锅炉（用于燃烧值锅炉)。

(9) 燃油或燃气锅炉按烟气的流程不同，有三回程、分流回程、逆火焰回程、翻转式回程、坠落式回程等锅炉，如图 1-1 所示。

(10) 按锅内水循环的方式不同，有自然循环锅炉和强制循环锅炉。

二、锅炉房设备的组成

锅炉房设备主要由以下两部分组成：

1. 锅炉本体

(1) 炉（燃烧系统)：是组织燃料燃烧和放热设备，燃料在这里将化学能转变成烟气的热能。由炉膛、燃烧器、烟道、空气预热器等组成。不同燃料、不同炉型、不同容量的锅炉，燃烧设备形式和组成不同。

(2) 锅（汽水系统)：是吸收燃料燃烧放出的热量，使水被加热成为规定压力和温度的热水或蒸汽的受压部件。它主要由锅筒、集箱、水冷壁、对流管束等组成。

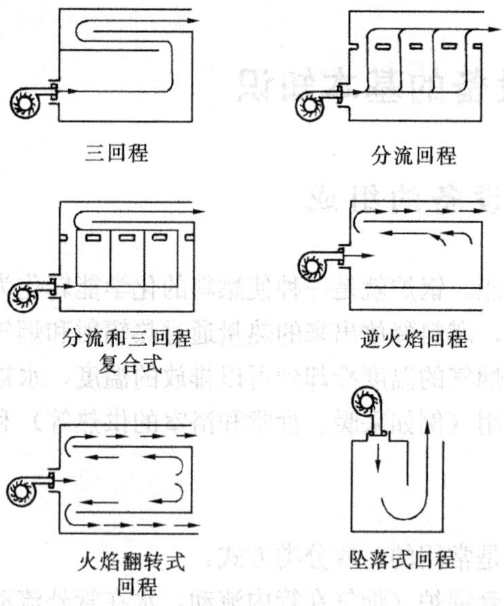

图 1-1　锅炉根据烟气流程的分类

(3) 辅助受热面：是辅助的加热设备。过热器（加热蒸汽）、省煤器（预热锅炉给水）及空气预热器（预热空气）不是在所有锅炉中都设置，需根据锅炉容量、工质参数及燃烧稳定性等因素综合考虑，因而将这三个受热器统称为辅助受热面。又由于省煤器和空气预热器都布置在锅炉尾部烟道，故此两受热面又常称为尾部受热面。

2. 锅炉的辅助设备

为了保证锅炉的正常工作、经济和安全地运行，还需要一些配套设备和控制系统。

(1) 燃料供给系统：连续、稳定、充足地供应燃料，使锅炉能够连续稳定地燃烧。各种燃料的供给设备各不相同。

(2) 排渣系统：在燃煤锅炉中保证灰渣能够及时、顺利地排出，它主要由排渣机组成。

(3) 送、引风系统：送入适量的空气、保证燃料在燃烧室中能够完全地燃烧，并将烟气顺利地排出，它主要有送、引风机，风管和烟管等。

(4) 给水系统：处理和供给锅炉用水，它由水处理设备、水箱、给水泵和管路等组成。

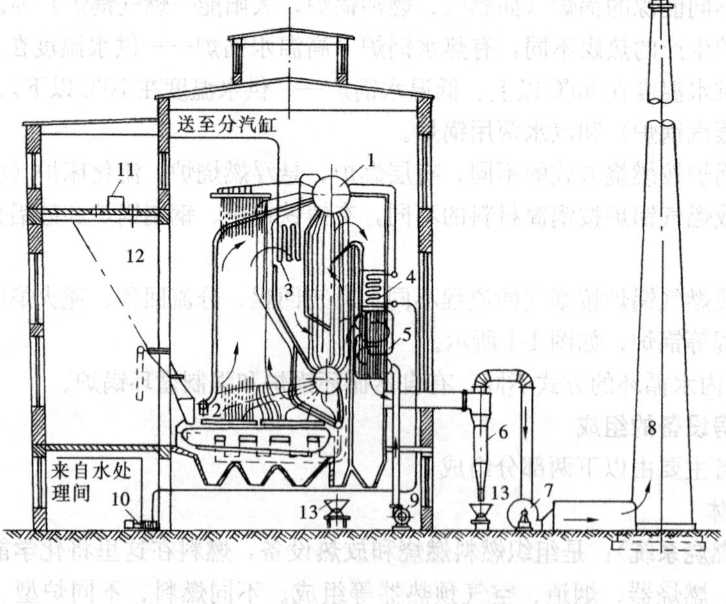

图 1-2　燃煤锅炉房设备示意图

1—锅筒；2—链条炉排；3—蒸汽过热器；4—省煤器；5—空气预热器；6—除尘器；7—引风机；8—烟囱；9—送风机；10—给水泵；11—皮带运输机；12—煤仓；13—灰车

（5）蒸汽、热水供应系统：锅炉产生的蒸汽通过分汽缸和管网分送到各用户，再通过凝结水管道和凝结水水箱回到锅炉；锅炉产生的热水通过分水器、热水泵和管网送到用户，再通过回水管、集水器回到锅炉。

（6）调节控制系统：它保证锅炉能够安全、节能地工作，并随时地进行调节。它主要有安全仪表（安全阀、水位计、压力表、温度计等）、调节装置（调节风量、燃料等）、阀门与控制装置等。

图 1-2 所示为燃煤锅炉房设备示意图。

第二节　锅炉的基本特性与型号

一、锅炉的基本特性

为了表明各类锅炉的构造、容量、参数和运行的经济性等特点，一般采用下列指标来表示锅炉的基本特性。

1. 锅炉的生产能力

（1）蒸发量：在额定参数下，蒸汽锅炉每小时能够连续产生的蒸汽量，符号用 D 表示，单位是 t/h。

（2）热功率（供热量）：在额定参数下，热水锅炉连续产生的额定供热量，符号用 Q 表示，单位是 kW、MW。

热功率与蒸发量之间的关系为

$$Q = 0.000\,278D(h_q - h_{js}) \quad (\text{MW}) \tag{1-1}$$

式中　D——锅炉的蒸发量，t/h；

h_q、h_{js}——分别为蒸汽和给水的焓，kJ/kg。

热水锅炉的热功率可由式（1-2）计算

$$Q = 0.000\,278G(h_{cs} - h_{js}) \quad (\text{MW}) \tag{1-2}$$

式中　G——热水锅炉每小时送出的水量，t/h；

h_{cs}、h_{js}——锅炉出水、进水的焓，kJ/kg。

2. 额定参数

在锅炉设计效率下，锅炉中的蒸汽或热水应该达到的压力和温度（见表 1-1、表 1-2）。

（1）压力：为蒸汽锅炉出汽口处的蒸汽额定压力或热水锅炉出水口处的热水额定压力（表压力），符号用 p 表示，单位为 MPa。

表 1-1　蒸汽锅炉参数系列

额定蒸发量[①]（t/h）	额定出口蒸汽压力（表压）（MPa）										
	0.4	0.7	1.0	1.25			1.6		2.5		
	额定出口蒸汽温度（℃）										
	饱和	饱和	饱和	饱和	250	350	饱和	350	饱和	350	400
0.1	+										
0.2	+										

续表

额定蒸发量①(t/h)	额定出口蒸汽压力(表压)(MPa)										
	0.4	0.7	1.0	1.25			1.6		2.5		
	额定出口蒸汽温度(℃)										
	饱和	饱和	饱和	饱和	250	350	饱和	350	饱和	350	400
0.5	+	+									
1	+	+	+								
2		+	+	+			+				
4		+	+	+			+		+		
6			+	+	+	+	+	+	+		
8			+	+	+	+	+	+	+		
10			+	+	+	+	+	+	+	+	+
15				+	+	+	+	+	+	+	+
20				|		|	|	|	|	|	|
35				+			+	+	+	+	+
65										+	+

① 表中的额定蒸发量，$D<6$t/h 的饱和蒸汽锅炉是 20℃给水温度情况下的额定蒸发量；$D\geqslant 6$t/h 的饱和蒸汽锅炉及过热蒸汽锅炉是 105℃给水温度情况下的额定蒸发量。

表 1-2　　热水锅炉参数系列

额定热功率(MW)	额定出口/进口出水温度(℃)									
	95/70			115/70		130/70		150/90		180/110
	允许工作压力(表压)(MPa)									
	0.4	0.7	1.0	0.7	1.0	1.0	1.25	1.25	1.6	2.5
0.1	+									
0.2	+									
0.35	+	+								
0.7	+	+		+						
1.4	+	+		+						
2.8	+	+	+	+	+	+	+	+		
4.2		+	+	+	+	+	+	+		
7.0		+	+	+	+	+	+	+		
10.5					+		+	+		
14.0					+		+	+	+	
29.0							+	+	+	+
46.0									+	+
58.0									+	+
116.0									+	+

(2) 温度：为过热蒸汽锅炉出口处过热蒸汽的温度或热水锅炉出口处热水的温度，符号用 t 表示，单位为℃。

3. 经济性指标

(1) 锅炉的热效率：为锅炉有效利用的热量与单位时间内送进锅炉的燃料在完全燃烧时发出的热量之比。燃煤锅炉的效率为60%～80%，国外生产的一些燃气或燃油锅炉的效率可高达90%～95%以上。

(2) 受热面蒸发率、受热面发热率：锅炉受热面是指汽锅和附加受热面等与烟气接触的金属表面积，一般以烟气放热的一侧来计算，符号用H表示，单位为m^2。受热面蒸发率为蒸汽锅炉每m^2受热面每小时所产生的蒸汽量，符号用D/H表示，单位为$kg/(m^2 \cdot h)$；受热面发热率为热水锅炉每m^2受热面每小时所产生的热量，符号用Q/H表示，单位为$kJ/(m^2 \cdot h)$。

同一台锅炉各受热面所处的烟气温度不同，其受热面蒸发率或发热率有很大的差异。例如，炉内辐射受热面的蒸发率可达$80kg/(m^2 \cdot h)$左右，而对流受热面的蒸发率就只有$20\sim30kg/(m^2 \cdot h)$。因此，对整台锅炉的总受热面来说，这个指标只反映蒸发率的一个平均值。

鉴于各种型号的锅炉参数不尽相同，为了便于比较，就引入了“标准蒸汽”（在1标准大气压下的干饱和蒸汽）的概念，其焓值为2676kJ/kg，把锅炉的实际蒸发量D换算为标准蒸汽蒸发量D_{bz}，受热面蒸发率以D_{bz}/H表示

$$\frac{D_{bz}}{H}=\frac{D(h_q-h_{js})}{2676H}\times10^3\quad[kg/(m^2 \cdot h)] \tag{1-3}$$

一般蒸汽锅炉的$D/H<30\sim40kg/(m^2 \cdot h)$，热水锅炉的$Q/H<83\ 700\ kJ/(m^2 \cdot h)$或$<0.023\ 25MW/m^2$。

受热面蒸发率和受热面发热率是表示锅炉的工作强度指标，若其数值较高，则表示传热较好，锅炉所耗金属量较少。但是，D/H值较大，锅炉排出的烟气温度也较高，未必经济，所以这一指标不能真实反映锅炉运行的经济性。

(3) 锅炉的金属耗率：为制造锅炉时用的金属材料质量与额定蒸发量之比，也称钢水比。一般锅炉的金属耗率为2～6，即制造一台蒸发量为1t/h的锅炉，需用2～6t钢材。

(4) 锅炉的耗电率：为锅炉房生产1t蒸汽耗用电的度数，单位为kWh/t。

(5) 燃料水比：为锅炉单位时间内的燃料消耗量和该段时间内产生的蒸汽量之比。当燃料是煤的则称为煤水比。煤水比一般为1∶6～1∶7.5。

二、锅炉的型号

我国的锅炉型号由三部分组成，各部分之间用短横线隔开，表示形式如下：

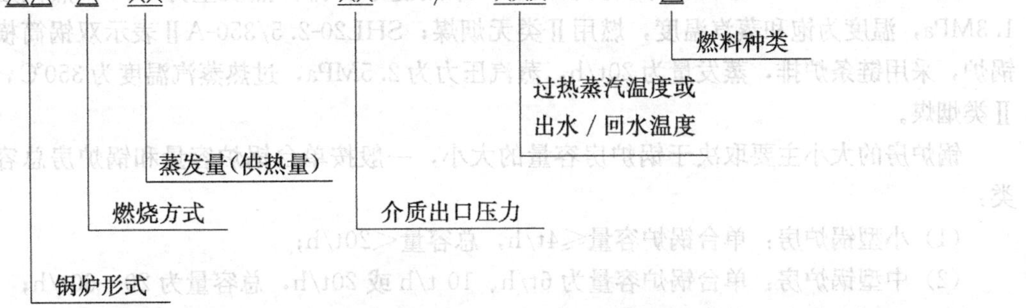

型号的第一部分共分三段：第一段用两个汉语拼音字母代表锅炉本体形式（表 1-3）；第二段用一个汉语拼音字母代表燃烧方式（表 1-4）；第三段用阿拉伯数字表示生产能力参数（如蒸发量等）。

型号的第二部分共分两段，中间以斜线分开：第一段用阿拉伯数字表示蒸汽出口压力；第二段用阿拉伯数字表示过热蒸汽（或热水）的温度。对于生产饱和蒸汽的锅炉，则没有斜线和第二段。

型号的第三部分用汉语拼音字母代表燃料种类（表 1-5），同时以罗马数字与其并列代表燃料分类。

表 1-3　锅炉形式的代号

锅炉本体形式	代　号	锅炉本体形式	代　号	锅炉本体形式	代　号
立式水管	LS	单锅筒纵置式	DZ	卧式内燃	WN
立式火管	LH	双锅筒纵置式	SZ	卧式外燃	WW
卧式快装	KZ	热水锅炉	RS	纵横锅筒式	ZH
双锅筒横置式	SH	废热锅炉	FR	强制循环式	QX

表 1-4　锅炉燃烧方式的代号

燃烧方式	代　号	燃烧方式	代　号	燃烧方式	代　号	燃烧方式	代　号
固定炉排	G	燃气炉	Q	振动炉排	Z	沸腾炉	F
链条炉排	L	燃油炉	Y	抛煤机	P	室燃炉	S

表 1-5　燃料种类的代号

燃料种类	代　号	燃料种类	代　号	燃料种类	代　号
Ⅰ类无烟煤	WⅠ	Ⅰ类烟煤	AⅠ	柴　油	Y_C
Ⅱ类无烟煤	WⅡ	Ⅱ类烟煤	AⅡ	重　油	Y_Z
Ⅲ类无烟煤	WⅢ	Ⅲ类烟煤	AⅢ	天然气	Q_T
型　煤	X	木　柴	M	焦炉煤气	Q_J
褐　煤	H	稻　糠	D	液化石油气	Q_Y

例如 KZL4-1.3-WⅡ表示卧式快装锅炉，采用链条炉排，蒸发量为 4t/h，蒸汽压力为 1.3MPa，温度为饱和蒸汽温度，燃用Ⅱ类无烟煤；SHL20-2.5/350-AⅡ表示双锅筒横置式锅炉，采用链条炉排，蒸发量为 20t/h，蒸汽压力为 2.5MPa，过热蒸汽温度为 350℃，燃用Ⅱ类烟煤。

锅炉房的大小主要取决于锅炉房容量的大小，一般按单台锅炉容量和锅炉房总容量分类：

（1）小型锅炉房：单台锅炉容量≤4t/h，总容量＜20t/h；

（2）中型锅炉房：单台锅炉容量为 6t/h、10 t/h 或 20t/h，总容量为 20～60t/h；

（3）大型锅炉房：单台锅炉容量＞20t/h，总容量＞60t/h。

复 习 题

1. 请简述锅炉房设备的组成与分类。
2. 什么是蒸发量？什么是热功率？它们之间如何换算？
3. 什么是锅炉的热效率？
4. 简述锅炉型号 DZL4-1.25-AⅡ和 SZS10-1.27-Y 各部分的含义。
5. 请在三号图纸上画出某锅炉房设备示意图。

第二章 燃料与燃烧计算

采暖、中央空调、生活和生产所需要的热能主要是通过锅炉中燃料的燃烧来获得的。到目前为止，世界各国所用的燃料绝大部分都是化石燃料，即石油、天然气和煤、化石燃料是几百万年前由植物和微生物形成的，并储藏在地壳里。

燃料的种类和特性，与燃烧设备的选用、锅炉的安全经济的运行有着密切的关系。因此，了解燃料的分类、组成、特性和燃烧的过程十分重要。

燃料的燃烧计算是锅炉热力计算的一部分，计算燃烧所需的空气量和产生的烟气量，为锅炉的热平衡计算和送、引风机的选择提供可靠的依据。

第一节 锅炉的燃料

锅炉的燃料分为三大类：固体燃料、液体燃料和气体燃料。

一、固体燃料

在我国，锅炉使用的固体燃料有煤、油页岩、木柴、垃圾、煤矸石等。常使用的煤有无烟煤（又称白煤，挥发分含量很少、含碳量很高，着火困难、不易燃尽烧透，燃烧无烟）、烟煤（含碳量高、挥发分也高，易于着火和燃烧，燃烧时多烟）、褐煤（挥发分很高，容易着火，含水量高，燃烧时多烟）等。各地的固体燃料的成分很不相同，由于其运输困难、运行的劳动量大，特别是燃烧产生的烟尘和二氧化硫气体污染严重，在许多大、中城市已经被限制使用。

国外有将碎木屑制成直径在 3～8mm，长度在 5mm 以上的燃料颗粒（Pellets，图 2-1）供锅炉燃烧。

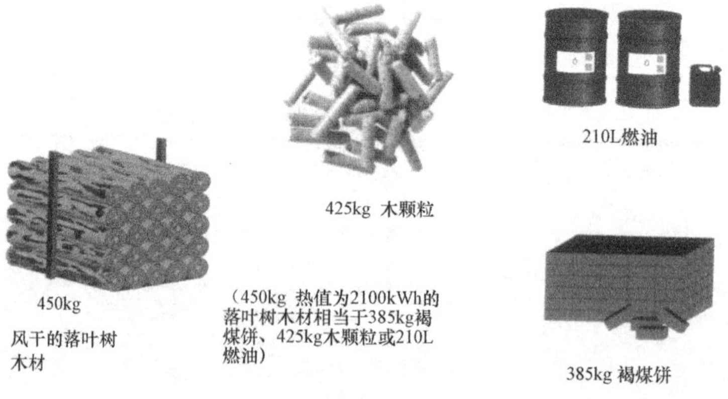

图 2-1 几种燃料的比较

二、液体燃料

液体燃料主要是石油冶炼产品，例如燃油（轻柴油、重油等）。我国拟订的设计用代表性燃油的品种见表 2-1，部分燃油参数见表 2-2。燃油主要有以下几个特性：

（1）黏度：反映燃油流动性的高低，影响燃油的运输和雾化质量。我国衡量油的黏度采用恩氏黏度 E_t（为一种条件黏度），即在一定温度下（对馏分型燃油为 40℃，对残渣型燃油为 100℃），200mL 液体从恩氏黏度计中流出的时间与 20℃时同体积蒸馏水流出的时间的比值，用°E 表示。油的黏度在 80～30°E 时，才能保证油在管中顺利输送。燃油按其黏度分为 20、60、100、200 号四种牌号。小型锅炉一般使用 20 号燃油，在 20℃时的运动黏度最大为 $6mm^2/s$$\left[\text{恩氏黏度 } v_t \text{ 与运动黏度 } E_t \text{ 可以进行换算，} v_t=\left(7.31E_t-\frac{6.31}{E_t}\right)\times10^{-4}m^2/s\right]$。燃油的黏度与它的成分、温度、压力有关。燃油的平均分子量越大，其黏度越高；燃油的平均分子量越小，其黏度越低。燃油的黏度随着温度的升高而降低，随着温度的降低而升高。所以燃油在燃烧前需要预热。

（2）密度：油的密度与其温度有关，以 20℃时的密度作为标准密度，它一般在 $0.8\sim0.98t/m^3$之间。常用轻柴油的密度约为 $0.8t/m^3$。

表 2-1　　设计用代表性燃油品种

名　称	W_{ar} %(m/m)	A_{ar} %/(m/m)	C_{ar} %/(m/m)	H_{ar} %/(m/m)	O_{ar} %/(m/m)	S_{ar} %/(m/m)	N_{ar} %/(m/m)	$Q_{ar,net}$ $kJ\cdot kg^{-1}$	相对密度
200 号重油	2	0.026	83.976	12.23	0.568	1	0.2	41 868	0.92～1.01
100 号重油	1.05	0.05	82.5	12.5	1.91	1.5	0.49	40 612	0.92～1.01
渣　油	0.4	0.03	86.17	12.35	0.31	0.26	0.48	41 797	—
0 号轻柴油	0	0.01	85.55	13.49	0.66	0.25	0.04	42 915	—

表 2-2　　部 分 燃 油 参 数

名　称	渣　油			重柴油	轻柴油	试验方法标准
标准牌号	120	180	380	20	0	—
运动黏度（100℃）$mm^2/s\leqslant$	—	—	—	20.5（50℃）	3.0～8.0（20℃）	GB/T 265 GB/T 11137 ISO 3104
运动黏度（50℃）$mm^2/s\leqslant$	120	180	380	—	—	
雷氏黏度（37.8℃）≤	950	1600	3600	135	30～40	
闪点（闭杯）℃≥	60	60	60	65	65	GB/T 261 ISO 2719
残碳（康氏）wt%≤	14	15	18	0.5	10%蒸余物 0.40	GB/T 268 ISO 6615
灰分 wt%≤	0.10	0.10	0.15	0.06	0.02	GB/T 508 ISO 6245
水分 wt%≤	0.80	1.0	1.0	1.0	痕迹	GB/T 260 ISO 3733
沉淀物（机械杂质）wt%≤	0.10	0.10	0.10	0.10（GB/T 511）	无（GB/T 511）	ISO 10307-2
密度 $t/m^3\leqslant$	0.985	0.099	0.991	实测	实测	GB/T 1884 ISO 3765 ISO 821（6.2）
硫含量 wt%≤	3.5	3.5	3.5	0.5（GB/T 387）	1.0（GB/T 380）	GB/T 11140 ISO 8754

(3) 凝固点：是指燃油丧失流动性开始凝固时的温度，与石蜡的含量有关。取试样放在一定的试管中冷却，并将它倾斜45°，若试管中的油面经过1min保持不变，这时的油温即为其凝固点。它根据易熔性分成不同的等级。易熔的燃油（在国外，为了不用错，将这种燃油染成红色，与柴油类似），在常温下黏稠度低，民用和商业用锅炉都使用它；在燃烧前，难熔的燃油要加热到100～150℃才能达到足够的流动性，只用于工业。0号轻柴油、100号重油、200号重油的凝固点分别为0℃、25℃和36℃。

(4) 闪点和燃点：将燃油加热，油面上油蒸气与空气的混合物与明火接触时发生短暂的闪光，一闪即灭，这时燃油的温度称为闪点。当油面上的油气与空气的混合物遇明火能着火，连续燃烧时的最低温度称为油的燃点。一般油的燃点比它的闪点高20～30℃，燃油的闪点为80～130℃，燃油的预热温度必须低于油的闪点。

(5) 燃油的含硫量（质量分数）：各个国家有不同的要求，德国最严，限制在0.20%以下。我国的燃油含硫量规定在0.5%左右。

(6) 浑浊点：是燃油刚开始产生浑浊时的温度，它是由于析出能堵塞油管的固体状的成分引起的。轻柴油浑浊点一般在3℃左右，在－9℃时油泵就不能泵吸了，在－12℃时就达到不可过滤的界限。

三、气体燃料

气体燃料一般有天然气（它来自地壳中的石油、主要成分是甲烷）、液化气（由丙烷和丁烷组成，产生于石油的冶炼）、人工煤气（对煤进行焦化时产生）、水煤气（由水蒸气和炽热的焦炭产生）、城市煤气（它是由约70%的人工煤气和30%的水煤气等混合而成）。民用锅炉一般使用天然气和城市煤气，家用锅炉也有使用液化气的。由于城市煤气在生产中污染大、耗能高，在经济发达的国家已经很少使用，在我国也不再发展了。

一定量的燃气体积与当时的气体状态（气体压力和气体温度）有关。所以，要得到燃气的准确数据，必须知道燃气的压力和温度，要考虑标准状态和运行状态。标准状态是指燃气温度为0℃、气体绝对压力为101.3kPa时的状态。运行状态是指燃气在使用点的状态，运行状态的温度通常在0～20℃，运行的绝对压力由当地的大气压和燃气的计示压力得出。

相对密度（表2-3）是在标准状态下，燃气密度与空气密度之比。燃气相对密度>1时，燃气在空气中下沉，燃气相对密度<1时，燃气在空气中上浮。

表2-3　燃气和空气的标准密度和相对密度

气体种类	标准密度 ρ^0 (kg/m^3)	相对密度	气体种类	标准密度 ρ^0 (kg/m^3)	相对密度
空气	1.293	1.000	丙烷（气体状态）	2.004	1.550
天然气	0.71～0.91	0.55～0.70	液化气—空气混合物	1.49～1.58	1.15～1.22
天然气—空气混合物	0.97～1.10	0.75～0.85	一氧化碳	1.251	0.968
城市煤气	0.52～0.78	0.40～0.60	甲烷	0.717	0.555
远程煤气	0.41～0.71	0.32～0.55	氢气	0.090	0.070
丁烷（气体状态）	2.703	2.09			

第二节 燃料的成分与分析

一、煤的元素分析和工业分析

煤是一种成分极为复杂的混合化合物，它含有C、H、O、S、N等元素。煤的元素分析除了分析它所含的元素外，还要测定水分（*M*）和灰分（*A*）等。C和H是煤最重要的可燃元素。含C量高的煤，发热量高，但着火点也高；含H量高的煤不仅发热量高，而且容易着火燃烧。S分为可燃硫和不可燃硫，前者包含有机硫和无机硫（硫化铁硫等），燃烧后形成SO_2或SO_3，后者为硫酸盐，燃烧后存在于灰渣与粉尘中。O是不可燃元素；N是有害元素，燃烧时产生的NO_x气体，污染大气，对人体和植物都不利。由于元素分析需要比较复杂的仪器和较高的技术，一般单位无条件进行这项工作，而煤的工业分析则比较简单。

煤的工业分析是测定煤的水分（*M*）、挥发分（*V*）、固定碳（*FC*）和灰分（*A*）的含量，以确定它的某些燃烧特性。

煤中的水分属于杂质，它由内水分和外水分两部分组成。内水分是来自形成煤的植物，也称固有水分，只有将煤加热到105～145℃时，才能除去。外水分是在煤炭的开采、储运过程中受外界因素影响而吸附或凝聚在煤炭颗粒表面的水分，可以通过自然风干除去。燃烧时，水分蒸发，吸收热量，降低炉膛温度，使燃料着火困难，并增大排烟带走的热损失。水分在汽化时，体积增大几百倍，使煤疏松，孔隙增大，使煤容易完全燃烧；而且如果煤太干，炉排则容易烧坏。所以煤中应该含有适量的水分。煤中的水分含量变化很大，一般在5%～60%之间。

挥发分是煤在加热到500～600℃时释放出来的气态可燃物质，它主要是C、H、O的化合物。含挥发分多的煤容易着火（即着火点低），燃烧速度快，易于完全燃烧；挥发分低的煤，着火温度高，不易点燃，也不易完全燃烧。

除去水分和挥发分后，煤中剩余的固体物质称为焦炭，可燃成分为固定碳，不可燃成分为灰分。因焦炭的物理特性不同，煤又分为不焦结性煤（焦炭呈粉末状，燃烧层密实，通风不良，易从炉排漏下或随烟气进入大气，造成燃料不完全燃烧）、弱焦结性煤（焦炭呈松散状）和强焦结性煤（焦炭呈坚硬块状，在炉排上结成焦块，阻碍通风，不易烧透，排渣也困难）。灰分太大，煤不易燃烧，排渣与除尘量也大，造成受热面和引风机磨损，还污染环境；但灰分太少，炉排容易烧坏。

二、液体燃料和气体燃料的成分

液体燃料和气体燃料也是一种混合化合物。液体燃料主要由C、H元素组成，也含有少量的S、O、N等元素。燃油中含有极少量的水分和灰分（在0.1%以下）。液化气主要由碳氢化合物组成。

气体燃料主要由C、H元素组成，含有少量的水分，几乎不含灰分。气体燃料中含有可燃和不可燃成分（CO_2、N_2、水蒸气等）。天然气的主要成分是甲烷。城市煤气主要成分是碳氢化合物、氢气、一氧化碳等。液化气的主要成分是丙烷和丁烷。

三、燃料成分分析数据的基准与换算

分析基准就是计算基数。燃料的元素分析成分和工业分析成分，通常是采用以下四种分

析基准计算出来的。

1. 收到基（as received basis，缩写 ar）

燃料的收到基是以进入锅炉房准备燃烧的燃料为分析基准，即对炉前应用燃料取样，按照它的质量为 100%计算其各组成成分的质量分数含量所得到的数据，作为锅炉燃用燃料的实际应用成分。收到基用于锅炉的燃烧、传热、通风和热工试验的计算，表示为

$$C_{ar}+H_{ar}+O_{ar}+N_{ar}+S_{ar}+A_{ar}+M_{ar}=100\% \tag{2-1}$$

2. 空气干燥基（air dried basis，缩写 ad）

空气干燥基是以在实验室条件下（温度为 20℃，相对湿度为 60%）进行风干后的燃料作为分析基准，分析所得的组成成分的质量分数含量，表示为

$$C_{ad}+H_{ad}+O_{ad}+N_{ad}+S_{ad}+A_{ad}+M_{ad}=100\% \tag{2-2}$$

因为 M_{ad}为在实验室条件下风干后剩留在燃料中的那部分水分，即全部内水分和部分外水分。为了避免水分在分析过程中变动，在实验室中进行燃料分析时采用空气干燥基成分，其他各“基”成分也均据此导出。

3. 干燥基（dried basis，缩写 d）

干燥基是以除去全部水分的干燥燃料作为分析基准，据此分析所得的组成成分的质量分数含量，干燥基成分不受燃料水分变化的影响。为真实地反映煤中灰的含量，通常采用干燥基灰分 A_d 表示

$$C_d+H_d+O_d+N_d+S_d+A_d=100\% \tag{2-3}$$

4. 干燥无灰基（dry ash-free basis，缩写 daf）

干燥无灰基是以除去全部水分和灰分的燃料作为分析基准，分析所得的其他各组成成分的质量分数含量，它不受水分和灰分变化的影响，是一种稳定的组成成分，常用于判断煤的燃烧特性和进行煤的分类的依据，表示为

$$C_{daf}+H_{daf}+O_{daf}+N_{daf}+S_{daf}=100\% \tag{2-4}$$

煤矿提供的煤质成分，通常是干燥无灰基各组成成分。上述各种分析基准之间的关系如图 2-2 所示，它们之间通过换算系数可以相互转换（表 2-4）。

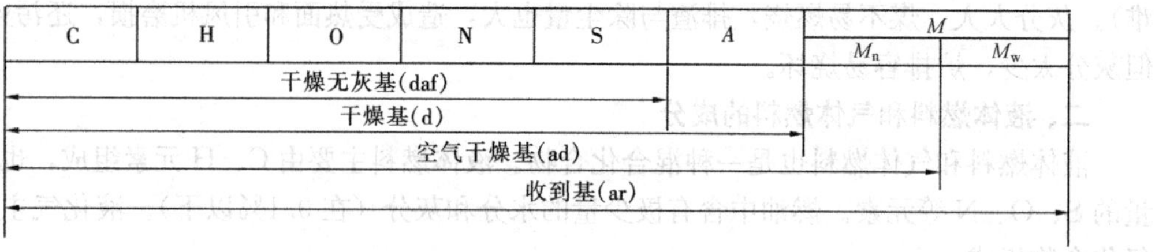

图 2-2 燃料的各种分析基准的关系

例如：已知干燥无灰基含碳量 C_{daf}，求收到基含碳量 C_{ar}。

因为 C_{daf}是收到基除去灰分和水分，即 C_{ar}、H_{ar}、O_{ar}、N_{ar}及 S_{ar}五种成分作为基数的百分数含量

$$C_{daf}=\frac{C_{ar}}{C_{ar}+H_{ar}+O_{ar}+N_{ar}+S_{ar}}=\frac{C_{ar}}{100-A_{ar}-M_{ar}}\times 100\%$$

$$C_{ar}=C_{daf}\times\frac{100-A_{ar}-M_{ar}}{100}\times 100\%$$

表 2-4　燃料成分换算系数

已知成分	欲求成分：收到基	空气干燥基	干燥基	干燥无灰基
	换算系数			
收到基	1	$\frac{100-M_{ad}}{100-M_{ar}}$	$\frac{100}{100-M_{ar}}$	$\frac{100}{100-(M_{ar}+A_{ar})}$
空气干燥基	$\frac{100-M_{ar}}{100-M_{ad}}$	1	$\frac{100}{100-M_{ad}}$	$\frac{100}{100-(M_{ad}+A_{ad})}$
干燥基	$\frac{100-M_{ar}}{100}$	$\frac{100-M_{ad}}{100}$	1	$\frac{100}{100-A_{d}}$
干燥无灰基	$\frac{100-(M_{ar}+A_{ar})}{100}$	$\frac{100-(M_{ad}+A_{ad})}{100}$	$\frac{100-A_{d}}{100}$	1

第三节　燃料的发热量

一、燃料的发热量

燃料的发热量是指 1kg 燃料（气体燃料用 1m³）完全燃烧时所发出的热量，单位是 kJ/kg（或 kJ/m³）。

燃料的发热量分为高位发热量 Q_{gr} 和低位发热量 Q_{net}。如果燃烧产物中的水呈液态（即烟气中的水蒸气凝结成水，放出它的汽化潜热）时的发热量称为高位发热量；如果燃烧产物中的水呈汽态（即由于烟气的温度还很高，其中的水蒸气不可能凝结成水而放出汽化潜热）时的发热量称为低位发热量。所以相同基燃料的高、低位发热量的差别是烟气中水蒸气吸收的汽化潜热。

燃料的收到基　$$Q_{ar,gr}=Q_{ar,net}+226H_{ar}+25M_{ar}\ (kJ/kg) \tag{2-5}$$

燃料的空气干燥基　$$Q_{ad,gr}=Q_{ad,net}+226H_{ad}+25M_{ad}\ (kJ/kg) \tag{2-6}$$

燃料的干燥基　$$Q_{d,gr}=Q_{d,net}+226H_{d}\ (kJ/kg) \tag{2-7}$$

燃料的干燥无灰基　$$Q_{daf,gr}=Q_{daf,net}+226H_{daf}\ (kJ/kg) \tag{2-8}$$

不同基的低位发热量可通过表 2-5 换算。

在实际工程中一般采用低位发热量。在有些国家，工程计算中使用高位发热量。由于烟气中的凝结水显酸性，锅炉设计时需要考虑它的腐蚀性和凝结水在排放到下水道之前的中和问题。

表 2-5　　不同基低位发热量之间的换算关系

已知的基	欲求的基：收到基	空气干燥基	干燥基	干燥无灰基
收到基	—	$Q_{ad,net}=(Q_{ar,net}+25M_{ar})\times\frac{100-M_{ad}}{100-M_{ar}}-25M_{ad}$	$Q_{d,net}=(Q_{ar,net}+25M_{ar})\times\frac{100}{100-M_{ar}}$	$Q_{daf,net}=(Q_{ar,net}+25M_{ar})\times\frac{100}{100-M_{ar}-A_{ar}}$
空气干燥基	$Q_{ar,net}=(Q_{ad,net}+25M_{ad})\times\frac{100-M_{ar}}{100-M_{ad}}-25M_{ar}$	—	$Q_{d,net}=(Q_{ad,net}+25M_{ad})\times\frac{100}{100-M_{ad}}$	$Q_{daf,net}=(Q_{ad,net}+25M_{ad})\times\frac{100}{100-M_{ad}-A_{ad}}$
干燥基	$Q_{ar,net}=Q_{d,net}\times\frac{100-M_{ar}}{100}-25M_{ar}$	$Q_{ad,net}=Q_{d,net}\times\frac{100-M_{ad}}{100}-25M_{ad}$	—	$Q_{daf,net}=Q_{d,net}\times\frac{100}{100-A_d}$
干燥无灰基	$Q_{ar,net}=Q_{daf,net}\times\frac{100-M_{ar}-A_{ar}}{100}-25M_{ar}$	$Q_{ad,net}=Q_{daf,net}\times\frac{100-M_{ad}-A_{ad}}{100}-25M_{ar}$	$Q_{d,net}=Q_{daf,net}\times\frac{100-A_d}{100}$	—

煤的发热量见表 2-6。常用的燃油发热量为 11.6kWh/kg≈10kWh/L。

表 2-6　　煤的分类和发热量

煤种	特性	挥发分（%）	水　分（%）	灰　分（%）	低位发热量 $Q_{ar,net}$（kJ/kg）
无烟煤	Ⅰ类	5～10	<10	>25	15 000～21 000
	Ⅱ类	<5	<10	<25	>21 000
	Ⅲ类	5～10	<10	<25	>21 000
烟煤	Ⅰ类	≥20	7～15	>40	>11 000～15 500
	Ⅱ类	≥20	7～15	25～40	>15 500～19 700
	Ⅲ类	≥20	7～15	<25	>19 700
褐　煤		>40	>20	>30	8400～15 000

二、气体燃料发热量与华白指数

气体燃料由于各地成分相差很大，发热量也很不相同，表 2-7 所示为北京部分地区燃气参数。气体的发热量必须标出是标准状态或运行状态，例如某地的天然气供气公司给出下列数据：

	标准状态	运行状态
高位发热量	$Q_{o,gr}=12.4kWh/m^3$	$Q_{y,gr}=11.6\ kWh/m^3$
低位发热量	$Q_{o,net}=11.3\ kWh/m^3$	$Q_{y,net}=10.6\ kWh/m^3$
汽化潜热	$\Delta Q=1.1\ kWh/m^3$	$\Delta Q=1.0\ kWh/m^3$

表 2-7　北京部分地区燃气参数

特性＼燃气种类		LPG① 液化石油气	MIX② 液化石油气混空气	CNG③ 压缩天然气
成分%（V/V）		丙烷 5 丙烯 23 丁烷 23 丁烯 45 C5 以上 4	丙烷 2.5 丙烯 11.5 丁烷 11.5 丁烯 22.5 C5 以上 2 氧气 10.5 氮气 39 其他 0.5	甲烷 83.0 乙烷 10.6 丙烷 3.3 丁烷 1.0 C5 以上 2.1
密度 相对密度（空气为 1）		气相 2.52kg/m³ 液相 0.56T/m³ 气相相对密度 1.29	气相 1.91kg/m³ 气相相对密度 1.48	气相 0.83kg/m³ 气相相对密度 0.64
发热量（kJ/m³）	高位发热量	121	60.5	
	低位发热量	111	55.5	39.1
华白指数（kJ/m³）		86.5	49.8	48.8

① 所谓 LPG 集中供应，是指将液态 LPG 集中蒸发为气态，由管道输送入户的供应方式。它一改钢瓶供应的分户散装储存，户内储存量只为 15kg 钢瓶的 1/1000 甚至更少，大大提高了安全性和供气的稳定性，减少了残液量，减轻了用户搬运钢瓶的劳动强度，使 LPG 用户享受到与天然气用户同等的便捷。

按 LPG 储存和蒸发的方式不同，LPG 集中供应又分为三类，即瓶组自然气化、瓶组强制气化和储罐强制气化，其工艺流程如下：

a. 瓶组自然气化

50kg 钢瓶组→调压器→供气管网

b. 瓶组强制气化

50kg 钢瓶组→蒸发器→调压器→气液分离器→供气管网

c. 储罐强制气化

槽车→储罐→蒸发器→调压器→气液分离器→供气管网

② MIX 供应是在 LPG 集中供应的基础上，按一定比例与空气掺混（一般为 1∶1），形成与天然气性质相近的混合气。与纯 LPG 相比，它具备两个明显的优势，一是可与天然气直接置换而不需改变任何用气设备；二是解决了输配过程中的再液化问题，露点可达到－40～－30℃，基本取消了地域限制，淡化了供应半径的概念。

③ CNG 供应是近两年出现的较新的供应方式。它是利用油田气井气或伴生气经净化分离，脱除 H_2S、H_2O 后，再经过多级压缩至 20～25MPa，然后压入高压钢瓶组（即撬块）。撬块由汽车运到小区的供气站，经加臭处理和调压装置多级减压，以中压（0.1MPa）或低压（300mmH_2O 左右）送入供气管网供居民使用。

华白指数是表示燃气可置换性的参数。华白指数相同，则在相同状态下和相同燃气喷嘴时，燃气用具的热功率是相同的。华白指数可以由高位发热量或低位发热量及相对密度计算。

$$W_{n,gr}=\frac{Q_{o,gr}}{\sqrt{d}}\ 或\ W_{n,net}=\frac{Q_{o,net}}{\sqrt{d}} \tag{2-9}$$

式中 $W_{n,gr}$——与标准状态下高位发热量有关的华白指数，kJ/m³ 或 kWh/m³；

$Q_{o,gr}$——标准状态下的高位发热量，kJ/m³ 或 kWh/m³；

$W_{n,net}$——与标准状态下低位发热量有关的华白指数，kJ/m³ 或 kWh/m³；

$Q_{o,net}$——标准状态下的低位发热量，kJ/m³ 或 kWh/m³；

d——相对密度，无单位。

【例 2-1】 某种天然气的高位发热量为 12.4kWh/m³，其相对密度为 0.67，该种天然气的高位华白指数是多少？

解
$$W_{n,gr}=\frac{Q_{0,gr}}{\sqrt{d}}=\frac{12.4\text{kWh/m}^3}{\sqrt{0.67}}=15.15(\text{kWh/m}^3)$$

实际上，一台燃气燃烧器在调试时，必须从供气公司处了解他们供应的燃气运行低位发热量和华白指数。

表 2-8 是德国使用的几种燃气参数。

表 2-8　　燃气的发热量和华白指数

燃气种类	高位发热量 (kWh/m³)	低位发热量 (kWh/m³)	高位华白指数 (kWh/m³)
城市煤气	4.6～5.5	4.1～5.0	6.4～7.8
远程煤气	5.0～5.9	4.5～5.3	7.8～9.3
低值天然气 高值天然气	8.4～13.1	7.6～11.8	10.5～13.0 12.8～15.7
丙　烷	26.2～28.3	24.5～26.0	21.5～22.7
丁　烷	36.6～37.2	33.8～34.3	25.5～25.7
液化气—空气	7.5	6.8	6.8～7.0
天然气—空气	6.0～6.4	5.4～5.8	7.0

第四节　锅炉中燃料的燃烧计算

一、燃料燃烧所需的空气量

燃料要燃烧，必须首先达到燃料的燃点（表 2-9）。这个温度不是一个定值，它依赖于若干个条件。在燃油和燃气锅炉中，通过高于 3000℃的高压电火花点火。在燃煤锅炉中，用易着火的物质，例如纸和木柴使燃料温度超过燃点。燃烧的第二个条件是有充足的氧气，而氧气一般均取自空气（氧气占空气的体积百分数为 21%），即空气要充分。

表 2-9　　各种燃料的燃点

燃料种类	燃点（℃）	燃料种类	燃点（℃）
无烟煤	470～550	天然气	600～670
褐煤饼	200～250	城市煤气	550～570
焦　炭	550～650	远程煤气	
木　材	200～300	丁　烷	460
燃　油	330～360	丙　烷	510

当燃料在炉膛内处于理想燃烧状况（即完全燃烧）时，其主要成分应该完全转化成二氧化碳（CO_2）和水蒸气（H_2O），其中的硫转化成二氧化硫（SO_2）；根据火焰温度和燃烧时间，也会有少量的氮气与氧气反应生成一氧化氮（NO）、二氧化氮（NO_2）或氮的氧化物（NO_x）；燃料和空气中不可燃成分不参与燃烧过程。当1kg燃料中可燃元素完全燃烧，烟气中又无剩余氧气存在时，燃烧所需的空气量称为理论空气消耗量（表2-9）。燃料燃烧所需理论空气消耗量等于燃料中各元素完全燃烧所需空气量的总和减去燃料自身所含氧量的折算量。

C	+	O_2	=	CO_2
12kg		22.4m³		22.4m³
1kg		1.866m³		1.866m³
$2H_2$	+	O_2	=	$2H_2O$
2×2.016kg		22.4m³		2×22.4m³
1kg		5.55m³		11.1m³
S	+	O_2	=	SO_2
32kg		22.4m³		22.4m³
1kg		0.7m³		0.7m³

1kg收到基燃料中的可燃元素分别为碳$\frac{C_{ar}}{100}$kg、氢$\frac{H_{ar}}{100}$kg、硫$\frac{S_{ar}}{100}$kg，而1kg燃料中已含有氧$\frac{O_{ar}}{100}$kg，相当于$\frac{22.4}{32}\times\frac{O_{ar}}{100}=0.7\frac{O_{ar}}{100}$m³/kg。这样1kg收到基燃料完全燃烧时所需的供应的理论氧气量为

$$V_{O_2}^0=1.866\frac{C_{ar}}{100}+5.55\frac{H_{ar}}{100}+0.7\frac{S_{ar}}{100}-0.7\frac{O_{ar}}{100}\quad (m^3/kg) \tag{2-10}$$

1kg收到基燃料完全燃烧时所需的供应的理论空气量为

$$V_k^0=\left(1.866\frac{C_{ar}}{100}+5.55\frac{H_{ar}}{100}+0.7\frac{S_{ar}}{100}-0.7\frac{O_{ar}}{100}\right)\times\frac{1}{0.21}$$

$$=0.0889(C_{ar}+0.375S_{ar})+0.265H_{ar}-0.0333O_{ar}\quad (m^3) \tag{2-11}$$

实际上，由于各种因素的影响，只按理论空气消耗量供给空气，燃料是不能达到完全燃烧的。例如燃烧设备的不尽完善、燃料和空气的混合接触不理想等，就会生成可燃的、剧毒的气体产物一氧化碳和炭黑烟灰。因此，要保证完全燃烧，实际供给的空气量要比理论空气消耗量大。实际空气量与理论空气量的差值（$V_k-V_k^0$）称为过剩空气量，一般空气要过量10%～40%。实际空气量与理论空气量的比值称为过量空气系数

$$\alpha=\frac{V_k}{V_k^0} \tag{2-12}$$

$$V_k=\alpha V_k^0 \tag{2-13}$$

式中　α——过量空气系数；

V_k——实际空气消耗量，m³/kg、m³/m³；

V_k^0——理论空气消耗量，m^3/kg、m^3/m^3。

过量空气系数与燃料种类、燃烧方式等有关。对于层燃炉链条炉排，燃烧烟煤时，控制炉膛出口处的过量空气系数为1.3。

【例2-2】 一台燃气锅炉，使用低值天然气的实际空气消耗量为$10.0m^3/m^3$，求其过量空气系数。

解 查表2-10，得$V_k^0=8.4\ (m^3/m^3)$

$$\alpha=\frac{V_k}{V_k^0}=\frac{10.0m^3/m^3}{8.4m^3/m^3}=1.19$$

即相当于空气过量19%。

表2-10 燃料燃烧所需的理论空气消耗量（标准状态下的平均值）

燃料种类	每kg燃料所需理论空气消耗量（m^3）	燃料种类	每m^3燃料所需理论空气消耗量（m^3）	每m^3燃料所需实际空气消耗量（m^3）
褐煤饼	5.6	高值天然气	10.0	12.5～15
燃　油	10.8	低值天然气	8.4	10.5～12
木　材	3.8	城市煤气	3.7	5～6
焦　炭	7.7	远程煤气	4.2	5～6
无烟煤	8.3	丁　烷	30.9	
		丙　烷	23.8	
		液化气 50/50	27.5	35（或$18m^3/kg$）

也可用下列经验公式计算理论空气消耗量：

对于燃油

$$V_k^0=0.203\times\frac{Q_{ar,net}}{1000}+2.0\quad (m^3/kg) \tag{2-14}$$

对于$V_{daf}>15\%$的烟煤

$$V_k^0=0.251\times\frac{Q_{ar,net}}{1000}+0.278\quad (m^3/kg) \tag{2-15}$$

对于贫煤和无烟煤

$$V_k^0=\frac{0.239Q_{ar,net}+600}{990}\quad (m^3/kg) \tag{2-16}$$

对于气体燃料，当$Q_{ar,net}<10\ 467kJ/m^3$时

$$V_k^0=0.209\times\frac{Q_{ar,net}}{1000}\quad (m^3/kg) \tag{2-17}$$

一般锅炉运行时，炉膛和烟道内处于负压状态，通过炉墙不严密处会漏入一部分空气，漏风量与理论空气量之比称为漏风系数 $\Delta\alpha$（表 2-11）。所以向炉膛送风的过量空气系数 α' 等于炉膛出口处过量空气系数 α'' 与炉膛漏风系数之差，即

$$\alpha' = \alpha'' - \Delta\alpha$$

表 2-11　额定负荷下锅炉各段烟道中的漏风系数 $\Delta\alpha$

烟道名称			漏风系数 $\Delta\alpha$
室燃炉炉膛	煤粉炉		0.1
层燃炉炉膛	机械化及半机械化炉		0.1
	人工加煤炉		0.3
沸腾炉炉膛	悬浮层		0.1
对流烟道	过热器		0.05
	第一锅炉管束		0.1
	第二锅炉管束①		0.05
	省煤器	钢管式	0.1
		铸铁式	0.15
	空气预热器		0.1
除尘器	电除尘器：每级		0.15
	水膜除尘器	带文邱里	0.1
		不带文邱里	0.05
	干式旋风除尘器		0.05
锅炉后的烟道	钢制烟道（每 10m 长）		0.01
	砖砌烟道（每 10m 长）		0.005

① 若锅炉管束只有一级，漏风系数取 0.1。

二、燃料燃烧产生的烟气量

1. 烟气的成分与危害

燃料燃烧后的气体产物称为烟气。烟气会加重环境的负担，而且部分是有害和有毒的。由锅炉进入大气中的有害烟气与烟尘被称为地球发散物，烟气中含有：

（1）不完全燃烧时产生的一氧化碳和炭黑烟灰；

（2）含硫燃料产生的二氧化硫，与水结合生成亚硫酸：$SO_2 + H_2O = H_2SO_3$；

（3）氮的氧化物与水结合生成酸性很强的硝酸，$4NO_2 + 2H_2O + O_2 = 4HNO_3$；

（4）二氧化碳：虽然它是无毒的，它也使得环境的负担加重，大量的烟气应该对地球的温室效应负责（使得地球表面的温度升高）；

（5）在不完全燃烧时产生的碳氢化合物与烟气一起进入大气。

要减少供热设备对环境产生的负担，应该使燃料在锅炉中完全燃烧、如使用不含硫或低硫的燃料、采取特别的措施减少氮的氧化物以及节能措施等。特别是采用节能的方式，不仅可以减轻对环境的负担，而且节约了不是可以无止境提供的能源。

2. 理论烟气量

如果供给燃料以理论空气量来达到完全燃烧时所产生的烟气容积，称为理论烟气量（V_y^0），单位为 m^3/kg。可以用下列经验公式计算理论烟气量：

对于烟煤、无烟煤、贫煤

$$V_y^0 = 0.248 \times \frac{Q_{ar,net}}{1000} + 0.77 \quad (m^3/kg) \tag{2-18}$$

对于燃油

$$V_y^0 = 0.265 \times \frac{Q_{ar,net}}{1000} \quad (m^3/kg) \tag{2-19}$$

对于烃烷类燃气

$$V_y^0 = 0.239 \times \frac{Q_{ar,net}}{1000} + k \quad (m^3/m^3) \tag{2-20}$$

式中　k——参考值，m^3/m^3。天然气，$k=2$；油田伴生气，$k=2.2$；液化石油气，$k=4.5$。

对于燃气，当标准状态的 $Q_{ar,net} < 12\ 600 kJ/m^3$ 时

$$V_y^0 = 0.173 \times \frac{Q_{ar,net}}{1000} + 1.0 \quad (m^3/m^3) \tag{2-21}$$

对于焦炉煤气 $$V_y^0 = 0.272 \times \frac{Q_{ar,net}}{1000} + 0.25 \quad (m^3/m^3) \tag{2-22}$$

3. 实际烟气量

因为实际的燃烧过程是在空气过量的情况下进行的，烟气中还含有过量空气中的氧气、氮气和水蒸气的体积：

1）过量空气中氧气的体积

$$V_{O_2} - V_{O_2}^0 = 0.21(\alpha - 1)V_k^0 \tag{2-23}$$

2）过量空气中氮气的体积

$$V_{N_2} - V_{N_2}^0 = 0.79(\alpha - 1)V_k^0 \tag{2-24}$$

3）过量空气中水蒸气的体积

$$V_{O_2} - V_{O_2}^0 = 0.0161(\alpha - 1)V_k^0 \tag{2-25}$$

所以实际烟气量应为理论烟气量和过量空气之和

$$V_y = V_y^0 + 0.21(\alpha - 1)V_k^0 + 0.79(\alpha - 1)V_k^0 + 0.0161(\alpha - 1)V_k^0$$

$$= V_y^0 + 1.0161(\alpha - 1)V_k^0 \quad (m^3/kg) \tag{2-26}$$

对于燃气锅炉的实际烟气量也可以用下式计算

$$V_y = (1 + V_k)(1 + \Delta T \times 0.0037/K) \quad (m^3/m^3) \tag{2-27}$$

式中 V_y——实际烟气体积，m^3/m^3；

V_k——实际空气消耗量，m^3/m^3；

1——$1m^3$ 燃气体积；

ΔT——燃烧前的初始温度和排烟温度的差，K。

【例 2-3】 在燃烧 15℃的城市煤气 $1m^3$ 后，排烟温度为 145℃，求排烟体积是多少？

解 在表 2-10 中查得，燃烧 $1m^3$ 城市煤气所需实际空气消耗量为 $6m^3$，所以

$$V_y = (1m^3 + 6m^3) \times (1 + 130K \times 0.0037/K) = 10.367 \quad (m^3/m^3)$$

如果手头没有煤的发热量资料，无法用经验公式计算烟气量，也可用锅炉的排烟温度和蒸发量按表 2-12 估算燃料生成的烟气量（Nm^3/h）。若实际的过量空气系数 α'_{py} 不是表 2-12 中的数值，则烟气量应按式（2-28）计算

$$V'_y = \frac{\alpha'_{py}}{\alpha_{py}} V_y \tag{2-28}$$

式中 V'_y——实际烟气量，m^3/h；

α'_{py}——实际排烟过量空气系数；

α_{py}——表 2-12 中排烟过量空气系数；

V_y——表 2-12 中排烟量，m^3/h。

表 2-12 锅炉每生产 1t 蒸汽所产生的烟气量估算参考值

燃烧方式 层燃炉		排烟过量空气系数 α_{py}	排烟温度（℃） 150	200	250
沸腾炉	一般煤种	1.55	2300	2570	2840
	矸石、石煤	1.45	2300	2570	2840
煤粉炉		1.55	2100	2360	2620

【例 2-4】 一台 SHL6-1.25-AⅡ型锅炉，燃用低位发热量 $Q_{ar.net}=18\ 780$kJ/kg 的Ⅱ类烟煤，试计算这台锅炉的理论空气量和实际排烟量。

解 （1）理论空气量

$$V_k^0=0.251\times\frac{Q_{ar,net}}{1000}+0.278=0.251\times\frac{18\ 780}{1000}+0.278=4.99\quad(m^3/kg)$$

（2）理论烟气量

$$V_y^0=0.248\times\frac{Q_{ar,net}}{1000}+0.77=0.248\times\frac{18\ 780}{1000}+0.77=5.43\quad(m^3/kg)$$

（3）实际排烟量

$$V_y=V_y^0+1.016\ 1\times(\alpha-1)V_k^0=5.43+1.016\ 1\times(1.55-1)\times4.99=8.22\quad(m^3/kg)$$

三、露点温度

燃料中的氢元素燃烧时生成的水及燃料所含水一般以蒸汽的形式由烟管进入大气中。锅炉烟管的排烟温度在 100～200℃，如果烟气被强烈冷却，温度可能低于露点，露点的温度与燃料的种类和空气的过量情况有关（图 2-3），一般在 40～65℃之间。

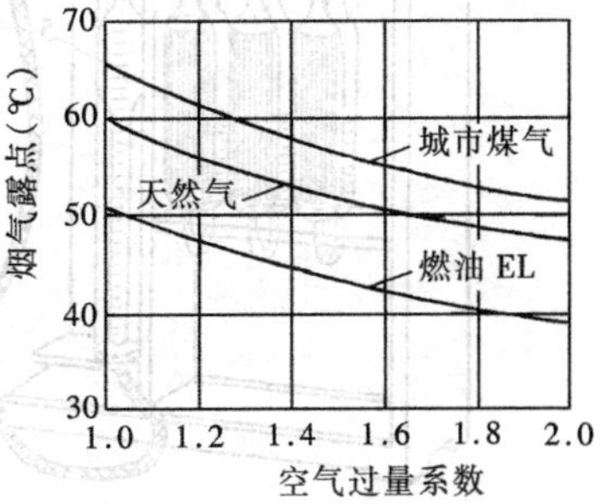

图 2-3 不同燃料燃烧时，烟气中的水蒸气露点与空气过量系数的关系

在使用含硫燃料时，水蒸气冷凝，与二氧化硫形成亚硫酸，它与烟气中其他成分形成的酸一起会侵蚀烟道和锅炉设备。这种伤害主要发生在燃烟煤炉、燃油炉和燃木柴炉中。因为在烟煤、燃油和木柴燃烧时会产生水蒸气和二氧化硫，天然气基本不含硫，无烟煤只产生很少量的水。

当燃料含硫量高时，燃烧后形成的 SO_2 有一部分会进一步被氧化成 SO_3，且与烟气中的水蒸气结合成硫酸蒸气。烟气中硫酸蒸气的凝结温度称为酸露点，它比水露点要高很多。烟气中 SO_3 含量（或者说硫酸蒸气）越多，酸露点就越高，烟气中的酸露点可达 140～160℃，甚至更高。

烟气的酸露点与燃料含硫量及单位时间送入炉内的总硫量有关，而后者是随燃料发热量降低而增加的。即燃料中的含硫量较高，发热量较低，燃烧生成的 SO_2 就越多，进而 SO_3 也将增加，致使烟气酸露点升高。烟气对受热面的低温腐蚀常用酸露点的高低来表示，露点越高，腐蚀范围越广，腐蚀也越严重。

使用酸露点分析仪可以准确知道一定工况下的酸露点，由此调整排烟温度，达到节能和保持炉子寿命的最佳条件，也可选用下式计算

$$t_l=t_{sl}+\frac{125\times\sqrt[3]{S_{ar,zs}}}{1.05^{A_{ar,zs}\cdot\alpha_{fh}}}\tag{2-29}$$

$$S_{ar,zs}=4190\frac{S_{ar}}{Q_{ar,net}} \tag{2-30}$$

$$A_{ar,zs}=4190\frac{A_{ar}}{Q_{ar,net}} \tag{2-31}$$

式中 t_1——烟气的酸露点,℃;

t_{sl}——按烟气中水蒸气分压力计算的水露点,℃;

$S_{ar,zs}$、$A_{ar,zs}$——燃料折算硫分和折算灰分，按式（2-30）和式（2-31）计算,%;

a_{fh}——飞灰份额（飞灰系数)。

由于结露对锅炉的损伤所引起的维修费用很贵，所以要注意锅炉设备中的烟气温度不能低于露点。在热水锅炉的回水入口处常会形成冷凝水，所以回水温度不能太低，或者锅炉受热面必须采用抗酸腐蚀的材料。

四、烟气的测量与分析

用于烟气成分分析的仪器种类较多，目前在锅炉房现场广泛使用的有奥氏烟气分析仪（图 2-4）和电子式烟气分析仪（图 2-5)。

奥氏烟气分析仪价格比较便宜，测量比较麻烦，测量以后还需要进行一系列烦琐的计算；其测量原理是利用具有选择性吸收气体特性的化学溶液，在同温同压下分别吸收烟气中的相关气体成分（CO_2+SO_2、O_2、CO)，从而根据吸收前、后体积的变化求出各组成气体的体积分数含量。

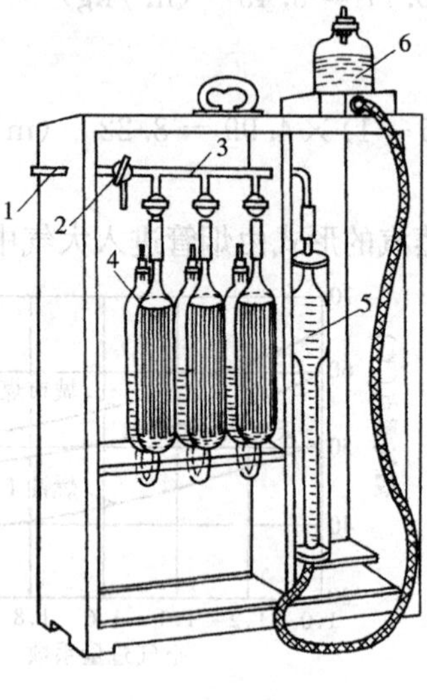

图 2-4 奥氏烟气分析仪

1—烟气入口；2—三通旋塞；3—梳形管；4—吸收剂瓶（Ⅰ、Ⅱ、Ⅲ)；5—量筒；6—水准瓶

吸收剂瓶Ⅰ：KOH 或 NaOH 溶液，测定 RO_2；

吸收剂瓶Ⅱ：焦性没食子酸的碱溶液，测定 O_2；

吸收剂瓶Ⅲ：CuCl 溶液，测定 CO；经过三个吸收剂瓶吸收后所剩余的气体为 N_2

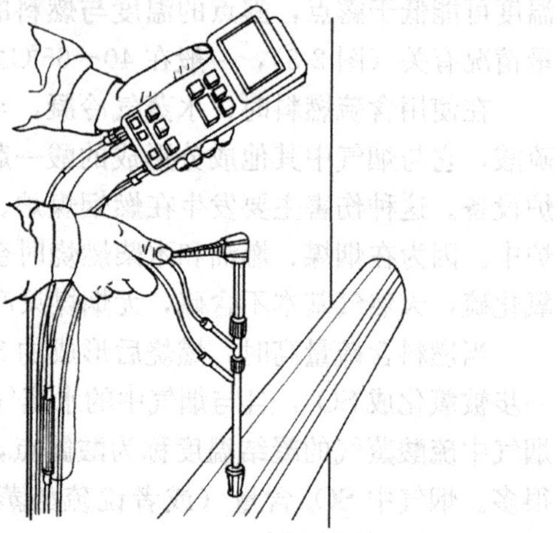

图 2-5 电子式烟气分析仪

$$RO_2=\frac{V_{CO_2}+V_{SO_2}}{V_{gy}}=\frac{V_{RO_2}}{V_{gy}}\times 100\% \tag{2-32}$$

$$O_2=\frac{V_{O_2}}{V_{gy}}\times 100\% \tag{2-33}$$

$$CO=\frac{V_{CO}}{V_{gy}}\times 100\% \tag{2-34}$$

$$N_2 = \frac{V_{N_2}}{V_{gy}} \times 100\% \tag{2-35}$$

式中　RO_2——三原子气体体积的体积分数，%；

O_2——氧气的体积分数，%；

CO——一氧化碳的体积分数，%；

V_{gy}——干烟气体积，m^3。

不完全燃烧时，烟气中干烟气的实际体积为

$$V_{gy} = V_{SO_2} + V_{O_2} + V_{N_2} + V_{CO} (m^3/kg) \tag{2-36}$$

通常在烟气分析仪中所测得的是干烟气各组成气体的体积分数（%），则有

$$RO_2 + O_2 + CO + N_2 = 100\% \tag{2-37}$$

电子分析仪价格比较高，但测量简单；其测量原理是利用一个气体传感器，直接测出或进而通过芯片换算出烟气中各种成分的体积分数（例如 CO_2、CO、O_2、NO_x 等），直接在显示器上显示、并可用附带的微型打印机为客户打印出结果来，有些甚至能直接显示烟气温度、过量空气系数、烟气热损失和热效率等。

为了能进行烟气测量，必须在锅炉和烟囱之间的烟管上设置一个测量孔，以便能在烟气流的中心测量。孔的直径约 10mm，距离锅炉约两倍烟管直径远（图 2-6）。测量应该在锅炉正常运行后进行（燃油或燃气锅炉，测量最早在燃烧器开始工作 2min 后才能进行）。

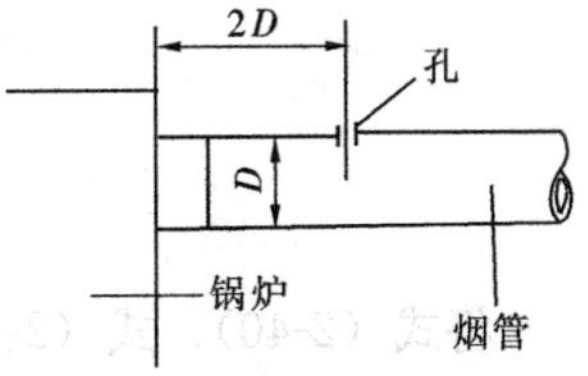

图 2-6　烟管上的测量孔

五、烟气分析结果的应用

根据烟气分析所得的结果和燃料的元素分析成分，可以计算运行锅炉的烟气量、烟气中的 CO 含量和过量空气系数 α。

1. 烟气量的计算

燃料不完全燃烧时的实际烟气量可按式（2-38）计算

$$V_y = \frac{1.866(C_{ar} + 0.375S_{ar})}{RO_2 + CO} + 0.111H_{ar} + 0.0124M_{ar} + 0.016\alpha V_k^0 + 1.24G_{wh} \quad (m^3/kg) \tag{2-38}$$

式中　G_{wh}——雾化每千克重油消耗的蒸汽量，kg。

2. 烟气中的 CO 的含量

由于在锅炉的实际燃烧过程中，CO 含量较少，使用奥氏烟气分析仪测量不很精确，可按式（2-39）计算（若使用电子式测量仪，则可直接测出 CO 含量）

$$CO = \frac{21 - \beta RO_2 - (RO_2 + O_2)}{0.605 + \beta} \times 100\% \tag{2-39}$$

式中　β——燃料的特性系数，是一个只与燃料的可燃成分有关的无因次数（表 2-13）。

完全燃烧时，CO=O，则式（2-39）变为

$$RO_2 = \frac{21 - O_2}{1 + \beta} \tag{2-40}$$

若烟气中 $CO = O_2 = O$，RO_2 达到最大值

$$RO_2^{max}=\frac{21}{1+\beta} \tag{2-41}$$

表 2-13 各种燃料的特性系数 β 和烟气中 RO_2^{max}

燃 料	β	RO_2^{max}	燃 料	β	RO_2^{max}
无烟煤	0.05～0.1	19～20	贫 煤	0.1～0.135	18.5～19
烟 煤	0.09～0.15	18～19.5	褐 煤	0.055～0.125	18.5～20
重 油	0.30	16			

3. 过量空气系数的计算

过量空气系数是衡量锅炉燃烧好坏和热量损失大小的一个重要指标，在用旧式仪表测量时，需要根据烟气分析结果按式（2-42）计算

$$\alpha=\frac{1}{1-3.76\times\frac{O_2-0.5CO}{100-(RO_2+O_2+CO)}} \tag{2-42}$$

在锅炉实际运行中，CO含量都不高，可视为完全燃烧，同时，干烟气中 N_2 含量接近79%，则 $N_2\approx79\%$，则式（2-42）变为

$$\alpha\approx\frac{1}{1-\frac{79}{21}\times\frac{O_2}{N_2}}=\frac{21}{21-O_2} \tag{2-43}$$

将式（2-40）、式（2-41）代入式（2-43）可得

$$\alpha=\frac{RO_2^{max}}{RO_2}\approx\frac{CO_2^{max}}{CO_2} \tag{2-44}$$

式中 α——过量空气系数；

CO_2^{max}、CO_2——烟气中二氧化碳最高含量和实际含量，%（用电子式测量仪可以直接得出 CO_2 的含量，德国规定了 CO_2^{max} 的含量，见表 2-14）；

O_2——烟气中实际氧气含量，%。

表 2-14 部分燃料烟气中的 CO_2 含量和 O_2 的含量（德国） %

燃 料	CO_2^{max}	CO_2（最佳）	O_2（最佳）
燃油	15.4	12%～14	2%～6
天然气	11.9	8%～10	2%～6
城市煤气	13.6	10%～12	2%～6
丙烷	13.9	10%～12	2%～6

【例 2-5】 测得一台天然气锅炉的 CO_2 含量为 9%，求空气过量多少？

解 查表 2-14 得：$CO_2^{max}=11.9$（%）

$\alpha=\frac{CO_2^{max}}{CO_2}=\frac{11.9\%}{9\%}=1.32$，即空气过量 32%。

电子式测量仪测得的CO和 NO_x 值需要按下式进行修正

$$CO''=CO'\cdot\alpha \tag{2-45}$$

$$NO''_x = NO'_x \cdot \alpha \tag{2-46}$$

式中　CO''、NO''_x——CO、NO_x 的修正值；

CO'、NO'_x——CO、NO_x 实际测量值。

复　习　题

1. 锅炉的燃料有哪些种类？各由什么元素组成？

2. 燃料燃烧时需要供给什么？什么是完全燃烧和不完全燃烧？

3. 碳、氢、硫完全燃烧时的产物是什么？不完全燃烧时有什么产物产生？

4. 空气过量多少为宜？

5. 燃油锅炉的烟气含有哪些成分？锅炉的哪些烟气成分会加重地球环境的负担？

6. 锅炉和烟囱在什么情况下会结露？结露有什么危害？

7. 测量排烟热损失需要测量哪些值？锅炉排烟热损失的最大允许值是多少？

8. 烟气测量孔的位置应该在什么地方？

9. 燃油有哪些特性？燃油是如何分类的？

10. 煤的元素分析和工业分析各有什么联系和区别？

11. 燃料成分用哪几种基来表示？一般各在什么情况下使用？

12. 什么是燃料的发热量？为什么在锅炉计算中一般都使用低位发热量？使用高位发热量的锅炉有何优点和缺点？

13. 怎样计算燃料燃烧的理论空气量、过量空气系数？

14. 单位质量燃料完全燃烧时所需理论空气量和生成的理论烟气量，二者哪个数值大？为什么？

15. 测量烟气成分的仪器有哪些？各有什么特点？

16. 一台燃油热水锅炉，使用的燃油 $Q_{ar,net}=11.1kWh/kg$，试计算该锅炉所需理论空气量、理论排烟量和实际排烟量。

17. 已知工业分析 V_{ad}、FC_{ad}，试确定求 V_{daf} 的关系式。

18. 已知某煤成分 $C_{daf}=86.65\%$，$H_{daf}=4.5\%$，$O_{daf}=1.82\%$，$N_{daf}=0.53\%$，$S_{daf}=6.5\%$，$A_d=17.6\%$，$M_{ar}=0.82\%$，求收到基各成分含量是多少？

19. 某锅炉燃煤元素分析结果为：$C_{ar}=56.22\%$，$H_{ar}=3.15\%$，$O_{ar}=2.75\%$，$N_{ar}=0.88\%$，$S_{ar}=4\%$，$A_{ar}=26\%$，$M_{ar}=7\%$，$Q_{ar,gr}=22\ 264.33kJ/kg$，锅炉燃煤消耗量为 58t/h，试计算：①标煤耗量；②折算水分、折算硫分和折算灰分，并判断是否为高硫分、高水分、高灰分煤？

20. 用两台奥氏烟气分析仪对某锅炉省煤器进出口的烟气进行测定结果如下：进口处 $RO'_2=15.27\%$，$O'_2=4.2\%$，出口处 $RO''_2=14.91\%$，$O''_2=4.6\%$，试确定省煤器的漏风系数 $\Delta\alpha$；确定三原子气体 RO_2^{max} 及燃料特性系数 β 的值。

21. 某厂购煤 5000t，煤质为 $M_{ar}=15\%$、$Q_{ar,net}=20\ 322kJ/kg$，该煤运到后，水分增至 30%，如该厂仍按购煤数收煤，那么由于水分增加，该厂少收多少煤？相当于损失了多少标准煤？

第三章 锅炉的热平衡

由于多种因素的影响，炉膛中部分燃料不能完全燃烧，而燃烧产生的热量没有被完全利用。锅炉的热平衡就是要了解有哪些因素影响锅炉热效率，从而改进锅炉的设计和改善运行方式。

第一节 锅炉的热平衡方程

锅炉在运行工况稳定时，输入锅炉的热量和锅炉输出的热量应当平衡。由于存在各种热损失，燃料不可能完全燃烧，燃烧放出的热量也不可能全部被锅内工质吸收。根据热平衡原理，对锅炉进行测试，得出锅炉的供热量（蒸发量）和各项热损失的实际数值，以便确定锅炉的热效率，进而研究影响锅炉效率的因素，寻求提高锅炉效率的有效途径。

锅炉热平衡方程表示为

$$Q_r = Q_1 + Q_2 + Q_3 + Q_4 + Q_5 + Q_6 \quad (kJ/kg) \tag{3-1}$$

式中 Q_r——单位质量固体及液体燃料的低位发热量，kJ/kg；

Q_1——锅炉的有效吸热量，kJ/kg；

Q_2——排烟热损失，kJ/kg；

Q_3——化学（或气体）不完全燃烧热损失，kJ/kg；

Q_4——机械（或固体）不完全燃烧热损失，kJ/kg；

Q_5——炉体散热损失，kJ/kg；

Q_6——灰渣物理热损失及其他热损失，kJ/kg。

图 3-1 表示锅炉热平衡中输入和输出热量的关系。其中的 Q_{lk} 是指预热空气的那部分热量又返回炉中成为烟气焓的一部分，随后又在空气预热器内放热给空气，如此不断循环，所以在锅炉热平衡中不考虑此项热量。将式（3-1）各项分别除以 Q_r，并乘以100%，得出

$$q_1 = \frac{Q_1}{Q_r} \times 100\%, \quad q_2 = \frac{Q_2}{Q_r} \times 100\%, \cdots$$

$$100\% = q_1 + q_2 + q_3 + q_4 + q_5 + q_6 \tag{3-2}$$

锅炉效率

$$\eta = q_1 = [1 - (q_2 + q_3 + q_4 + q_5 + q_6)] \times 100\% \tag{3-3}$$

每 kg 燃料带入锅炉的热量，可用式（3-4）计算

$$Q_r = Q_{ar,net} + i_r + Q_{zq} + Q_{wl} \quad (kJ/kg) \tag{3-4}$$

式中 $Q_{ar,net}$——燃料收到基低位发热量，kJ/kg；

i_r——燃料的物理显热，kJ/kg；

Q_{zq}——喷入锅炉的蒸汽带入的热量，kJ/kg；

Q_{wl}——外来热源加热空气带入的热量，kJ/kg。

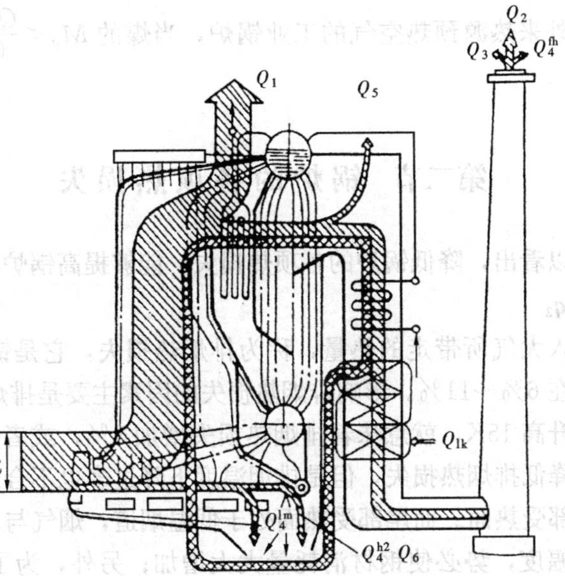

图 3-1 锅炉热平衡示意图

一般固体燃料可不计燃料的物理显热，当燃料由外界预热，或固体燃料虽未经预热，但燃料的收到基水分 $M_{ar} \geqslant \frac{Q_{ar,net}}{628}\%$时，则应按下式计算燃料的物理显热

$$i_r = c_r t_r \quad (\text{kJ/kg}) \tag{3-5}$$

式中 c_r——燃料的收到基比热容，kJ/(kg·℃)；

t_r——燃料的温度（若未经预热，则取 20℃），℃。

对于固体燃料

$$c_r = \frac{100 - M_{ar}}{100} c_d + 4.187 \times \frac{M_{ar}}{100} \quad [\text{kJ/(kg·℃)}] \tag{3-6}$$

式中 c_d——燃料的干燥基比热容(表 3-1)，kJ/(kg·℃)。

表 3-1 **燃料的干燥基比热容**

燃料种类	固体燃料				液体燃料
	无烟煤、贫煤	烟煤	褐煤	油页岩	
c_d[kJ/(kg·℃)]	0.92	1.09	1.13	0.88	$1.738+0.0025t_r$

当用蒸汽雾化燃油时或喷入锅炉蒸汽时，蒸汽带入的热量 Q_{wh} 按下式计算

$$Q_{wh} = G_{wh}(h_{wh} - 2512) \quad (\text{kJ/kg}) \tag{3-7}$$

式中 G_{wh}——雾化每千克燃油所用蒸汽量，kg/kg；

h_{wh}——雾化蒸汽的焓，kJ/kg；

2512——排烟中蒸汽热焓的近似值，kJ/kg。

利用外来热源预热空气再送入锅炉时，空气带入锅炉的热量可按式（3-8）计算

$$Q_{wl} = \beta'(h_{rk}^0 - h_{lk}^0) \quad (\text{kJ/kg}) \tag{3-8}$$

式中 β'——进入锅炉的空气量与理论空气量之比；

h_{rk}^0——理论热空气的焓，kJ/kg；

h_{lk}^0——理论冷空气的焓（一般取 20℃），kJ/kg。

对于大多数不用外来热源预热空气的工业锅炉，当煤的 $M_{ar}<\frac{Q_{ar,net}}{628}\%$时，$h_r$ 可忽略不计，则 $Q_r=Q_{ar,net}$。

第二节 锅炉的各项热损失

从热平衡方程可以看出，降低锅炉的各项热损失，能够提高锅炉有效利用热。

一、排烟热损失 q_2

烟气离开锅炉排入大气所带走的热量，称为排烟热损失，它是锅炉热损失中最大的一项。一般排烟热损失在 6%～11%。影响排烟热损失的因素主要是排烟温度和排烟容积。

如果烟气温度每升高 15K，就意味着排烟热损失增加 1%，或者燃料多消耗 1.5%。所以降低排烟温度，可降低排烟热损失，但是排烟温度下降过多也不合理。因为要降低排烟温度，必须增加锅炉尾部受热面。而尾部受热面处于低温烟道，烟气与工质传热温差较小，要加大排烟温度降低的幅度，势必使钢材消耗量大大增加；另外，为了避免烟气温度低于露点，排烟温度也不能过低。合理的排烟温度约在 160～180℃之间。德国的新型节能中、小型锅炉已使排烟温度降到 60～120℃（可以使用塑料烟管）。锅炉在运行中，如果受热面积灰或结渣、锅炉超负荷运行等，都会使排烟温度升高。因此在锅炉的维护和运行时，应注意保持受热面的清洁，至少每年清扫一次，并尽量避免超负荷运行，以降低不必要的排烟热损失。

如果炉膛出口过量空气系数偏高、炉墙与烟道漏风严重、燃料水分含量大，则排烟容积增大，也会使排烟热损失增加。所以，为降低排烟热损失，在安装锅炉时必须注意炉墙与烟道的严密性，在运行中注意控制炉膛的过量空气系数。排烟热损失可按下列经验公式计算

$$q_2=(n\alpha_{py}+m)\frac{t_{py}-t_{lk}}{100}\left(1-\frac{q_4}{100}\right)(\%) \tag{3-9}$$

式中 n、m——计算系数（表 3-2）；

α_{py}——排烟处过量空气系数，根据烟气分析结果计算得出或测定；

t_{py}——排烟温度,℃；

t_{lk}——冷空气温度,℃。

表 3-2 计算系数 n 和 m 值

燃料种类	木材 $M_{ar}\approx40\%$	泥 煤 $M_{ar}\approx45\%$	褐 煤 $M_{ar}\approx20\%$ $A_d\approx30\%$	烟 煤 $r_{daf}\approx30\%\sim45\%$	无烟煤	重油（机械雾化）
m	1.4	1.7	0.6	0.4	0.2	0.5
n	3.8	3.9	3.6	3.55	3.65	3.45

排烟热损失也可以用下列公式计算：

测得烟气中 CO_2 值时

$$q_2=(t_y-t_{lk})\left(\frac{A_1}{CO_2}+B\right) \tag{3-10}$$

测得烟气中 O_2 值时

$$q_2=(t_y-t_{lk})\left(\frac{A_2}{21-O_2}+B\right) \tag{3-11}$$

式中 q_2——排烟热损失，排烟热损失的计算结果取百分数整数，%；

t_y——烟气温度，℃；

t_{lk}——燃烧空气入口处的冷空气温度，℃；

CO_2——干烟气中二氧化碳的实际体积含量，%；

O_2——干烟气中氧气的实际体积含量，%；

A_1、A_2、B——计算系数（表 3-3）。

表 3-3　　排烟热损失的计算系数 A_1、A_2、B 值（德国）

计算系数	燃　油	天然气	城市煤气	焦炉煤气	液化气和 液化气—空气混合物
A_1	0.50	0.37	0.35	0.29	0.42
A_2	0.68	0.66	0.63	0.60	0.63
B	0.007	0.009	0.11	0.011	0.008

【例 3-1】 一台使用天然气燃烧器的锅炉，其额定功率为 60kW，测得下列烟气参数：$t_y=180$℃，$t_{lk}=15$℃，$CO_2=9\%$。求排烟热损失，这个损失是允许的吗？

解 $q_2=(t_y-t_{lk})\left(\frac{A_1}{CO_2}+B\right)=(180-15)\times\left(\frac{0.37}{9}+0.009\right)=8.3\%\approx8\%$

查表 3-4，这个排烟热损失<9%，是允许的。

表 3-4　　燃油和燃气锅炉的允许排烟热损失（德国）

锅炉的额定功率（kW）	4～25	25～50	>50
允许排烟热损失（%）	11	10	9

空气的过量情况决定了烟气中 CO_2 和 O_2 的含量（表 2-12）。过量空气多，则 CO_2 含量低，O_2 含量高。因此，排烟流量大，造成排烟热损失大。相反，过量空气少，则 CO_2 含量高，O_2 含量低，意味着排烟热损失小。过量空气系数可以由测得的 CO_2 含量或 O_2 的含量计算。

【例 3-2】 一台燃油锅炉的额定功率为 200kW，测得下列烟气参数：$t_y=230$℃，$t_{lk}=15$℃，$O_2=8\%$。求排烟热损失和空气过量情况。

解 $q_2=(t_y-t_{lk})\left(\frac{A_2}{21-O_2}+B\right)=(230-15)\times\left(\frac{0.68}{21-8}+0.007\right)=13\%>9\%$，排烟热损失超过允许范围。

$\alpha=\frac{O_2}{21-O_2}+1=\frac{8}{21-8}+1=1.62$，空气过量 62%，过量空气太多了，导致 q_2 增大。

锅炉设备不允许排烟热损失过大。过量空气应该控制，通过减小燃料的供给来降低烟气的温度。

二、化学不完全燃烧热损失 q_3

化学不完全燃烧热损失是由于一部分可燃气体未能燃烧放热而随烟气排出造成的热损失，也称为气体不完全燃烧热损失。

燃料在锅炉中燃烧时，如果空气量不足、燃料与空气混合不好、炉膛容积小或炉膛温度太低，都可能因供氧量不足，使可燃气体在炉膛内停留时间过短或达不到着火点而不能完全燃烧，造成热损失。链条炉和燃油炉的 q_3 为 1%～2%（表 3-5）。

表 3-5　　　锅炉设计时 q_3、q_4 的推荐值

燃烧方式		燃料种类		q_3	q_4
层燃炉	手烧炉	褐煤		2	10～15
		烟煤		5	10～15
		无烟煤		2	10～15
	链条炉排	褐煤		0.5～2.0	8～12
		烟煤	Ⅰ	0.5～2.0	10～15
			Ⅱ	0.5～2.0	10～15
			Ⅲ	0.5～2.0	8～12
		贫煤		0.5～1.0	8～12
		无烟煤		0.5～1.0	10～15
	往复炉排	褐煤		0.5～2.0	7～10
		烟煤	Ⅰ	0.5～2.0	9～12
			Ⅱ	0.5～2.0	7～10
		贫煤		0.5～1.0	7～10
		无烟煤	Ⅰ	0.5～1.0	9～12
	抛煤机链条炉排	褐煤、烟煤、贫煤		0.5～1.0	8～12
		无烟煤	Ⅲ	0.5～1.0	10～15
室燃炉 沸腾炉	固态排渣煤粉炉	烟煤		0.5～1.0	6～8
		褐煤		0.5	3
	油炉			0.5	0
	天然气或焦炉煤气			0.5	0
		石煤、煤矸石	Ⅰ	0～1.0	21～27
			Ⅱ	0～1.5	18～25
			Ⅲ	0～1.5	15～21
		褐煤		0～1.5	5～12
		烟煤	Ⅰ	0～1.5	12～17
		无烟煤	Ⅰ	0～1.0	18～25

因为在燃气锅炉中由于空气不足会生成 CO，所以必须测量 CO 含量。在未稀释的烟气中，该极值为 0.1%（1000ppm）。

在测定锅炉效率时，根据煤质分析和烟气分析结果，可按式（3-12）计算 q_3

$$q_3 = \frac{233.3}{Q_r} \times \frac{(C_{ar} + 0.375S_{ar})CO}{RO_2 + CO}(100 - q_4)(\%) \tag{3-12}$$

用仪器对烟气测量CO含量和过量空气系数，也可按下式近似计算出 q_3

$$q_3 = 3.2\alpha CO(\%) \tag{3-13}$$

式中 α——烟气流经烟道处的过量空气系数；

CO——烟气中CO体积分数,%。

三、机械不完全燃烧热损失 q_4

燃烧固体燃料的锅炉，由于部分固体可燃物在炉内没有完全燃烧，随飞灰和炉渣排出炉外而造成的热损失，称为机械不完全燃烧热损失，又称为固体不完全燃烧热损失。它包括经炉排掉入灰斗的漏煤损失、可燃物包裹在灰渣中未燃透被排出的灰渣损失和细小炭粒随烟气排出的飞灰损失。

机械不完全燃烧热损失是燃用固体燃料锅炉热损失中较大的一项，可达6%～12%（见表3-5）。对于燃油和燃气锅炉，正常燃烧时可认为 q_4 为0。

影响机械不完全燃烧热损失的主要因素有燃料特性与锅炉运行情况等。当燃料的灰分含量高、灰熔点低或挥发分低而焦结性强、煤的粒径过大时，或锅炉运行时，煤层过厚、链条炉排的速度过快、炉膛的温度过低等，都会使灰渣损失增大。当燃料中水分少、焦结性弱而细末多时，或锅炉运行时，各风室的风量分配不均、流经燃料层和炉膛的风速过大，会使飞灰损失增加。

测定锅炉效率时，应分别收集各台锅炉每小时的灰渣、漏煤和飞灰的质量值 G_{hz}、G_{lm}、G_{fh}（kg/h），同时分析出它们所含可燃物质的质量分数 C_{hz}、C_{lm}、C_{fh}（%）。通常，灰渣、漏煤和飞灰中的可燃物被认定是固定碳，取其发热量等于32 700kJ/kg，机械不完全燃烧热损失可按下式计算

$$q_4 = \frac{32\,700A_{ar}}{Q_r}\left(\frac{\alpha_{fh}C_{fh}}{100 - C_{fh}} + \frac{\alpha_{lm}C_{lm}}{100 - C_{lm}} + \frac{\alpha_{hz}C_{hz}}{100 - C_{hz}}\right)\% \tag{3-14}$$

$$\alpha_{fh} = \frac{G_{fh}(100 - C_{fh})}{BA_{ar}} \tag{3-15a}$$

$$\alpha_{lm} = \frac{G_{lm}(100 - C_{lm})}{BA_{ar}} \tag{3-15b}$$

$$\alpha_{hz} = \frac{G_{hz}(100 - C_{hz})}{BA_{ar}} \tag{3-15c}$$

式中 α_{fh}、α_{lm}、α_{hz}——灰渣、漏煤和飞灰中的灰量占燃料总灰量的份额,可用式(3-15a、b、c)计算；

B——燃料消耗量，kg/h。

在锅炉热效率测试中，飞灰难以直接准确地测定，因为一部分飞灰会沉积在受热面和烟道内，还有一部分飞灰会经烟囱飞出。所以飞灰量一般是在计算其他各项后，通过“灰平衡”法求得，即进入炉内燃料的总灰量等于灰渣、漏煤和飞灰中的灰量之和

$$\alpha_{fh} + \alpha_{lm} + \alpha_{hz} = 1 \tag{3-15d}$$

四、炉体散热损失 q_5

在锅炉运行时，由于炉墙、锅筒、构架、管道及其他附件等表面温度高于周围空气温度，向外界散热，形成炉体散热损失。

炉体散热损失的大小主要取决于锅炉散热表面积的大小、外表面温度和周围空气的温

度。锅炉的外表面积并不随锅炉容量的增大而成正比例增加，即炉体散热损失随锅炉容量的增加而减小。炉体散热损失可按表 3-6 选取，或按下式计算

$$q_5 = 100 - (q_1 + q_2 + q_3 + q_4 + q_6)(\%) \tag{3-16}$$

表 3-6 炉体散热损失 %

锅炉容量(t/h)	0.5	1	2	4	6	8	10	15	20	35
无尾部受热面	5.0	4.5	3.0	2.1	1.5	1.2				
有尾部受热面			3.5	2.9	2.4	2.0	1.7	1.5	1.3	1.0

当 $D \leqslant 2t/h$ 的快装锅炉时，也可按下式计算

$$q_5 = \frac{1675 A_s}{B Q_r}(\%) \tag{3-17}$$

式中 A_s——炉体散热表面积，m^2；

B——燃料消耗量，kg/h。

五、灰渣物理热损失及其他热损失 q_6

1. 灰渣物理热损失 q_6^{hz}

固体燃料燃烧后的灰渣排出炉外时具有较高的温度（可达 600～800℃以上）而带走的热量称为灰渣物理热损失。它的大小与燃料中的灰分含量、灰渣占总灰量的比例与炉渣排出时的温度等因素有关，可按下式计算

$$q_6^{hz} = \frac{h_{hz} \cdot A_{ar}}{Q_r} \cdot \left(\alpha_{hz} \cdot \frac{100}{100 - C_{hz}} + \alpha_{lm} \cdot \frac{100}{100 - C_{lm}}\right)(\%) \tag{3-18}$$

式中 h_{hz}——灰渣的热焓（表 3-7），kJ/kg；

α_{hz}、α_{lm}——灰渣与漏煤中灰分占燃料总灰分的份额。

表 3-7 灰渣的热焓

灰渣温度（℃）	100	200	300	400	500	600	700	800	900	1000
h_{hz}(kJ/kg)	81	169	264	360	458	560	662	769	875	984

注 灰渣排出时的温度采用实测值，固态排渣时，约为 600℃，沸腾炉约为 800℃。

2. 冷却热损失 q_6^{lq}

其他热损失中常见的是冷却热损失，是由于锅炉的某些部件采用了水冷却，而此冷却水未接入锅炉水系统中，它吸收的这些热量被水带走而形成的热损失。该损失可按式（3-19）计算

$$q_6^{lq} = \frac{Q_6^{lg}}{Q_r}\% \tag{3-19a}$$

或

$$q_6^{lq} \approx \frac{420 \times 10^3 S_{lq}}{Q_{gl}}\% \tag{3-19b}$$

式中 S_{lq}——面向炉膛的水冷面积，m^2；

420×10^3——大约每平方米水面积所吸收的热量，kJ/m^2；

Q_{gl}——锅炉总的有效利用热量，kJ/kg。

这项热损失应为以上两项之和

$$q_6 = q_6^{hz} + q_6^{lq} \tag{3-20}$$

因为大部分锅炉未采用水冷却部件，故一般 $q_6 = q_6^{hz}$。

第三节 锅炉的热效率

一、锅炉的热效率

1. 正平衡法

根据热平衡方程，锅炉的效率即锅炉的有效利用热量占单位时间内消耗燃料的输入热量的百分数

$$\eta = q_1 = \frac{Q_1}{Q_r} \times 100(\%) \tag{3-21}$$

$$= \frac{Q_{gl}}{BQ_r} \times 100(\%)$$

式中 Q_{gl}——锅炉每小时有效吸热量，kJ/h；

B——燃料消耗量，kg/h。

对于蒸汽锅炉

$$Q_{gl} = D(h_q - h_{js}) + D_p(h_p - h_{js}) \quad (kJ/h) \tag{3-22}$$

式中 D——锅炉蒸发量，kg/h；

h_q——锅炉蒸汽的焓，kJ/kg；

h_{js}——给水的焓，kJ/kg；

D_p——锅炉排污水量，kg/h；

h_p——排污水焓，kJ/kg。

当锅炉生产饱和蒸汽时，蒸汽干度一般都小于1（即湿度不等于零），湿蒸汽的焓可按下式计算

$$h_q = h'' - \frac{rW}{100} \quad (kJ/kg) \tag{3-23}$$

式中 h''——干饱和蒸汽的焓，kJ/kg；

r——蒸汽的汽化潜热，kJ/kg；

W——蒸汽湿度，%（供热锅炉生产的饱和蒸汽湿度一般为1%～5%）。

对于热水锅炉

$$Q_{gl} = G(h_{cs} - h_{js}) \quad (kJ/h) \tag{3-24}$$

式中 G——热水锅炉的循环水量，kg/h；

h_{cs}——热水锅炉出水的焓，kJ/kg；

h_{js}——热水锅炉进水的焓，kJ/kg。

上式也可以用瓦（W）作单位，1W＝3.6kJ/h。

直接测定锅炉的蒸发量、燃料的消耗量、蒸汽的压力及其焓值、给水的焓值等各项参数，按式（3-21）～式（3-24）计算锅炉效率的方法，称为正平衡法。

正平衡试验简单易行，一般适用于小型锅炉来测定锅炉效率。

2. 反平衡法

正平衡试验只能求得锅炉的效率，无法借以分析影响锅炉效率的各种因素。在实际试验中，测定锅炉的各项热损失，用式（3-3）计算锅炉热效率的方法称为反平衡法。

通过反平衡试验，不仅能够确定运行锅炉的效率，而且有助于了解锅炉各项热损失产生的原因，以便寻求提高锅炉效率的途径。

对于工业锅炉，一般以正平衡试验测定锅炉热效率不易准确地测定燃料消耗量，因此同时要进行反平衡试验。

锅炉设备运行时，有些部件（如汽动给水泵）要消耗自用蒸汽和自用电能，不扣除自用蒸汽和不考虑自耗动力折算的热量时，所计算出来的锅炉效率称为毛效率。以上各式计算的锅炉效率都是毛效率。

扣除自用蒸汽和考虑自耗电力折算的热量时，所计算出的锅炉热效率称为锅炉的净效率。若要更合理考虑锅炉的经济性，还应按下式计算净效率

$$\eta_j = \eta - \Delta\eta \tag{3-25}$$

式中 $\Delta\eta$——用于自用蒸汽和自耗电能消耗所相当的锅炉效率减低值（%），可按下式计算

$$\Delta\eta = \frac{D_{zy}(h_q - h_{js}) + 29\,271 N_z b}{BQ_{ar,net}} \times 100(\%) \tag{3-26}$$

式中 N_z——总自用电耗量，kWh/h；

D_{zy}——自用汽耗量，kg/h；

b——生产每度电的平均标准煤耗量，kg/kWh，一般取 0.407kg/kWh；

29 271——标准煤（含水量为 7%）的发热量，kJ/kg。

二、热效率的鉴定试验

锅炉厂对其锅炉新产品的热工性能试验、锅炉使用单位对新锅炉的验收试验和对改造锅炉前后的热效率测定，都称为鉴定试验；试验中测得的热效率称为鉴定热效率。在试验中确定锅炉的蒸发量、燃料的消耗量、热效率以及各项热损失，表 3-8 为工业锅炉出厂产品最低热效率。

表 3-8　锅炉热效率　%

燃料品种		燃料低位发热值 (kJ/kg)	锅炉容量					
			<0.5 t/h	0.5～1 t/h	2 t/h	4～8 t/h	10～20 t/h	>20 t/h
			<0.35 MW	0.35～0.7 MW	1.4 MW	2.8～5.6 MW	7～14 MW	>14 MW
劣质煤	Ⅰ	6500～11 500	55	60	62	66	68	70
	Ⅱ	11 500～14 400	57	62	64	68	70	72
烟煤	Ⅰ	14 400～17 700	61	68	70	72	74	75
	Ⅱ	17 700～21 000	63	70	72	74	76	77
	Ⅲ	>21 000	65	72	74	76	78	79
贫煤		≥17 700	62	68	70	73	76	77
无烟煤	Ⅰ	<21 000，V^r≤5%～10%	54	59	61	64	69	72
	Ⅱ	≥21 000，V^r<5%	52	57	59	2	65	68
	Ⅲ	≥21 000，V^r=5%～10%	58	63	66	70	73	75
褐煤		≥11 500	62	67	69	74	76	79
重油			80	80	81	82	84	85
天然气			82	82	83	84	86	87

鉴定试验应严格按照《工业锅炉热工性能试验规程》(GB/T 10180—2003)进行。例如，试验要在额定负荷及70%额定负荷下分别进行；所用燃料应与设计燃料基本相同；试验中的蒸汽压力、温度、给水温度、热负荷等应在允许波动的范围内。

锅炉在实际运行中，由于热负荷的波动、煤质的变化、操作水平的差异，测得的热效率(称为运行热效率)比鉴定热效率低5%～20%。其测试方法原则上也按上述规范进行，但是使用的煤种和热负荷以实际情况为准，其各参数的允许波动范围也适当放宽；有时按照其行业或部门制订的一些内部测试规定或条例进行试验。这种测试是为了获得实际效率与能耗，评定运行水平，寻求节能的有效途径。

第四节 锅炉的燃料消耗量及锅炉能耗

一、锅炉的燃料消耗量

锅炉每小时燃用的燃料称为锅炉的燃料消耗量，可用式(3-27)计算

$$B=\frac{Q_{gl}}{\eta Q_{ar,net}} \quad (kg/h) \tag{3-27}$$

式中 B——锅炉的燃料消耗量，kg/h(燃气为m^3/h)。

对于燃煤锅炉，由于存在机械不完全燃烧热损失q_4，使燃料燃烧所需的空气量和生成的烟气量减少，要相应减少送风量。实际参加燃烧反应的燃料量称为计算燃料消耗量，按下式计算

$$B_j=B\left(1-\frac{q_4}{100}\right) \quad (kg/h) \tag{3-28}$$

式中 B_j——锅炉的计算燃料消耗量，kg/h(燃气为m^3/h)。

在计算送风量和烟气量时，应采用计算燃料消耗量(B_j)；在进行燃料供给系统计算时，则应采用实际燃料消耗量(B)。

【例3-3】 一台蒸汽锅炉热平衡参数如下：饱和蒸汽压力为1.25MPa，给水温度104℃，平均蒸发量为6t/h，平均耗煤量为882kg/h，燃煤低位发热量$Q_{ar,net}$=20 972kJ/kg，机械不完全燃烧热损失q_4=10%。试求该锅炉的效率。

解 查表得：饱和蒸汽的焓值h_{bq}=2787kJ/kg，汽化潜热r=1958kJ/kg，给水的焓h_{js}=440kJ/kg，取蒸汽湿度W=2%，则锅炉的热效率为

$$\eta=\frac{D\left(h_{bq}-h_{js}-\frac{rW}{100}\right)}{BQ_{ar,net}}\times 100\%$$

$$=\frac{6000\times\left(2787-440-1958\times\frac{2}{100}\right)}{880\times 20\,972}\times 100\%\approx 75(\%)$$

二、锅炉能耗

1. 吨蒸汽综合能耗

锅炉房每生产1t蒸汽实际消耗各种能源的综合消耗量称为吨蒸汽综合能耗，它是衡量锅炉的技术装备水平和技术管理水平的重要指标之一。

消耗的能源包括一次能源、二次能源及载能体。一次能源为煤、燃油等，按其消耗量与

低位发热量的乘积计算热能消耗量；二次能源如电、煤制气等都要折合成一次能源来计算；载能体如水、压缩空气等，是按供应此种载能体投入的能量来计算。若无测定数据，则按下列数值计算：

生产每千瓦时电的标煤（标准煤）耗量 $b=0.407$kg/kWh；每吨自来水相当于0.257kg标煤；每吨软化水相当于0.486kg标煤。

为了具有可比性，蒸汽量都化成标准蒸汽量（简称“标汽”），每吨标汽$=250\times10^4$kJ；每千克标准煤=29 308kJ。

锅炉房的综合能耗按所耗用的燃料、水、电三者折算为标煤量之和。由于锅炉的负荷是波动的，各种能耗也在变化，数据的统计应按规定统计期内的实际数量或仪表累计量而得到。

2. 锅炉房的能耗等级

工业锅炉房按每吨标汽综合能耗（kg标煤量）分为四个等级（表3-9）。

表3-9 锅炉房能耗分级指标

单炉额定容量[t（标汽）/h]	能量单耗指标 b [kg（标煤）/t（标汽）]			
	特　等	一　等	二　等	三　等
1～2	≤128	>128～137	>137～149	>149～162
>2～4	≤124	>124～132	>132～142	>142～152
>4～10	≤119	>119～125	>125～133	>133～141
>10	≤117	>117～120	>120～126	>126～132

如果统计期内锅炉房有多台锅炉运行，并且各台锅炉的容量不属于同一档次时，应先用加权平均法计算出该统计期内跨档综合单耗指标 $[b]$ 为

$$[b]=\frac{\Sigma(bD)}{\Sigma D}\quad [\text{kg(标煤)/t(标汽)}] \tag{3-29}$$

式中 $[b]$——某等级锅炉房的跨档综合单耗指标，kg(标煤)/t(标汽)；

$\Sigma(bD)$——统计期内锅炉房每档锅炉产标汽吨数 D 与表3-9中相应的能量单耗指标 b 的乘积之和，kg(标煤)；

ΣD——统计期内锅炉房每档锅炉产标汽吨数之和，t(标汽)。

复　习　题

1. 一台调试好的锅炉的氧气值、烟气温度和CO的含量最佳值应该是多少？

2. 什么是锅炉热平衡方程？什么是锅炉热效率？简要说明影响锅炉各项热损失的因素。

3. 测定锅炉热效率有哪些方法？各有什么特点？

4. 一台燃油锅炉的烟气测量值如下：空气温度为15℃，烟气温度为200℃，O_2 含量为5%。求其排烟热损失、锅炉热效率和过量空气系数。试判断锅炉的排烟热损失是否在允许值内。

5. 一台天然气锅炉，功率为200kW，测得空气温度为20℃，烟气温度为300℃，CO_2 含量为6%。求其排烟热损失、锅炉热效率和过量空气系数。该锅炉的排烟热损失是否在允

许值内？应该采取哪些措施来减少排烟热损失？

6. 为什么在计算锅炉送风量和烟气量时，应采用计算燃料消耗量(B_j)；在进行煤供给系统计算时，则应采用实际煤消耗量(B)？

7. 某运行锅炉由热工测试测得参数如下：饱和蒸汽压力为 0.85MPa，湿度为 3%，给水温度为 45℃(对应焓值按 1MPa 查取)，3.5h 内共耗煤 1325kg($Q_{ar,net}$=21 563kJ/kg)，进水 7530kg，试验期间不排污，试计算锅炉的热效率。

8. 某 10t 蒸汽锅炉设计燃用Ⅱ类烟煤，其设计燃料特性为：C_{ar}=65.7%，H_{ar}=2.7%，O_{ar} = 2.8%，N_{ar} = 1.05%，S_{ar} = 0.35%，A_{ar} = 19.3%，V_{daf} = 38.5%，$Q_{ar,net}$ = 24 626kJ/kg。在额定负荷下运行时测得：给水温度 80℃，给水焓 440kJ/kg，过热蒸汽温度 350℃，过热蒸汽压力 1.3MPa，过热蒸汽焓 3149kJ/kg，锅筒饱和水焓 826kJ/kg，排污率 p_{pw}=5%，汽化潜热 1961.5kJ/kg，q_4=8%，q_3=1%，q_5=2.9%，q_2=8.2%，q_6=0.82%。入炉燃料和空气未经加热，也无二次风口。

求：①锅炉热效率；②锅炉有效利用热 Q_{gl}(kJ/h)；③B(t/h)；B_j(t/h)；B_b；④热功率 Q；⑤煤水比；⑥炉膛出口处过量空气系数为 1.4 时，在认为完全燃烧的情况下，炉膛出口处氧的容积份额为多少？⑦该燃料在收到基下的高位发热量。

第四章 锅炉的燃烧设备

锅炉的燃烧设备是燃料释放化学能、将热量有效地传给其受热面的场所。

不同的燃料和不同的燃烧方式所采用的燃烧设备也不完全相同。即使是相同的燃料，由于锅炉的容量与参数不同，其燃烧设备也不完全相同。锅炉的燃烧设备由燃烧室、燃烧器、加燃料装置以及炉排等部分组成。

锅炉燃烧设备选择的合理与否，对锅炉的效率、锅炉运行的安全性、可靠性和经济性，对生态环境都有着重要的影响。

第一节 煤的燃烧过程和炉膛

燃烧方式主要分为三类（图 4-1）。

层燃炉：固体燃料被铺在炉排上进行燃烧的炉子。它是目前国内供热锅炉中采用得最多的一种燃烧设备，常用的有链条炉排炉、往复炉排炉、振动炉排炉和风力—机械抛煤机炉。

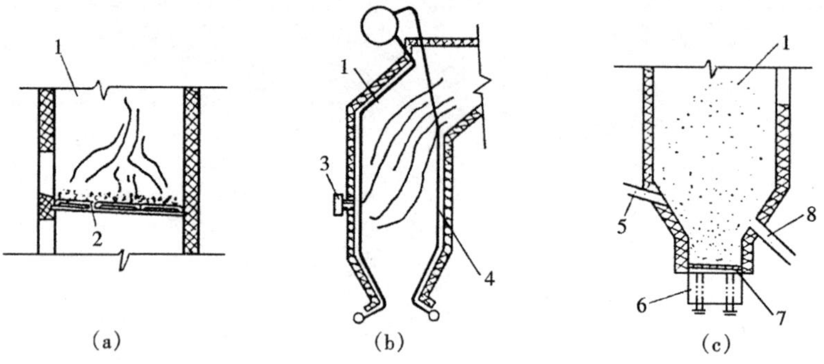

图 4-1 燃烧设备分类示意图

(a) 层燃炉；(b) 室燃炉；(c) 沸腾炉

1—炉膛；2—炉排；3—燃烧器；4—水冷壁；5—进煤口；6—风室；7—布风板；8—溢渣口

室燃炉：燃料随空气进入炉室呈悬浮状燃烧的炉子，又名悬燃炉，如燃油炉、燃气炉和燃用煤粉的煤粉炉。

沸腾炉：燃料在炉室中被由下而上送入的空气流托起，并上下翻腾而进行燃烧的炉子，是目前燃用劣质燃料和脱硫及减少氮氧化合物的颇为有效的一种燃烧设备。

无论是液体燃料，还是气体燃料或固体燃料，在燃烧中都首先是与氧气（空气）充分地混合、预热、点燃，发生剧烈的氧化反应，放热、发光。由于煤是我国主要的能源之一，煤的燃烧又较复杂和具有代表性，这节专门就煤的燃烧过程进行分析。

一、煤的燃烧过程

1. 燃料的准备阶段

燃料进入高温炉膛后，并不能马上燃烧，而是首先被高温烟气、炉墙和已燃的燃料预热、干燥。当其温度达到 100℃后，燃料中的水分迅即汽化、被完全烘干。随着燃料温度的继续升高，挥发物开始逸出，形成多孔的焦炭。

在这一阶段，燃料通过炉墙和灰渣等的热辐射、高温烟气的对流放热和已燃燃料的接触传热吸收热量，升温、干燥。这一阶段属于着火前的准备阶段，燃料的预热干燥所需要的热量大小和时间长短，与燃料的特性、所含水分、炉内温度等因素有关。对一定的燃料来说，缩短这一过程的关键是提高炉温。

2. 燃料的燃烧阶段

随着燃料的继续加热升温，易燃的挥发物达到一定的温度和浓度后，开始着火燃烧，放出大量的热量。热量的一部分被锅炉的受热面吸收，另一部分则用来提高燃料自身的温度，为焦炭的燃烧提供了高温条件。在挥发物燃烧的后期，焦炭颗粒已被加热至高温，表面开始着火燃烧，燃料进入燃烧阶段，焦炭的燃烧是燃料释放热量的主要来源。

由于焦炭所含的固定碳含量很高，不仅着火温度高，所需时间长，而且燃烧的同时在表面会形成灰壳，灰壳向外还依次包围着 CO 和 CO_2 两层气体，即在其表面形成了惰性燃烧产物，阻碍空气与焦炭接触，使焦炭燃烧速度减慢、燃烧不完全。因此，固体燃料的燃烧过程进行得完善与否，在很大程度上由焦炭的燃烧来决定。

燃料的挥发物和焦炭的燃烧阶段是燃烧过程的主要阶段，为使这一阶段燃烧完全，除了供给充足适量的空气，还必须及时地破坏惰性燃烧层、使空气与燃料有良好的混合接触。

3. 燃料的燃尽阶段

随着燃料中可燃成分的减少，灰壳层增厚，燃烧速度减慢，放热不多，所需空气量也不多，燃料进入燃尽阶段。

由于灰壳在高温下变软或熔化，将焦炭紧紧包裹住，空气中氧很难扩散进入，以致燃尽过程进行得十分缓慢，甚至造成较大的固体燃料不完全燃烧损失。

为使焦炭能全部燃尽，应延长在炉内停留的时间，配以拨火等操作来破坏灰壳，使灰渣中的可燃物烧透燃尽。

综上所述，为使燃烧过程顺利进行和尽可能完善，必须根据燃料的特性，创造有利燃烧的必需条件：足够的炉膛温度、充足而适量的空气、燃料和空气的充分混合和及时排出燃烧产物（烟气与灰渣）。

针对不同的燃料，应选择相应的燃烧方式和燃烧设备，改善炉内燃烧的措施，以使燃料尽可能烧好燃尽。

二、炉膛

炉膛又称为燃烧室，是供燃料燃烧的场所。为了使燃烧安全和经济，炉膛在结构上应能满足下列要求：

（1）应具有足够的容积和高度，使燃料在炉膛内有充足的燃烧时间和空间，尽可能燃尽，放出热量；

（2）应具有合理的形状，让燃料与空气很好地混合，尽量达到完全燃烧，使锅炉有较高的经济性；

（3）能适应所用的燃料，便于供给燃料、排灰和通风，并实现机械化；

（4）具有良好的绝热性和密封性，以减少散热和漏风；

(5) 结构简单，造价低。

层燃炉的炉膛是由炉墙、炉拱和炉排组成；室燃炉的炉膛是由炉墙围起来的立体空间；沸腾炉的炉膛是由炉墙和布风装置构成的燃烧空间。在锅炉设计与运行中，炉膛容积热强度 q_v 和炉排面积热强度 q_R 是表示炉膛的重要热力特性参数。

1) 炉膛容积热强度 q_v：是指单位炉膛容积中，单位时间内燃料燃烧所放出的热量。

$$q_v = \frac{BQ_{ar,net}}{V_1} \times 0.278 \quad (W/m^3) \tag{4-1}$$

式中 B——锅炉燃料消耗量，kg/h；

$Q_{ar,net}$——燃料的低位发热量，kJ/kg；

V_1——炉膛容积，m^3。

炉膛容积热强度 q_v 是一个综合性指标（表 4-1），其数值的大小与炉型、燃料种类、锅炉容量、燃烧方式和燃烧工况有关。过分提高炉膛容积热强度，会使不完全燃烧损失增大。

表 4-1　　炉膛容积热强度①　　W/m^3

手烧炉		链条炉	往复炉	抛煤机炉	煤粉炉	沸腾炉	燃油炉	燃气炉
烟管锅炉	水管锅炉							
400～520	105～130	235～350	235～290	235～290	140～235	930～1860	290～400	350～465

① 炉膛容积的计算规定：指由炉膛内壁或水冷壁管中心线，燃料层表面和第一排对流管束的管中心线所围成的空间。

2) 炉排面积热强度 q_R：是指单位炉排面积上，在单位时间内燃料燃烧所放出的热量，即

$$q_R = \frac{BQ_{ar,net}}{R} \times 0.278 \quad (W/m^2) \tag{4-2}$$

式中 R——炉排有效面积，m^2。

对于层燃炉，燃料绝大部分是在炉排上完成燃烧的。在 q_v 和 q_R 公式中的 $BQ_{ar,net}$ 既不是炉膛空间燃烧放热量的真正值，也不是炉排上燃烧放热量的真正值。所以层燃炉的 q_v 常称为可见容积热强度，q_R 称为可见炉排面积热强度。q_R 是层燃炉炉排燃烧面积设计的最重要的热力特性参数，炉排面积的大小一般是由经验性的统计值 q_R（表 4-2）来确定。

表 4-2　　炉排面积热强度①　　W/m^2

手烧炉	自然通风	518～814	链条炉	烟煤	581～1047
	强制通风	759～930		无烟煤	581～814
往复炉	自然通风	756～840	抛煤机炉		1047～1268
	强制通风	814～931	沸腾炉		2340～3500
煤粉炉		1860～2325			

① 炉排有效面积的计算规定：手烧炉为炉箅面积；链条炉为从煤闸门内侧至老鹰铁前弦之间的炉排面积；其他层燃炉为从煤闸门内侧至炉排尾端间的面积。

第二节　手烧燃煤炉与燃木材炉

一、手烧燃煤炉

手烧燃煤炉是最简单的一种层燃炉，它的加煤、拨火和除渣等操作均由人工完全。由于它的炉膛深度和宽度都受到操作的限制，锅炉的蒸发量 $D \leqslant 1t/h$。这类锅炉劳动强度大，燃烧效率较低，周期性地冒黑烟，污染环境，已经很难见到。但是它的燃烧特性在层燃炉中具有一定的代表性，所以仍然作一介绍。

手烧燃煤炉（图 4-2）在生火点燃燃料后，新燃料由人工经炉门铺撒在炉排上形成燃料层，燃烧所需的空气经灰坑穿过炉排进入炉内，燃尽的大块灰渣定期由炉门钩出，细屑的煤和灰渣落入灰坑，由灰门耙出。高温烟气经与布置在炉内的受热面辐射换热后，进入汽锅对流管束烟道。

手烧燃煤炉的燃烧过程是沿燃烧层高度逐层进行的（图 4-3）。新煤加在灼热的焦炭层上，不但受到下方的热燃烧层的烘烤加热，而且还受到上方炉膛高温烟气和炉墙的辐射热，形成十分有利的"双面引火"条件，使新煤中的水分和挥发分很快地析出，迅速完成燃烧的准备阶段，进而开始着火燃烧。因此，手烧燃煤炉对煤种适应性广，可以燃用各种固体燃料。

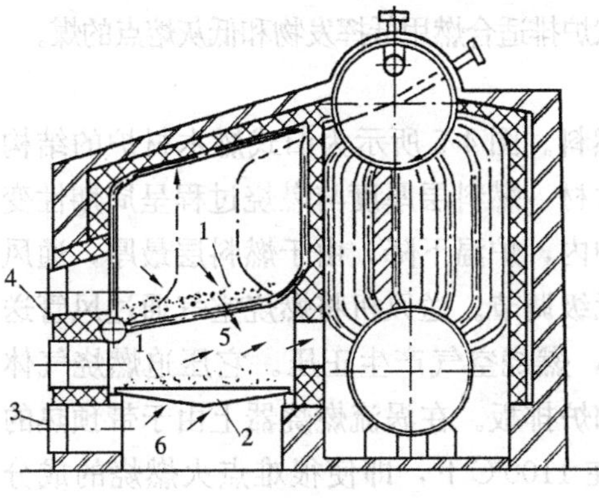

图 4-2　手烧燃煤炉结构简图

1—煤层；2—炉排；3—灰门；4—炉门；5—炉膛；6—灰坑

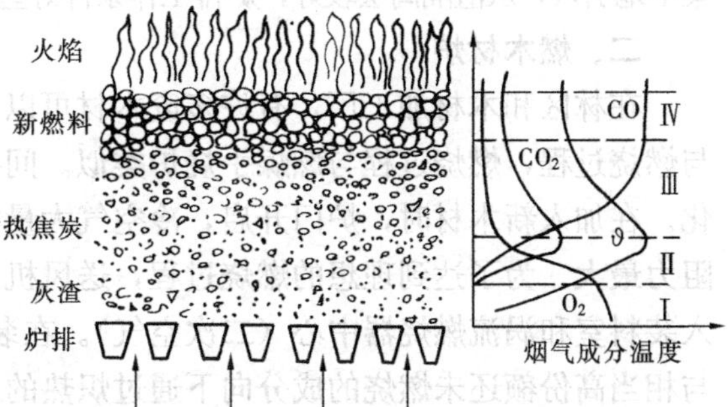

图 4-3　手烧燃煤炉燃烧层结构

Ⅰ—灰渣区；Ⅱ—氧化区；Ⅲ—还原区；Ⅳ—新燃料区

由于手烧燃煤炉是间歇加煤，燃料层厚度与燃烧过程呈周期性变化。在加入新煤时，炉门开启，冷空气大量涌入炉内，炉温下降，因为炉内负压被破坏，燃料层最厚，通风阻力最大，炉排下的空气几乎不能穿越燃烧层。但这时正是燃料预热干燥、燃料挥发分和焦炭开始燃烧而需要大量空气的时候，造成燃烧情况恶化，烟囱冒黑烟、燃烧不完全，使锅炉效率降低。随着燃料的燃烧，燃料层厚度逐渐减薄，燃料层的阻力逐渐降低，进入炉内的空气量逐渐增加。当燃料进入燃尽阶段，燃烧所需的空气量减少，就会使空气量过剩，造成排烟热损失增大。手烧燃煤炉燃烧的周期性变化导致了其效率不高。另外，投到炉排上的燃煤粒度大小不一，铺撒也不均匀，煤层薄或松的部位，燃烧的较快，灰渣形成的也就快，容易出现"火口"，涌入过量的冷空气，破坏炉内的燃烧工况。因此，必须进行拨火，平整煤层，使煤层尽可能均匀。而且煤层中大块的煤往往是表面先燃尽，形成灰壳。如果不及时破坏这种灰壳，就会使灰壳包围的可燃物与空气隔绝，使 q_4 增加。对焦结性较强的煤，更容易形成大

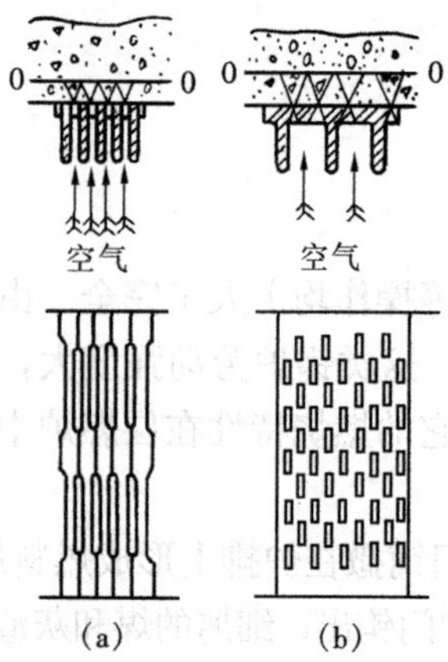

图 4-4 手烧燃煤炉常用炉排
(a) 条状炉排；(b) 板状炉排

块灰渣。所以打焦碎渣的拨火操作是手烧燃煤炉燃烧过程的重要一环。手烧燃煤炉的司炉工必须投煤要勤，每次投煤量要少，使煤层厚度薄而均匀；开炉门加煤和拨火的动作要迅速，减少涌入大量冷空气而降低炉温。

燃尽后的灰渣呈熔融状下流，与上升的空气流相遇而被冷却成固态灰渣。这层灰渣将灼热焦炭层和炉排隔开，保证炉排不被高温烧坏。炉排面上通风缝隙总截面积与炉排总截面积之比称为通风截面比。通风截面比较小，燃烧最旺的区域距炉排就远，炉排的工作条件比较好；反之，炉排的工作温度就高。

目前常用的手烧燃煤炉炉排有板状炉排和条状炉排（图 4-4），其长度一般不超过 2.2m，用铸铁制成。条状炉排相邻两片之间留有 3～15mm 的通风缝隙，有较大的通风截面比（20%～40%），通风阻力小，无需鼓风机，漏煤量较多。空气从炉排下进入能迅速扩散到燃烧层，炽热的燃烧层距炉排比较近，炉排工作条件较差，容易烧坏。条状炉排适合燃用大块及挥发物高的烟煤和褐煤。板状炉排上开有若干长圆形通风孔，通风截面比为 8%～12%，空气较为集中地引入，灰渣隔离层较好，炉排工作条件好些。板状炉排适合燃用低挥发物和低灰熔点的煤。

二、燃木材炉

在林区和木材加工厂，有许多废木材可以用作燃料。图 4-5 所示为旧式燃木材炉的结构与燃烧过程，燃烧过程与燃煤手烧炉类似。间歇加木材，燃料层厚度与燃烧过程呈周期性变化。在加入新木材时，炉门开启，冷空气大量涌入炉内，炉温下降，由于燃料层最厚，通风阻力最大。为了达到理想的燃烧过程，送风机采用无级调节。送风机将燃烧空气通过风管送入装料室和涡流燃烧器中心（二次空气）。在装料室，燃烧空气产生正压。它压迫燃烧气体与相当高份额还未燃烧的成分向下通过炽热的木炭和炉排板。在涡流燃烧器上由于带预热的二次空气的旋风，发生了主燃烧。在这个过程中，在 1100℃下，即使很难点火燃烧的成分也燃烧了，直至燃尽。

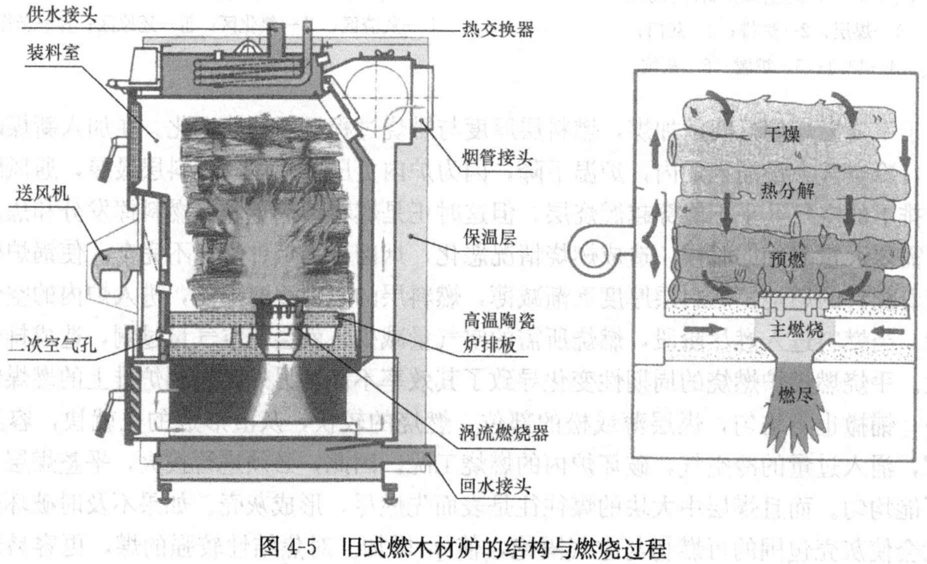

图 4-5 旧式燃木材炉的结构与燃烧过程

图 4-6 所示为改进过的自动加料燃木材颗粒锅炉。储料斗中的木材颗粒由螺旋送料机和防回火的配料闸自动加料送入燃烧室。点火也由热风机自动完成，燃烧在燃烧盘中发生。测量传感器用来确定理想燃烧的空气量与燃料量，控制燃烧温度和烟气温度。这种锅炉可以使燃烧控制在额定功率的 30%～100%之间。

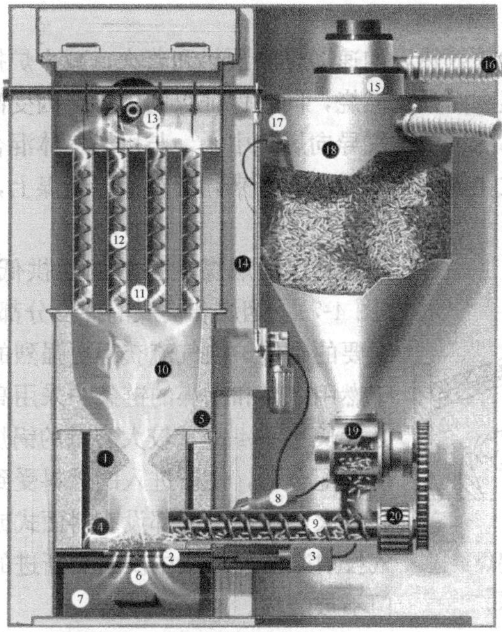

图 4-6 自动加料燃木材颗粒锅炉燃烧室结构

①—燃烧室；②—移动式炉排隔栅；③—移动式炉排隔栅电动机；④—二次空气流与进气道；⑤—高温隔热板；⑥—一次空气；⑦—灰盘；⑧—自动点火装置；⑨—螺旋送料机；⑩—循环区域；⑪—热交换器；⑫—涡流器；⑬—引风机；⑭—完全保温层；⑮—抽吸涡轮机；⑯—抽吸系统；⑰—加注高度报警器；⑱—储料斗；⑲—蜂窝轮—配料闸；⑳—电动机驱动单元

第三节 链条炉排炉

链条炉排炉简称为链条炉，是一种结构比较完善的机械化层燃炉，它的加煤、清渣、除灰等主要操作都实现了机械化。链条炉在我国使用非常普遍，蒸发量从 0.5～60t/h。

一、链条炉的构造（图 4-7）

煤靠自重由炉前煤斗下落，通过煤闸门落在链条炉排上，调节煤闸门的高度来控制炉排上煤层的厚度。电动机通过减速箱或液压传动装置，带动链条炉排以 2～20m/h 的速度自前向后缓慢移动。进入炉膛的煤随着炉排的移动，逐渐地预热、干燥、着火燃烧和燃尽，最后形成的灰渣经装在炉排末端的挡渣板（又称老鹰铁）排入落渣口。

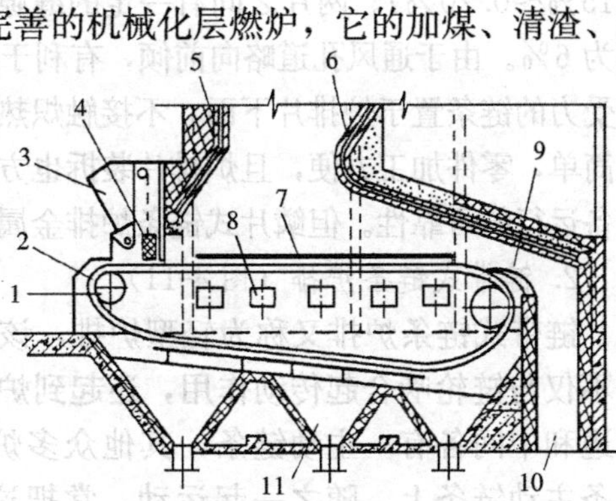

图 4-7 链条炉结构简图

1—主动链轮；2—链条炉排；3—煤斗；4—煤闸门；5—前拱；6—后拱；7—防焦箱；8—分区送风仓；9—老鹰铁；10—落渣口；11—灰斗

在链条炉中，新加入的煤不是落在炽热的焦炭上，而是落在温度较低的炉排上。为改善链条炉着火条件，加速煤的燃烧，通常在链条炉燃烧室的前、后墙内设置成向炉内凸出的拱形，称为炉拱。拱一般是在水冷壁或型钢上吊挂异型耐火材料构筑而成。对于小型链条炉也有使用耐火砖砌拱的。靠近炉前小煤斗、位于燃烧室前墙上的拱成为前拱；位于燃烧室后墙上的拱成为后拱。

前拱用来反射炉内的辐射热，加速新煤的预热和着火，减少炉排前端燃烧时对水冷壁管的辐射，保持该处煤的温度而强化燃烧，同时保证煤闸门不会因受高温而烧坏。

后拱用来将炉排后部的过剩空气导向燃烧中心，与可燃气体混合，同时也使导向前端的烟气中未燃尽的炽热炭粒在气流转弯时分离下来，落在前端新煤上，有助于新煤的燃烧。因此，后拱又称为对流拱。

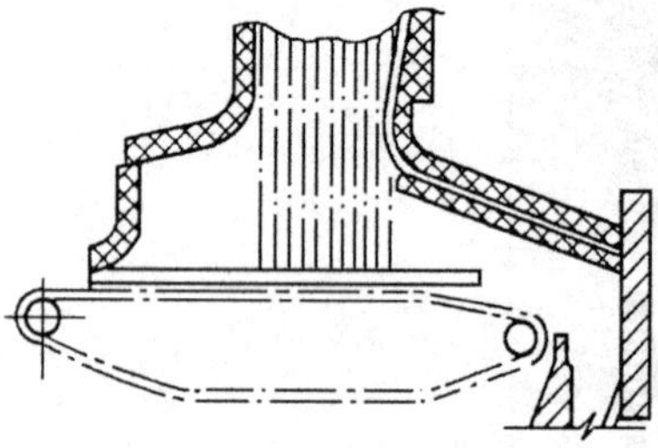

图 4-8 燃用烟煤和褐煤链条炉的炉拱示意图

燃用无烟煤链条炉的后拱低而长，以改善燃烧条件（图 4-7）。烟煤和褐煤的挥发分都比较高，着火并不困难，重要的是使炉内气流获得更强烈的扰动和混合。因此，对于燃用烟煤和褐煤的链条炉采用高而短的前拱，后拱也不必太长（图 4-8）。较大容量的锅炉通常采用高前拱，在后拱的配合下，使新进入的燃料受到大量辐射热而加快干燥和着火，在前拱底部设有斜面式或抛物面式引燃拱，使烟气投射来的热量集中反射到新进的煤上，同时又保护煤闸门不被烧坏。

由于炉排面上燃烧旺盛区温度很高，可使煤中的灰分熔化而结渣，并与炉墙黏结在一起，破坏炉排的正常运转。因此，链条炉两侧内墙处设有防焦箱。通常以两侧水冷壁的下联箱同时作为防焦箱，而连于锅炉的水循环系统。

二、链条炉排的种类和结构

我国供热锅炉常用的链条炉排有鳞片式、链带式和横梁式三种。

1. 鳞片式链条炉排

该炉排片在夹板中前后交叠成鳞片状（图 4-9、图 4-10），漏煤甚少（一般仅约 0.15%～0.20%）。两片之间有一定的缝隙作为空气进入燃烧层的通道，炉排的通风截面比约为 6%。由于通风孔道略向前倾，有利于将炽热的气流导向炉子前端以加速引火燃烧。若干根受力的链条置于炉排片下面，不接触炽热的火床层，它的冷却性能较好。鳞片式链条炉排结构简单，零件加工方便，且炉排片装拆也方便，运行中就可以更换损坏的炉排片，从而提高了设备运行的可靠性。但鳞片式链条炉排金属耗量较高，一般用在 D 为 10～35t/h 的锅炉中。

2. 链带式链条炉排（图 4-11）

链带式链条炉排又称为轻型炉排，该炉排的链条是由主动链环串联而成。由于主动链环不仅与链轮啮合起传动作用，还起到炉排作用，因此也称为主动炉排片。整个炉排上，两边和中间各有一主动链条，其他众多炉排片靠圆钢拉杆通过其下部的两个孔而串接于三条主动链条上，随之一起运动，常把这些炉排片称为从动炉排片。这种炉排的通风截面比为5.5%～12%。

用圆钢制成的长销将炉排片串联起来，组成一定宽度的链带围绕在前链轮和后滚筒上。主动炉排片由可锻铸铁制成，其厚度比从动炉排片厚，从动炉排片是由普通灰口铸铁铸成。

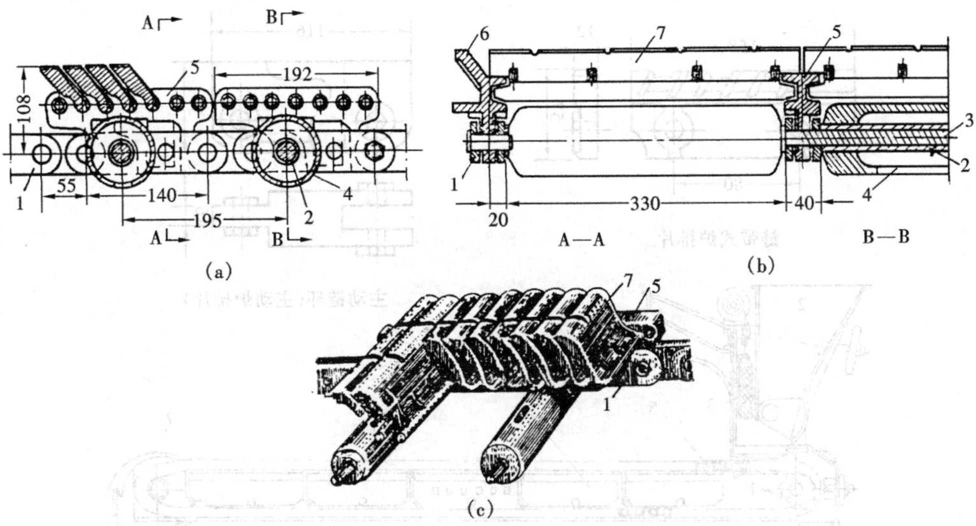

图 4-9 鳞片式链条炉排结构

1—链条；2—节距套管；3—拉杆；4—铸铁滚筒；

5—炉排中间夹板（手枪板）；6—侧密封夹板；7—炉排片

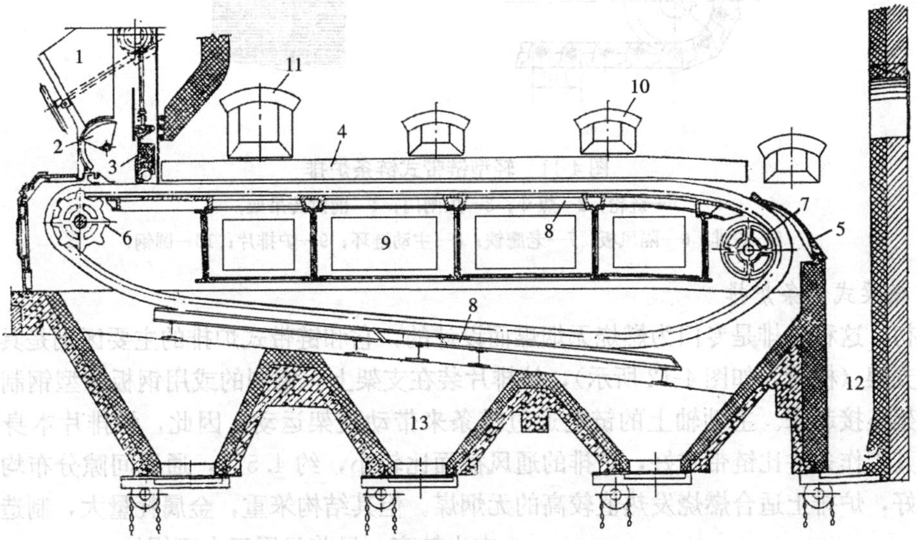

图 4-10 鳞片式链条炉排总图

1—煤斗；2—扇形挡板；3—煤闸门；4—防渣箱；5—老鹰铁；6—主动链轮；

7—从动轮；8—炉排支架上、下导轨；9—送风仓；10—拨火孔；

11—人孔门；12—渣斗；13—漏灰斗

链带式链条炉排结构简单，安装制造较为方便，而且金属耗量远小于鳞片式链条炉排，仅为鳞片式链条炉排重量的 2/3 左右。但它的链带既受拉力，又处于高温下工作，容易拉断；其一般炉排片厚度很薄，也是既受力又受热，运行中也易断裂。由于这种炉排是由圆钢串联为一体，更换炉排片相当麻烦。一般只用在 $D<10\text{t/h}$ 的锅炉中。

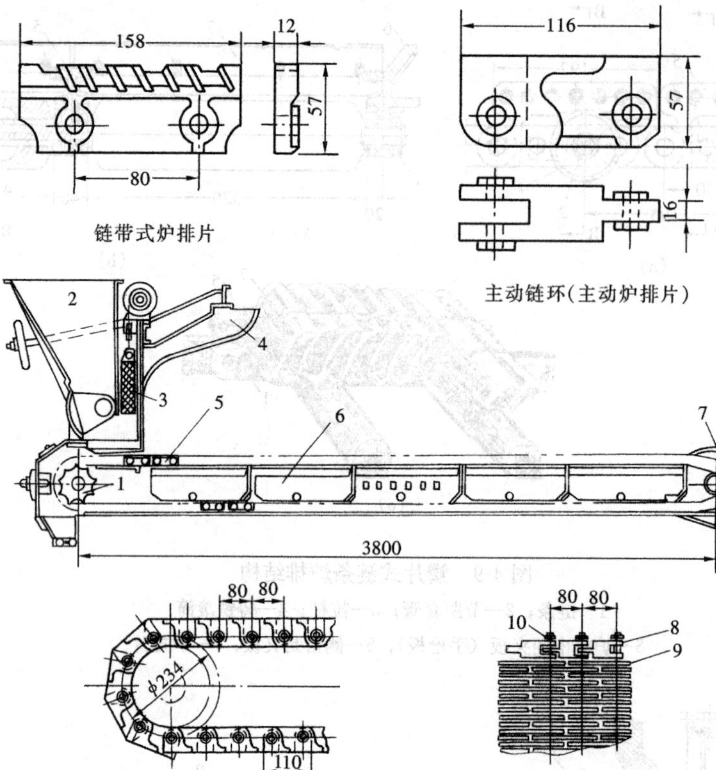

图 4-11 轻型链带式链条炉排

1—链轮；2—煤斗；3—煤闸门；4—前拱砖吊架；
5—炉排；6—隔风板；7—老鹰铁；8—主动链环；9—炉排片；10—圆钢

3. 横梁式链条炉排

最初，这种炉排是专门为燃烧无烟煤而设计的，它和链带式炉排的主要区别是具有刚性很强的支架（横梁，如图 4-12 所示），炉排片装在支架上，钢制的或用钢板和型钢制成的链条把支架连接起来。主动轴上的链轮通过链条来带动支架运动。因此，炉排片本身不受拉力，故其工作条件比链带式好，炉排的通风截面比较小，约 4.5%，通风间隙分布均匀，冷却条件好，炉排上适合燃烧发热值较高的无烟煤。但其结构笨重，金属耗量大，制造安装要求也较高。目前只用于大型锅炉。

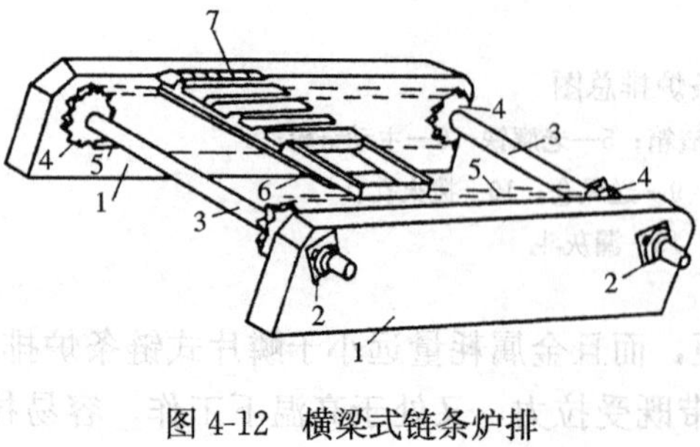

图 4-12 横梁式链条炉排

1—炉排墙板；2—轴承；3—轴；4—链轮；
5—链条；6—支架（横梁）；7—炉排片

从安全、经济的角度出发，链条炉排还应配有以下装置：

(1) 炉排的张紧装置。为了不使炉排在运行时拱起，炉排面必须张紧。链带式炉排依靠前、后轴将链条张紧，一般前轴可作调节，横梁、鳞片式链条炉排则依靠其自重来张紧。

(2) 挡渣装置。为了不使灰渣落入炉排中，也为了延长灰渣在炉排上的逗留时间，以便燃烧得更完全，同时减少炉排尾部的漏风，必须设置挡渣装置。因其形状像老鹰的嘴，故常称为老鹰铁（如图 4-11 中 7 所示）。

（3）炉排密封装置。链条炉排是可以移动的，它和支架之间有一定间隙。间隙太大，冷空气就会从边缘处直接蹿入炉内，影响炉内正常燃烧。间隙太小，对链条炉排运动有阻碍。因此，在这间隙中设置炉排密封装置（图 4-13），其任务是限制空气自由窜入而不影响链条炉排正常运转。

三、链条炉的燃烧过程

链条炉的燃烧过程是沿着炉排长度由前向后分为四个区段进行的（图 4-14）。

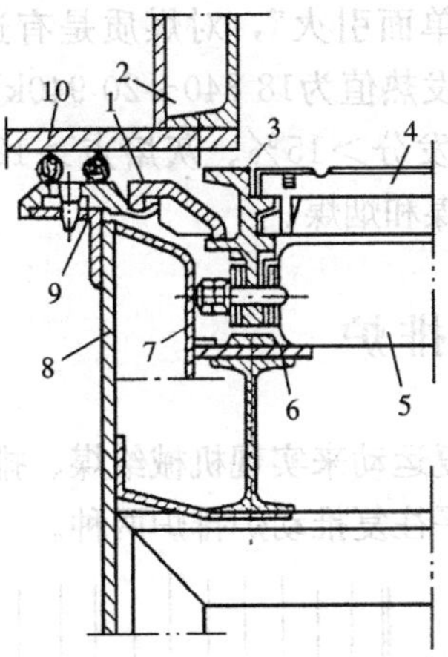

图 4-13 接触式侧密封装置

1—密封搭板；2—防焦箱；3—炉排边夹板；4—炉排片；5—铸铁滚筒；6—链节；7—密封薄板；8—炉排墙板；9—固定板；10—石棉绳

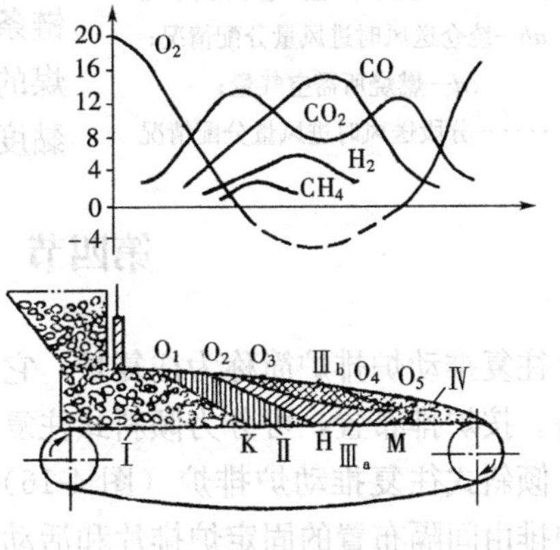

图 4-14 链条炉燃烧过程与烟气成分示图

Ⅰ—新煤区；Ⅱ—挥发物析出、燃烧区；Ⅲa—焦炭燃烧氧化区；Ⅲb—焦炭燃烧还原区；Ⅳ—灰渣形成区

在Ⅰ区：煤预热、干燥，基本不需要空气；

在Ⅱ区：挥发物逸出并燃烧，需要较多的空气；

在Ⅲ区：焦炭燃烧，主要燃烧阶段，需要大量的空气；

在Ⅳ区：燃烧的煤移动到炉排后端形成灰渣，此阶段需要的空气量很少。

链条炉的燃烧与手烧炉不同，煤经煤斗滑落在冷炉排上，而不是铺撒在炽热的燃烧层上；进入炉子后，主要依靠来自炉膛的高温辐射，自上而下地着火、燃烧。这种“单面引火”的着火条件不如手烧炉有利，所以链条炉对燃煤是有选择性的。但由于其燃烧过程的几个阶段是沿着炉排长度按顺序连续地完成，避免了燃烧的周期性，改善了燃烧工况，其燃烧效率比手烧炉高。

由于在链条炉的四个燃烧区段所需的空气量不同，为保证煤的燃烧过程正常进行，对链条炉采用分段送风，即将炉排下的风仓沿炉排长度方向分隔成几个区段，互相隔开做成风室，每个风室各自装设调节风门以调节风量。一般是将炉排下面分隔成 4～6 个独立的送风室，空气由炉子一侧送入。对于较宽的炉子，由锅炉左、右两侧同时相对进风，以免空气分布不均。从图4-15可以看出，曲线 *cd* 为燃烧所需空气量，若采用统仓送风（曲线 *ab*），存在

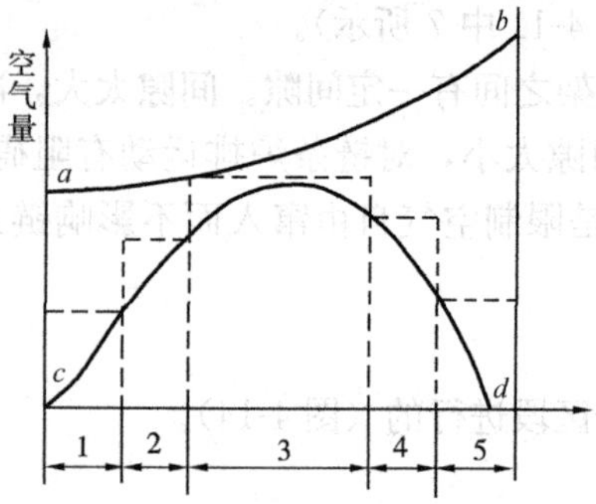

图 4-15 链条炉空气分配情况
ab—统仓送风时进风量分配情况;
cd—燃烧所需空气量;
-----分段送风时进风量分配情况

空气供需不平衡现象;若采用分段送风(虚线),大部分所需空气都在中部。

为了强化炉内气流的扰动和混合,往往在拱内的一定位置设置介质为空气或蒸汽的二次风,这样还可以防止结焦,降低气体不完全燃烧热损失和炉膛过量空气系数,延长悬浮于烟气中的细屑燃料在炉膛中的行程和停留时间,使之燃尽。二次风的风量为总风量的5%~10%。

由于链条炉是"单面引火",对煤质是有选择性的。链条炉适于燃用低位发热值为18 840~20 940kJ/kg以上,煤的水分<20%、挥发分>15%、灰熔点>1250℃的弱黏度或黏度适中的贫煤和烟煤。

第四节 往复推动炉排炉

往复推动炉排炉简称为往复炉,它是利用炉排的往复运动来实现机械给煤、排渣的燃烧设备。按炉排布置,可分为倾斜式往复推动炉排炉和水平往复推动炉排炉两种。

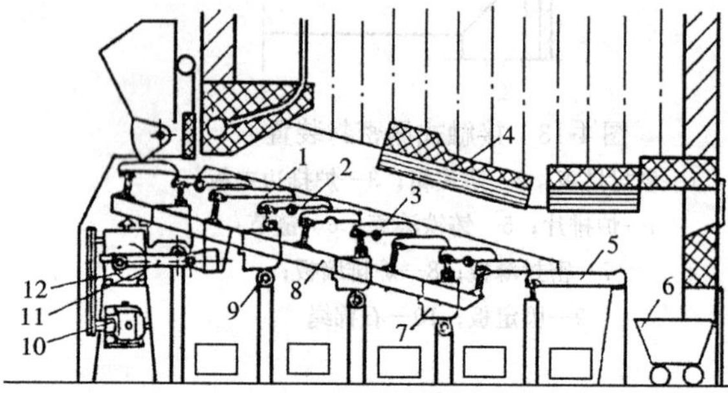

图 4-16 倾斜式往复推动炉排炉示意图
1—活动炉排;2—固定炉排;3—支承棒;4—炉拱;
5—燃尽炉排;6—渣斗;7—固定梁;8—活动框架;
9—滚轮;10—电动机;11—推拉杆;12—偏心轮

倾斜式往复推动炉排炉(图 4-16)的炉排由间隔布置的固定炉排片和活动炉排片组成,炉排片的通风截面比为7%~12%。固定炉排片的尾部固定在铸铁或槽钢制成的横梁上,横梁则架在炉排框架上。活动炉排片的前端搭在固定炉排片上,其尾部坐在活动的铸铁横梁上,横梁的两端架在滚轮上。各排的活动炉排的横梁连在一起,组成活动的炉排框架。整个炉排面与水平成15°~20°倾角,炉排框架由电动机和偏心轮带动,作前后往复运动,其行程约为70~120mm。在煤从煤斗落到前端的少缝或无缝的炉排片上后,就可借助这种往复运动,不断向前推动,并经各燃烧阶段形成灰渣,最后被推到专为更好燃尽灰渣而设置的一段平炉排——燃尽炉排上,灰渣燃尽后被推入渣斗。

水平往复推动炉排炉(图 4-17)的结构与倾斜式的相同,但其框架是水平的,炉排片略向上翘,倾角一般在12°~15°,整个炉排的纵剖面呈锯齿形。当活动炉排向斜上方推动时,将固定炉排片上前部的煤挤压形成一个高峰,并向前面一排活动炉排的后部跌落,上下煤层得到良好的掺和混合。当活动炉排后退时,其前部煤层向下塌陷,形成低谷,同时得以疏松。这样,在活动炉排的往复行程内,煤层时高时低,呈波浪式移动,逐渐依次完成燃烧的各个阶段。

往复炉结构简单,制造方便,金属耗量小,耗电量少,消除烟尘效果较好。由于往复炉

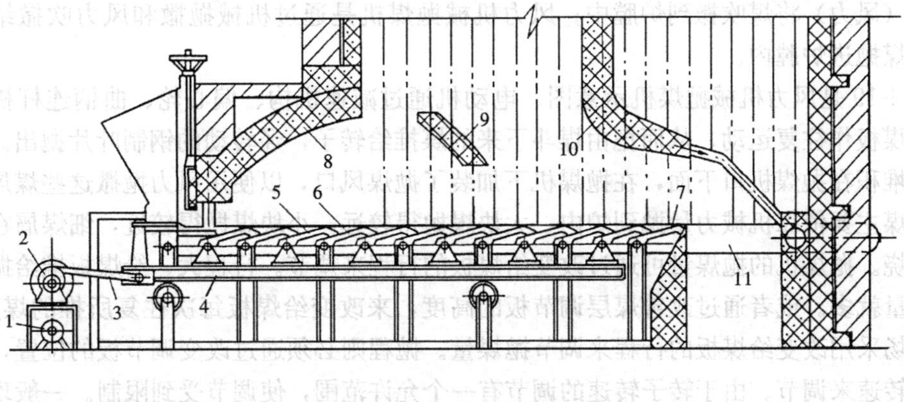

图 4-17 水平往复推动炉排炉示意图

1—电动机；2—偏心轮；3—推拉杆；4—活动框架；5—活动炉排；
6—固定炉排；7—燃尽炉排；8—前拱；9—中拱；10—后拱；11—下联箱

能实现加煤、拨火和除渣等操作的机械化，煤种的适应性比链条炉好，可以燃用较低发热值、多灰、多水和弱结焦的烟煤。

往复炉的燃烧特性基本上和链条炉相同，即着火性能差，炉内应配置拱和二次风。因为煤在往复炉排上的燃烧过程也是沿长度分布的，所以炉排同样采用分区送风。

往复炉的最大缺点是炉排冷却性较差，主燃烧区炉排因温度高容易烧坏（特别是水平往复推动炉排炉）。因此，往复炉不宜燃用优质煤。此外，因炉排有倾斜度，炉排又作水平运动，密封处理困难，易产生漏煤、漏风。倾斜式往复炉的炉体较高，增加了锅炉房的高度。往复炉在运行中噪声较大。

目前，我国生产的往复推动炉排炉的蒸汽锅炉容量多在 6t/h 以下、热水锅炉容量在 46MW 以下。

第五节 抛 煤 机 炉

抛煤机炉是将抛煤机与链条炉排配合起来使用的燃烧设备。

按抛煤方式，抛煤机分为机械抛煤、风力抛煤和风力机械抛煤（图 4-18）三种类型。机械抛煤机是利用旋转的叶轮（也称为打击板）将煤抛撒到炉膛中；风力抛煤机是利用

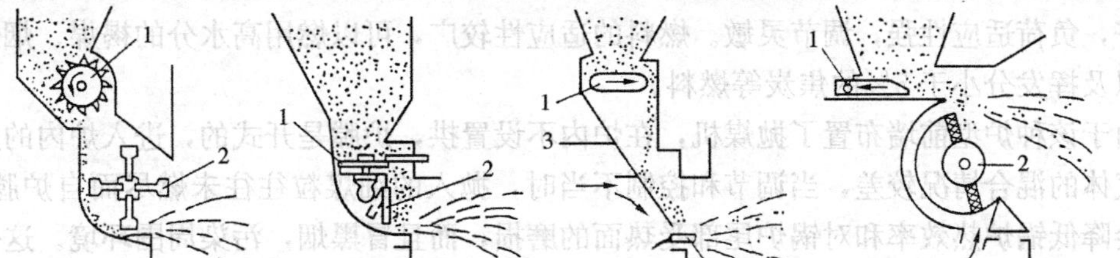

图 4-18 抛煤机种类

(a)、(b) 机械抛煤机；(c) 风力抛煤机；(d) 风力机械抛煤机

1—给煤设备；2—击煤设备；3—倾斜板；4—风力播煤设备

空气流（风力）将煤吹撒到炉膛中；风力机械抛煤机是通过机械抛撒和风力吹撒结合在一起，将煤抛进炉膛内。

图 4-19 是风力机械抛煤机示意图。电动机通过减速机构、偏心轮、曲柄连杆机构和摇杆驱动煤板作往复运动，从而把由煤斗下来的煤推给转子，经转动的钢制叶片抛出。为了避免细煤堆积在抛煤机口下面，在抛煤机下加装了抛煤风口，以便用风力抛撒这些煤屑。

燃煤主要依靠机械力量抛到炉内，大块煤抛得较远，小块煤抛得较近，细煤屑在炉膛中悬浮燃烧。抛煤机的抛煤量可通过改变给煤板的行程来调节。行程大，给煤板推给抛煤机转子的煤量就多。或者通过改善煤层调节板的高度，来改变给煤板每次往复所推的煤层厚度。一般现场采用改变给煤板的行程来调节抛煤量。抛程则必须通过改变调节板的位置，或者改变转子转速来调节。由于转子转速的调节有一个允许范围，使调节受到限制。一般现场改变调节板的位置，即将调节板向炉膛方向移动，则射程较近；反之，射程较远（图 4-20）。

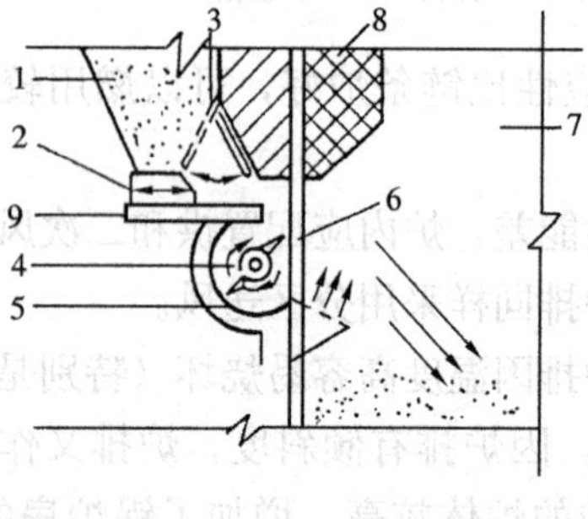

图 4-19　风力机械抛煤机示意图

1—煤斗；2—给煤板；3—煤层调节挡板；4—抛煤机转子；5—冷风道；6—播煤风道；7—炉膛；8—炉前墙；9—调节板

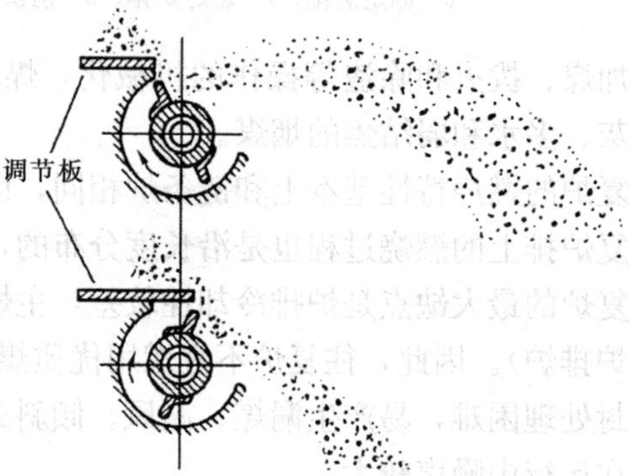

图 4-20　风力机械抛煤机射程的调节

为了使抛出的煤沿炉排宽度方向分布比较均匀，每台锅炉所安装的抛煤机台数取决于炉膛宽度，一般每 0.9～1.1m 宽应设一台抛煤机。

抛煤机将煤直接抛撒在灼热的燃烧层上，具有“双面引火”的着火条件。抛煤机连续地将少量的燃煤抛入炉膛，煤相互不直接接触，通过炉膛高温区时，煤的表面已焦化，且细煤屑在炉膛空间悬浮燃烧。这样抛撒到炉排上的煤就不会黏结在一起，使煤层较疏松。因此，这种燃烧方式处于层燃与室燃之间，是一种较好的机械化燃烧方式。其着火条件和燃烧条件都较好，负荷适应性强，调节灵敏。燃料的适应性较广，可以燃用高水分的褐煤、烟煤、无烟煤以及挥发分小于 5%的焦炭等燃料。

由于该种炉型前墙布置了抛煤机，在炉内不设置拱，炉膛是开式的，进入炉内的空气与可燃气体的混合情况较差，当调节和控制不当时，抛入的细煤粒往往未燃尽而自炉膛飞出，不仅会降低锅炉热效率和对锅炉尾部受热面的磨损，而且冒黑烟，污染周围环境。这一弊病导致了抛煤机炉的使用受到限制。

另外，抛煤机结构复杂，制造质量要求高。为了保证抛煤的均匀性，对原煤的颗粒直径要求较高，大的不得超过 30～40mm，小于 6mm 的不得超过 60%，小于 3mm 的不得超过 30%。原煤的水分超过 12%时，抛煤机则很难正常工作。

第六节 煤 粉 炉

煤粉炉是将煤在磨煤机中制成煤粉，然后用空气将煤粉喷入炉膛内，呈悬浮状态燃烧的燃烧设备。煤粉炉主要由磨煤机、炉膛和喷燃器组成。

一、磨煤机

磨煤机是用来将煤块粉碎而获得煤粉的设备。目前在小型工业锅炉中常用的有锤击式高速磨煤机和风扇式磨煤机。

1. 锤击式高速磨煤机

因为其排粉口以上是一竖井，又称为竖井磨煤机（图4-21）。

锤击式高速磨煤机由外壳和转子组成，在转子上装有一排排的小锤。给煤机将预破碎的原煤送进磨煤机，在高速旋转的小锤打击和与外壳的撞击、碾压下变成了煤粉。热风沿磨煤机两侧轴向进入磨煤机，把干燥后的煤粉吹入高度在4m以上的竖井中。由于重力作用，较大煤粒落回磨煤机重磨，细煤粉被热风带到喷口直接送入炉膛燃烧。因为竖井设置在锅炉旁边，直接与锅炉的燃烧室相连，使得制粉燃烧系统比较简单，单位耗电量较小。但该磨煤机磨制的煤粉较粗，着火不易稳定，且不宜磨制较硬的煤。它适用于油页岩、褐煤和挥发分较高的烟煤。为防止煤粉在竖井中爆炸，根据煤种和所含水分，要设定热风在竖井出口处的温度，对于烟煤不大于130℃，对于褐煤不大于100℃。

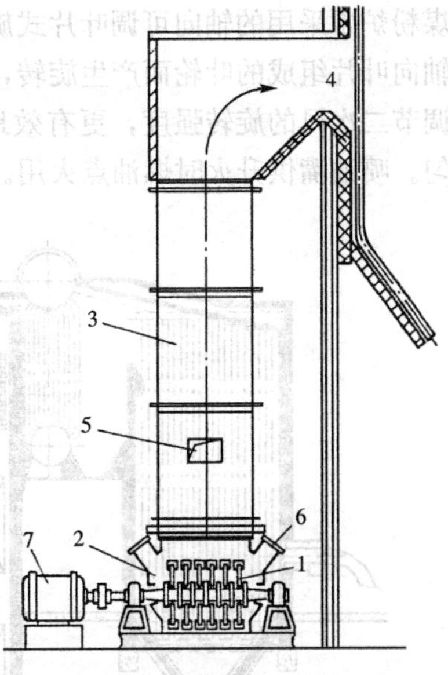

图4-21 竖井磨煤机示意图

1—转子；2—外壳；3—竖井；4—喷口；5—燃料入口；6—热风入口；7—电动机

2. 风扇式磨煤机

风扇式磨煤机（图4-22）由叶轮、外壳、轴及轴承四部分组成。叶轮的形状似风机的转子，上面装有8～12块冲击板，外壳的形状也像风机外壳，其内表面装有一层护板。冲击板和护板均采用耐磨材料（如锰钢）制成。风扇式磨煤机除了磨煤，还起到风机的作用（一般可产生1500～2000Pa的压头）。

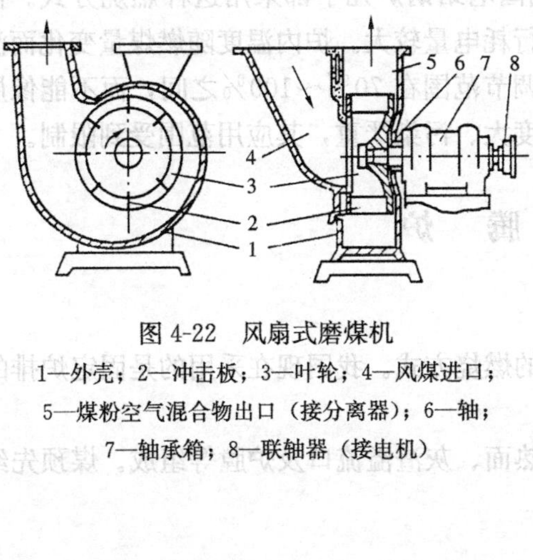

图4-22 风扇式磨煤机

1—外壳；2—冲击板；3—叶轮；4—风煤进口；5—煤粉空气混合物出口（接分离器）；6—轴；7—轴承箱；8—联轴器（接电机）

煤块在冲击板的高速旋转冲击与护板的撞击下被粉碎。在磨煤机上部装有粗粉分离器和调节煤粉细度的调节挡板。这种磨煤机吸入端的抽力较大，能从锅炉烟道中抽取部分热烟气与空气混合，提高风温，干燥煤粉用。

这种磨煤机可以采用直吹式，即磨制煤粉随热风直接进入炉膛，使得制粉供煤系统简单，金属耗量少，投资及运行费用较低。因为它能产生一定的风压，也可以远离锅炉本体，锅炉房布置比较方便，可以选择较理想的燃烧器。

风扇式磨煤机结构简单，制造方便，外形尺寸小。但煤粉的均匀度较差，磨损严重，冲击板调换麻烦。

二、煤粉炉的炉膛

我国一般采用固态排渣的煤粉炉（图 4-23）。其炉膛很简单，只是炉墙内壁四周布满了水冷壁，下部是由前、后墙水冷壁管倾斜形成一个锥形渣斗，使煤粉燃烧后分离下来的高温炉渣冷却后从这渣斗排出。炉膛后墙的上方为炉膛出口，燃烧后的高温烟气通过防渣管由此流出炉膛。

燃烧器是煤粉炉的重要部件，其作用是将煤粉和空气喷入炉膛中燃烧。图 4-24 是小型煤粉炉常采用的轴向可调叶片式旋流燃烧器。携带煤粉的一次风一般为直流，二次风则通过轴向叶片组成的叶轮而产生旋转，通过叶轮的前后调整，改变了与风道之间的间隙，从而可调节二次风的旋转强度，更有效地调节出口气流扩散角及回流区的大小，使得出口气流均匀。喷油嘴供升火时燃油点火用。

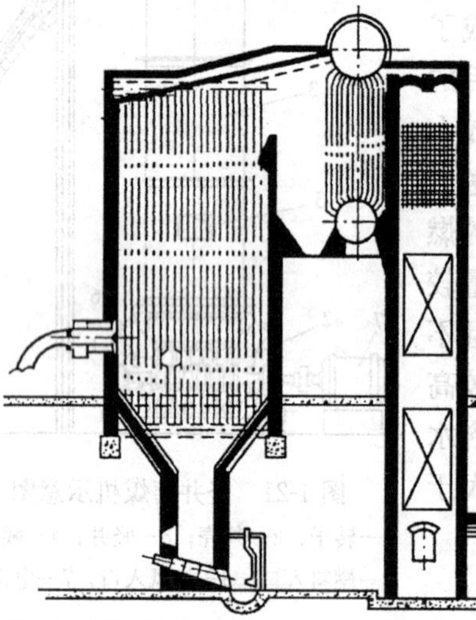

图 4-23　煤粉炉示意图

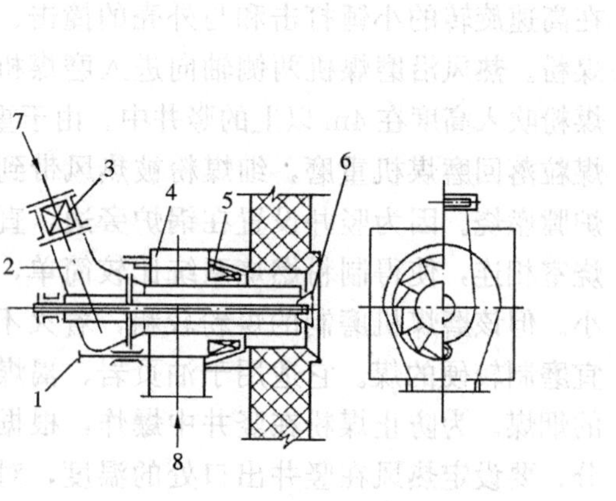

图 4-24　轴向可调叶片式旋流燃烧器示意图

1—拉杆；2—一次风管；3—一次风舌形挡板；4—二次风筒；5—二次风叶轮；6—喷油嘴；7—一次风；8—二次风

由于煤被磨制成很细的煤粉，与空气的接触面积大大增加，着火容易，燃烧也较完全（锅炉热效率可达 90%以上），煤质适应性强。我国电站锅炉几乎都采用这种燃烧方式。但这种燃烧设备需要配备一套复杂的制粉系统，运行耗电量较大。炉内温度随燃煤量变化而波动，影响煤粉燃烧的稳定，只能使煤粉炉的负荷调节范围在 70%～100%之间，而不能像层燃炉那样给以压火。此外，煤粉炉排烟的粉尘浓度大、污染严重，其应用范围受到限制。

第七节　沸　腾　炉

一、沸腾炉的结构

沸腾炉是一种介于层状燃烧与悬浮燃烧之间的燃烧方式。我国现在采用的是固定炉排的全沸腾炉（图 4-25），半沸腾炉已不再生产。

沸腾炉主要由给煤装置、布风装置、埋管受热面、灰渣溢流口及炉膛等组成。煤预先经破碎加工成 8～10mm 以下的颗粒，由给煤机从进料口送入炉内沸腾段，在由高压风机通过布风装置供给的空气的吹托下，煤层处于浮动、上下翻滚状态，着火燃烧，燃尽的灰渣从溢灰口排出炉体。

静止料层的高度为 300～500mm，运行时的膨胀高度为静止料层高度的 2～2.5 倍（其总阻力为 7～8kPa）。在沸腾炉内上下翻腾的料层中，炽热的灰渣占 90%～95%，新进入的煤粒占 5%～10%，因此新煤着火条件好，能燃烧各种劣质燃料。为了防止由于炉温过高而导致料层结渣、破坏沸腾炉工作，燃煤层的温度一般为 850～1000℃，属于低温燃烧。但由于煤粒与空气混合十分均匀，且在沸腾段不断地上下循环翻腾，增加了煤粒在炉内的停留时间，强化了燃烧与传热过程，其容积热负荷可达 1.7～2.1MW/m^3，大约是煤粉炉的 10 倍。

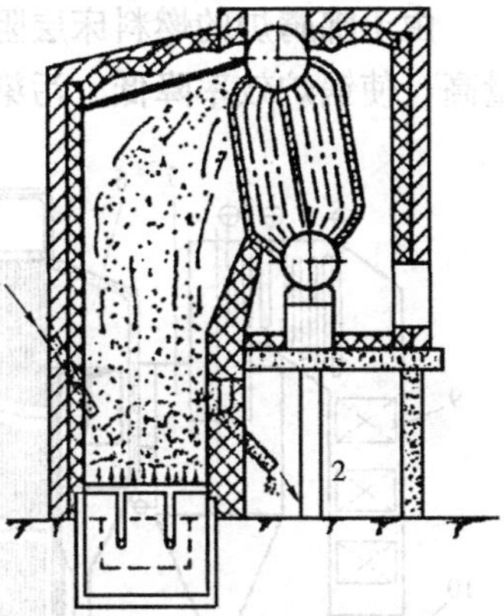

图 4-25 全沸腾炉结构示意图
1—给煤；2—溢流灰

布风装置是沸腾炉的重要组成部分，它由风道、风室和布风板组成。

风室是进风管和布风板之间的空气均衡容器，采用较多的是等压风室结构。等压风室各截面的上升速度相同、室内静压一致、整个风室配风均匀，而且结构简单。

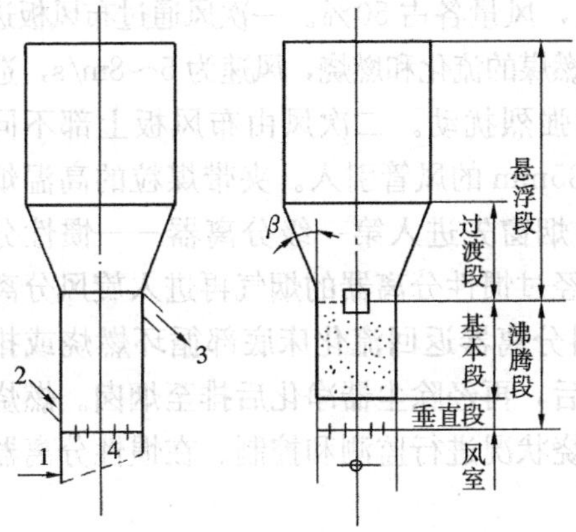

图 4-26 沸腾炉炉膛示意图
1—进风口；2—进料口；
3—溢流灰口；4—布风板

布风板在停炉时作炉排用，在工作时起到均匀布风和扰动料层的作用。布风板常用的有直孔式和侧孔式两种。直孔式又名密孔板式炉排，由一钢板或铸铁板钻孔制成。其结构简单，空气通过密集小孔垂直向上吹送，通风阻力小。但鼓风启动时容易造成穿风、使局部料层堆积而结焦，停炉时又易漏煤。侧孔式又称风帽式炉排，由开孔的布风板和蘑菇形风帽组装而成，空气从风帽的侧向小孔中吹出。这种结构改变了漏煤现象，但通风阻力增大、电耗高，是目前国内外应用最普遍的一种。

沸腾炉的炉膛由沸腾段和悬浮燃烧段组成（图 4-26），其分界线即为灰渣溢流口的中心线，离布风板约 1200～1600mm。沸腾段又分为垂直段和基本段，垂直段的高度为 500～900mm，其作用是保证布风板在一定高度范围内有足够的气流速度，使较大煤粒在底部能良好地沸腾、防止颗粒分层，减少“冷灰层”的形成。基本段的作用是逐步减小气流速度，从而降低飞灰带走量、促进颗粒的循环沸腾。炉体扩展角 β 是用来防止转角处滞流，一般为 44°。在沸腾段内布置有沉浸受热面，又名埋管，分为立式和卧式两种。沉浸受热面的吸热量占锅炉总吸热量的 40%～60%，埋管布置的多少，直接关系沸腾床的温度，应布置适当，一般床温控制在 900℃左右为宜。

悬浮段的作用是使被气流夹带的燃料颗粒因减速而落回沸腾段，同时延长细煤屑在炉内停留的时间，以便充分燃尽，悬浮段高度为 2.5～3m。悬浮段的烟气流速不宜超出 1.0m/s，烟温在 800℃左右。

由于沸腾炉的燃料床层阻力高，风机电耗约为一般锅炉的1.5～1.8倍；飞灰多且含碳量高，使锅炉效率降低、污染严重，因此沸腾炉的使用受到一定限制。

二、循环流化床锅炉

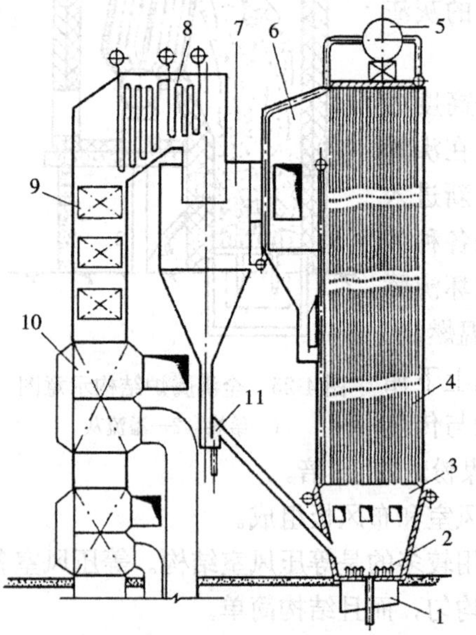

图4-27 循环流化床锅炉结构示意图

1—风室；2—风帽；3—燃烧室；4—膜式水冷壁；5—汽包；6—惯性分离器；7—旋风分离器；8—过热器；9—省煤器；10—空气预热器；11—返料器

沸腾炉具有可以燃用劣质煤、燃烧过程可脱硫、减少氮氧化物生成量等优点。随着环保要求的日益提高，在60年代诞生的循环流化床炉的基础上，我国80年代开始研制了新一代的循环流化床锅炉。

当气流速度增大时，则煤粒间的空隙加大、料层膨胀增高、所有的煤粒和灰渣上下翻腾至纷乱混杂，颗粒和气流之间的相对运动非常强烈，这种处于流化状态的料床称为流化床。

图4-27是一种中温中压单汽包自然循环锅炉。燃烧室下部采用风帽结构的矩形布风板，中心略微凹陷，以利于排渣。布风板上方约2m处，炉膛逐渐扩大，燃烧室上部四周为膜式水冷壁受热面，炉膛温度一般控制在850℃左右。燃烧所需空气分一、二次分级送入，风量各占50%。一次风通过布风板进入燃烧室，供燃煤的流化和燃烧，风速为5～8m/s，造成燃烧室内的强烈扰动。二次风由布风板上部不同高度的8个ϕ35mm的风管引入。夹带煤粒的高温烟气经炉膛出口烟窗先进入第一级分离器——惯性分离器，收集下来的较大煤粒通过返料器送回燃烧室。经过惯性分离器的烟气再进入旋风分离器，在这里收集到的较细物料，由U型阀结构的返料分离器返回流化床底部循环燃烧或排出。由旋风分离器引出的高温烟气经对流受热面冷却后，再经除尘器净化后排至烟囱。燃烧系统设置了观察窗、测温点和测压点，以便对炉内燃烧状况进行监测和控制。在惯性分离器设置了防爆门，以防意外事故的发生。

循环流化床锅炉的最大特点是送入炉内的燃煤（除细小颗粒外），都须经过多次循环，每小时循环灰物料量与加煤量之比一般在2.5～40之间。这样多次循环、反复燃烧和反复反应，使其燃烧效率和脱硫效率比较理想。

循环流化床锅炉有以下优点：

（1）燃烧效率高、燃料适应性强。由于燃煤中较小的颗粒随烟气速度进行流动，在未到对流受热面就完全燃尽。较大一些煤粒的沉降速度比烟气速度高，只有当其粒径进一步燃烧或碰撞减小时，才能随烟气逸出，较大颗粒经分离器分离返回炉膛循环燃烧，这种反复循环燃烧使得燃煤的燃尽率高，各煤种燃烧效率均可达90%以上。可燃用低热值无烟煤、劣质烟煤、页岩、炉渣及矸石等。

（2）排烟清洁。由于燃煤中加入石灰石，能很好地控制SO_2的生成和排放，脱硫效率可达90%以上。由于低温燃烧，可抑制NO_x生成。

（3）系统简单，运行操作方便。循环流化床锅炉的系统简单，既没有煤粉炉燃烧所需的复杂制粉系统，也没有链条炉排炉所需炉排及传送装置。负荷调节比例大，最低负荷可达到额定负荷的25%，负荷调节速度可达每分钟5%额定负荷，适于调峰运行，且运行操作灵活。

(4) 投资和运行费用省，有利于灰渣综合利用。循环流化床锅炉投资比配置脱硫装置的煤粉炉低15%～20%。锅炉排出的灰渣未经高温熔融过程，且含可燃物低，这灰渣可用作混合料和其他建筑材料，减少灰渣的二次污染。

第八节　燃油、燃气锅炉

燃油、燃气锅炉均属于室燃锅炉，所用燃料均由燃烧器喷入炉膛内燃烧，燃烧后不会产生灰渣。这类锅炉不需要燃煤锅炉安置的复杂庞大的破碎、输送燃煤的设施和燃烧及除尘设备，因而结构紧凑、体积小、重量轻、占地面积小、污染小、自动化程度高，在对环保要求高、禁止使用燃煤锅炉的城市及锅炉房比较狭小、对供热调节技术要求高的地区和单位，被大量地使用。

一、燃油锅炉

中、小型锅炉一般燃用轻柴油，大型燃油锅炉较多燃用重油。由于燃油的沸点总是低于它的着火点，因此燃油一般是以气态燃烧。燃油受热首先汽化为油蒸气，在同空气的混合物达到一定温度后开始着火燃烧。为了强化燃油的汽化程度，常将燃油雾化成细小的油滴喷入炉膛，受炉内高温烟气的加热，油滴很快汽化并同周围空气中的氧混合，开始着火、燃烧，燃烧后的热量有一部分传给油滴，使油滴不断汽化和燃烧，直到燃尽。

(一) 燃油雾化燃烧器

油雾化燃烧器将从储油罐吸入的燃油从喷嘴压出，风机送入燃烧所需的空气(图4-28)。在燃烧过程中，火焰由监控装置控制。

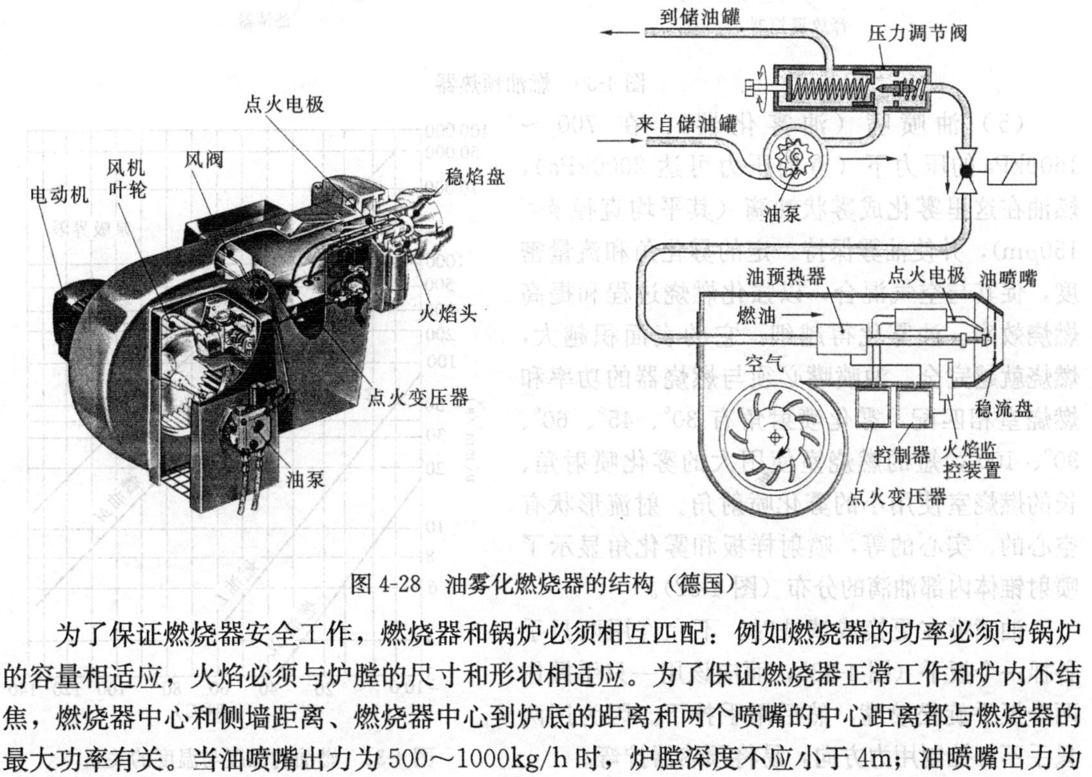

图4-28　油雾化燃烧器的结构(德国)

为了保证燃烧器安全工作，燃烧器和锅炉必须相互匹配：例如燃烧器的功率必须与锅炉的容量相适应，火焰必须与炉膛的尺寸和形状相适应。为了保证燃烧器正常工作和炉内不结焦，燃烧器中心和侧墙距离、燃烧器中心到炉底的距离和两个喷嘴的中心距离都与燃烧器的最大功率有关。当油喷嘴出力为500～1000kg/h时，炉膛深度不应小于4m；油喷嘴出力为

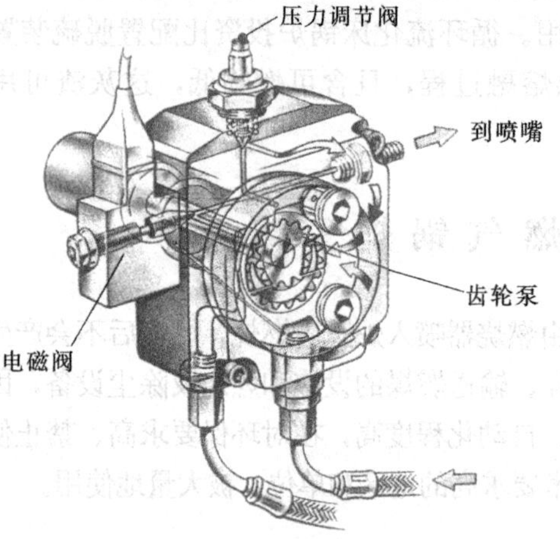

图 4-29 油泵

200～250kg/h 时，炉膛深度不应小于 3m。

为了燃油的输送、雾化和与燃烧的空气充分地混合，还需要下列部件：

（1）电动机：电动机通过一个公共轴驱动油泵和送风机。

（2）油泵（图 4-28、图 4-29）：在小型和中型燃烧器上，常用齿轮泵作为油泵。它通过单管或双管系统从储油罐吸入燃油，以 700～1600kPa 的压力压出喷嘴。用压力调节阀可以调节泵的压力。

（3）送风机：送风机负责输入充足的燃烧用空气。空气通过吸入孔和空气阀被送到火焰根部。然后在稳焰器上与雾化的燃油混合。

（4）燃油预热器（图 4-30）：在燃烧器上，首先通过预热器将少量的燃油预热（轻质燃油预热到 50～80℃、重油预热到 110～130℃）。因为燃油黏度降低到 3～4E°以下，才可以较好地雾化（图 4-31）。只有在达到油温时，温控开关才打开其他的程序，燃烧器才可以驱动。

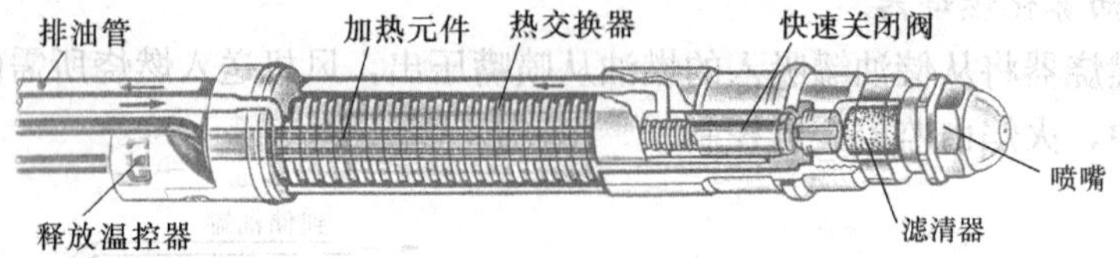

图 4-30 燃油预热器

（5）油喷嘴（油雾化器）：在 700～1600kPa 的压力下（重油压力可达 2000kPa），燃油在这里雾化成雾状油滴（其平均直径 $\phi<150\mu m$），并使油雾保持一定的雾化角和流量密度，促其与空气混合，以强化燃烧过程和提高燃烧效率。油雾化得越细，它的表面积越大，燃烧就越完全。油喷嘴必须与燃烧器的功率和燃烧室相匹配，雾化喷射角有 30°、45°、60°、90°、100°，短的燃烧室使用大的雾化喷射角、长的燃烧室使用小的雾化喷射角。射流形状有空心的、实心的等，喷射样板和雾化角显示了喷射锥体内部油滴的分布（图 4-32）。

油喷嘴在更换或清洗时，不允许用两只手各抓一个扳手（图 4-33），而应该用一只手握住两个扳手旋松喷嘴，然后用手拧下。因为用两只手不好控制用力方向，易将预热器拧弯。

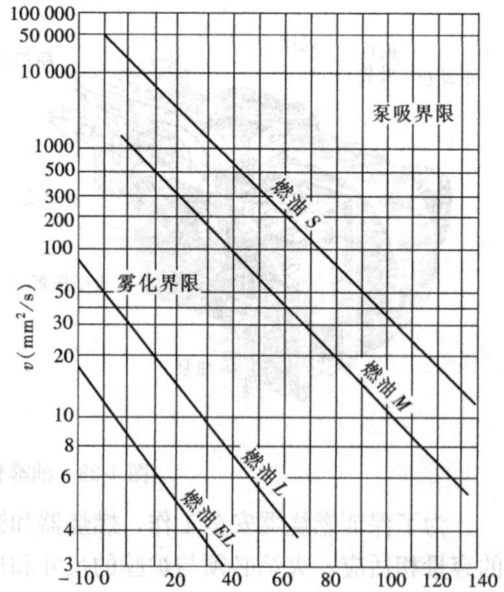

图 4-31 燃油的黏度与温度的关系

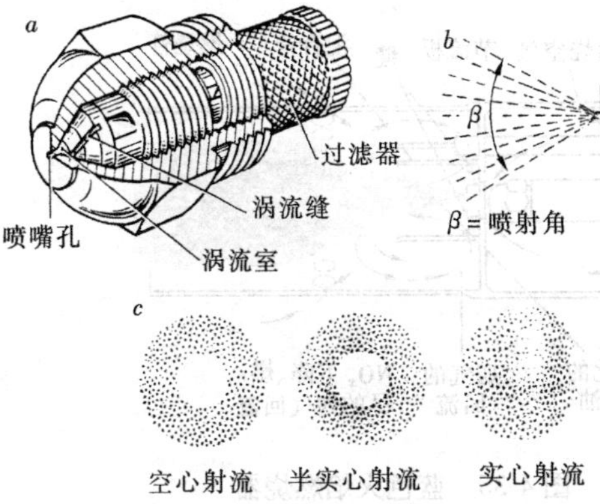

图 4-32 油喷嘴的喷射样板

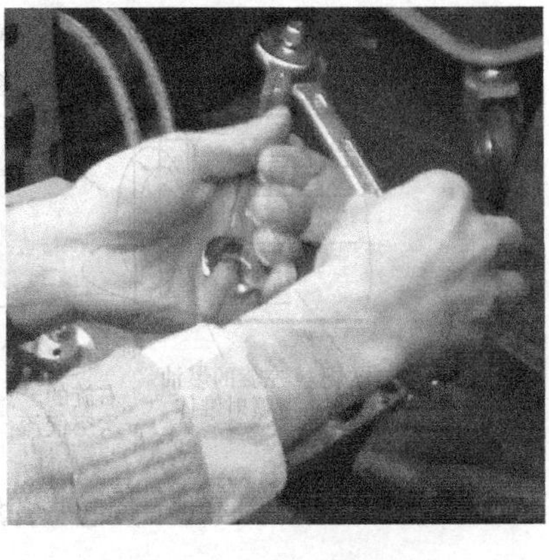

图 4-33 错误操作示例

注：错误地用两只手握扳手拆卸喷嘴，正确的操作应该是用一只手握两个扳手手柄。

1）油喷嘴按混合形式分为黄色火焰燃烧器和蓝色火焰燃烧器。

①黄色火焰燃烧器。

在黄色火焰燃烧器上安有一个含若干个孔的旋流片。安排稳焰盘和孔使得燃烧空气分成三部分气流：

- 与左旋的油雾共同从中央通过稳焰盘的内部孔进入反应区 } 一次空气流
- 在中间部分，通过斜的具有右旋作用的导流缝 } 一次空气流
- 外部集中通过火焰管和稳焰盘之间的环形缝——二次空气流

用这种排列方式，通过调节风机的压力和油的流量，可以来控制当时燃烧室的气体比例以达到理想的匹配。

将这样产生的油雾—空气混合物点火，在从稳焰盘射出后的气流直接燃烧，在负压区形成黄色火焰。这种喷嘴使得火焰稳定，还能使在外部区域存在的油雾—空气混合物和高温的、燃尽的烟气产生反复环流，返回燃烧区域。油雾—空气混合物的全部成分被烧掉，返回的烟气支持燃烧过程，减少了烟灰的形成（图 4-34）。

但是，黄色火焰燃烧器混合气体的回用，使有害物质还大于允许的界限。

②蓝色火焰燃烧器。

蓝色火焰燃烧器又称为火箭混合系统，由安放在燃烧管内的一块节流板和一个混合管组成（图 4-35）。

燃油在混合系统的中心由喷嘴雾化。燃烧空气由节流孔进入，高速地环绕着燃油锥体流动，并迅速地、强烈地与雾化燃油混合。在点火和火焰形成后，高温的烟气被混合管上的缝隙吸回混合管。在很短的起始阶段，类似于黄色火焰燃烧器的燃烧。但是在很短的时间后，回流的、很热的烟气使得雾化的燃油—空气混合物温度升高，以至于微小的雾化油滴完全汽化。这时，具有蓝色火焰的近乎完全的燃烧类似于燃气燃烧器。在这种燃烧的方式下，不会产生烟灰。

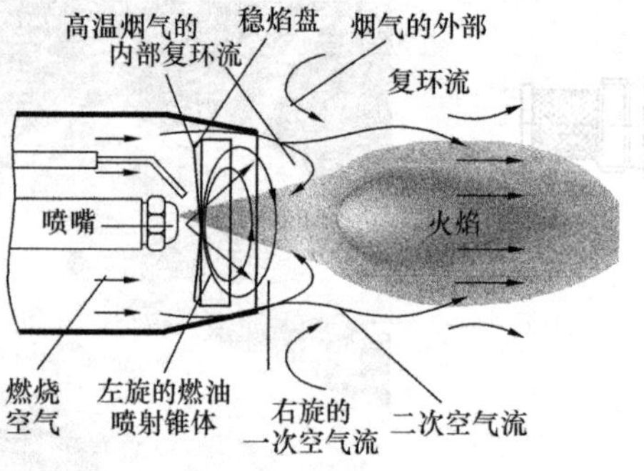

图 4-34　黄色火焰燃烧器

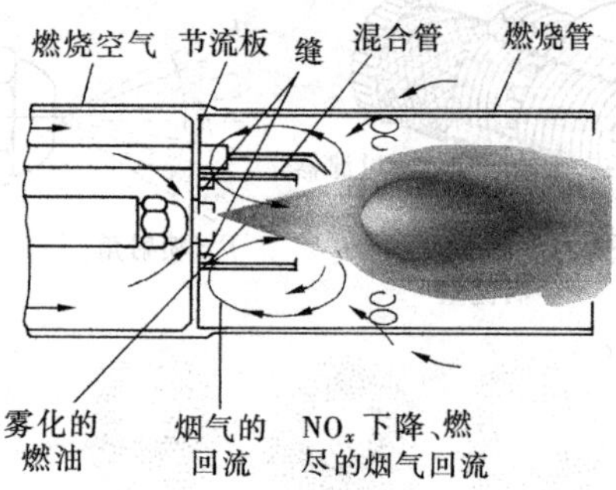

图 4-35　蓝色火焰燃烧器

因为烟气回流到油蒸气—空气混合物中，基本上降低了氮氧化物（NO_x）的排放。由于非常充分的混合，只需很少过量空气就足够了，这可以恒定地保持低的排放值。

2）油喷嘴按油的雾化形式分有机械雾化喷嘴、蒸汽雾化喷嘴和转杯式雾化喷嘴三种。

①机械（离心式）雾化喷嘴：分为简单压力式和回油式，而最常用的是切向槽简单压力式雾化喷嘴（图 4-36）。高压油由进油管经分流片的侧孔汇合到环形槽中，然后流经旋流片的切向槽切向进入旋流片中心的旋流室，从而获得高速的旋转运动，最后由喷孔喷出。由于油具有很大的旋转动能，以旋转的油膜（具有一定的雾化角的圆锥形雾化炬）从喷嘴喷出。

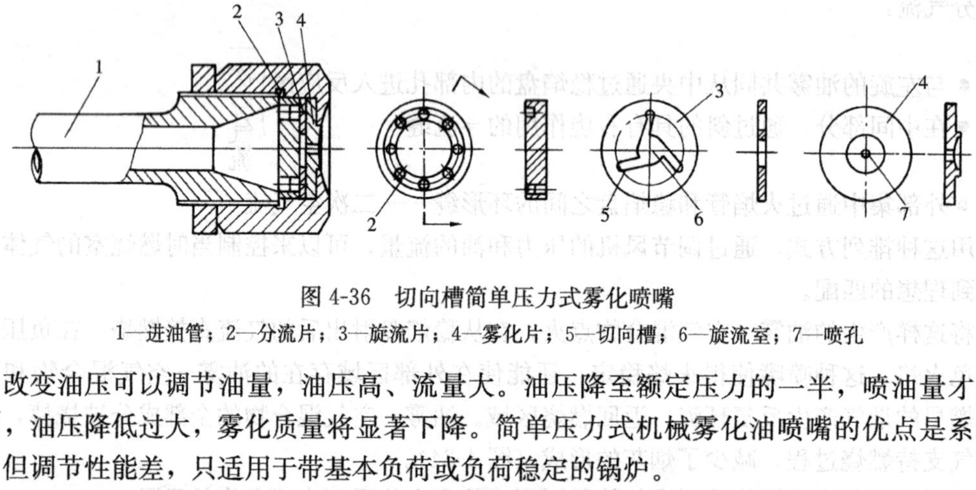

图 4-36　切向槽简单压力式雾化喷嘴

1—进油管；2—分流片；3—旋流片；4—雾化片；5—切向槽；6—旋流室；7—喷孔

改变油压可以调节油量，油压高、流量大。油压降至额定压力的一半，喷油量才降低 30%，油压降低过大，雾化质量将显著下降。简单压力式机械雾化油喷嘴的优点是系统简单，但调节性能差，只适用于带基本负荷或负荷稳定的锅炉。

对于负荷变动幅度较大的供热锅炉，常采用在喷嘴中心设有回油管的回油式机械雾化喷嘴，既可扩大调节幅度又不影响雾化质量。这种喷嘴的雾化原理与简单压力式喷嘴基本相同，不同的是它的旋流室前、后有两个油的通道，一个喷向炉内，另一个则通过回油管和回油阀流回油箱。这样，可以保持喷嘴的油压基本恒定，喷油量大小则可由回油阀来控制和调节。喷油量的调节幅度在 30%～100%，特别适用于自动调节的锅炉。油的流量可以从曲线中查出。在进口产品油喷嘴的扳手面上，标出在 10bar 正的计示压力下的流量 kg/h 或 gal/h（USA 单位）。

②蒸汽雾化喷嘴：利用高压蒸汽的喷射而将燃油雾化的喷嘴（图 4-37）。压力为 0.4～1.3MPa 的蒸汽由支管进入环形套管，从头部喷孔高速喷出，将中心油管中的燃油引射带出并撞碎为细小油滴。再借蒸汽的膨胀和与热烟气的相撞，进一步把油滴粉碎为更细的油雾。

根据锅炉负荷，中心油管可以通过前后移动改变蒸汽喷孔的截面大小，从而实现蒸汽量和喷油量的调节，其负荷调节范围比较大。蒸汽雾化的质量比机械雾化好，平均油滴直径$\phi<100\mu m$，而且比较均匀；燃烧火炬细而长。此外，高压高温的蒸汽作为雾化介质，可降低对油的黏度要求（4～10E°）；中心油管有较宽敞的油路，不致受阻堵塞，可以燃用质量较差的油，送油压力不需太高（0.2～0.3MPa）。蒸汽雾化喷嘴结构简单、制造方便、运行安全可靠；但蒸汽耗量较大（雾化1kg重油需0.4～0.6kg蒸汽），降低了锅炉运行的经济性；会加剧尾部受热面金属的低温腐蚀和积灰堵塞。

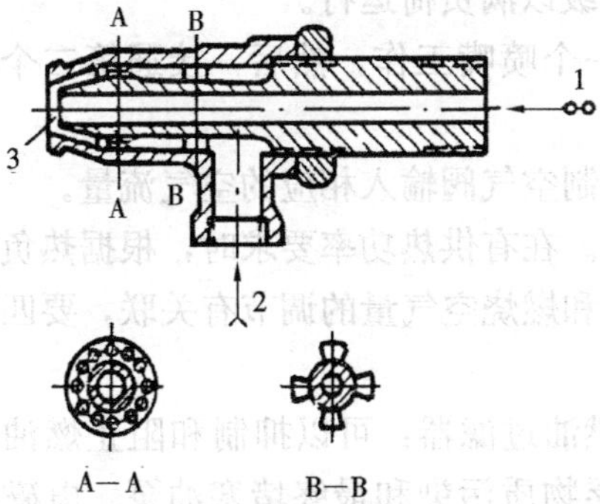

图 4-37 蒸汽雾化喷嘴

1—重油入口；2—蒸汽入口；3—喷油出口

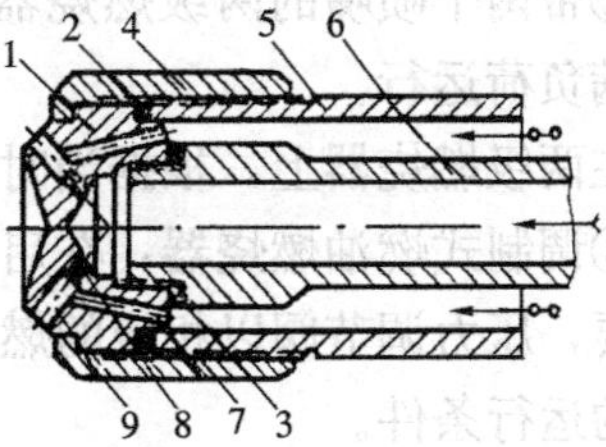

图 4-38 Y型喷嘴

1—头部；2、3—垫圈；4—套嘴；5—外管（油管）；6—内管（汽管）；7—油孔；8—汽孔；9—混合孔

为了减少蒸汽用量，容量较大的锅炉采用Y型蒸汽雾化喷嘴（图4-38）。蒸汽通过内管进入头部一圈小孔——汽孔，而油则由外管流入头部与汽孔一一相对应的油孔。油和汽在混合孔中相遇，相互猛烈撞击喷入炉膛而将油雾化。Y型蒸汽雾化喷嘴的耗汽量仅0.02～0.03kg/kg，提高了锅炉运行的经济性。

在小容量锅炉上，也有采用空气作为雾化介质的喷嘴，空气压头在2000～7000Pa，经喷嘴缩口处的空气流速可高达80m/s，也可获得良好的雾化质量。

③转杯式雾化喷嘴：由高速旋转的转杯和输油空心轴组成（图4-39）。空心轴上装置有一次风机的叶轮，产生的风压可达2500～7500Pa。油通过空心轴进至转杯根部，在高速旋转运动下，油沿转杯内壁向杯口方向流动，随着转杯直径的增大，内表面越来越大，使油膜越来越薄，最终在离心力的作用下甩离杯口，化为油雾。同时，一次风机鼓入的高速空气流，出口速度为40～100m/s，也有效地帮助油滴雾化得更细。黏度较高的重油或渣油，要求转杯具有较高的转速。

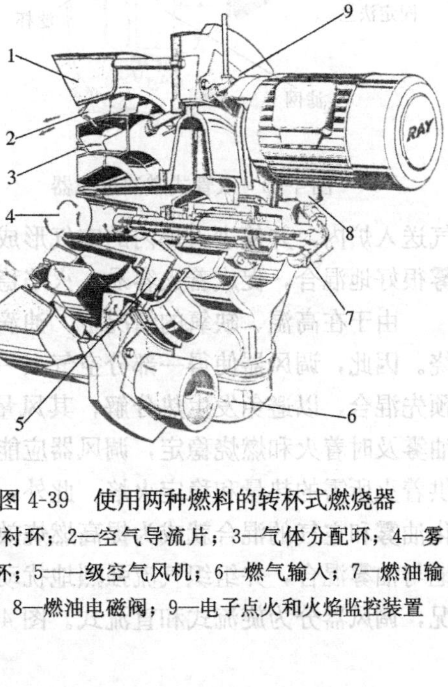

图 4-39 使用两种燃料的转杯式燃烧器

1—炉衬环；2—空气导流片；3—气体分配环；4—雾化转杯；5—一级空气风机；6—燃气输入；7—燃油输入；8—燃油电磁阀；9—电子点火和火焰监控装置

转杯式油喷嘴的特点是对油的适应性较好，喷油量调节范围大，燃烧火焰短而宽；因不存

在喷孔的堵塞和磨损，对油中所含杂质不甚敏感；送油压头不高，无需装设高压油泵。这种喷嘴一般用于大油量的大型锅炉设备。但它有高速转动的部件（转数为 6000r/min），制造加工较为复杂，振动和噪声也较严重。

3）两级和调制式运行方式。

为了节能和改善功率匹配，蒸汽锅炉配备两级或无级调节燃烧器，这种燃烧器可以避免点火时的油压冲击。两级燃油燃烧器可以配备一个或两个喷嘴。

①带一个喷嘴的两级燃烧器：在第一级，燃烧器以满负荷的 50%启动。在这个过程，油压降低，同时燃油流量下降。在规定的时间后，第二级以满负荷运行。

②带两个喷嘴的两级燃烧器：在启动阶段，用第一个喷嘴工作，然后，接通第二个喷嘴，满负荷运行。

在两级燃烧器上，根据当时的燃油流量，电动机控制空气阀输入相应的空气流量。

③调制式燃油燃烧器：在启动时，调节到基本负荷。在有供热功率要求时，根据热负荷的需要，压力调节阀以相应的燃油流量匹配。燃油流量和燃烧空气量的调节有关联，要匹配当时的运行条件。

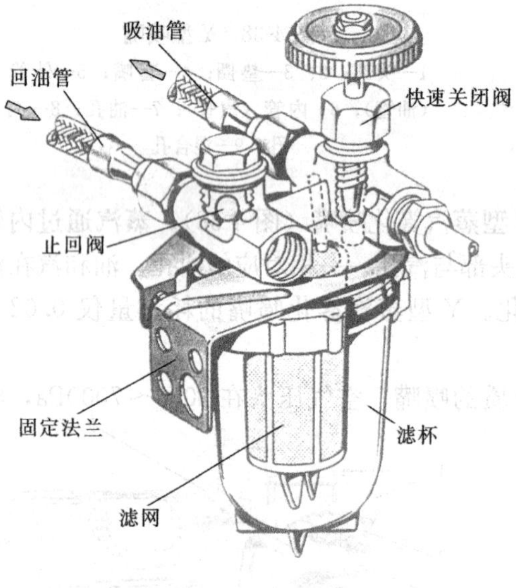

图 4-40　双管式燃油过滤器

(6) 燃油过滤器：可以抑制和阻止燃油中所含的悬浮物质污染和最终堵塞油泵、电磁阀和油喷嘴。根据厂家的说明，应有规律地保养可更换的过滤芯。应急保安阀负责快速关闭供油管。止回阀制止回油管在燃烧室排空燃油过滤器又分为单管式和双管式，图 4-40 所示为双管式燃油过滤器。

(7) 自动点火装置：在燃烧器启动时，由自动点火装置点燃油蒸汽—空气混合物。高压变压器产生所需的约14 000V的高压，使得在两个点火电极产生电弧或电火花。点火电极的距离为 2～4mm，并且根据燃烧器的型号，必须设在喷射锥体的一定位置。

(8) 调风器（配风器）：它在油的燃烧过程中起着相当重要的作用，它是将燃烧所需的空气送入炉内，并使进入炉内的空气形成有利的气流形状和速度分布，使之与油喷嘴喷出的油雾很好地混合，促成着火容易、火焰稳定及燃烧良好的运行工况。

由于在高温、缺氧的情况下，油滴蒸发成的油气会热分解生成炭黑粒子，造成不完全燃烧。因此，调风器使得一部分空气（一次风，因需从油雾根部送入，也称为根部风）和油雾预先混合，以避免发生热分解；其风量为总风量的 15%～30%，风速为 25～40m/s。为使油雾及时着火和燃烧稳定，调风器应能在燃烧器出口造成一个适当的高温烟气回流区，以提供着火所需的热量和稳定火焰。此外，由于油的燃烧速度主要取决于氧的扩散速度，因此强化油雾和空气的混合就成为提高燃烧效率的关键，即调风器使二次风在燃烧器出口以后尽快地与油雾混合，并组织气流强烈地扰动，强化整个燃烧过程。按照调风器出口气流的流动工况，调风器分为旋流式和直流式。图 4-41 所示的简单切向可动叶片调风器属于旋流式调风器，可使一、二次风产生旋流。这种调风器出口的中心位置装置有一个扩散锥，又称稳焰器，其作用一是使一次风产生一定的扩散，在火焰根部形成一个高温回流区，以点燃油雾，稳定燃烧；二是利用其锥体面上开设的多条狭长缝隙和缝后的斜翅使气流旋转，旋转方向与主气流相同。通过可动切向叶片可以调节二次风的大小，开度小，旋风强度和扩散角增大，中心回流区也随之加大。但是，旋流强度不宜过大，否则将会在油雾根部产生一个很强的高温回流区，以致油雾一离开喷嘴就处于高温、缺氧的环境中，使其热分解形成炭黑粒子，导致不完全燃烧热损失增加；同时，旋流强度过大，还会使回流区延伸入镟口，引起镟口内壁结焦；再则，旋流强度过大，气流衰减很快，后期混合和扰动差，使之难以在低过量空气系数下运行。

（二）控制装置

它是油燃烧器在运行过程中事先按照时间顺序编程的控制中心（图 4-42）。例如它由锅炉温控阀、复原温控阀和火焰控制继电器得到当时的运行工况的信息。它在输入程序和输入信息的基础上，给予例如燃烧器电动机、点火变压器、电磁阀和故障灯的控制命令。现在通常的燃烧器可以按如下工作流程进行：

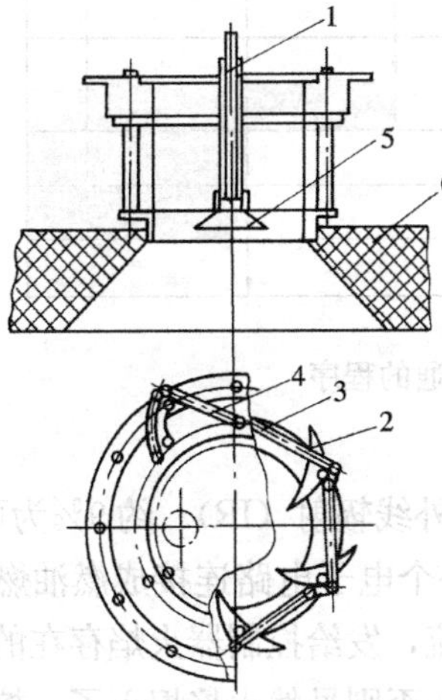

图 4-41　简单切向可动叶片调风器

1—油喷嘴；2—切向可动叶片；3—连杆；4—调节手柄；5—稳焰器；6—镟口

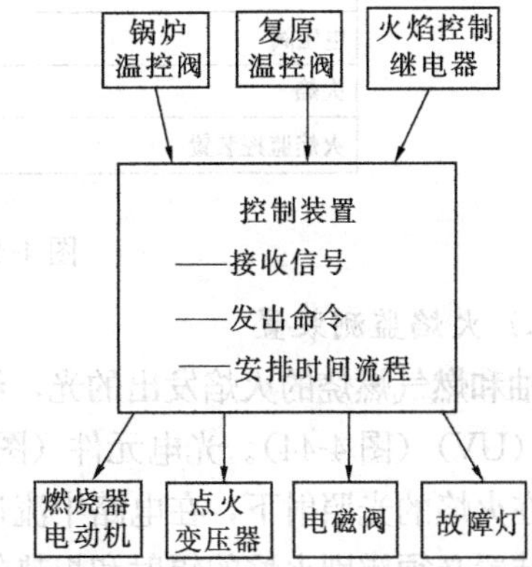

图 4-42　燃油燃烧器信号流程

供热的要求促使喷嘴棒对燃油进行预热，一旦燃油达到所需的温度，空气阀（如果存在的话）打开并滑移到终止位置开关。同时，点火变压器在两个点火电极之间产生火花间隙。接着，电动机接通，在同一个轴上的风机和油泵启动。在这个时候，电磁阀阻止燃油进入喷嘴。在 15s 的预冲洗时间里，风机用空气彻底冲洗燃烧室。由此排除可能存在的油气—空气混合物。接着电磁阀打开供油管，形成油气—空气混合物并点火（图 4-43）。

在随着电磁阀开始开启的预先规定的安全时间里，在控制装置上必须得到火焰控制继电器关于有效火焰形成的信息（例如光电电阻）；否则它立刻关闭或在重新点火试验之后关闭，并且在油泵上的“故障”灯会亮。燃油流量≤30kg/h 的油燃烧器启动和运行的安全时间都为 10s，燃油流量＞30kg/h 的油燃烧器启动的安全时间为 5s、运行的安全时间为 1s。

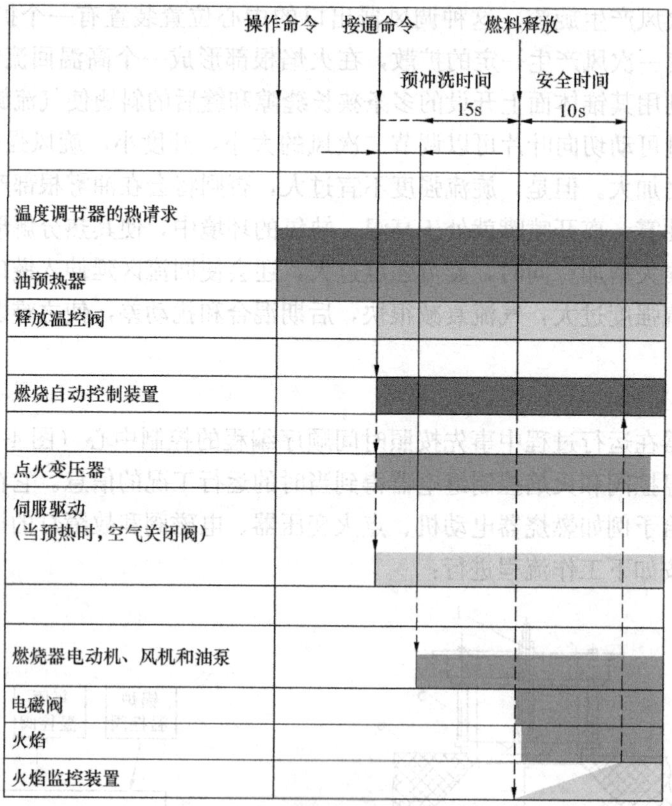

图 4-43 燃烧器接通的程序

（三）火焰监测装置

燃油和燃气燃烧的火焰发出的光，约90%为红外线辐射（IR）、约9%为可见光、约1%为紫外线（UV）（图4-44）。光电元件（图4-45）与一个电子电路连接成燃油燃烧器的火焰监测装置。在火焰的光照射下，在电路中流过一定的电流，发给控制器火焰存在的信息。有效的火焰监控装置必须辨别火焰的辐射和炽热的锅炉炉墙。否则虽然火焰熄灭了，控制器仍然从炽热的炉墙得到“火焰燃烧”的错误信息。依靠火焰发出的热量起作用的热敏火焰监控器，今天已难得使用了，因为它不耐腐蚀、惰性大。下面列举的是常用的光电火焰监控装置。

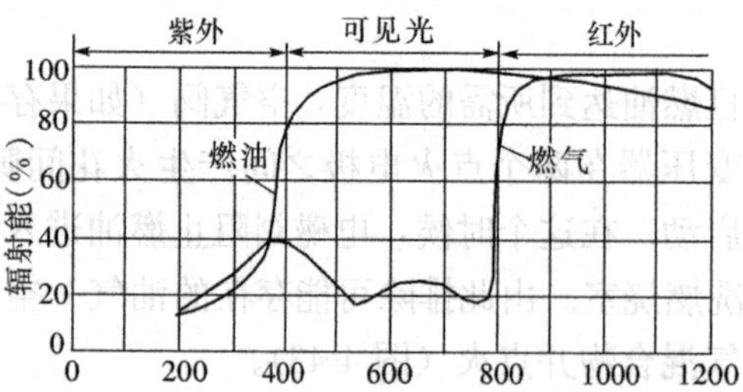

图 4-44 燃油和燃气燃烧器在1650℃时的光辐射成分

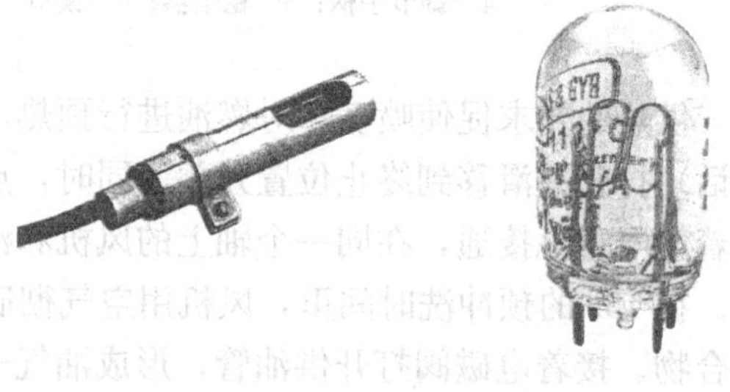

图 4-45 火焰监控器

（1）光电池：镀有硒层的板，在光线照射下产生直流电压，可以有几毫安的电流流过，接着被放大。光电池现在已难得使用了。

(2) 光敏电阻：在光线照射下，其电阻减小，即它更易导电。因此，依靠一个恒定的电压，在光线照射下，电流强度增大。光敏电阻只用来监控黄色火焰，它不适合监控蓝色火焰，因为它对火焰 UV 成分的敏感性减弱。

(3) 光电管：由一个具有两个电极的真空管组成，电极上通有 100V 直流电源。在光线照射下，阴极（例如由铯组成）发出电子，流到阳极。因此，电路闭合，流过直流电。另一种发展的光电管形式（UV 传感器）对辐射的位于很窄波范围内的紫外线起反应。所以，它对于锅炉炉墙发出的红外线长波不敏感。UV 传感器用来监控蓝色火焰。

(4) 红外频率的火焰监测装置：燃油火焰能辐射出人的肉眼看不见的红外光。这种辐射的一部分连续地逸出，另一部分以 10Hz 的频率不断地改变它的辐射强度。借助于硅传感器，远红外闪烁检测装置测量出变化的火焰辐射，转化成电信号、放大和输入到控制设备。持续的辐射源（例如炽热的锅炉炉墙）不受探头的注意，对火焰的监测没有影响。在远红外闪烁检测装置上安有电位器和发光二极管，借助于它的灵敏等级来配合燃烧室的几何形式。这种火焰监测装置可以同时用于黄色和蓝色火焰。

(5) 离子火焰监测装置：现在，这种价格便宜的火焰监控装置已不再用于燃油燃烧器上。深入火焰的电极，易被例如烟灰和燃油的衍生物污染而降低火焰监控装置的效力。在监测蓝色火焰的旧锅炉上，今天还能经常碰到。

二、燃气锅炉

燃气锅炉燃用的气体燃料有天然气、城市煤气、液化气、沼气等。这类燃料燃烧干净，因为灰分、含硫量和含氮量比燃煤及燃油要低得多，烟气含尘量极少、烟气中 SO_x 量几乎可忽略不计、NO_x 量也很少，对环境保护十分有益。

燃气燃烧器主要有四项任务：燃气和空气的输入、燃气和空气的混合、混合物的点火和燃烧产物尽可能无害。根据燃气和空气相互混合的方式，燃烧器系统分为无送风机燃气燃烧器（大气式燃烧器）和带送风机燃气燃烧器（送风机燃烧器）。

（一）无送风机燃气燃烧器（大气式燃烧器）

这类燃烧器的燃烧空气不是通过送风机输入的，而是通过燃烧火焰的热的浮力吸入的。如果烟气的温度下降，则烟气的浮力也减少，可以附加一个引风机。大气式燃烧器由下列主要部件组成：燃烧器板、固定在燃烧器板上的含文邱里管的燃烧管棒、主燃烧器、燃气调节阀、点火装置、火焰监控装置等。

1. 燃烧器

(1) 部分预混合燃烧器。

迄今为止，使用的大气式燃烧器，一般仅将所需要的燃烧空气（一次空气）在燃烧前部分地与燃气混合。燃气由喷嘴送入喷射管，同时吸入燃烧空气（一次空气）与燃气混合。在点火之后，燃气—空气混合物燃烧产生不明亮的蓝色火焰。然后，所需的其余空气量（又称为二次空气）通过火焰的扩散（浓差平衡）吸入（图 4-46）。

(2) 完全预混合燃烧器。

由于世界强化了对烟气排放值的规定，新的燃烧器——完全预混合燃烧器得到了发展。在这种结构的燃烧器上，全部的燃烧空气在燃烧前与燃气混合（图 4-47、图 4-48）。

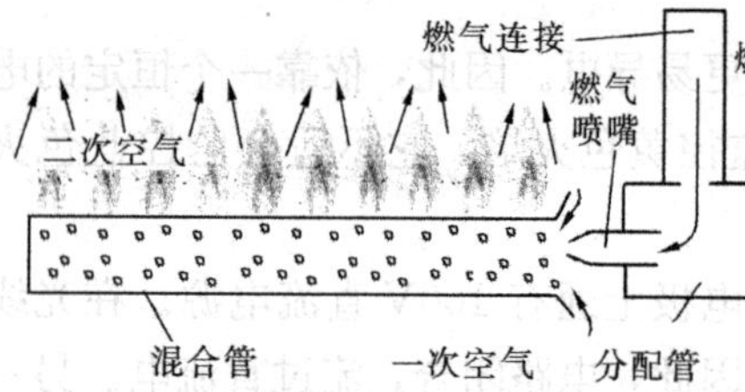

图 4-46 部分预混合燃烧器工作原理

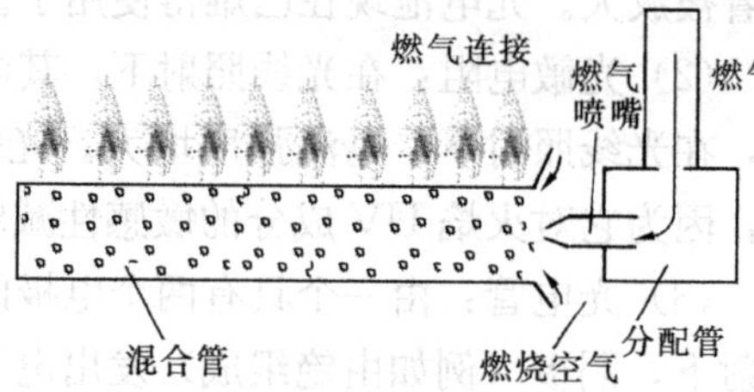

图 4-47 完全预混合燃烧器工作原理

2. 点火装置

在当今的燃气燃烧器上，都使用半自动和全自动点火装置。

(1) 半自动点火装置：半自动点火装置需要一个点火燃烧器。在燃气设备运行时，先手动用压电点火器点着点火火焰，然后再点燃主燃烧器。

在压电点火器（图 4-49）上，操作锤的按钮，施以机械压力撞击压电晶体，产生约 20 000V 的放电电压。它由一根电缆传到点火电极上，并产生点火火花。这种点火火花的高温可以毫不费力的点燃所有的燃气。由于压电点火器结构简单，保证了其运行高安全性和长寿命。它的一个大缺点是在燃烧器停车时，持续燃烧的点火火焰仍然消耗燃气。它只用于无送风机的燃气燃烧器。

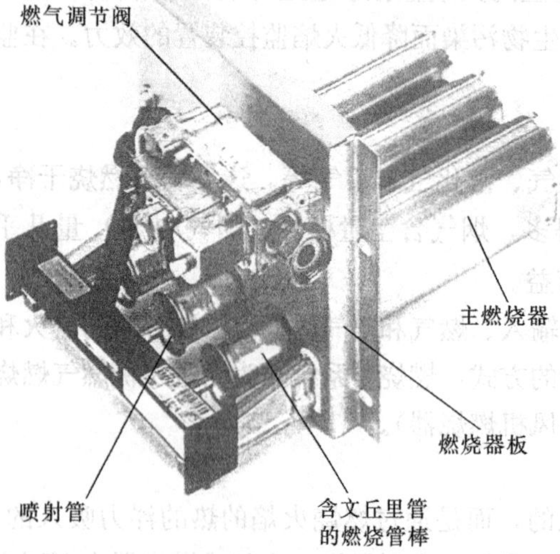

图 4-48 大气式不锈钢完全预混合棒式燃烧器

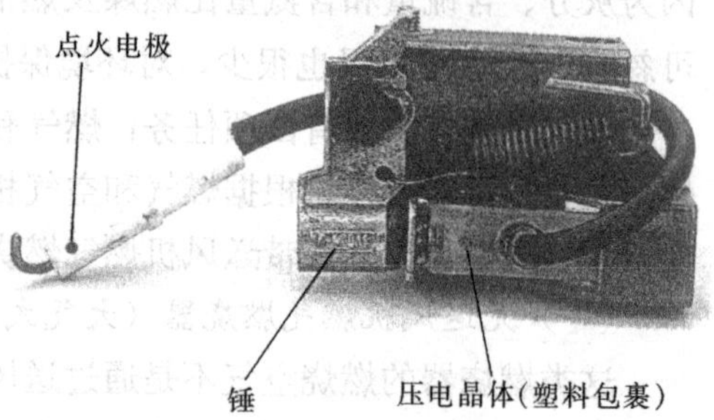

图 4-49 压电点火器

(2) 自动点火装置：自动点火装置（图 4-50）必须连接电网。一个高压变压器（点火变压器）产生所需要的、使两个点火电极之间能产生电弧的约 10 000V 的点火电压。电子控制器负责顺利点火的过程。在供热需要时，或者直接点燃主火焰，或者通过一个点燃火焰点燃主火焰。它可用于所有的燃烧器上。

3. 火焰监测装置

未燃的燃气与空气混合，会形成极富爆炸的混合物。所以，必须通过合适的方式来保障，以迅速切断燃气的输入，熄灭点火火焰或主火焰。

大气式燃烧器的点火火焰由离子式火焰监测装置或热电式点火保险装置监测。主火焰由离子式火焰监测装置或 UV—火焰监测装置监控（UV：紫外线）。

(1) 热电偶点火保险装置：所有带点火火焰的半自动燃气燃烧器都是通过热电式点火保

险装置监控的。在这种装置上（图 4-51），在连接位置的两种不同的金属（例如铬—镍合金/康铜）具有不同的温度，在 600℃时会产生 30～35mV 的电压。将两种金属在一端（热电偶热端）相互焊接起来，作为热探头伸入点火燃气火焰内。而将两种金属的另一端放在点火火焰外（热电偶冷端），用铜导线将冷端连接在电磁线圈上。衔铁板通过一根顶杆与安全阀连接。在缺少温差电流时，安全阀和衔铁板之间安放的弹簧控制安全阀，并关闭燃气的输入。

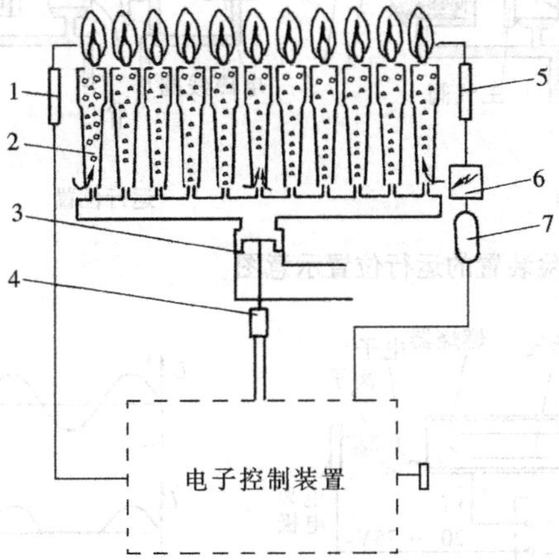

图 4-50 自动点火装置

1—监控电极；2—燃烧器喷嘴；3—燃气主阀；4—行程电磁铁；5—点火电极；6—点火变压器；7—燃气二极管

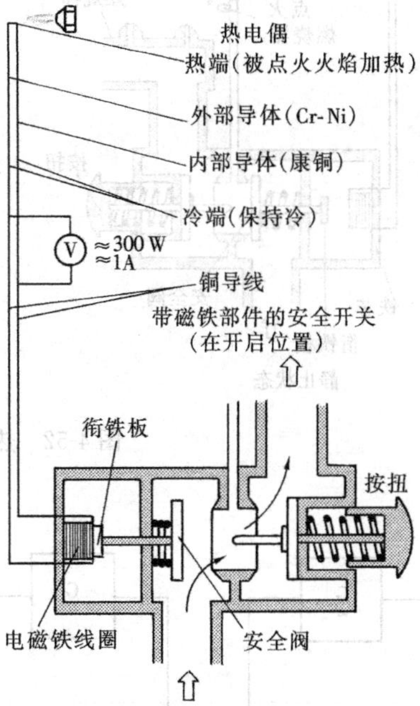

图 4-51 热电偶点火保险装置结构

要使燃气燃烧器运行，必须操作按钮。这样，反抗弹簧力，衔铁板压在电磁铁线圈上。点火燃气的通路打开，点火火焰可以被压电点火器，或者火柴等点燃。

压按钮必须保持足够长，直至热端产生所需的电压，并且有能使电磁铁线圈产生足够的磁场，以便反抗弹簧力而吸住衔铁板的温差电流流过。这时，安全阀保持开启。在按钮松开时，主燃气阀开启。如果点火火焰熄灭，热端不再被加热，温差电流强度下降，磁场强度也下降。安全阀关闭（图 4-52）。

因为热电偶点火保险装置惰性相当大（开启时间约为 10s，关闭时间约为 30s），所以它只用于额定热负荷在 350kW 以下的无送风机的燃气燃烧器。因为一个热电偶的热端总是处于点火火焰中，所以不断地磨损，它应该最迟每两年进行更换。

（2）离子火焰监测装置。

点燃的燃气（相对于未点燃的而言）是导电的。在标准状态下的中性气体分子通过火焰的高温转化成带电的离子状态。交流电源的一个极与燃烧器相连，作为监测电极的第二个极伸入火焰范围（图 4-53），在燃烧的火焰上，在两个电极之间的气体分子变导电（电离），并流过较小的电流。在火焰整流器的作用下（图 4-54），流过的不再是交流电，而是脉动的直流电。其优点是，由于短路引起的交流电不会欺骗火焰，如果火焰熄灭了，电路立刻中断，控制设备关闭燃气阀。

（3）UV—火焰监测装置。

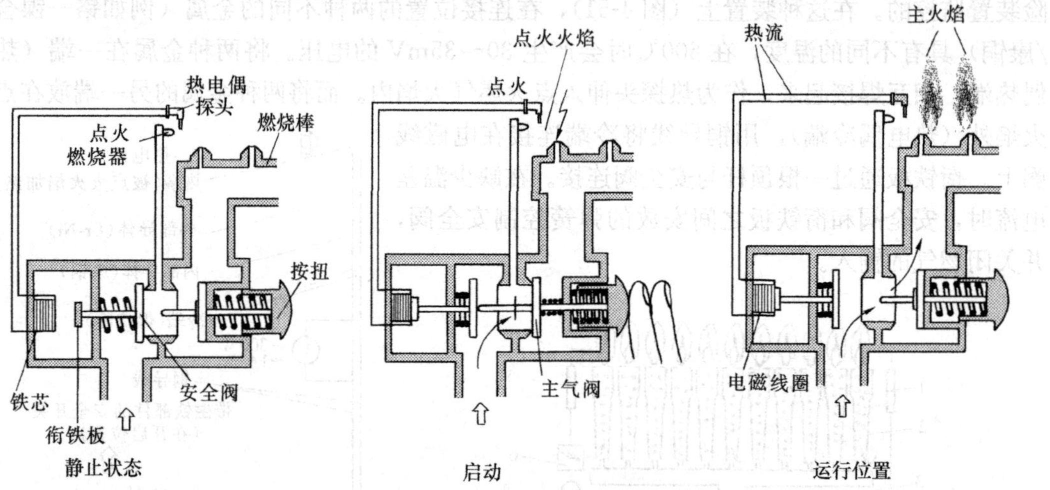

图 4-52 热电偶点火保险装置的运行位置示意图

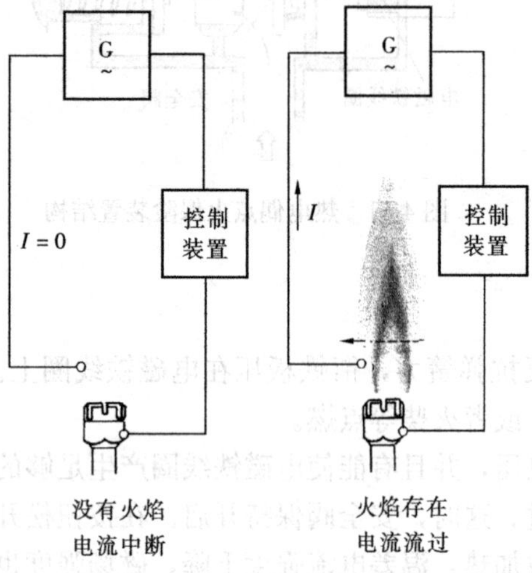

图 4-53 离子火焰监测装置

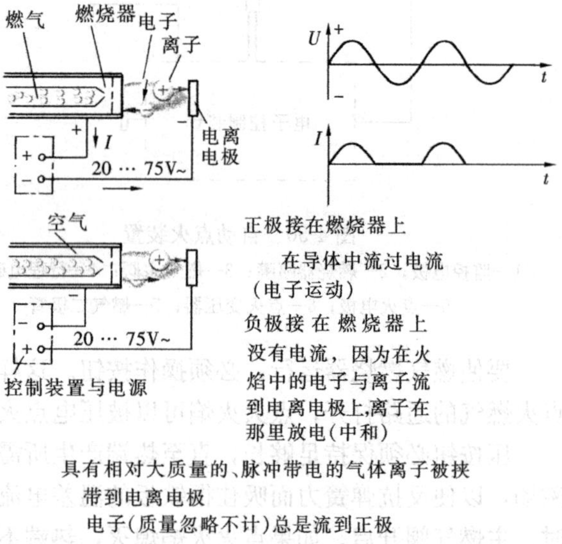

图 4-54 整流器作用

燃气火焰会产生紫外线，它通过一个 UV 二极管监测。这是一个充有气体的、UV 可以穿透的玻璃管，在玻璃管内插入两个电极，与交流电源连接（图 4-55）。

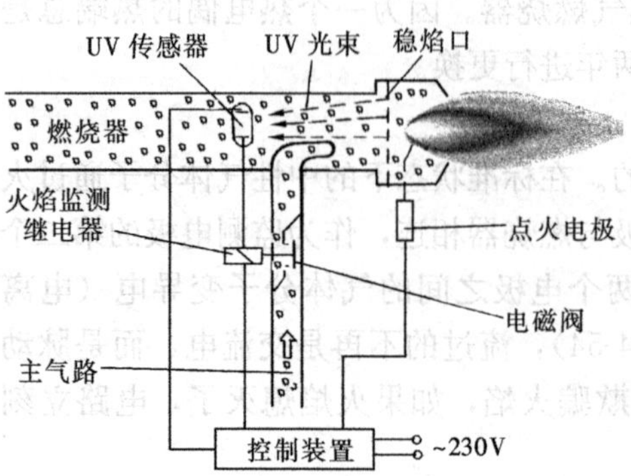

图 4-55 UV 火焰监控装置

在点燃火焰时，紫外线射到 UV 二极管上，里面含有的气体电离，由此流过的电流被放大并控制电路中的火焰监控继电器，它借助于电磁阀打开主燃气通路。

如果火焰熄灭，电路立即中断，火焰监控继电器释放，主燃气通路关闭。

对于外来的光源和炽热的炉墙的辐射，UV 二极管不会有反映。

UV二极管的优点是动作时间短，缺点是价格相对较高和寿命较短，约为10 000h。

4. 燃气调节段

大气式燃气燃烧器必须配置下列附件和装置（图4-56，德国的规范）：

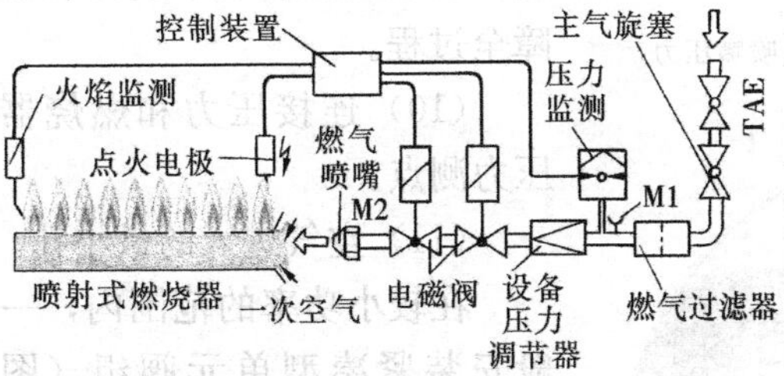

图4-56 燃气调节段
M1—输入压力；M2—燃烧器压力

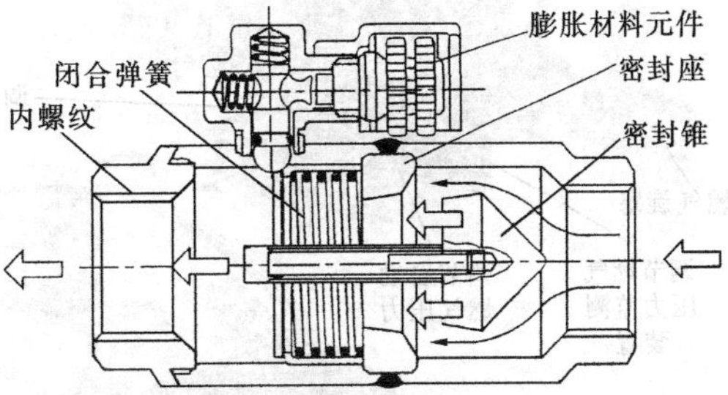

图4-57 热切断保险（TAE）

（1）一个手动的关闭装置。例如一个球阀和热切断装置（TAE，如图4-57所示）。

（2）一个除污器（在额定功率大于350kW的设备上建议装燃气过滤器）。

（3）一个燃气压力调节器。以平衡压力的波动（图4-58）。燃气压力调节器后面的压力可以通过作用在膜上的弹簧上的细调螺钉进行调节。如果入口压力不存在，调节器上的阀门完全打开。当燃气流过阀门时，作用在膜上的出口压力提高。出口压力升得越高，膜向上隆起得越多，阀孔则减小。阀中的压力损失增大，流过的燃气量减小。在出口压力下降时，膜上的弹力又打开阀门，可以流过较大的燃气量。

（4）一个燃气压力监测装置。在低于最小入口压力时，阻止燃烧器运行（图4-59）。燃气压力监测装置的原理与压力调节器相同。膜通过一根阀杆控制开关，在低于最小连接压力时中断供气，电磁阀关闭。

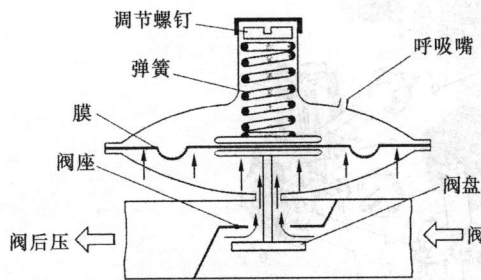

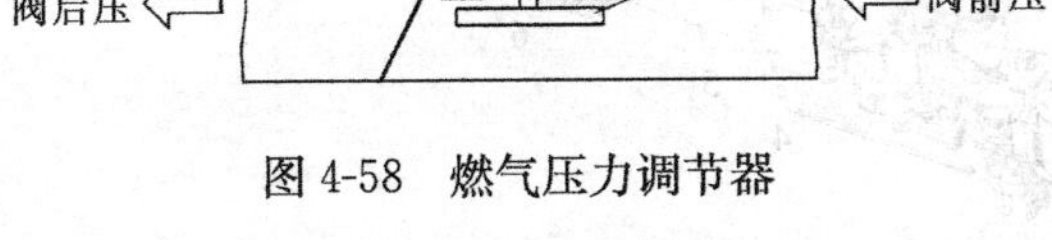

图4-58 燃气压力调节器

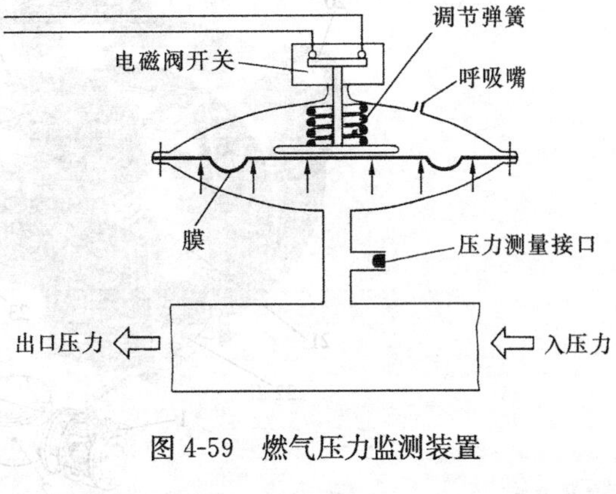

图4-59 燃气压力监测装置

（5）作为安全关闭附件的自动执行机构。在故障时（例如火焰熄灭）或燃烧器停机时，快速切断燃气的输入。采用电磁阀或电动阀作关闭阀。为了在点燃全部燃气时不引起显著的压力冲击，建议使用带消音过程的安全关闭附件。在阀门关闭失调时，建议额定热负荷在120kW以上时分级或消音关闭，以避免压力冲击。

（6）燃气流量的预调节机构，或者与燃气压力调节器或者与电磁阀复合。

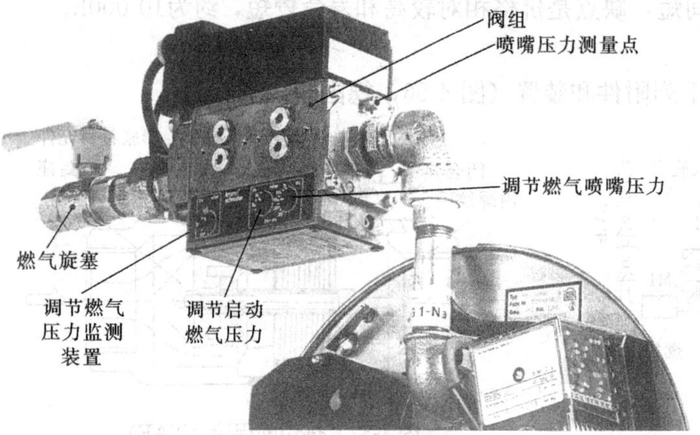

图 4-60 紧凑型单元阀组

(7) 点火装置。

(8) 火焰监测装置。

(9) 燃气燃烧自动控制装置。自动控制启动、断开和故障全过程。

(10) 连接压力和燃烧器压力测点。

(11) 空气进入的最小孔。

在较小功率的范围内，一般安装紧凑型单元阀组（图 4-60），它含有安全关闭附件、燃气压力调节器、燃气压力监测装置和过滤器等。

(二) 带送风机燃气燃烧器

大气式燃气燃烧器燃烧所需的空气是通过喷射作用和热的浮力输入的；与大气式燃气燃烧器不同，这种燃烧器是通过送风机将燃烧空气输入。因此它可以更多地不受外部（大气）的影响，并且可以准确地定量送入所需要的燃烧用空气。在结构类型上与燃油雾化式燃烧器相同。以前，带送风机的燃气燃烧器只用于大功率的，但是现在已用于 3kW 以上的小功率燃烧器。

带送风机燃气燃烧器由下列主要部件（图 4-61）组成：风机与驱动电动机、空气压力监控器、燃烧用空气阀与伺服驱动装置、燃气与空气混合装置、点火变压器、点火与火焰监

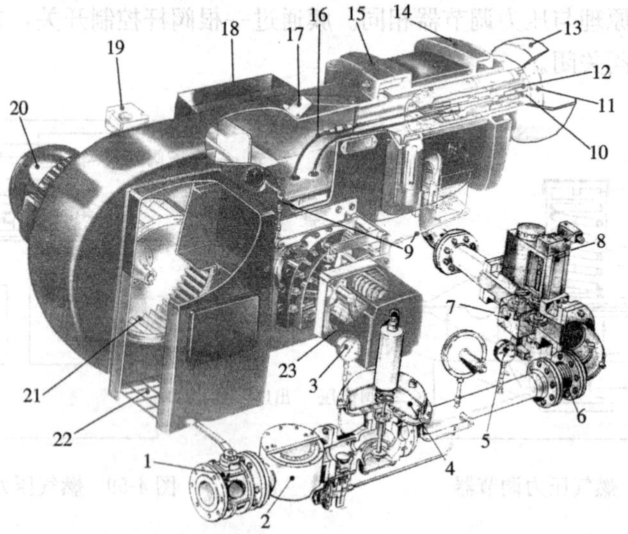

图 4-61 带送风机燃气燃烧器与供气管路

1—燃气关闭旋塞；2—燃气过滤器；3—压力计；4—燃气压力调节器；5—压力计；6—膨胀接头；7—燃气压力监测器；8—双电磁阀；9—燃气—空气联动调节连杆；10—监控电极；11—稳焰盘；12—点火电极；13—火焰头部；14—燃烧器法兰；15—回转法兰；16—点火电缆；17—窥镜；18—燃烧自动控制装置；19—空气压力监测器；20—驱动电动机；21—风机叶轮；22—空气吸入孔；23—燃气—空气联动调节伺服驱动

测装置以及燃烧自动控制装置。

(1) 送风机：带送风机的燃烧器和送风机总是位于一个壳体中。所以它也称为整体燃烧器（图 4-62、图 4-63）。大型工业燃烧器也有将风机与燃烧器分开的，采用离心式风机。叶轮一般使用向前卷曲的叶片组成的鼓筒式转子。

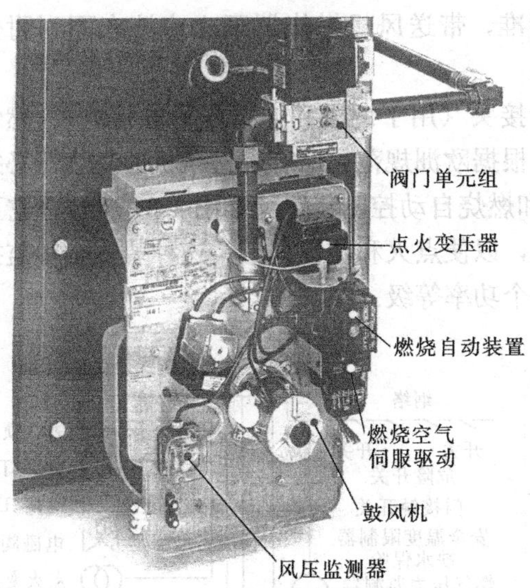

图 4-62 不带外壳的带送风机燃气燃烧器

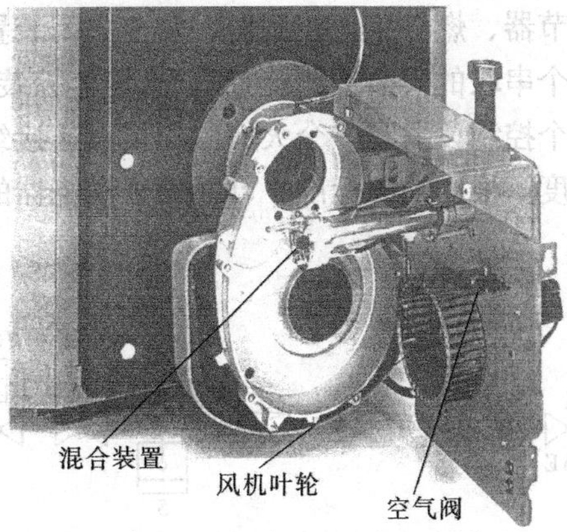

图 4-63 为了保养打开外壳的带送风机燃气燃烧器

(2) 空气压力监测装置：因为带送风机的燃烧器的空气输入不依赖于燃气的输入，所以必须安装空气压力监测器，它在空气缺乏时切断燃气的输入。

(3) 燃烧空气阀：在设备静止状态时，燃烧空气阀关闭空气的吸入孔。这阻止了燃烧室的冷却和减少了静止状态的热损失。通过燃烧空气阀，可以根据燃烧器的大小和使用范围调节燃烧空气量。燃烧空气阀可以安在压出一侧，或吸入一侧。但是安在压力一侧的前提是保证稳定的性质。

(4) 燃气与空气混合装置：在混合装置中，燃烧空气与燃气混合，并使火焰稳定下来。为了使当时的火焰能与燃烧室的几何尺寸相匹配，混合装置应该能调节。与燃油燃烧器不同，在燃气燃烧器上的混合装置还不能达到统一的结构。通常的结构如图 4-64 所示。叉流原理是将空气和燃气以一定角度相互混合。并流原理是将空气和燃气以相互平行方式流动。通过具有不同形状孔的滞流片（图 4-65），燃气—空气混合物另外以螺旋束运动。

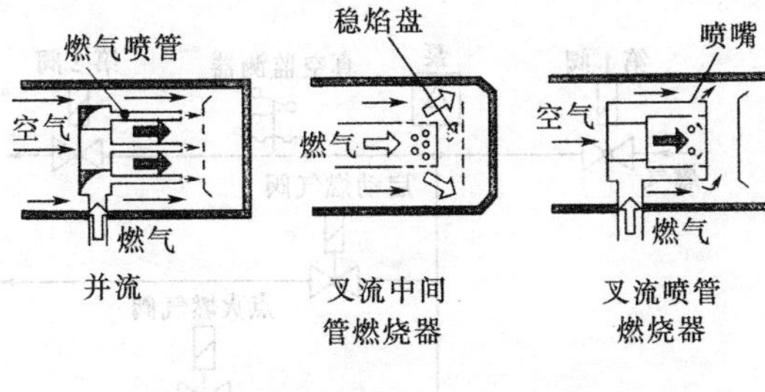

图 4-64 燃气与空气混合装置

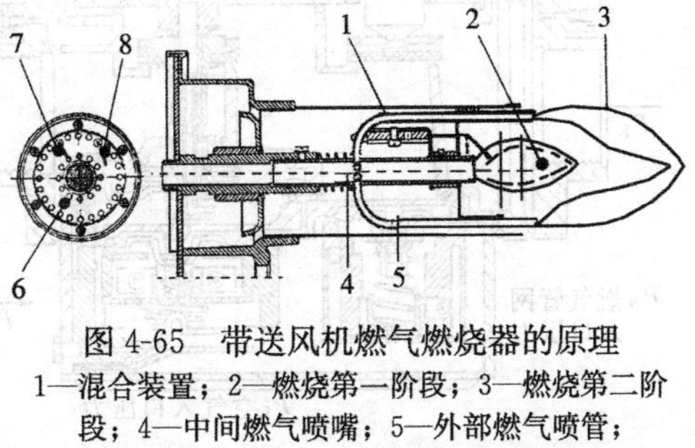

图 4-65 带送风机燃气燃烧器的原理

1—混合装置；2—燃烧第一阶段；3—燃烧第二阶段；4—中间燃气喷嘴；5—外部燃气喷管；6—稳焰盘；7—点火电极；8—电离电极

(5) 点火装置：与前面介绍的相同。

(6) 火焰监控装置：使用的有 UV 二极管、离子流监控装置和远红外频率监控装置。

(7) 燃气调节段（图 4-66）：根据欧洲标准，带送风机燃烧器至少应该有下列附件和装置。

燃气关闭阀、燃气压力表或燃气压力测量接头（用于调试和连接压力的检测）、燃气压力调节器、燃气压力控制器、安全关闭装置（根据欧洲规范，所有带送风机的燃烧器必须安装两个串联的安全关闭装置）、火焰监控装置和燃烧自动控制装置，如图 4-67 所示，它至少由一个控制设备和一个火焰监控装置连接组成，以便点火和监控火焰。这种装置必须监控锅炉温度，根据欧洲标准，可以用于燃烧器的每个功率等级。

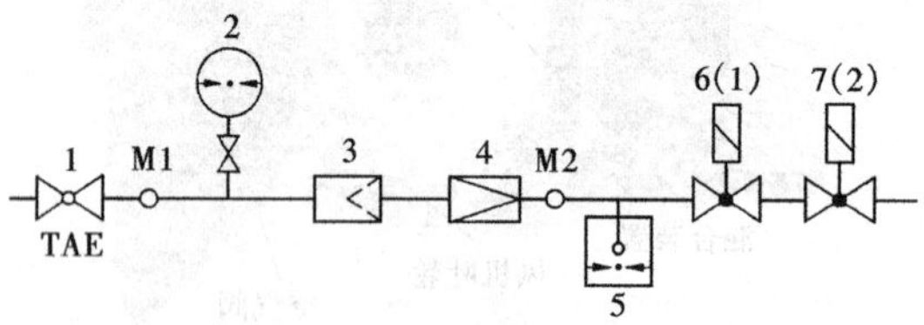

图 4-66 带送风机燃烧器的燃气调节段（欧洲）
1—带热切断装置的燃气关闭旋塞；2—燃气压力测量装置；3—燃气过滤器；4—燃气压力调节器；5—燃气压力监测器；6—安全电磁阀 1；7—安全电磁阀 2；M1—连接压力测量接点；M2—调节压力测量接点

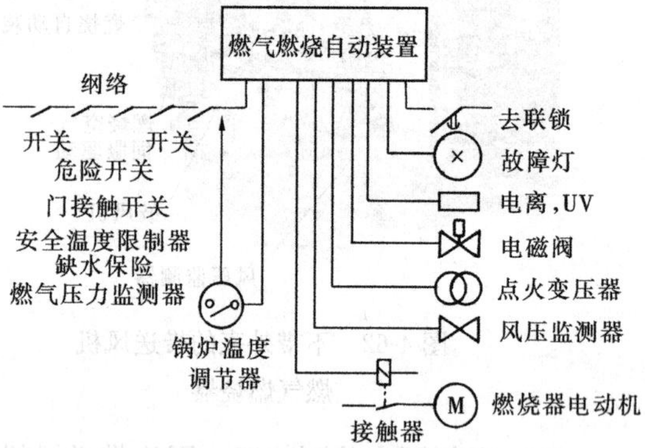

图 4-67 燃气燃烧自动控制装置和连接设备

带送风机燃烧器的附件与不带送风机的燃烧器的附件大致相当。对于较小功率的带送风机的燃烧器（与不带送风机的燃烧器的一样），使用含有所需附件（如图 4-68 所示，例如压力监测器、压力调节器、过滤器和安全关闭装置）的紧凑型阀组。

(8) 在较大设备时，由于流出的未燃烧的燃气的危险要比小功率的设备大得多。所以在燃烧器功率≥1.2MW 的设备上应安装燃气泄露保险装置，在燃烧器功率≥350kW 的设备上建议安装。对于设备静止状态时的不密封性，燃气泄露保险装置可以用作附加保险。它或者根据真空原理（图 4-69），或者根据压力原理工作。

真空原理是在 2 个电磁阀之间的真空泵产生了约 100mbar 的表压。如果在一定

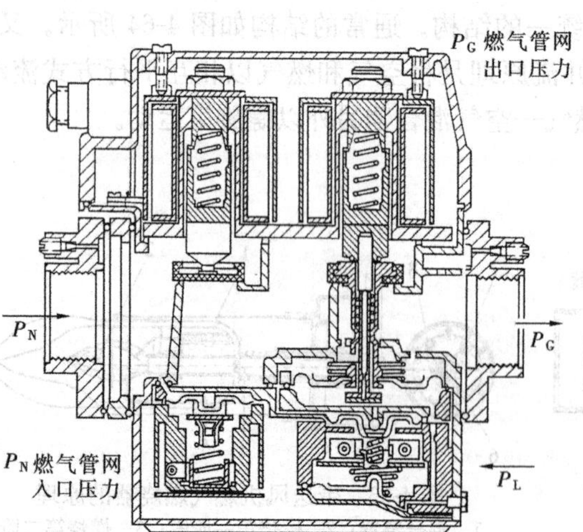

图 4-68 紧凑型阀组

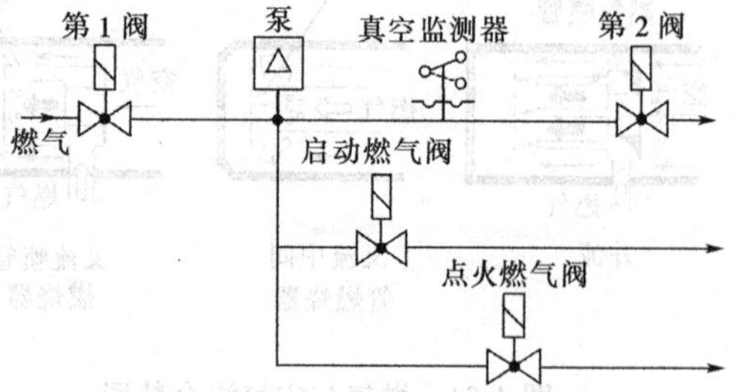

图 4-69 带真空监控器的燃气漏气保险装置

的安全时间内（例如 30s）压力升高，燃烧器就闭锁。压力原理是在 2 个电磁阀之间的泵产生了一个正压，例如 50mbar。如果在连接的阀上的压力低于当地煤气公司允许的值，燃烧器就闭锁（图 4-70）。

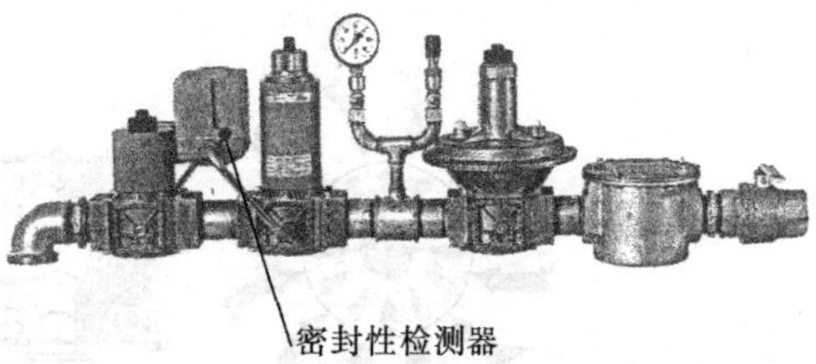

图 4-70　正压基础上的燃气泄露保险装置

另一种监控燃气管段密封性方式是，关闭两个安全电磁阀直接切断燃烧器。燃烧器一侧的阀延迟关闭，测量段上的压力下降到环境的压力。如果此后检测段上的压力上升到一个允许值，那么一定是管网一侧的阀不密封，则设备被闭锁。如果压力不上升，则管网一侧的电磁阀短时间开启，检测段处于管网压力下（图 4-71）。在管网一侧的电磁阀又关闭之后，如果压力下降，那么燃烧器一侧的阀或其他地方不密封，则设备被闭锁。

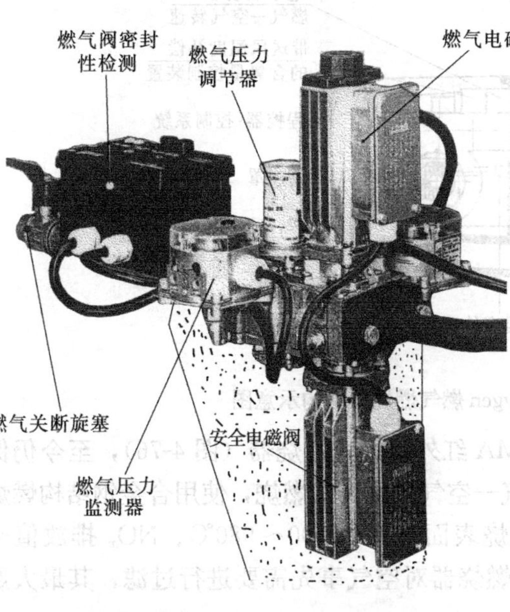

图 4-71　用管网压力检查燃气的泄露（德国）

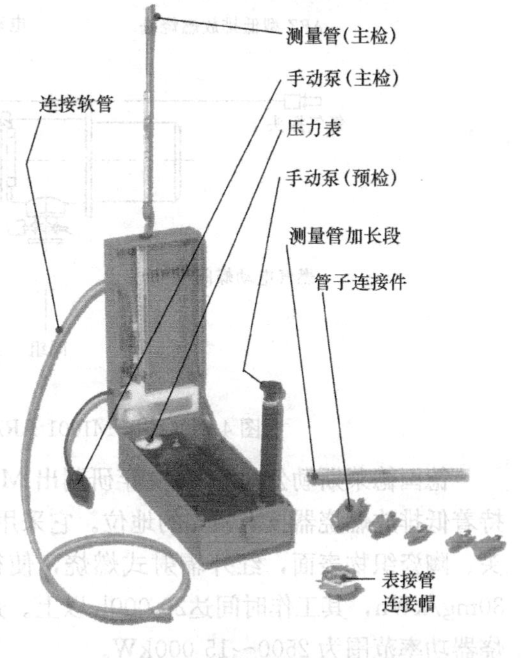

图 4-72　燃气管密封性检验仪

燃气燃烧器在密封性检查之后才可以运行。检查安装密封性一般采用图 4-72 所示仪器与方法进行检测，或如图 4-73 所示，用肥皂水检查密封性，或用电子检漏仪检测。

图 4-73　用肥皂水检验密封性

1988 年，德国德莱斯勒（Dreizler）公司开发生产的 ARZ 型燃气燃烧器根据“环形涡流效应”的原理（图 4-74），使燃气与空气充分的混合，确保充分和稳定的燃烧；燃烧产生的废气自动循环参与燃烧过程，可有效降低火焰温度、减少 NO_x 的生成；燃烧头混合系统将火焰分割成两个燃烧区，通过调节氧气分压，形成多段燃烧，进一步减少了 NO_x

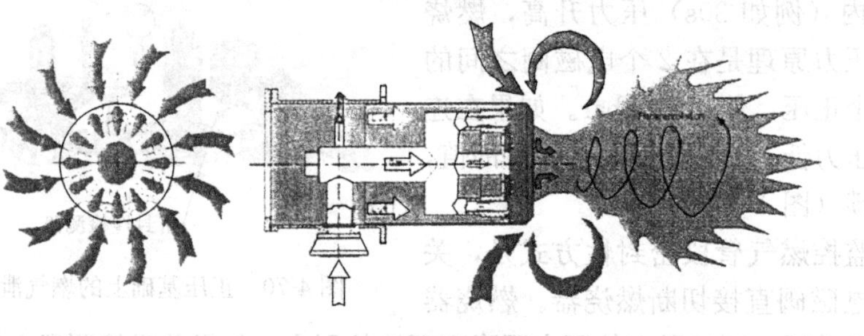

图 4-74 Dreizler 公司燃烧头混合系统原理图

的生成（可分别达到<120、<80、<60 和<35mg/kWh 的要求）。图 4-75 所示为该公司这类燃烧器的结构示意图。

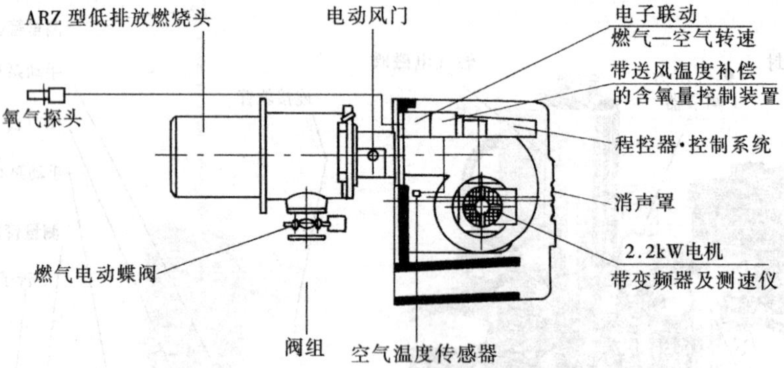

图 4-75 德国 M1001 ARZ Oxygen 燃气燃烧器结构示意图

德国德莱斯勒公司于 1990 年研制出 MAGMA 红外辐射式燃烧器（图 4-76），至今仍保持着低排放燃烧器技术领先的地位。它采用燃气—空气预混合式燃烧，使用合金钢结构燃烧头、陶瓷织物表面，红外辐射式燃烧，使得燃烧表面温度为 700～980℃、NO_x 排放值<30mg/kWh，其工作时间达20 000h 以上。这种燃烧器对空气事先需要进行过滤，其最大燃烧器功率范围为 2500～15 000kW。

通过变频器对燃烧器鼓风机进行无级转速调节，并与负荷比例调节器和燃烧控制程序控制器相配合，可最大限度地节省电能消耗，最大限度地减少燃烧器开停机次数，从而显著减少因开停机产生的有害物质排放。但是由于变频器较贵，德国德莱斯勒公司又生产了采用两级调速电机和相应的电控系统驱动燃烧器鼓风机。当燃烧器输出功率低于 50%额定值时，电机自动转至低速（1500r/min）运行；当燃烧器输出功率高于 50%额定值时，电机则自动升至高速（3000r/min）运转。而且在不同的电机转速下，也可实现负荷无级比例调节。据统计，在德国燃烧器输出功率高于 50%额定值的运行时间一般不超过全年总运行时间的 1/4（图 4-77）。在这种情况下，采用该技术可实现最多节电 75%的效果。另外，由于燃烧器大部分时间运行在低转速状态，可大大降低燃烧器运行噪声。

大中型燃烧器运行时噪声很大，一般都配有消声罩或自行配置消声罩[图 4-78(a)]。为减少烟道气流噪声，德国的一些公司还专门设计了消声芯[图 4-78(b)、(c)]，它适用于所有的正压烟道，只要将其挂在烟囱口处即可，安装极为简便。消声芯运用吸收原理工作，气流声波经过消声芯时，在矿物纤维中被截断。用消声芯不会出现共振。安装前需按供热设施有关参数进行计算。

图 4-76 MAGMA M1002/950 红外辐射式燃烧器（NO_x<20mg/kWh）

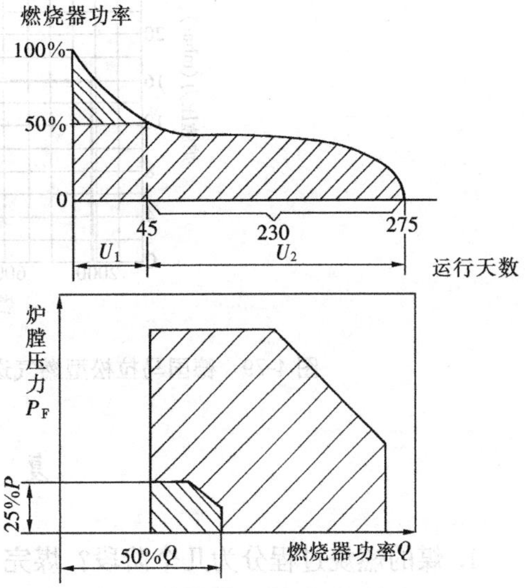

图 4-77 燃烧器全年运行时间与功率变化关系

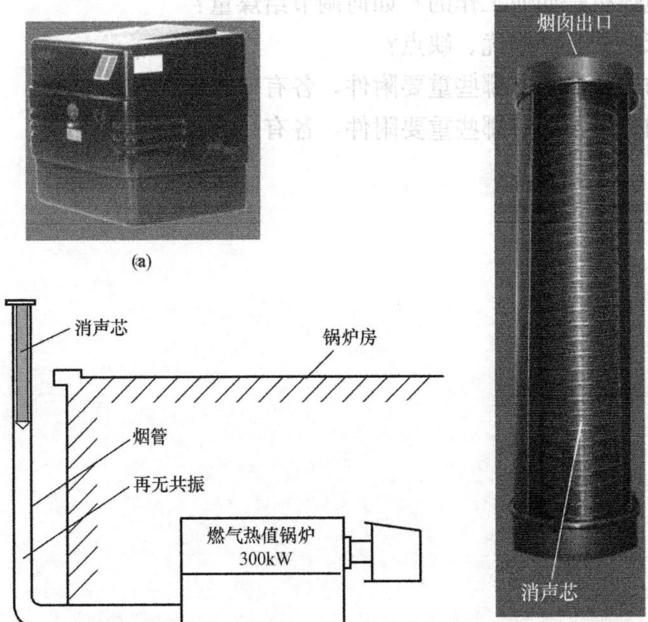

图 4-78 消声罩与消声芯（德国）

德国德莱斯勒公司开发的马拉松型燃气送风式燃烧器，在功率调节时，炉膛压力能够基本保持恒定（图 4-79）。

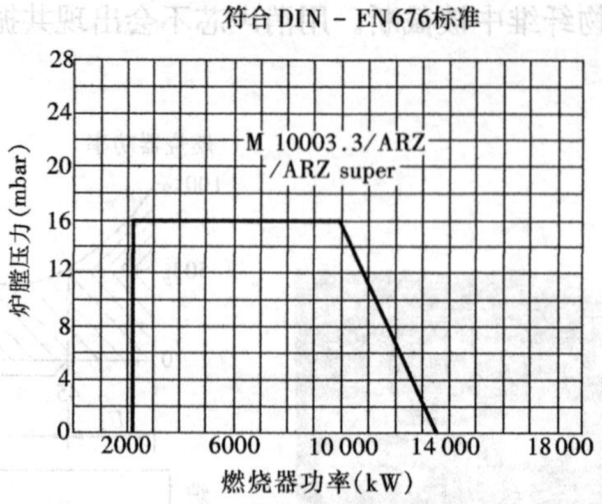

图 4-79 德国马拉松型燃气送风式燃烧器功率与炉膛压力工作曲线

复 习 题

1. 煤的燃烧过程分为几个阶段？煤完全燃烧的前提是什么？
2. 工业锅炉有哪几种燃烧方式？各种燃烧方式分别使用哪些燃烧设备？
3. 为什么双层炉排锅炉出口的烟尘排放浓度低？
4. 简述链条炉的工作特点。链条炉为什么要分段送风？
5. 风力机械抛煤机是如何工作的？如何调节给煤量？
6. 循环流化床锅炉有哪些优、缺点？
7. 燃油锅炉的燃烧设备有哪些重要附件，各有什么作用？
8. 燃气锅炉的燃烧设备有哪些重要附件，各有什么作用？

第五章 锅炉的构造

本章主要叙述锅炉的主要受热面（锅筒、水冷壁和对流管束）和辅助受热面（过热器、省煤器和空气预热器）及安全附件等构造、特点和使用要求，为从事锅炉安装、改造和维护的工作人员提供必要的知识。燃烧设备在第四章已介绍。

第一节 锅筒及其内部装置

一、锅筒的作用和构造

锅筒又称为汽包，是锅炉中最重要的受压元件，其作用为：

(1) 是加热、蒸发与过热三个过程的连接部件：它连接了上升管和下降管、组成自然循环回路，接受省煤器来的给水，向蒸汽过热器输送饱和蒸汽。

(2) 增加锅炉的安全、稳定性，利于负荷变化时的运行调节：锅筒中储存有一定量的饱和水，锅炉短时间供水中断，不会立即发生事故；锅水具有一定的蓄热能力，在汽压增高时吸收热量、在汽压降低时放出热量，在外界负荷变化较大时，可以缓冲汽压变化的速度。

(3) 锅筒中装有的一些内部装置可以净化蒸汽，从而获得品质良好的蒸汽。

锅筒用12～46mm的钢板卷制成圆筒体与封头焊接而成。工业锅炉的锅筒长度为2～7m，直径为0.8～1.6m；封头是用钢板冲压而成并焊在锅筒两端。为了安装和检修锅筒内部装置，在封头上开有椭圆形人孔，人孔盖板用螺栓从汽包内侧向外侧拉紧。

根据锅炉锅筒的类型，有双锅筒锅炉（即上锅筒和下锅筒，由对流管束连接起来）和单锅筒锅炉（只有上锅筒）。锅筒由上升管与下降管连接起来，组成自然循环回路。上锅筒内汇集了循环回路中的汽水混合物，常设有汽水分离装置、给水分配管，有的锅炉还设有连续排污管和加药管。下锅筒内设有排放水渣的定期排污装置（图5-1）。

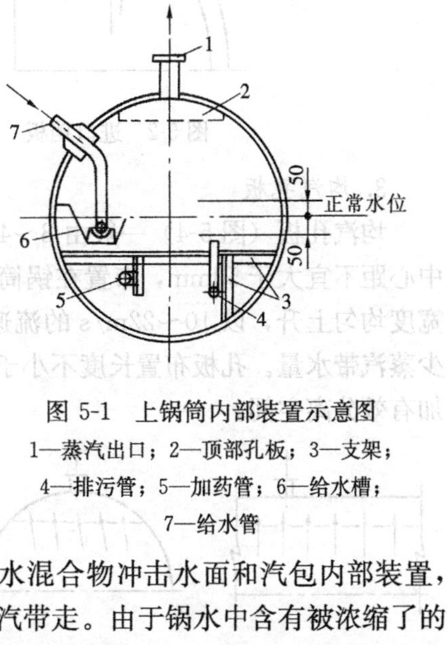

图5-1 上锅筒内部装置示意图
1—蒸汽出口；2—顶部孔板；3—支架；4—排污管；5—加药管；6—给水槽；7—给水管

在蒸汽锅炉上锅筒的外壁上，还焊有连接主汽管、副汽管的法兰短管和连接水位计、压力表、安全阀等附件的法兰短管。

二、汽水分离装置

锅炉给水一般都含有少量杂质，随着锅水的不断蒸发和浓缩，锅水的杂质会越来越多，即盐浓度增大。由受热面各上升管进入上锅筒的具有很高动能的汽水混合物冲击水面和汽包内部装置，引起大量的锅水飞溅，生成的质量很小的水珠极易被蒸汽带走。由于锅水中含有被浓缩了的盐分，所以带水的蒸汽品质也恶化了。品质恶化的蒸汽会在其行程中（如蒸汽过热器、换热设备、阀门、管道等）结垢，不仅影响设备的传热效果，而且影响设备的安全运行。因此，保持蒸汽的洁净、降低蒸汽的带水量尤显必要。

因为低压小容量的锅炉对蒸汽品质要求不高、上锅筒的蒸汽负荷较小，可以利用上锅筒中蒸汽空间进行自然分离或装设简单的汽水分离装置。

对于较大容量的锅炉，需要在上锅筒内装设汽水分离装置，常用的类型有：

1. 进口挡板（导向挡板）

用在汽水混合物由蒸汽空间引入上锅筒的情况下，设置在汽水引入管口处（图 5-2），以减弱汽水混合物的动能，使汽水得到初步分离。挡板由 3～4mm 的钢板制成。为防止汽水混合物垂直冲击挡板，挡板与汽水流向所成的夹角 α 应小于 45°。为防止沿挡板流下的水膜再次被吹破而形成水滴被蒸汽带走，挡板与引入口距离应大于引入管管径的 2 倍。挡板下边缘与锅筒正常水位的距离不小于 150mm。

2. 水下孔板

在上锅筒水面以下设置均匀开有许多 ϕ8～12mm 小孔、3～4mm 厚的平孔钢板（图 5-3），应用于汽水混合物自水空间引入上锅筒的锅炉。汽流上升通过孔板受到一定阻力，减缓汽流上升的速度，使蒸汽在较大面积上由小孔均匀流出，使锅筒内水面较为平稳，减少蒸汽带水量。每块孔板的尺寸以能通过锅筒的人孔为限。水下孔板一般水平安装于锅筒最低水位下 80mm 处，为避免蒸汽被带入下降管中，孔板离锅筒底部距离应＞300～350mm。

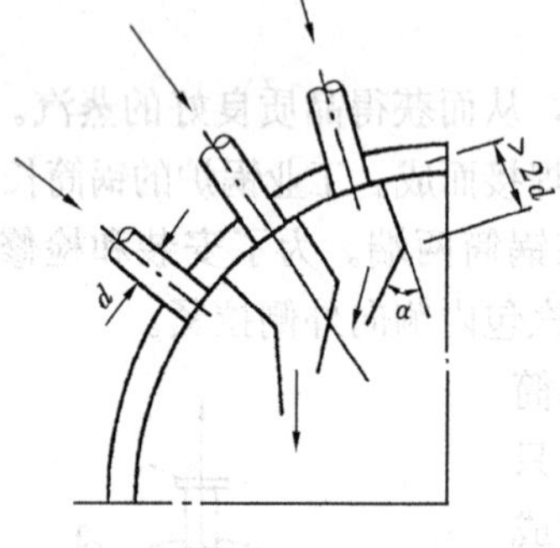

图 5-2　进口挡板

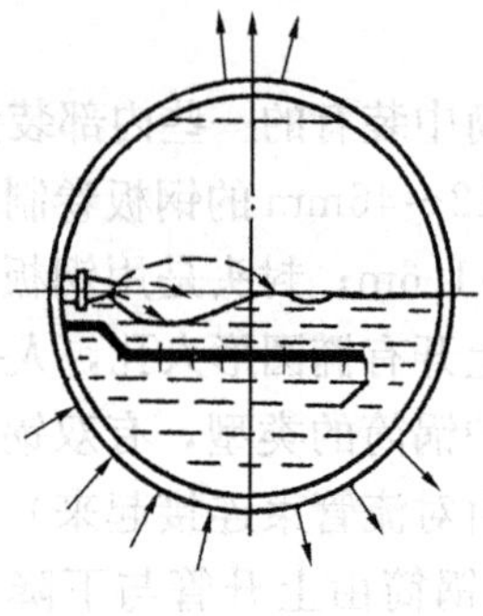

图 5-3　水下孔板

3. 均汽孔板

均汽孔板（图 5-4）一般由 3～4mm 厚的钢板制成，板上均匀开有 ϕ8～12mm 的孔，孔中心距不宜大于 50mm，布置在锅筒顶部蒸汽引出管前。利用其阻力，使蒸汽沿锅筒长度、宽度均匀上升，以 10～22m/s 的流速通过孔，防止局部蒸汽流速过高，有效分离汽水，减少蒸汽带水量。孔板布置长度不小于上锅筒长度的2/3，且尽量布置在上锅筒的高处，以增加有效分离空间。

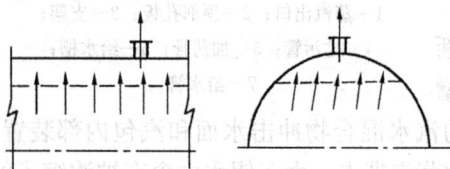

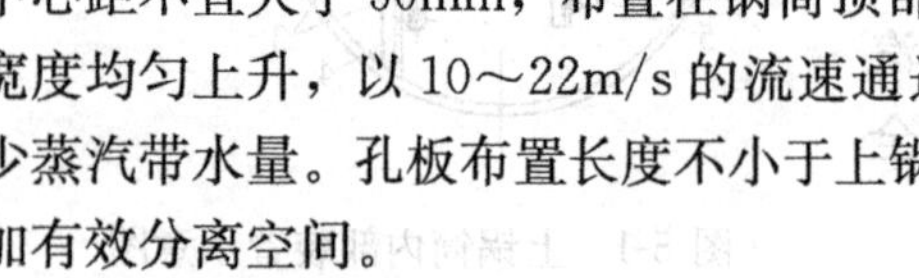

图 5-4　均汽孔板

4. 集汽管

在上锅筒的顶部沿锅筒纵长方向布置一无缝钢管，或者是在管的侧面开一条连续的等腰梯形缝（称为缝隙式集汽管），或者是在管上部均匀开有 ϕ8～12mm 的孔（称为抽汽孔集汽管）（图 5-5）。利用进入集汽管前后蒸汽流速和流向的变化，而使汽水分离。这种装置构造简单，但分离效果较差，主要用于蒸汽品质要求不高的小型锅炉。

5. 蜗壳式分离器

图 5-6 为蜗壳式分离器示意图。蒸汽由分离器上部切向进入蜗壳，经小孔折入内装的集汽管，汇集到蒸汽引出管引出。由于蒸汽切向进入的离心作用，使水滴粘附于壁面上流入疏水管中排入水空间。蜗壳分离器的总长度不小于上锅筒长度的 2/3。因为蒸汽在蜗壳内经过多次转弯，受惯性力和离心力的作用，分离效果较好。这种形式一般用于蒸发量较小、蒸汽品质要求较高的锅炉。

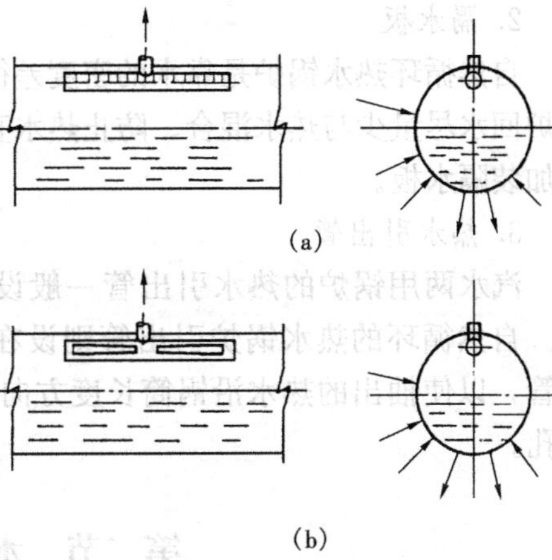

图 5-5 集汽管

(a) 抽汽孔集汽管；(b) 缝隙式集汽管

三、上锅筒给水装置

给水管设在给水槽中（图 5-7），其作用是将锅炉给水沿锅筒长度均匀分配，避免过于集中在一起，而破坏正常的水循环；同时避免给水直接冲击锅筒壁，造成温差应力。

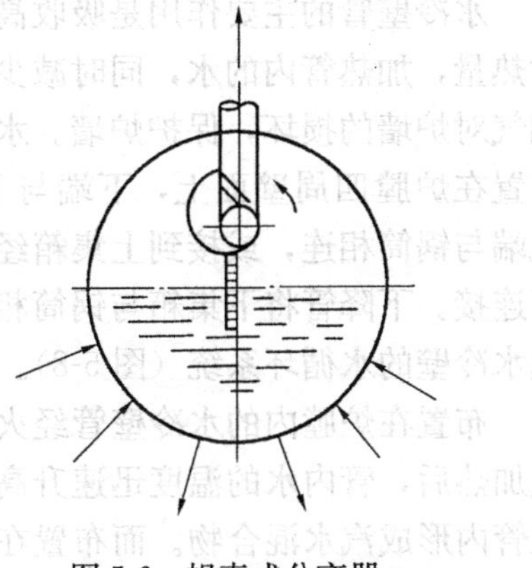

图 5-6 蜗壳式分离器

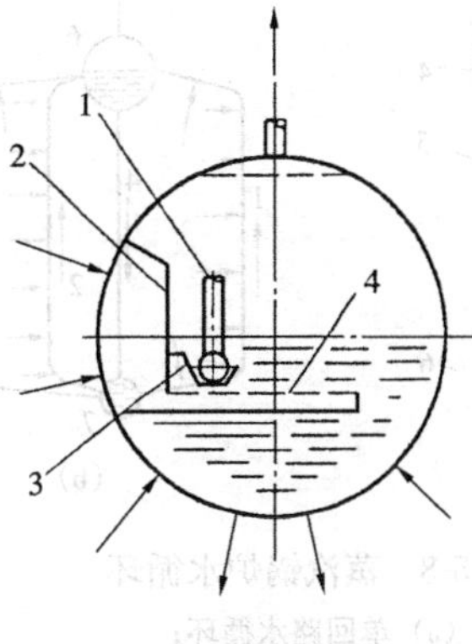

图 5-7 上锅筒给水装置

1—给水管；2—挡板；3—给水槽；4—水下孔板

给水管的位置略低于锅筒的最低水位，其上开有 $\phi8 \sim 12$mm 的孔。孔间距为 100～200mm。给水均匀引入蒸发面附近，可使蒸发面附近锅水含盐量降低，从而减少蒸汽带水的含盐量。

四、热水锅炉上锅筒内部装置

自然循环热水锅炉上锅筒内部装置比较简单，一般设有下列装置：

1. 配水管

其作用是将锅炉回水分配到特定位置以保证锅炉正常的水循环。在没有锅炉管束的锅炉中，配水管将回水分配到冷水区，即锅筒的两端；在带有锅炉管束的锅炉中，配水管将回水均匀地分配到各下降区。配水管的结构是将其端头堵死，在管侧面开孔，开孔方向正对下降管入口。

2. 隔水板

自然循环热水锅炉是靠水的密度差循环的，为了在锅筒内部形成明显的冷、热水区，使锅炉回水尽量少与热水混合、防止热水直接进入下降管，通常根据作用在锅筒内的不同位置上加装隔水板。

3. 热水引出管

汽水两用锅炉的热水引出管一般设在上锅筒最低水位下50mm的热水区，呈水平布置。自然循环的热水锅炉引出管则设在上锅筒热水区，垂直引出，并在引出管前加一集水管，以使抽出的热水沿锅筒长度方向比较均匀。在集水管上沿圆周方向开有$\phi 8 \sim 12$mm的孔。

第二节 水冷壁与对流管束

处于高温条件下工作的水冷壁与对流管束是锅炉的主要受热面。为了避免因管壁过热而降低钢管的强度，进而防止锅炉爆管事故，保证锅炉安全、可靠地运行，必须使受热面中有可靠的水循环来冷却管壁。

一、水冷壁管与水循环

水冷壁管的主要作用是吸收高温烟气的辐射热量，加热管内的水，同时减少熔渣和高温烟气对炉墙的损坏，保护炉墙。水冷壁管垂直布置在炉膛四周壁面上，下端与下集箱相连，上端与锅筒相连，或接到上集箱经导汽管与锅筒连接。下降管将下集箱与锅筒相连，从而构成水冷壁的水循环系统（图5-8）。

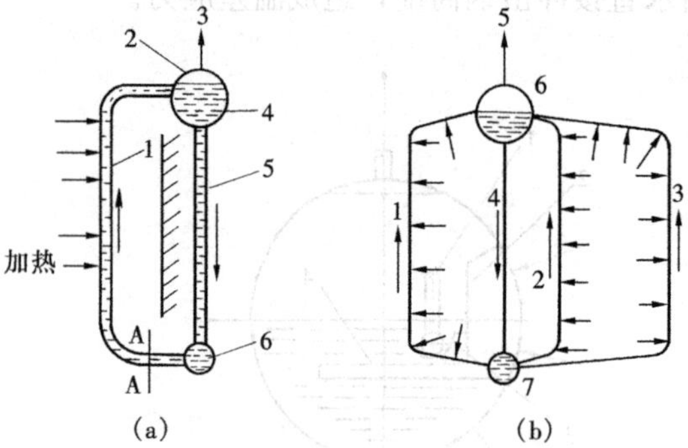

图5-8 蒸汽锅炉水循环

(a) 单回路水循环；

1—上升管；2—锅筒；3—蒸汽出口管；4—给水管；5—下降管；6—下集箱

(b) 多回路水循环

1—水冷壁管；2、3—对流管束；4—下降管；5—蒸汽出口管；6—锅筒；7—下集箱

布置在炉膛内的水冷壁管经火焰和高温烟气加热后，管内水的温度迅速升高，一部分水在管内形成汽水混合物。而布置在炉墙外侧的下降管中的水未受热，它的密度ρ_s就大于汽水混合物的密度ρ_{qs}。对于A-A截面［图5-8(a)］来说：

下降管一侧的重位压头

$$p_{xj}=\rho_s gh$$

水冷壁管一侧的重位压头

$$p_{slb}=\rho_{qs}gh$$

二者之差称为流动压头

$$\Delta p=p_{xj}-p_{slb}=(\rho_s-\rho_{qs})gh$$

在流动压头的作用下，水由下降管向水冷壁管（上升管）不断地循环流动。这种自然循环在蒸汽锅炉中被普遍采用。在一些热水锅炉和大型蒸汽锅炉（直流锅炉）中，则利用水泵的压力来完成锅水流动，习惯称强制循环。

在工业锅炉中，通常将整个锅炉的水循环分成几个独立的循环回路，每个回路都有各自独立的上升管、下降管和集箱，只有锅筒为各循环回路共有。图 5-9 是 SZP 型锅炉中的几个循环回路。

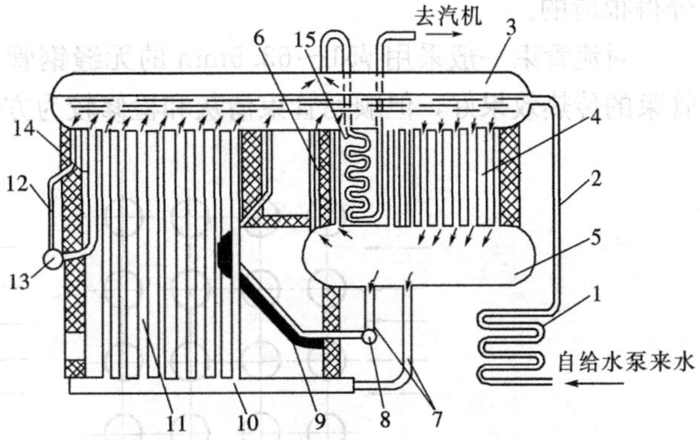

图 5-9 SZP 型锅炉水循环示意图

1—省煤器；2—给水管；3—上锅筒；4、6—对流管束；5—下锅筒；7—下降管；8—后集箱；9—后水冷壁；10—侧集箱；11—侧水冷壁；12—前下降管；13—前集箱；14—前水冷壁；15—过热器

水冷壁管通常采用外径为 51～76mm、壁厚 3.5～6.0mm 的无缝钢管。在工业锅炉中一般采用光管水冷壁；对于快装锅炉，为减轻炉墙质量，降低炉墙温度，常采用鳍片管组成膜式水冷壁。

水冷壁一般都是上部固定，下部能自由膨胀。水冷壁管的上集箱固定在支架上，或与上锅筒相连接，下集箱由水冷壁悬吊着。水冷壁管本身由拉钩限制其水平方向移动，而保证它能上下滑动。

连接水冷壁管的上下集箱是由直径较大的无缝钢管制成的，集箱两端设有手孔，以便清除水垢时用；下集箱上还设有定期排污管，以便排除锅炉水中沉积的水渣和锅炉放空时用。

在锅炉设计和运行中，应注意以下问题：

(1) 循环停滞：在运行时，若有少量水冷壁管表面结渣或炉膛内烟气偏向流动，使之受热量减小，进而推动水循环的压力差也相应地减少，使水循环缓慢，甚至发生汽水循环停滞的现象。

(2) 汽水分层：炉膛顶部与锅筒连接的水冷壁管的倾角应大于 15°，否则水的流速很低，则由于此时汽与水的密度不同，蒸汽偏于管子的上部流动，水在下部流动，形成汽水分层。水冷壁管管径越大，这种汽水分层的可能性越大，因而管子上部就可能过热被烧坏。

(3) 下降管带汽：当下降管入口和蒸发面距离太近时，水急速流入下降管时产生旋涡，把水面上的蒸汽卷进下降管；当水冷壁管出口和下降管入口的距离太近，使一部分蒸汽未升到水面就被吸入下降管中。由于水中夹有蒸汽，密度减小，水循环的压力差减小，严重时发生水循环停滞现象，甚至倒流。

二、对流管束

对流管束通常是由连接上下锅筒间的管束构成，全部都布置在烟道中，受烟气的冲刷而换热，也称对流受热面，是另一种主要受热面。对流管束的传热效果主要取决于烟气的流速。烟气的流速高，传热增强，节省受热面，但其阻力和运行费用增大；烟气流速低，容易使受热面积灰，影响传热。通常燃煤水管锅炉烟气流速在 10m/s 左右，燃油、燃气锅炉则可高些。对于锅壳锅炉，燃煤时一般取 15～20m/s，燃油、燃气锅炉为 20～30m/s。

虽然对流管束都吸收热量，未设不受热的下降管，但是水循环是存在的。按烟气流动的方向，烟气先经过的管束受热较强，管内水向上流动，成为上升管；烟气后经过的管束，受热较弱，管内水向下流动，成为下降管，形成水循环。在实际运行中，烟气温度和流速随锅炉负荷变化而变化，整个对流管束的上升管束和下降管束的分界线是不可能分得很清的。

对流管束一般采用 ϕ51～63.5mm 的无缝钢管，进行错列或顺列排列（图 5-10）。错列管束的传热效果好，但顺列管束清灰和检修较为方便。

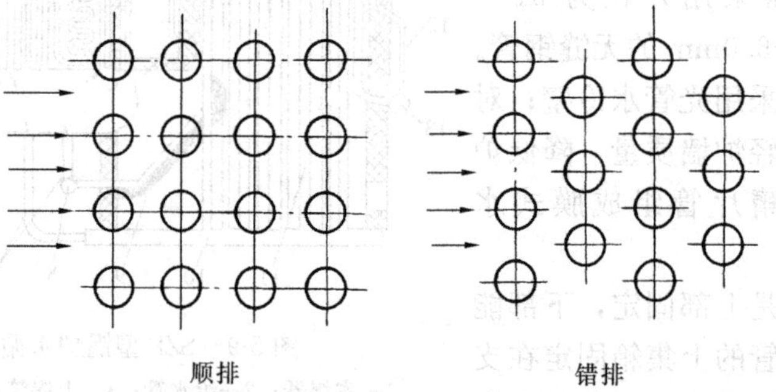

图 5-10 对流管束的排列方式

第三节 蒸汽过热器

蒸汽过热器的作用是将上锅筒引出的饱和蒸汽加热成一定温度的过热蒸汽。工业用汽多为饱和蒸汽，故一般锅炉中不设置蒸汽过热器。只有在生产用汽需要较高的温度，而不需要提高蒸汽压力，或为了在蒸汽输送过程中减少冷凝损失而需要过热蒸汽时，才在锅炉中配备蒸汽过热器。因此，蒸汽过热器通常归于辅助受热面。

蒸汽过热器按传热方式有辐射式、半辐射式和对流式；按放置的方式有立式（图 5-11）和卧式。

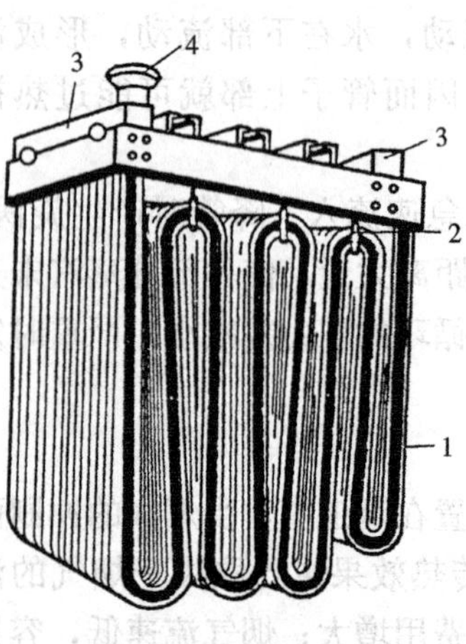

图 5-11 立式对流蒸汽过热器
1—蛇形管；2—吊架；
3—集箱；4—蒸汽入口

蒸汽过热器常布置在对流管束之间、烟温为 700～800℃ 的区域中，烟气流速为8～12m/s。蒸汽过热器中蒸汽流速为 15～25m/s。按照烟气和蒸汽的流向，可以将过热器布置为顺流、逆流、双逆流和混合流等形式（图 5-12）。顺流式过热器的蒸汽与烟气流向相同，平均温差小，传热效果较差。逆流式过热器的蒸汽与烟气的流向相反，传热效果好，用较小的受热面就可获得较高的蒸汽温度。但由于蒸汽出口处正是烟气进口处，第一排过热器管工作条件差，容易烧坏。为了避免这个缺点，可将过热器布置成双逆流式，使蒸汽出入口位于过热器中部，既可得到较高的传热效果，又可减少过热器管烧坏数。混合流式过热器是将一部分管子布置成逆流式，另一部分布置成顺流式，使之兼有顺流和逆流的优点。在实际运用中，混合流式和双逆流式应用较为广泛。

蒸汽过热器由一组弯成蛇形的无缝钢管和两个圆形或方形进出口集箱组成。蛇形管的壁厚一般为 3～4mm，外径为 32～40mm。过热器出口集箱或管道上装有安全阀、主汽阀、排汽阀以及蒸汽压力表和温度计。

在工作压力为 1.25MPa 的工业锅炉中，过热蒸汽的温度为 250℃和 350℃；在工作压力为 1.6 MPa 的工业锅炉中，过热蒸汽的温度为 350℃。

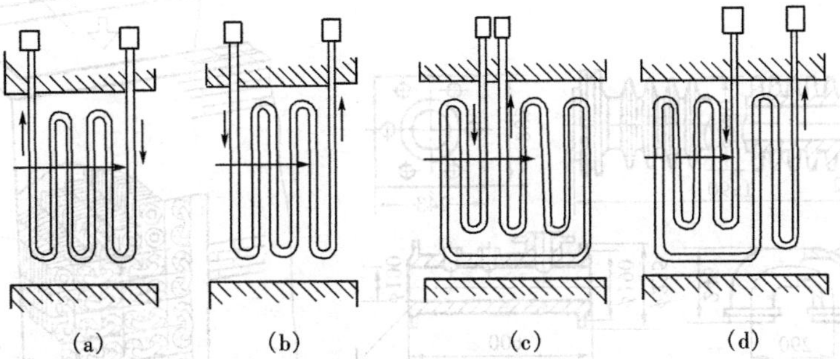

图 5-12 蒸汽过热器的布置方式

(a) 逆流；(b) 顺流；(c) 双逆流；(d) 混合流

第四节 省 煤 器

一、省煤器的作用

省煤器是利用锅炉尾部烟气的热量加热给水以降低排烟温度的锅炉部件，设置在尾部竖井烟道中。锅炉给水经过省煤器使水温升高，排烟温度降低，减少了热损失，节省了燃料，提高了锅炉热效率。例如蒸汽锅炉的给水温度升高 1℃，排烟温度可降低 3℃左右；给水温度升高 6～7℃，可节省燃料 1%。另外，经加热的给水送入锅筒，可以避免因较冷的给水与高温锅筒接触而产生的热应力，改善了锅筒的工作条件；给水预热后还可排除溶解在水中的气体，降低锅炉设备的腐蚀程度。而且省煤器布置紧凑，价格较便宜，目前已得到广泛地应用。

二、省煤器的种类和构造

根据所用材料，省煤器有铸铁式和钢管式；根据水在其中被加热的程度，省煤器有非沸腾式和沸腾式。中、小型工业锅炉常用的是非沸腾式铸铁省煤器，经过省煤器的加热，送入锅炉的给水温度比蒸汽饱和温度低 20～50℃。

铸铁省煤器由多排外侧带有方形或圆形鳍片的铸铁管组成。管长约 2m，各管之间用 180°铸铁弯头依次连接起来（图 5-13）。给水进口在省煤器管组的下方，出水口在其上方。

铸铁省煤器的优点是耐磨性和抗蚀性较好；缺点是体积大、笨重，鳍片间容易积灰，法兰连接易漏水，铸铁脆，强度低，且不能承受水击。因此，铸铁省煤器只用于工作压力低于 2.5MPa 的非沸腾式省煤器。

较大型的锅炉，给水经过除氧，温度较高，多采用钢管省煤器。钢管省煤器是由并列的蛇形钢管组成，蛇形管的两端分别连接进、出口集箱。蛇形管常用 ϕ28～38mm 的无缝钢管弯制而成（图 5-14）。钢管省煤器的出水温度不受限制，允许水在其中汽化（干度<20%的汽水混合物），因此，钢管省煤器属于沸腾式省煤器。

三、省煤器的布置和管路系统

省煤器布置在烟道中，给水在管内自下而上地流动，与管外自上而下的烟气流向相反，传热效果好。为保证铸铁省煤器的安全运行，在省煤器进出口管道上应装截止阀和止回阀，并设有监督铸铁省煤器安全运行的安全阀、温度计、压力表等附件以及烟气和给水的旁路

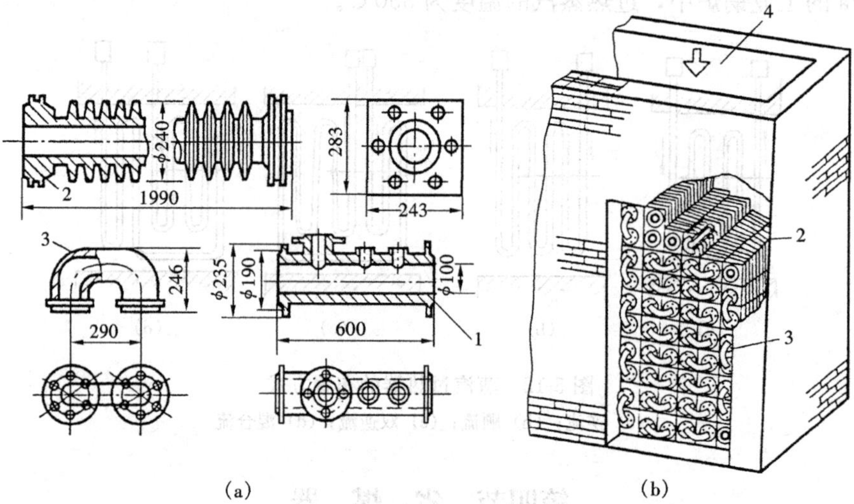

图 5-13 铸铁省煤器的构造和组成

(a) 铸铁省煤器；(b) 省煤器的组成

1—入口集箱；2—省煤器管；3—弯头；4—烟道

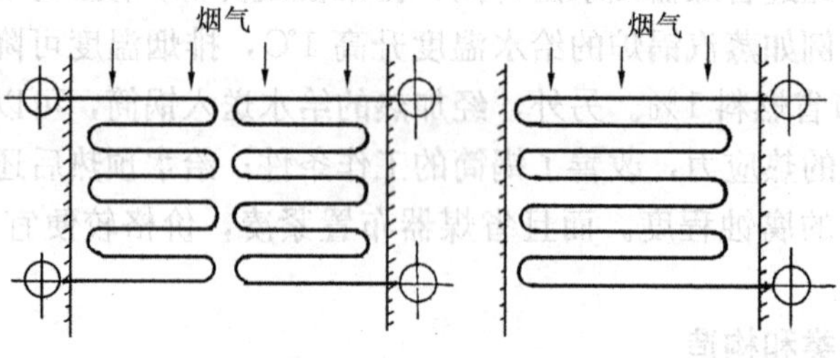

图 5-14 钢管省煤器

(图 5-15)。当省煤器发生故障或锅炉升火运行时，烟气从旁通烟道通过，必要时给水也可以从旁通管直接进入上锅筒。无旁通烟道的锅炉，在锅炉升火或停运期间，为防止省煤器中水不流动发生汽化，可设再循环管接至水箱，使水在省煤器中流动带走热量。

进口处的安全阀能够减轻给水管路中可能产生的水击现象，出口处的安全阀能在省煤器内水发生汽化时和超压时泄压，以保护省煤器。

锅炉启动时，为了排除省煤器中的空气，在出口处装设放气阀或将安全阀上放气阀打开。进口放水阀在检修时泄水。

四、省煤器的防腐和防磨

省煤器的腐蚀有内部腐蚀和外部腐蚀。内部腐蚀是指给水未经除气处理所产生的气体腐蚀。特别对于钢管省煤器，为了防止这种腐蚀，给水应进行除气处理。

外部腐蚀是指由于进入省煤器的水温过低，使烟气中的水蒸气在管外面结露，与烟气中的酸性气体(如 SO_2、SO_3、CO_2)形成酸液，造成腐蚀。为了防止结露，应使烟气侧壁温度比烟气露点高 5～10℃以上。由于烟气中含有大量飞灰，在运行中不断撞击和冲刷省煤器外壁，造成外部磨损，使其变薄而破裂。因此，在运行中烟气流速应控制在 10～12m/s 范围内，并采取防磨技术，如防磨盖板等。

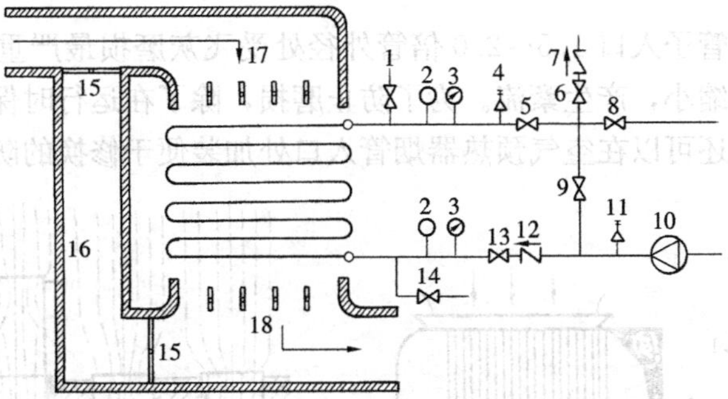

图 5-15　铸铁省煤器的水力系统

1—放空气阀；2—温度计；3—压力表；4—省煤器安全阀；5—省煤器出水截止阀；6—锅筒给水截止阀；7—锅筒给水止回阀；8—再循环管截止阀；9—旁通管截止阀；10—给水泵；11—给水泵安全阀；12—给水泵止回阀；13—给水泵压水截止阀；14—放水阀；15—旁通烟道挡板；16—旁通烟道；17—烟道挡板；18—烟气挡板

第五节　空 气 预 热 器

一、空气预热器的作用

空气预热器是利用锅炉尾部的烟气余热加热燃料燃烧所需空气的装置，一般布置在省煤器之后。使用预热器，一方面可以减少锅炉排烟热损失（布置空气预热器后，排烟温度为160～200℃），提高锅炉热效率，节约燃料；另一方面使进入炉内的冷空气变为热空气（温度为100～300℃），改善炉内燃烧条件，提高燃烧温度，增强传热效果。

空气预热器在工业锅炉中应用不多，因为省煤器已能满足降低排烟温度的要求，它主要用于以下情况：

(1) 燃用煤粉的锅炉，煤粉要用热风干燥、输入炉膛；

(2) 锅炉燃用劣质煤，需要用热风来促进稳定燃烧；

(3) 锅炉产生的蒸汽压力＜0.5MPa、回水温度＞80℃，使用省煤器经济效果不大的锅炉。

二、空气预热器的构造

工业锅炉中常使用的是管式空气预热器（图 5-16），受热面管束采用 ϕ32～50mm、壁厚1.5～2mm 的无缝或有缝钢管交叉地排列，两端垂直地焊接在上、下管板上，形成立方形管箱。为了提高传热效果，在管箱内设有中间管板和导流箱。烟气由上而下通过管内，空气从进风口由下而上横向流过，两者成对流热交换方式。烟气流速通常取 9～13m/s，空气的流速一般取烟气流速的一半。

为便于运输和安装，空气预热器由多个管箱组成，管箱和管箱之间用膨胀节密封。管箱与支承框架和烟道间也由薄钢板制作的有弹性的膨胀节来密封。管箱外面还设有空气连通罩。

三、空气预热器的防腐和防磨

和省煤器一样，空气预热器也存在腐蚀和磨损问题。

由于流经空气预热器的烟气温度比省煤器低，烟气中水汽容易结露，空气预热器在烟气的一侧更容易发生腐蚀，特别是在空气入口处。因此，应使空气预热器的壁温高出烟气露点

10℃以上。

在空气预热器的管子入口1.5～2.0倍管外径处受飞灰磨损最严重。这是因为烟气的流通截面积在该处突然缩小，产生紊流。为了防止磨损，除了在运行时保持适宜的烟气流速和均匀地分配烟气外，还可以在空气预热器烟管入口处加装便于修换的防磨套管（图5-17）。

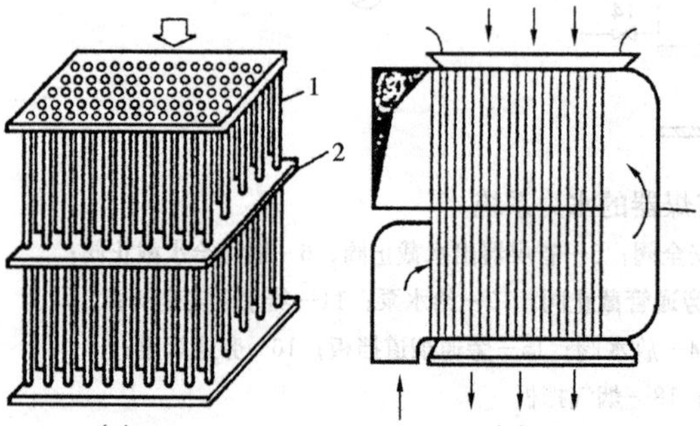

图5-16　管式空气预热器

(a) 空气预热器的构造；(b) 空气流程

1—管束；2—管板；3—导流箱

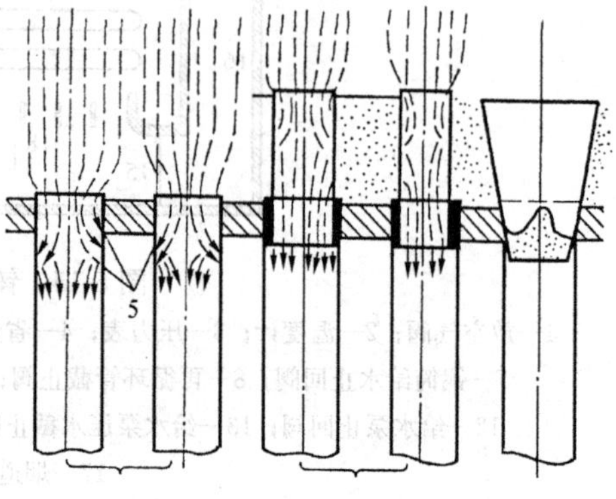

图5-17　管式空气预热器的防磨套管

(a) 没有防磨套管的情况；(b) 防磨套管安装正确；(c) 防磨套管安装不正确

第六节　锅炉构架与炉墙

一、锅炉构架

锅炉构架是用来支承锅筒、集箱、受热面管子、过热器、省煤器、空气预热器、平台扶梯及部分炉墙的金属构件，它应满足强度、刚度、稳定性和自由膨胀可能性等方面的要求。

钢架一般由立柱、横梁、连接梁和辅助梁组成（图5-18）。立柱是垂直于地面并将重量传给基础的承重构件，由于立柱传给基础的集中负荷很大，通常在立柱底部有面积扩大的底座。底座与锅炉基础的固定，通常采用地脚螺栓，或将底座与预埋钢板焊接在一起。横梁是水平放置的承重构件，承受着汽水系统和烟风系统的负载，并传给立柱。连接梁和辅助梁用来增强钢架整体的刚性和稳定性，也用来支承炉墙和平台扶梯。

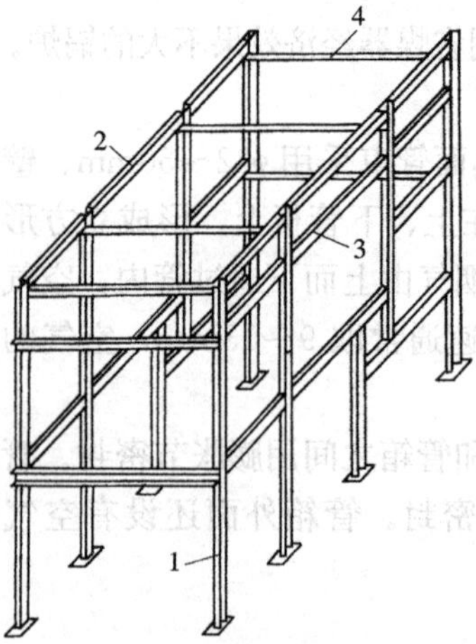

图5-18　锅炉构架

1—立柱；2—横梁；3—辅助梁；4—支撑杆

为了防止钢架受高温作用（一般＜150℃）而产生热应力，承重的立柱和横梁必须布置在炉墙和烟道外面。对于必须布置在烟道炉墙内的构件，需采取绝热、冷却、结构上能自由膨胀等措施。

二、炉墙

炉墙构成锅炉燃烧室和烟道的外壁，在炉内运行时，阻止热量向外散失，起着保温和密封的作用，并使烟气按指定的方向流动。因此，炉墙必须具有良好的绝热性、耐热性、严密性、抗蚀性，有足够的机械强度和承受温度急剧变化的能力，还应有便于施工、重量轻和价格低的优点。

砌筑炉墙的常用材料有以下几种：

（1）耐火黏土砖：简称耐火砖，由耐火黏土（即焙烧过的黏土）和用作黏合剂的生黏土混合后，经高温烧制而成。其特点是耐热性好、机械强度大、价格低，应用广泛，它一般用于炉膛内衬墙和烟温高于600℃的烟道中。

按化学成分，耐火砖分为酸性砖和碱性砖，锅炉炉墙通常用碱性砖，因为灰渣呈碱性，以防其腐蚀。按耐火的能力，耐火砖分为甲、乙、丙三级（耐火温度分别为1730、1675、1580℃）。耐火砖的密度为1800～2200kg/m³。

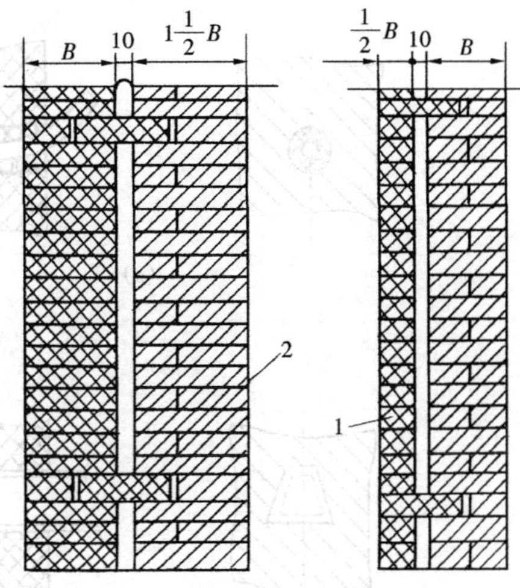

图5-19 重型炉墙的结构

1—耐火砖；2—红砖；B—砖的长度230mm

（2）硅藻土砖：由硅藻土掺入锯末或泥煤经过造型后焙烧而成。硅藻土砖的特点是密度小（为500～600kg/m³）、导热能力小、具有一定的耐热性，但其机械强度小、抗腐蚀性差，所以放在耐火砖外侧，起保温作用。

（3）普通红砖：用普通黏土加少量砂子制成，密度为1700～1800kg/m³，主要用于锅炉燃烧室的炉墙外层或低温烟道上，其耐热温度不超过600℃。

（4）其他材料：在砌筑炉墙时，还需要耐火土、铬铁矿砂等调制成的各种耐火涂料及石棉灰、珍珠岩等保温材料。

按炉墙构造，锅炉炉墙分为重型炉墙、轻型炉墙和管承式炉墙。

重型炉墙直接砌筑在锅炉的基础上，即全部重量由基础承担。考虑到炉墙的稳定性及高温下砖的耐压强度，高度一般不大于10～12m。重型炉墙结构简单、节省钢架、耗金属少，但墙厚体重，施工慢。工业锅炉一般都采用重型炉墙（特别是$D<35t/h$的锅炉）。普通重型炉墙有内、外两层，内层用标准耐火砖砌筑，外层为红砖，两层中间留有10～25mm的空气层（图5-19）。为了增强炉墙的稳定性，内外层沿高度方向每隔一定距离用耐火砖连接起来。为了保证自由膨胀，避免炉墙因受热膨胀而发生裂缝，在炉墙四角沿整个高度留有20mm的热胀间隙，即伸缩缝，采用ϕ25mm的石棉绳填充，以保严密性（图5-20）。

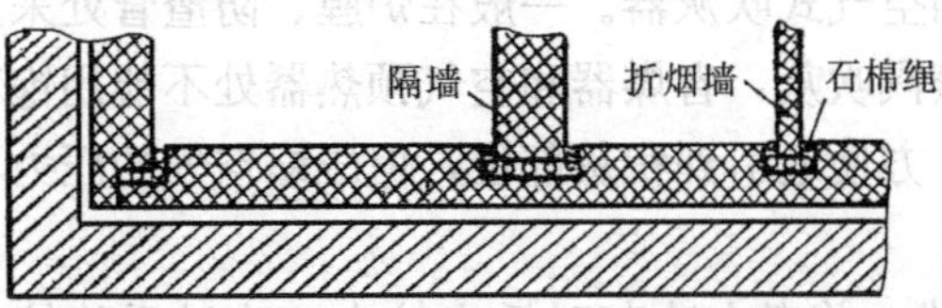

图5-20 锅炉炉墙膨胀缝的留法

在锅筒、集箱、管子和其他金属构件穿过炉墙处，也都留有膨胀缝，并填充石棉绳密封（图5-21），以免漏风。

轻型炉墙又称钢架承托式炉墙，采用大型预制耐火混凝土板和密封涂料，全部重量支承在锅炉构架的横梁上，用于中大型锅炉。

管承式炉墙又称敷管炉墙，采用膜式水冷壁或小节距水冷壁，炉墙材料全部敷设在水冷壁管或包墙管上，主要用于大型锅炉。

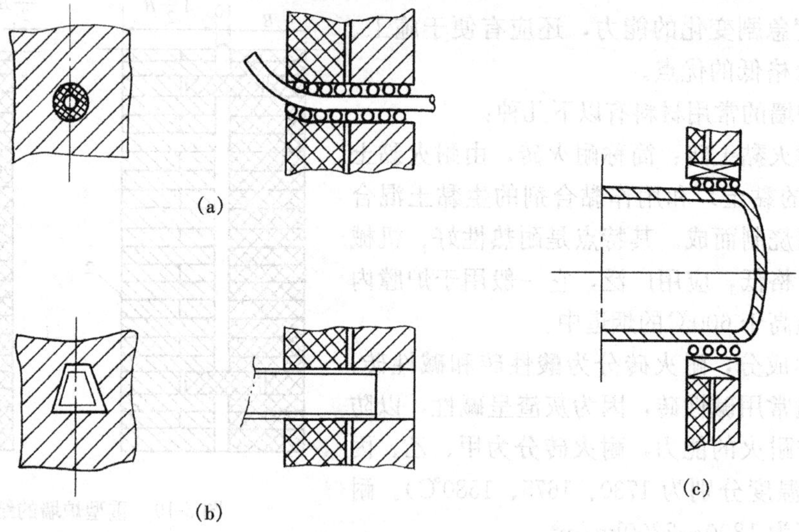

图 5-21 金属构件穿墙膨胀缝处理
(a) 墙内管子膨胀缝；(b) 墙内构件的膨胀缝；(c) 墙内汽包膨胀缝

第七节 锅 炉 附 件

一、吹灰器

锅炉长期运行后，受热面外壁常积有灰尘，如不及时清除，会使烟气流动阻力增大和影响传热效果，导致燃料消耗量增加，锅炉出力降低。因此，在锅炉上需设置吹灰器清除灰垢。

按吹灰介质，吹灰装置分为蒸汽式、压缩空气式吹灰器。一般在炉膛、防渣管处采用饱和蒸汽作吹灰介质，蒸汽过热器处采用过热蒸汽吹灰，省煤器和空气预热器处不能用饱和蒸汽吹灰。压缩空气吹灰的优点是可用手移动，方便地引到积灰部位，但压缩空气的压力不高(0.4～0.5MPa)，往往吹不掉较硬的灰壳。

按吹灰方式，吹灰器分为移动式和固定式，前者在吹灰时插入炉内，吹过后从炉内抽出，后者固定安装在受热面上。按结构，吹灰器又分为软管式和链轮式。

(1) 软管移动式吹灰器：是一端封闭，另一端装有阀门的钢管，它上面开有一排吹灰孔，孔的间距与被吹受热面间距一致，管端的阀门通过金属或耐高温的橡胶软管与吹灰工质相接。吹灰时将吹灰器插入需吹扫的部位，使吹灰孔对着两根炉管之间的空隙，打开阀后，移动吹灰管，使其沿烟气流动方向吹扫烟灰。它主要用于水冷壁管的吹扫，一般移动吹扫2～3 次。

(2) 链轮固定式吹灰器：其形式与软管吹灰器基本相同，但吹灰管的封闭端位于炉内，另一端与阀门和联锁转动机械相连，将它固定安装在烟气通道中的受热面管子上（图5-22)。当拉动链条时，通过链轮旋转而带动吹灰管转动，蒸汽立刻喷出；当转动机械转满一圈后，可反转吹灰，再关闭阀门。如此进行 2～3 次，可清除炉管积灰。

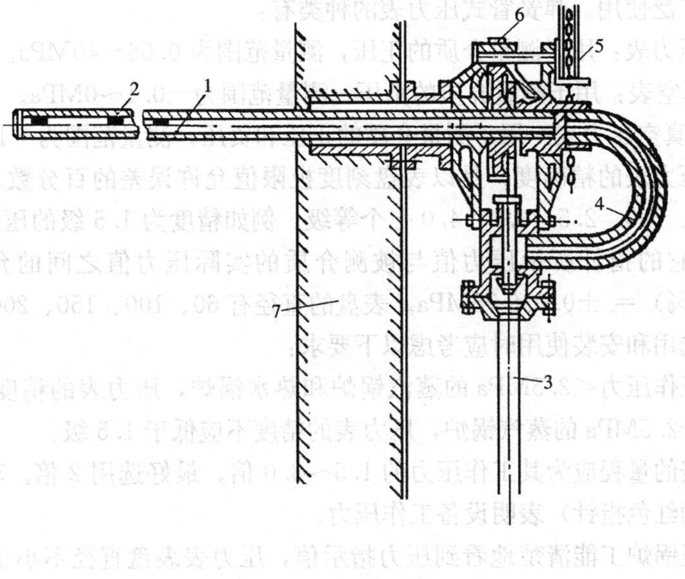

图 5-22 链式吹灰器

1—吹灰管；2—吹灰孔；3—蒸汽管；4—弯管；5—链轮；6—齿轮；7—炉墙

吹灰前，必须检查吹灰设备是否完好，不应有漏气现象。吹灰时，应先暖管，将凝结水放掉，以免大量凝结水喷入烟道中。

二、压力表

压力表用来指示锅筒内的蒸汽压力，监视锅炉是否超压，以保证锅炉在允许工作压力下安全运行。根据《蒸汽锅炉安全监察规程》，每台锅炉必须装有与锅筒蒸汽空间直接相连的压力表。同时，在给水管的调节阀前、可分式省煤器出口、蒸汽过热器的出口和主汽阀之间、分汽缸、燃油锅炉油泵进出口、燃气锅炉的气源入口处均应装压力表。热水锅炉本体、其进水阀出口和出水阀入口、循环水泵的进水管和出水管处也应装压力表。

工业锅炉上一般采用弹簧管式压力表（图 5-23），在圆形外壳内，有一根断面呈椭圆的金属弹簧弯管，它的一端固定，另一端为封闭的自由端，当被测介质由固定端接入后，弹簧管因受介质压力的作用趋于伸直，这种形变借连杆 11、扇形齿轮 10 所组成的传动机构变成中心齿轮 7 的旋转角度，带动指针 3 偏转，在刻度盘上指示出相对压力值。被测介质压力越大，指针偏转角度越大。当压力消失后，弹簧管恢复原状，指针回到零点。

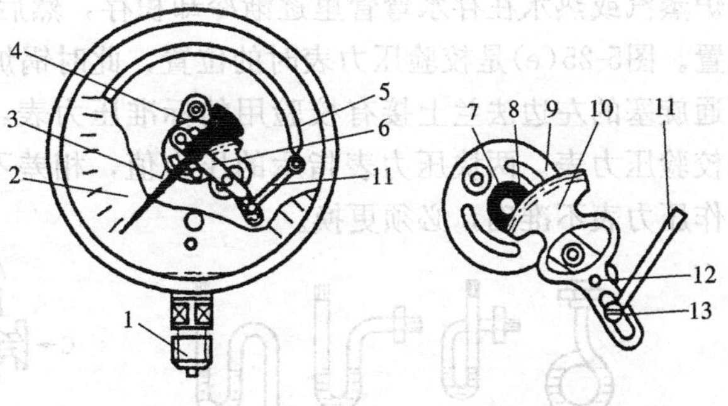

图 5-23 弹簧管式压力表

1—接头；2—刻度盘；3—指针；4—机座；5—弹簧管；6—传动机构；7—中心齿轮；8—游丝；9—下夹板；10—扇形齿轮；11—连杆；12—轴；13—活节螺丝

由于弹簧管式压力表结构简单、紧凑，价格便宜，使用和安装方便，且精确度较高，测量范围广，被广泛使用。弹簧管式压力表的种类有：

(1) Y形压力表：用于测量介质的正压，测量范围为0.06～40MPa。

(2) Z形真空表：用于测量介质的负压，测量范围为－0.1～0MPa。

(3) YZ形真空压力表：用于测量介质的正压和负压，测量范围为－1～2.5MPa。

弹簧管式压力表的精确度，是以表盘刻度极限值允许误差的百分数表示的，一般分为0.5、1.0、1.5、2.0、2.5、3.0、4.0七个等级。例如精度为1.5级的压力表表盘刻度值是0～2.45MPa，它的指针所示压力值与被测介质的实际压力值之间的允许误差，不超过2.45×（±1.5%）＝±0.036 75MPa。表盘的直径有60、100、150、200、250mm等。

压力表在选用和安装使用时应考虑以下要求：

(1) 对于工作压力＜2.5MPa的蒸汽锅炉和热水锅炉，压力表的精度不应低于2.0级；对于工作压力≥2.5MPa的蒸汽锅炉，压力表的精度不应低于1.5级。

(2) 压力表的量程应为其工作压力的1.5～3.0倍，最好选用2倍。刻度盘上应用明显记号（例如辅助红色指针）表明设备工作压力。

(3) 为保证锅炉工能清楚地看到压力指示值，压力表表盘直径不小于100mm。当压力表的安装位置距操作平台2～4m时，表盘直径不小于150mm；当该距离大于4m时，表盘直径不小于200mm。

(4) 为避免蒸汽或热水直接接触弹簧弯管，造成读值误差或损坏机件，压力表和测量点之间应设存水弯管（图5-24），管内积存冷凝水。铜管存水弯管的内径不小于6mm；钢管存水弯管的内径不小于10mm。在压力表和存水弯管之间应装三通旋塞，以便冲洗管路和检查、校验、拆换压力表。

图5-25(a)为压力表正常工作时的位置，压力表指示锅炉压力值。图5-25(b)为检查压力表时三通旋塞的位置，此时的锅炉与压力表隔断，压力表与大气相通，表内没有压力；若指针不能回零位，即压力表失效，必须更换。图5-25(c)为冲洗存水弯管时的位置，此时锅炉与大气相通，而与压力表隔断，存水弯管中的积水和污垢，被锅炉里的介质吹出。图5-25(d)为使存水弯管存水时的位置，此时存水弯管与压力表和大气都隔断，锅炉蒸汽或热水在存水弯管里逐渐冷却积存，然后把三通旋塞转到图5-25(a)的正常工作位置。图5-25(e)是校验压力表时的位置，此时锅炉同时与工作压力表与校验压力表相通。三通旋塞的左边法兰上接有校验用的标准压力表，介质从存水弯管同时进入工作压力表和校验压力表。两块压力表指示的压力值，相差不得超过规定的允许误差，否则，说明工作压力表不准确，必须更换。

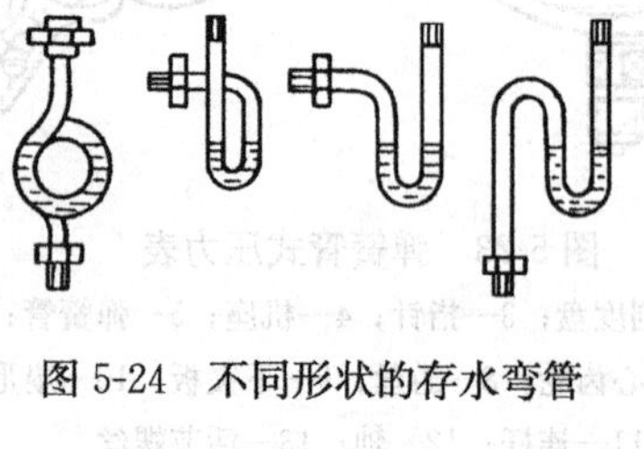

图5-24 不同形状的存水弯管

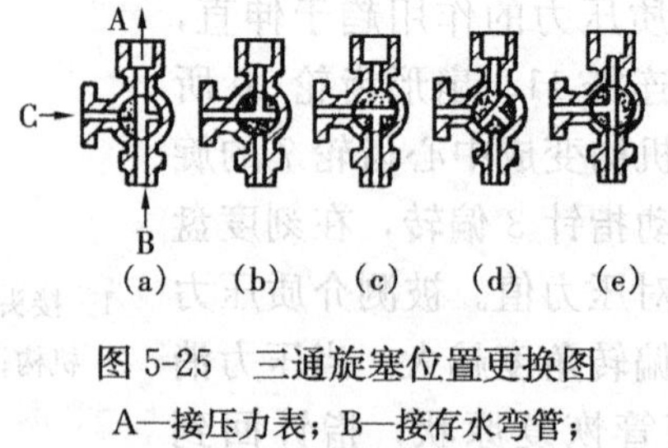

图5-25 三通旋塞位置更换图
A—接压力表；B—接存水弯管；
C—通大气或校验压力表

(5) 压力表应装在便于观察和冲洗的位置，当压力表高于2m时，表盘应向前倾斜15°，并应防止受高温、冰冻和震动的影响。

(6) 压力表在装用前应作校验，并注明下次的校验日期，一般每半年至少校验一次，检验后应铅封。

通过各种变送器，可以把弹簧管受压变形的位移量转变成电信号，通过导线传送到二次仪表进行远传显示，还可以做成能报警的电接点信号压力表（图5-26），在压力表指针上接有电源的一个触点，在表盘上设有规定压力上限和下限的另一个触点A和B，当被测介质的压力达到上、下限所规定的数值时，电源接通，发出报警信号。

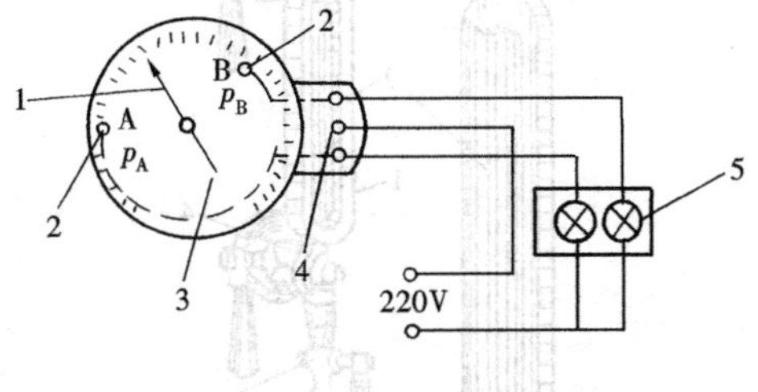

图5-26　点接点式压力表

1—工作指针；2—触点；3—弹簧式压力表；4—电接点装置；5—报警信号

三、水位表

水位表是利用连通器各部分水面处于同一水平面的原理，指示锅筒内水位的高低，用以防止缺水和满水事故的发生。

工业锅炉中常用的水位表有以下几种：

(1) 玻璃管式水位表：它主要含有汽、水连接管，汽、水旋塞，放水旋塞、耐热玻璃管（内径有ϕ15mm和ϕ20mm两种规格）等构件（图5-27）。由于这种水位表可靠性差、易破裂，特别是玻璃管内的水全满和全无时难以区别，现在已很少采用。

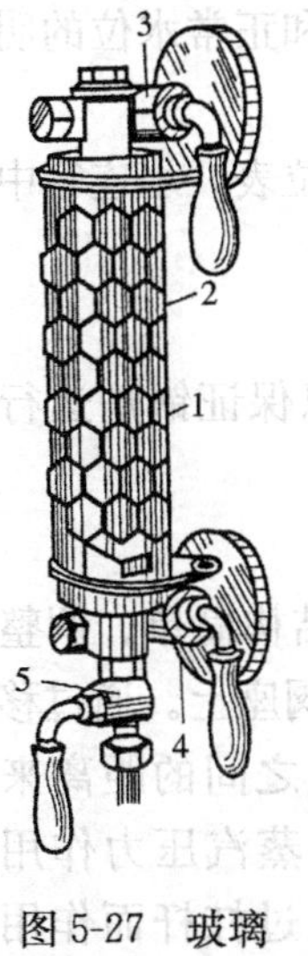

图5-27　玻璃管式水位表

1—保护网；2—玻璃管；3—汽旋塞；4—水旋塞；5—放水旋塞

(2) 玻璃板水位表：其构造基本与玻璃管式相同，只是将玻璃管换成耐热耐压的平板玻璃和金属框盒，平板玻璃装在金属框盒内（图5-28）。它又分为单面和双面平板水位表，前者只有一块平板玻璃，只能从一面看到水位变化；后者装有两块平板玻璃，可从前后两个方向观察水位变化。玻璃板的内表面刻有三角菱形凹槽，由于光源在前面，光线通过凹槽产生折射作用，使水位表中蒸汽部分较亮，存水部分较暗，汽水分界线相当清晰。

(3) 双色水位表：其结构与玻璃板水位表相同，只是多了一套光学装置。它利用光从空气进入蒸汽或水产生不同的折射现象，使蒸汽空间显示红色，炉水空间显绿色（也可有水部位显示红色，无水部位显绿色），观察起来非常醒目。

(4) 低位水位表：在大容量锅炉上，水位表距离操作地面≥6m时，除了上锅筒装设水位表外，还应加装低位水位表。低位水位表是利用连通管中两侧水柱相平衡的原理工作的。

当利用密度大于水的液体来显示水位时，称为重液式低位水位表（图5-29）。它的主要部分是一个U形管，管子的下部注入比水重的带色液体（CCl_4、$CHBr_3$），管子的上端分别与上锅筒蒸汽空间与水空间相连接，在通向蒸汽空间的连通管上装有一个冷凝器，不断地将来自锅筒的蒸汽冷凝为水。溢水管将多余的水引回锅筒，使冷凝器中水位高度保持不变。当利用密度小于水的液体来显示水位时，称为轻液式低位水位表。

$D\leqslant0.5$t/h的锅炉、电加热锅炉、$D\leqslant2$t/h且装有一套可靠的水位示控装置的锅炉，可

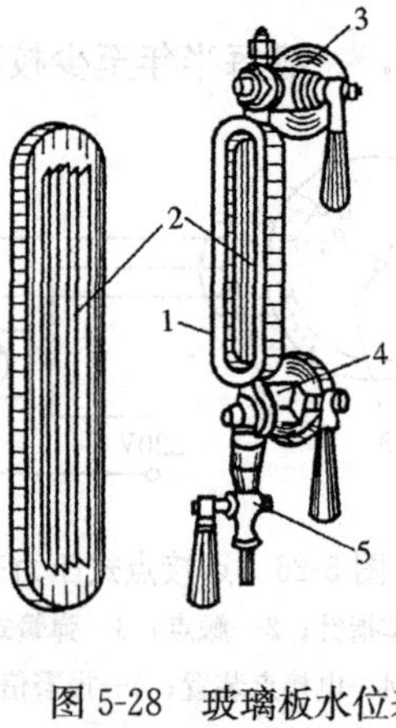

图 5-28 玻璃板水位表

1—框盒；2—玻璃板；3—汽旋塞；4—水旋塞；5—放水旋塞

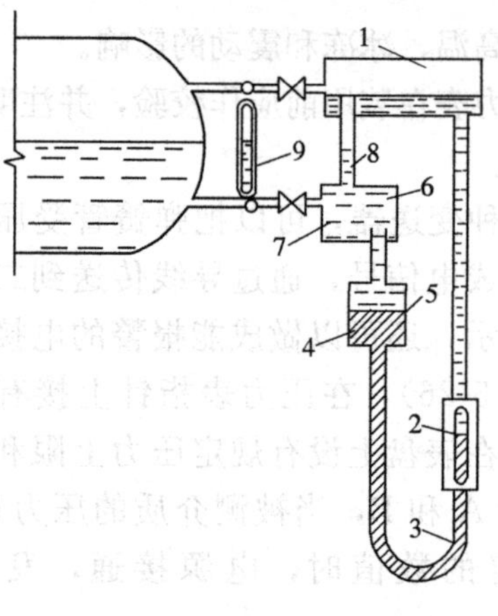

图 5-29 重液式低位水位表

1—冷凝管；2—低位水位指示器；3—U 形管；4—膨胀管；5—重液；6—炉水；7—沉淀器；8—溢流管；9—上部水位计

只装一个水位表，一般每台锅炉至少必须装设两个彼此独立的水位表。水位表应装在便于观察、冲洗的地方，并有足够的照明。水位表应有指示最高、最低安全水位和正常水位的明显标志。

连接管应尽可能短，安装时必须保证汽连管中的凝结水能自行流向水位表，水连管中的水能自行流向锅筒，以防形成假水位。

四、安全阀

当锅炉超过允许压力时，安全阀自动开启，排出蒸汽、降低压力，以保证锅炉运行安全，同时在排汽时能发出较大的响声，是锅炉上必不可少的安全附件。

工业锅炉常用的安全阀有杠杆式和弹簧式。

杠杆式安全阀主要由阀芯、阀座、杠杆、重锤等组成（图 5-30），它结构简单、调整方便、工作可靠。它是利用重锤的重量，通过杠杆的力矩作用，将阀芯压在阀座上。通过移动重锤而改变重锤与杠杆支点之间的距离来调整作用在阀芯上的压力。当蒸汽压力作用于阀芯上的托力大于由重锤通过杠杆而作用在阀芯上的压力时，阀芯被顶起离开阀座，即安全阀开启，向外排泄蒸汽；反之，则阀芯下压与阀座紧密结合，即安全阀关闭。为了防止重锤自由移动，用固定螺丝定位。人工抬起杠杆，可以用来检查阀芯的灵敏程度，也可用 作人工紧急泄压。

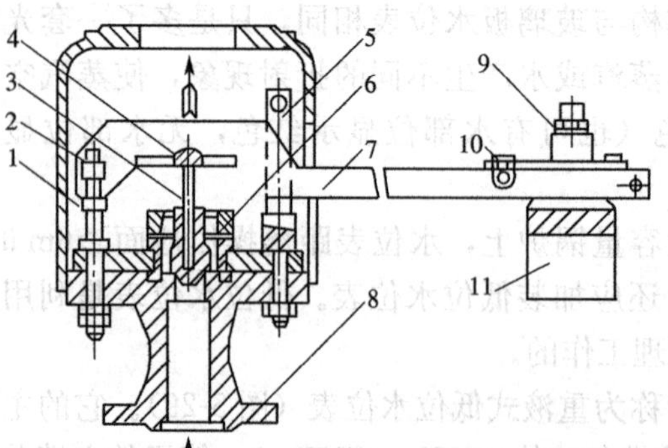

图 5-30 杠杆式安全阀

1—阀罩；2—支点；3—阀杆；4—力点；5—导架；6—阀芯；7—杠杆；8—阀座；9—固定螺丝；10—调整螺丝；11—重锤

弹簧式安全阀主要由阀体、阀座、阀芯、阀杆、弹簧、调整螺丝和手柄等组成（图 5-31），它结构紧凑、调整方便、灵敏度高、适用压力范围广，是最常用的一种安全阀。这种安全阀是利用弹簧的力量将阀芯压在阀座上，通过调整螺丝的松紧来调节弹簧的压力大小。当蒸汽压力作用于阀芯上的托力大于弹簧作用在阀芯上的压力时，弹簧就被压缩，使阀芯被顶起离开阀座，即安全阀开启，向外排泄蒸汽；反之，则弹簧伸长，阀芯下压与阀座紧密结合，即安全阀关闭。当抬起手柄时，通过顶起调节螺丝带动阀杆使弹簧压缩，将阀芯抬起而达到手动排汽，用于检查阀芯的灵敏度或人工紧急泄压。

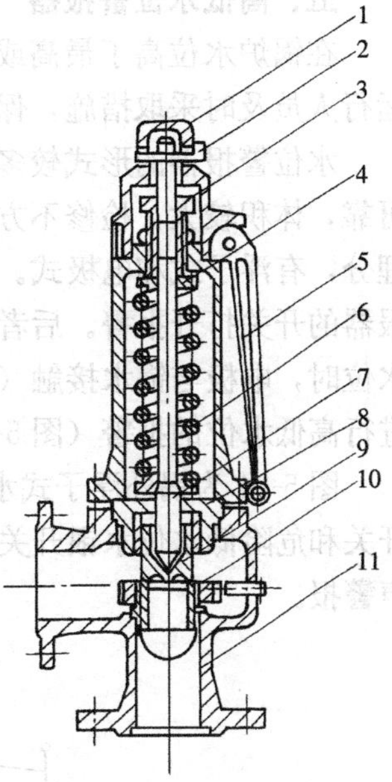

图 5-31 弹簧式安全阀

1—阀帽；2—销子；3—调整螺丝；4—弹簧压盖；5—手柄；6—弹簧；7—阀杆；8—阀盖；9—阀芯；10—阀座；11—阀体

弹簧式安全阀在开启过程中，由于弹簧的压缩力随阀门的开度增大而不断增加，因此不易迅速达到全开位置。为了克服这一缺点，常将阀芯与阀座的接触面制成斜面形，使阀芯除遮盖阀座孔径外，边缘还有少许伸出（图 5-32）。当蒸汽顶起阀芯后，阀芯的边缘也受汽压作用，从而增加对阀芯的托力，使安全阀迅速全部开启；当压力降低后，阀芯回座，边缘作用消失，由于蒸汽作用力突然减少，使阀芯一次闭合，不致产生反复跳动现象。

每台锅炉至少要装设两个安全阀，但 $D \leqslant 0.5$t/h 的锅炉、$D < 4$t/h 且装有可靠的超压联锁保护装置的锅炉，可设 1 个安全阀。蒸汽过热器出口处、省煤器入口和出口处（可分式省煤器出口处）都必须装设有安全阀。

省煤器上安全阀的开启压力应为装置地点工作压力的 1.10 倍；锅筒和蒸汽过热器的安全阀开启压力见表 5-1。

锅筒（锅壳）上的安全阀和过热器上的安全阀的总排汽能力必须大于锅炉额定蒸发量，并保证在锅筒（蜗壳）和过热器上所有安全阀开启后，锅炉内的蒸汽压力不超过设计时计算压力的 1.1 倍。

安全阀应垂直装在锅筒、集箱最高部位，安全阀与锅筒（或集箱）之间不得装有取用蒸汽的管子和阀门。安全阀应装设排汽管，排汽管应尽量排往室外，并有足够截面积，保证排汽畅通，排汽管上不允许设阀门。安全阀底部应装有接到安全地点的泄水管，泄水管不应有任何阀门。安全阀每月（周）至少一次手动或自动地放气或放水试验，以防阀瓣和阀座因长期不动作而粘住。安全阀应定期校验，并将校验结果记入锅炉技术档案。

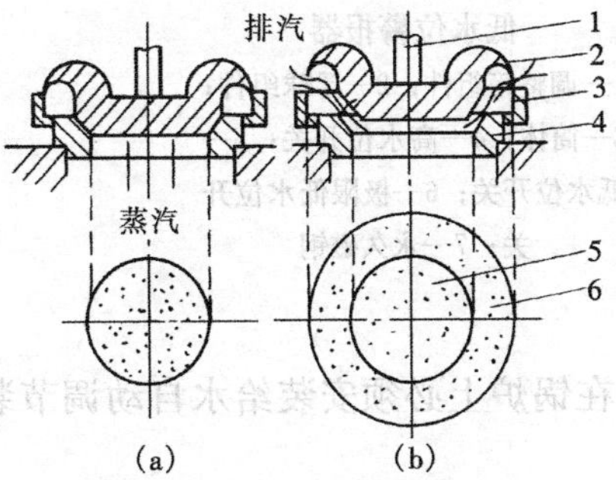

图 5-32 安全阀工作原理图

(a) 闭合状态；(b) 开启状态

1—阀杆；2—阀芯；3—调整环；4—阀座；5—蒸汽作用于阀芯面积；6—排汽时蒸汽作用于阀芯扩大面积

表 5-1 安全阀整定压力

额定工作压力 (MPa)	安全阀的开启压力 (MPa)
$p_g \leqslant 0.8$	$p_g + 0.03$① $p_g + 0.05$
$0.8 < p_g \leqslant 5.9$	$1.04p_g$① $1.06p_g$

① 锅炉上必须有一个安全阀按表中较低整定压力进行调整；过热器上的安全阀必须按较低压力调整，以保证其开启。

五、高低水位警报器

在锅炉水位高于最高或低于最低水位时，水位警报器通过汽笛或警报器发出信号，通知运行人员及时采取措施，保证锅炉安全运行。

水位警报器的形式较多，根据位置分，有设在锅筒内的和锅筒外的。前者结构较为牢固可靠，体积较大，检修不方便，很少采用。后者体积小，检修方便，使用广泛。根据作用原理分，有浮子式和电极式。前者通过水位的变化，浮球到达一定位置后带动连杆机构，使警报器的开关打开报警。后者利用锅水导电性，当锅水上升（或下降）至最高（或最低）安全水位时，电极与锅水接触（或脱开），从而使不同水位的继电器回路闭合，从而发出信号来进行高低水位的报警（图 5-33）。

图 5-34 为锅外浮子式水位报警器结构示意图，箱内装有高水位水银开关、低水位水银开关和危险低水位水银开关，当水位高于、低于一定值时，或达到最低极限水位时，发出电声警报。

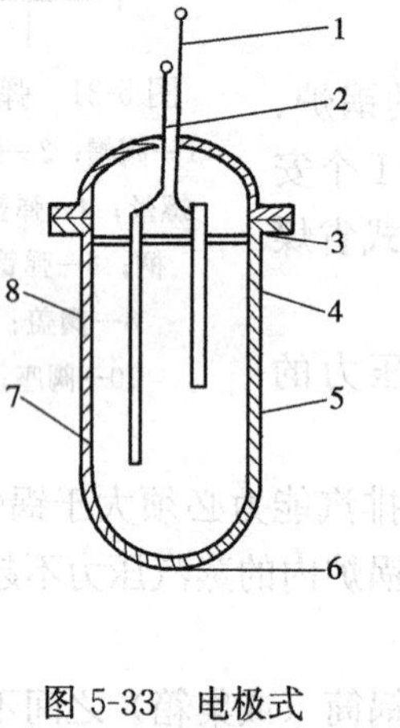

图 5-33 电极式水位报警器

1—高水位电极；2—低水位电极；3—绝缘衬套；4—水位表汽连管接口；5—水位表水连管接口；6—放水管接口；7—与锅筒水连管接口；8—与锅筒汽连管接口

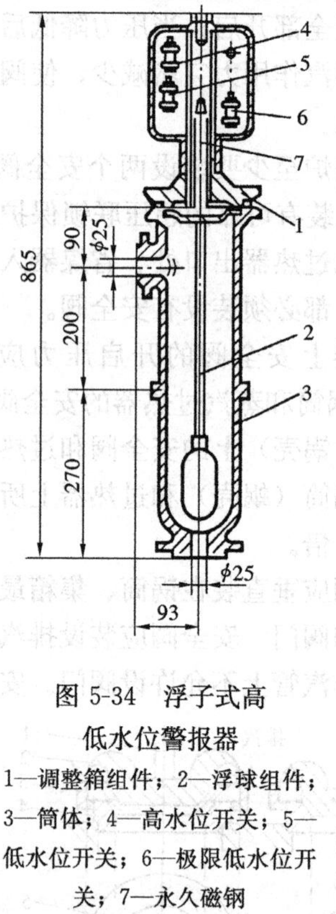

图 5-34 浮子式高低水位警报器

1—调整箱组件；2—浮球组件；3—筒体；4—高水位开关；5—低水位开关；6—极限低水位开关；7—永久磁钢

六、蒸汽锅炉给水自动调节装置

因为水位控制对锅炉安全运行具有重要作用，所以在锅炉上必须安装给水自动调节装置。在工业锅炉上大多采用电极式和浮子式两种形式：

(1) 电极式给水自动调节器：由水位变送器、整流电路、放大电路、电控电路等组成（图 5-35）。水位变送器为一密封罐，其上下分别同锅筒汽、水空间相连通。罐内设有上、下限水位电极，当锅筒水位达到上、下限时，电极接通，然后通过电控电路控制给水泵的停、启，使锅筒内水位保持在规定的范围以内。

(2) 浮子式给水自动调节器：工作原理与浮球式水位警报器相同。浮子在调节器内随水位升降而上下移动，通过连杆带动磁铁作同样的移动。装磁铁的套管外侧设有两对水银开关，通过其触点的闭合，在高水位时断开给水泵，在低水位时启动给水泵。

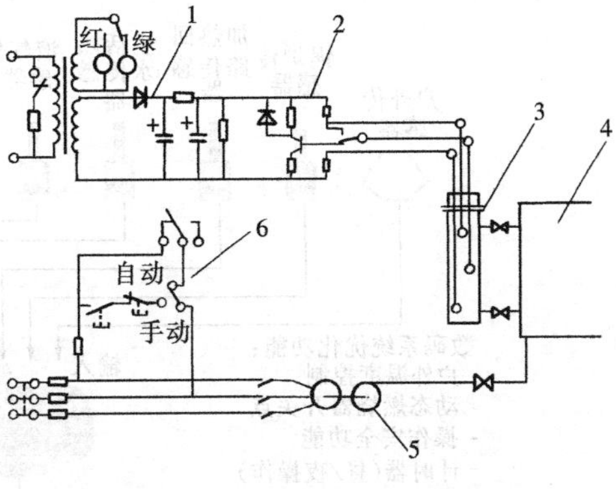

图 5-35 电极式给水自动调节器

1—整流电路；2—放大电路；3—水位变送器；4—锅炉；5—水泵；6—电控电路

七、调节控制器

近二十年来，调节控制技术在供热系统中取得了爆炸性的发展。在现代化的锅炉中，特别是燃油和燃气锅炉中，普遍使用微处理器或计算机来控制锅炉的运行，使得许多处理工作自动化，增加了锅炉运行的安全性和舒适性，节约了能源和运行费用。国外的许多中小型锅炉房都实行了无人或远程控制。不同锅炉厂家生产的调节控制器型号、功能也不同，只适用于本公司指定型号的锅炉，不得随意更换。每个客户可以根据自己的需要订购或取消某些模块及附件。在调节控制器出厂前，生产厂家已对锅炉的运行进行了标准设定，客户也可以根据各自的需要和要求，例如对每日、每周和每月运行的时间，对运行的温度和压力等在调试时进行设定。

图 5-36、图 5-37 为德国几家锅炉公司的调节控制器外观与功能示意图。调节控制器可根据客户的需要，对采暖与生活热水的温度及供应时间段、假期等时间进行设置，通过室外的、锅炉内外的与供热系统的传感器，将测量得到的各种信息送给调节控制器，进行比较，然后自动调节和控制锅炉的运行。调节控制器中的模块可以由客户根据需要选择，不一定全部订购。

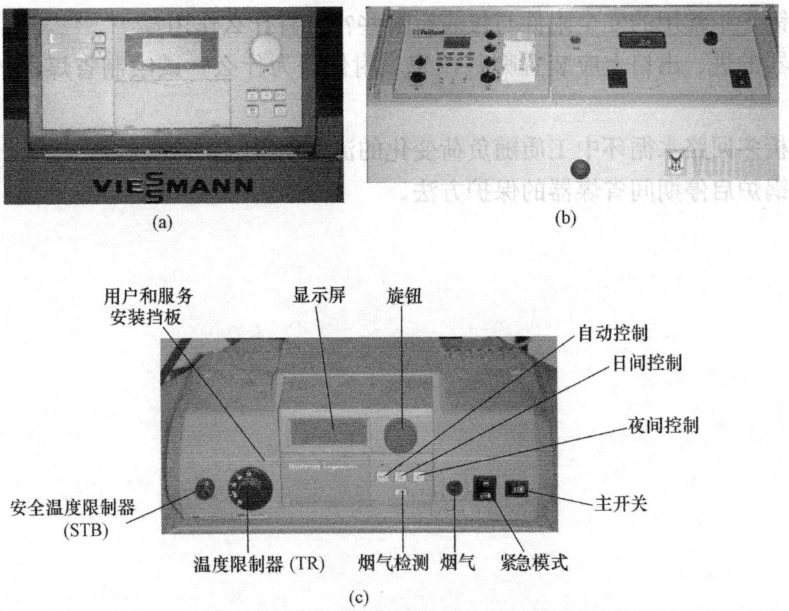

图 5-36 德国几家公司的锅炉调节控制器外观

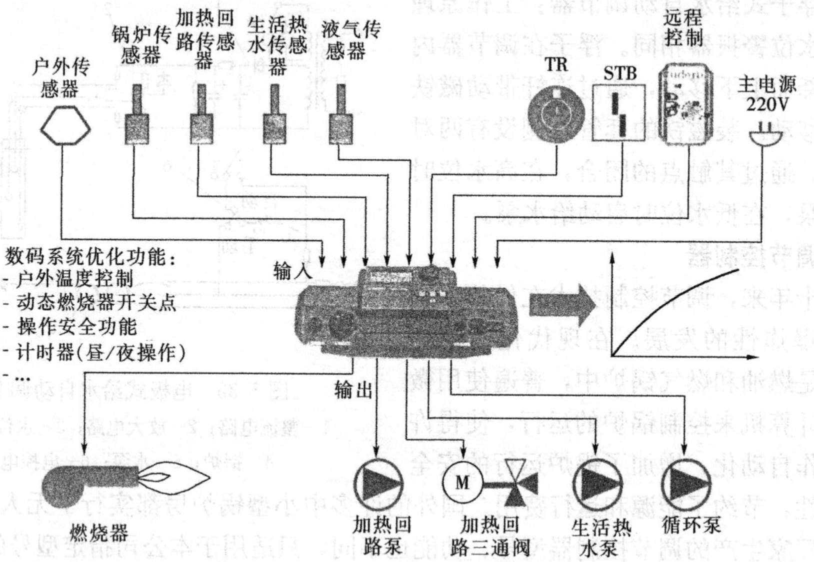

图 5-37 德国布德鲁斯 Logamatic2107 锅炉调节控制器功能示意图

复 习 题

1. 锅筒、集箱和管束各有什么作用?

2. 锅筒中的水循环是如何产生的? 常见的水循环故障有哪些?

3. 蒸汽带水的原因是什么? 常用的汽水分离装置有哪几种? 简述其结构和分离原理。

4. 装置省煤器能明显降低烟温，但在什么情况下不适合采用省煤器? 这时如何处理?

5. 工业锅炉中常用的安全附件与仪表有哪些? 各有什么作用?

6. 省煤器的进、出口上应装置哪些仪表、附件? 为什么? 试绘制省煤器的热力系统示意图。

7. 请分析多回路水循环中工质随负荷变化的流动情况。

8. 阐述锅炉启停期间省煤器的保护方法。

第六章　锅炉的炉型及选择

本章将介绍几种供热锅炉的典型形式和它们的基本热工性能，简述锅炉类型的选择。

第一节　锅炉的炉型

自18世纪末圆筒形锅炉出现以来，随着生产与生活的各种需要、科学技术的发展，锅炉产品已经向多系列化发展。锅炉的形式和结构基本上是沿着火管锅炉和水管锅炉两个方向发展的。

在圆筒形锅炉的基础上，为了在锅筒内部增加受热面积，起初先在锅筒内增加一个火筒，在火筒内燃烧燃料（即单火筒锅炉）；然后火筒增加为两个（即双火筒锅炉）；再发展到数量较多、直径较小的烟管组成的锅炉或烟、火筒组合锅炉；后来，锅炉的燃烧室由锅筒内移到了锅筒外部。这些锅炉的烟气在管中流过，所以统称为火管锅炉。由于结构上的限制，火管锅炉锅筒直径大，不宜提高汽压，蒸发量也受到了限制，并且耗钢量大；由于烟气纵向冲刷受热面，传热效果差，热效率低；但因为其结构简单，水质要求低等，所以仍被小容量锅炉所采用。

随着工业与生活用汽的参数多样性要求和容量的增大，锅炉开始向着增加锅筒外部受热面积的方向发展，即向水管锅炉的方向发展。水管锅炉在结构上没有特大直径的锅筒，富有弹性的弯水管代替了直的烟管，金属耗量大大减低；在布置上使烟气在管外横向流动，增强了传热效果，使锅炉的蒸发量和效率明显提高；此外，水管构成的受热面布置简便，水循环合理；锅炉对燃料的适应性较强。

一、火管锅炉

火管锅炉有一个尺寸较大的锅壳，也称为锅壳锅炉。锅壳立放的称为立式，横放的称为卧式。燃烧装置设在锅壳内的称为内燃；设在锅壳外部，仅有烟气流经锅壳内部的称为外燃。锅炉的受热面可以布置在锅壳内，也可以在锅壳内外都布置受热面。受热面又分为火管式与水管式两种。

1. 立式火管锅炉

其纵向中心线垂直于地面放置，因其结构简单、占地面积小、安装和移动方便、操作也方便，在一些临时工地、要求蒸汽压力较低的小型建筑的生活和采暖场合还有所应用。但是，由于内燃式炉膛的容积小、热效率低和金属耗量大，已逐渐被淘汰。

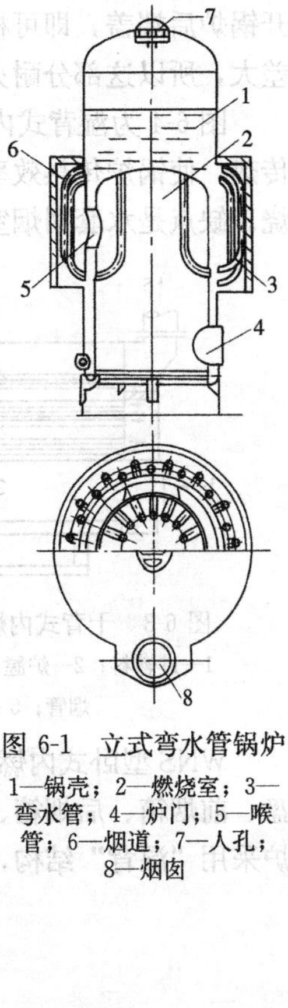

图 6-1　立式弯水管锅炉
1—锅壳；2—燃烧室；3—弯水管；4—炉门；5—喉管；6—烟道；7—人孔；8—烟囱

图6-1为立式弯水管锅炉，其主要受压元件为锅壳、炉胆、弯水管等。燃料在炉排上燃烧后，加热了作为辐射受热面的炉胆和炉胆管区的弯水管。烟气由炉胆后上方的喉口进入外管区，分左右两路在锅

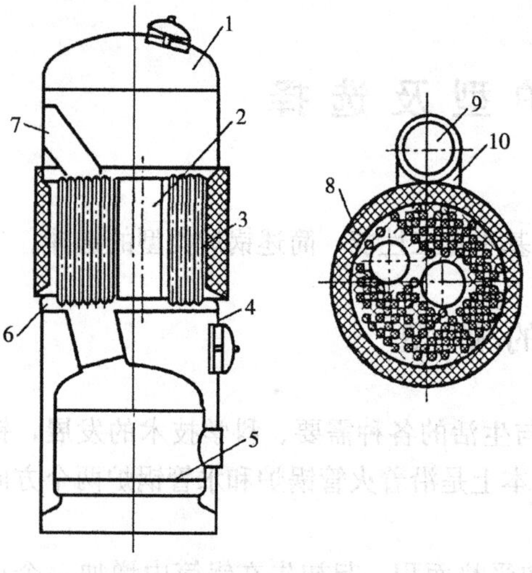

图 6-2 立式直水管锅炉

1—封头；2—下降管；3—直水管；4—锅壳；5—炉排；6—下管板；7—角板拉撑；8—喉管；9—烟囱；10—烟箱

壳外壁各绕半圈，横向冲刷锅壳外烟箱中的弯水管，然后在锅炉前面烟箱汇合，经烟囱排入大气，排烟温度约为250℃，锅炉效率约为60%。

图 6-2 为立式直水管锅炉，燃烧室在炉胆内部，煤在蜂窝状的炉排上燃烧，生成的烟气从炉胆侧上方的喉管进入上、下管板间的直水管管束空间。烟气绕管束中间的下降管回旋一周，横向冲刷直水管后进入烟箱，由烟囱排入大气。这种锅炉的热效率可达70%，其蒸发量为0.5～1t/h，蒸汽压力为0.7MPa。

2. 卧式火管锅炉

(1) 外燃火管锅炉：这种锅炉没有火管，燃烧在锅筒外进行。锅筒底部受高温辐射，在水质差时，易使锅筒底部积水垢而过热变形，且燃烧热效率较低，目前已很少生产。

(2) 内燃火管锅炉：这种锅炉的围护结构简单，锅炉整体尺寸较小，适合于整体组装出厂。由于采用了螺纹式烟管，使得锅体传热性能接近水管锅炉水平。并且这种锅壳结构，使得锅炉在微正压燃烧时的密封问题容易解决。目前，中、小型燃油、燃气锅炉多数采用卧式内燃火管锅炉形式。根据燃烧室后部烟气折返空间的结构空间形式，卧式内燃火管锅炉又分为干背式和湿背式两种。

图 6-3 为干背式内燃火管锅炉示意图。燃烧后的烟气折返空间是由耐火材料围成的，打开锅炉后端盖，即可检查和维修火管和所有烟管。由于管板受到高温烟气直接冲刷，内外温差大，所以这部分耐火材料易损坏，要定期给予更换。

图 6-4 为湿背式内燃火管锅炉示意图。由水套围成的高温烟气折返空间，即回烟室也能传热，使锅炉传热效率提高而散热损失减小。而且这种结构使烟气密封性好，适合微正压燃烧。缺点是水套回烟室结构较复杂，与其相连的燃烧室和烟管检修较困难。

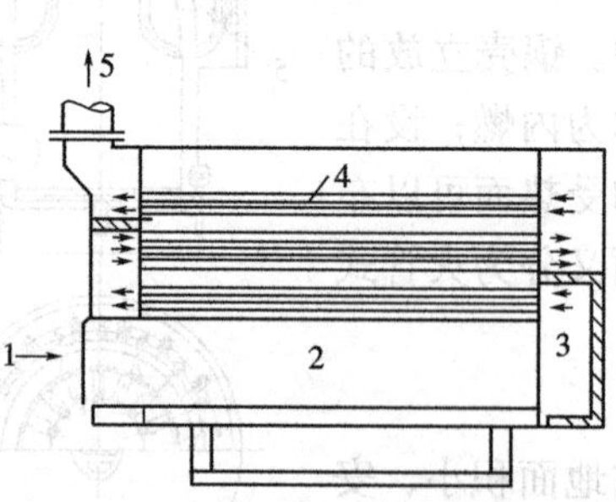

图 6-3 干背式内燃火管锅炉示意图

1—进燃料；2—炉膛；3—后回烟室；4—烟管；5—出烟口

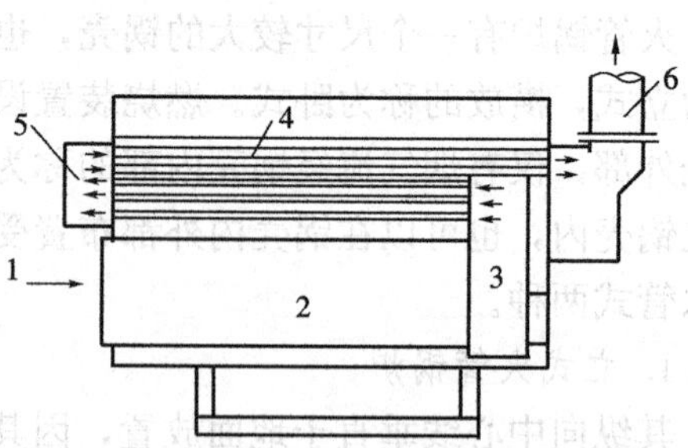

图 6-4 湿背式内燃火管锅炉示意图

1—进燃料；2—炉膛；3—后回烟室；4—烟管；5—前回烟室；6—出烟口

WNS 型卧式内燃火管锅炉（图 6-5）可燃轻柴油、60 号重油和天然气，它由锅筒、底盘、前烟箱、后烟箱、外壳与保温、燃烧设备、汽水管路、辅机及自动控制系统等组成。锅炉采用“湿背”结构，烟气按三回程布置。燃料在炉胆内正压燃烧，高温烟气经过后烟箱转弯，进入第二回程的对流烟管至前烟箱，再折回第三回程对流烟管，最后经烟箱烟囱排出。这种锅炉结构紧凑、体积小、重量轻、产汽快、运行可靠。锅炉容量为0.5～20t/h，蒸汽压力在0.7～2.5MPa。

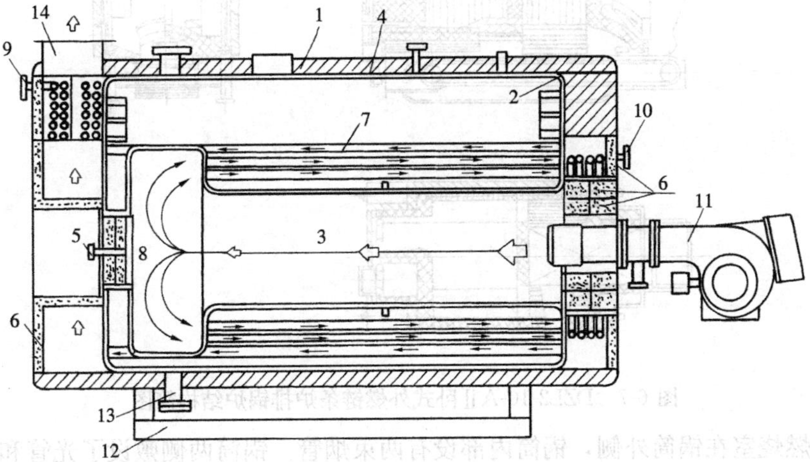

图 6-5 WNS型卧式内燃火管锅炉示意图

1—保温层；2—前、后管板；3—燃烧室；4—锅壳；5—火焰观察孔；6—前、后烟室保温层；7—烟管；8—湿背回烟室；9—给水预热器；10—供汽过热器；11—燃烧器；12—钢架；13—排污管；14—排烟口

图6-6为德国三回程燃油或燃气锅炉，烟气通过火焰管水平向后方流动，然后在它离开锅炉烟管连接处转折两次。如果在烟管中形成附加涡流，需要正压燃烧。因此，供热锅炉的热功率显著提高。这种结构形式特别适于较大功率的锅炉，它有普通抽力式和正压式燃烧两种。其NO_x的排放浓度，燃气锅炉<80mg/kWh，燃油锅炉<120mg/kWh。

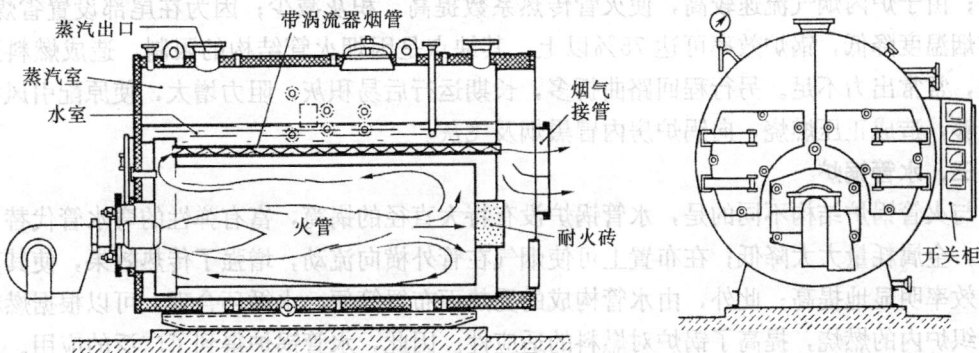

图 6-6 三回程式低压蒸汽锅炉

二、卧式水火管锅炉

这是一种水管与火管组合在一起的卧式外燃锅炉。图6-7是DZL2-10-AⅡ型外燃链条炉排锅炉结构简图。因为它将锅筒、各受热面、炉排支架、通风装置、炉墙制成一个整体，所以又称为卧式快装锅炉。目前在小型锅炉中使用比较多，这种锅炉的容量为0.5～8t/h，运行压力<1.25MPa。锅炉的炉排多为链条炉排、往复推动炉排，也可采用其他形式炉排。

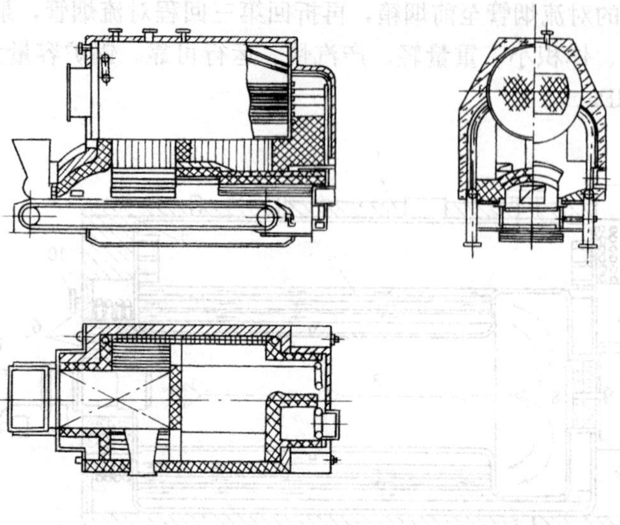

图 6-7 DZL2-10-AⅡ卧式外燃链条炉排锅炉结构简图

锅炉的燃烧室在锅筒外侧，锅筒内部设有两束烟管。锅筒两侧敷设了光管和水冷壁，上下分别接于锅筒和集箱，组成锅炉的辐射受热面。在锅筒的前后各有一根绝热的大口径管（一般为 $\phi133\times6$mm）接到左右集箱，作为锅炉下降管。在锅筒的后管板上引出一排上端用大圆弧弯成直角的无缝钢管（后棚管），下端与横集箱相连接，该集箱再通过大口径无缝钢管分别与水冷壁两侧集箱连接。这样，后棚管与锅筒内的火管组成锅炉的对流受热面。

炉内的前后拱、两侧水冷壁、锅筒下部外壁及炉排构成燃烧室。煤在炉排上方燃烧，烟气被引入后棚管围成的后燃室，折入第一束火管由后向前流动，到前烟箱转 180°，再折入第二束火管由前向后流动，纵向冲刷换热，经省煤器及除尘器由引风机送入烟囱排入大气。

这种锅炉的优点是结构紧凑、运输方便、安装简单；相对于其他烟火管锅炉，炉内燃烧较好；由于炉内烟气流速较高，使火管传热系数提高，积灰减少；因为在尾部设置省煤器，使排烟温度降低，锅炉效率可达 75%以上。其缺点是因烟火管结构的限制，造成燃料适应性差，常常出力不足。另行程回路曲折多，长期运行后易积灰，阻力增大，使原配引风机抽力不够，造成正压燃烧，向锅炉房内冒黑烟及飞灰。

三、水管锅炉

与火管锅炉结构不同的是，水管锅炉没有特大直径的锅筒，富有弹性的弯水管代替了直烟管，金属耗量大大降低；在布置上可使烟气在管外横向流动，增强了传热效果，使其蒸发量和效率明显地提高；此外，由水管构成的受热面布置简便，水循环合理，可以根据燃料特性组织炉内的燃烧，提高了锅炉对燃料的适应性。因此，水管锅炉得到了广泛的应用。

水管锅炉按锅筒数目分为单锅筒式和双锅筒式，由于单锅筒的对流管束布置困难，安装与检修不便，使用较少，所以大多采用双锅筒形式。

水管锅炉按锅筒的放置方式，分为横置式和纵置式两种。

1. 双锅筒横置式锅炉

这种水管锅炉的两个锅筒横置于炉膛后部，或上锅筒在炉膛中间，下锅筒在炉膛后部。多被容量≥6t/h 的锅炉所采用。

图 6-8 是 SHL20-1.25-A 型锅炉结构简图。这是一种双锅筒横向布置的自然循环水管锅

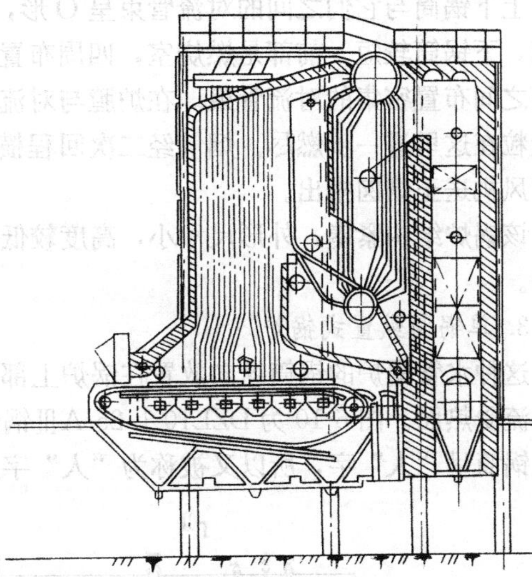

图 6-8 SHL20-1.25-A 型锅炉结构简图

炉。上锅筒内径为 1400mm，下锅筒内径为 900mm。上下锅筒间布置有 $\phi60\times3$mm 的对流管束。上锅筒通过支座支承在钢架上，下锅筒通过对流管束悬吊在上锅筒上。燃烧室四周布满 $\phi76\times4$mm 的水冷壁。前后水冷壁组成燃烧所需要的前后拱。后拱上方设有二次风，利用高温烟气的混合，提高锅炉燃烧效率。在对流管束中，沿高度用烟道隔板将烟道隔成三程。在尾部烟道布置有鳍片式铸铁省煤器及管式空气预热器。锅炉给水经省煤器送进上锅筒，再经管束流经下锅筒，由下锅筒经下降管送至水冷壁下联箱，再经水冷壁受热形成汽水混合物上升进入上锅筒，通过上锅筒蒸汽空间的汽水分离器分离，蒸汽被引出锅炉。

锅炉采用重型炉墙、鳞片式链条炉排，配有无级变速齿轮箱驱动。

2. 双锅筒纵置式锅炉

这种水管锅炉的上下锅筒可纵置于炉膛一侧或炉膛中间。

图 6-9 为 SZL6-1.25-AⅢ型锅炉结构简图，其双锅筒置于炉膛中间。从正面看锅炉本

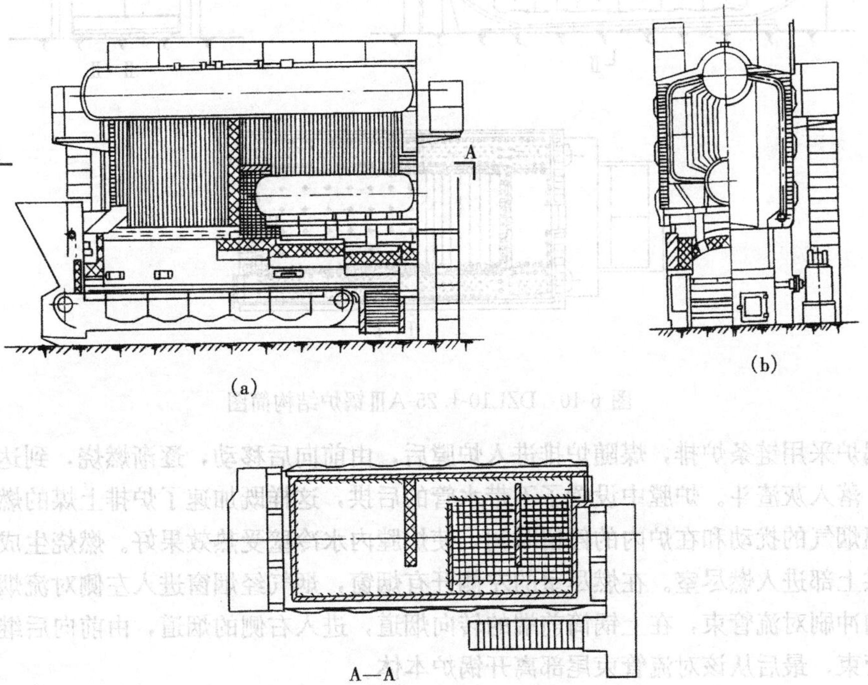

图 6-9 SZL6-1.25-AⅢ型锅炉结构简图

(a) 立面图；(b) 平面图；(c) 侧面图

体，上下锅筒与它们之间的对流管束呈O形，这种锅炉又被称为O形锅炉。其上锅筒为长锅筒，下锅筒较短。前部是燃烧室，四周布置水冷壁，用以吸收炉膛辐射热。在其后端上下锅筒之间布置密集的对流管束。在炉膛与对流管束之间设置了燃尽室，使烟气夹带的未燃尽的炭粒在这里进一步燃尽。烟气经二次回程横向冲刷对流管束后，经铸铁省煤器、除尘器，由引风机送至烟囱排出。

该锅炉结构紧凑，外形尺寸小，高度较低，烟气横向冲刷，传热效果好；但对水质要求较高。

3. 单锅筒纵置式锅炉

这种水管锅炉的锅筒纵向放置在锅炉上部中央，炉膛在其下部，炉膛两侧水冷壁的外侧为对流受热面。图6-10为DZL10-1.25-AⅢ锅炉结构简图，从正面看锅炉本体，两侧受热面与上锅筒呈“人”字，所以又被称为“人”字形锅炉或A形锅炉。

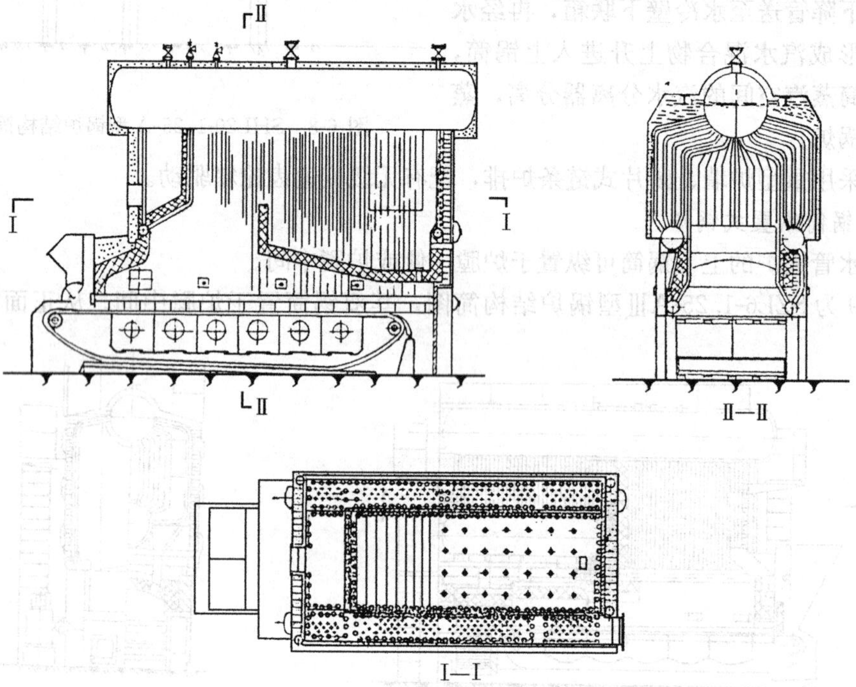

图6-10 DZL10-1.25-AⅢ锅炉结构简图

该锅炉采用链条炉排，煤随炉排进入炉膛后，由前向后移动，逐渐燃烧，到达炉排尾部时燃尽，落入灰渣斗。炉膛中设置了不带水管的后拱，这样既加速了炉排上煤的燃尽，又加强了高温烟气的扰动和在炉内的停留时间，使炉膛内水冷壁受热效果好。燃烧生成的高温烟气由后拱上部进入燃尽室。在燃尽室的左侧开有烟窗，烟气经烟窗进入左侧对流烟道，由后向前横向冲刷对流管束，在上锅筒前端的转向烟道，进入右侧的烟道，由前向后继续横向冲刷对流管束，最后从该对流管束尾部离开锅炉本体。

由于将对流管束下联箱提高，减小了烟道流通截面，提高了锅炉两侧对流管束中烟气的流速，增强了冲刷传热效果。炉膛四周均布置有水冷壁，通向前拱处水冷壁的下降管直接由锅筒前部引出，而通向后墙及两侧墙水冷壁的下降管由对流管束的下联箱引出，使锅炉对流受热面与辐射受热面紧凑地组合在一起。

由于只采用了一个锅筒，锅炉钢材耗量减小，结构紧凑；但锅炉水容量相应较小，对负荷波动的适应能力较差。

四、热水锅炉

热水锅炉是生产热水的锅炉，在采暖工程中，由于热水节能、运行安全、供暖环境舒适、卫生，国家规定“民用建筑的集中采暖应采用热水作为热媒”。按热水的温度可分为低温热水锅炉（70/40℃，欧盟有此系列，我国还没有）、中温热水锅炉（95/70℃）和高温热水锅炉（≥100℃）；按工作原理可分为自然循环式热水锅炉和强制循环式热水锅炉。

与蒸汽锅炉比较，热水锅炉的最大特点是锅内介质不发生相变，始终都是水，为保证安全，热水锅炉出口水温通常比工作压力下的饱和温度约低25℃。因此，热水锅炉无需蒸发受热面和汽水分离装置，有的连锅筒也没有，结构比较简单；传热温差大，传热效果较好；供热系统无蒸汽的泄露损失，节省燃料可达20%～30%，因而锅炉效率较高；热水锅炉对水质的要求较低（但需除氧），运行时操作方便、安全性较好。

1. 自然循环式热水锅炉

自然循环式热水锅炉的结构形式与蒸汽锅炉相似，锅筒内无汽水分离器（它也不允许发生汽化）。运行时，锅筒内充满水。热水是靠上升管与下降管中水的密度差产生的压头进行循环的。

图6-11为一水管快装自然循环热水锅炉，其额定功率为1.4MW，允许工作压力为0.7MPa，供、回水温度为90/70℃，设计煤种为Ⅱ类烟煤。

该锅炉采用单锅筒纵置式A形布置。ϕ900mm的锅筒居中，炉膛四周均布水冷壁，上端直接与锅筒相接，下端分别连接于前、左、右三个联箱，组成三个循环回路。锅炉的主要受热面分两组管束（两个循环回路）对称布置在炉膛两侧。锅筒内设有回水引入管、隔板和集水孔板等。纵向隔板将沿锅筒长度方向的上升管和下降管分开，使沿锅筒长度方向形成明显的冷水区（即下降管区）和热水区（即上升管区）；横向隔板将锅筒前端的下降管与上升管分开，在锅筒前端形成冷水区。因此，当回水经回水引入管进入锅筒时避免了冷水短路，从而有效地降低下降管入口水温，增大了循环流动压头。利用集水孔板的节流作用，使热水沿锅筒长度方向均匀引出，由热水引出管经集气罐积聚和排除锅水加热时析出的气体，送至锅外。

由于这种热水锅炉的辐射受热面和对流受热面全部按自然循环工作，采用管束受热面结构，属于全自然循环型锅炉。因为锅筒充满水，在运行时应配有一外部膨胀水箱，以便对供热系统定压和容纳由于系统的水受热而膨胀的体积。

该锅炉配有链带式轻型炉排，采用栅板调节结构双侧配风。炉内设置前、后拱，在长而矮的后拱上方设一体积庞大的燃尽室。高温烟气经烟窗进入燃尽室，从左侧烟气出口进入由左、前、右构成的槽钢形对流烟道，最后由右侧出口离开锅炉，经多管旋风除尘器排入烟囱。由于燃尽室的沉降作用，又经槽形对流烟道多次转弯的离心分离，该锅炉出口的烟尘浓度较低，在除尘器进口和出口的折算烟尘浓度分别为818.72mg/m^{3}和109.85mg/m^3。

2. 强制循环式热水锅炉

在强制循环式热水锅炉中，通过采暖系统的循环水泵提供的压头使水在锅炉各受热面中流动，一般不设置锅筒。这种锅炉受热面布置灵活，结构紧凑，节省钢材；但其水容量较小，运行中一旦停电，水泵停转，常会因炉内热惰性大，锅内水循环易汽化，产生水击，导致锅炉和采暖系统设备受到损坏。所以在设计时必须考虑突然停电应采取的措施。

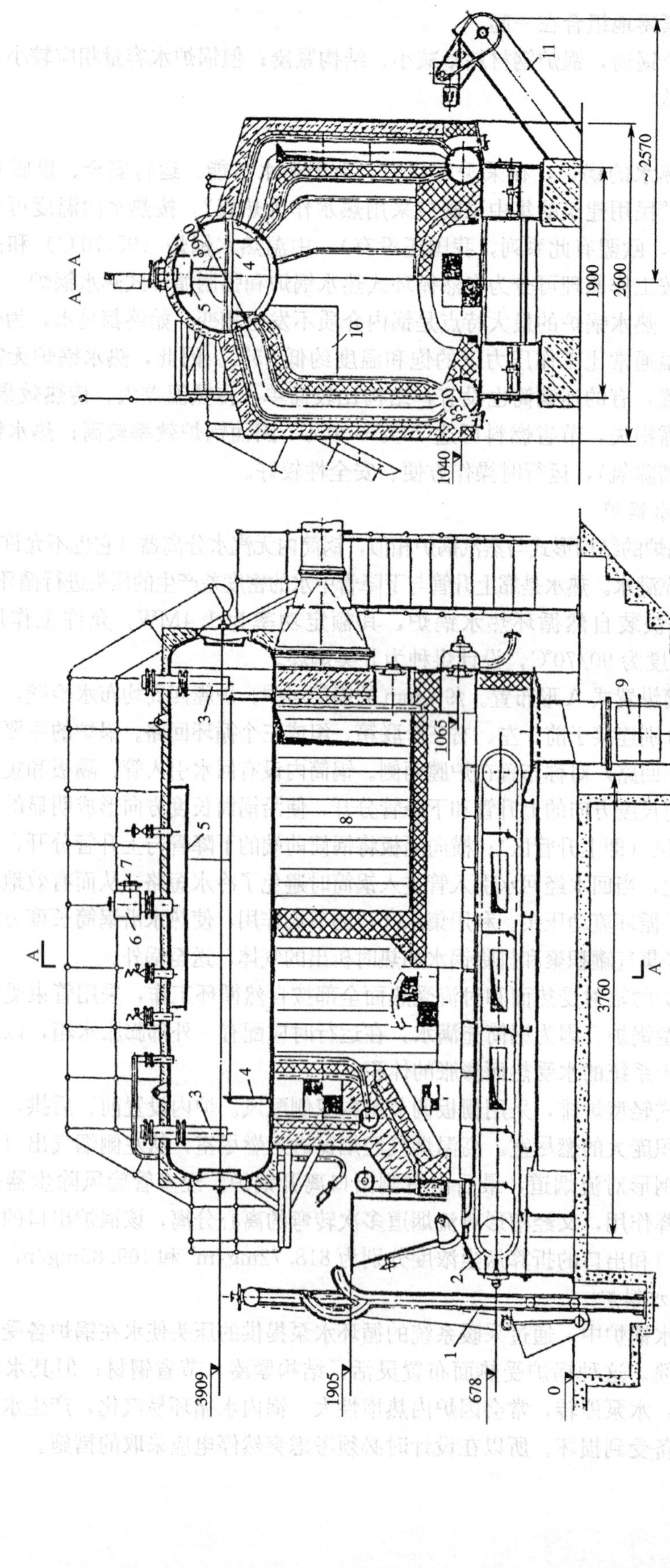

图6-11 DZL1.4-0.7-95/70-AⅡ型自然循环燃烧煤热水锅炉

1—上煤装置；2—链条炉排；3—回水引入管；4—隔板；5—集水孔板；6—集气罐；
7—热水引出管；8—燃尽室；9—出渣口；10—烟窗；11—螺旋出渣机

图 6-12 为一燃油或燃气强制循环铸铁组件式热水锅炉，由于燃烧时抽力的需要，在燃烧室存在约 5Pa 的负压。根据燃烧室的设计，尾部受热面必须是标准抽力（负压）或正压燃烧。燃烧室应与火焰的形状相匹配，并使它完全燃烧。如果烟囱的抽力不够时，就需要正压燃烧。在这种锅炉的尾部受热面，烟气的阻力较大［如图 6-12（b）所示］，必须通过燃烧器的送风机将烟气压出锅炉。所以，在燃烧室的燃烧火焰约需 600Pa 正压。由于尾部受热面变窄，烟气的速度提高并形成涡流，使热功率增加。铸铁组件式锅炉最大功率为 1400kW，图 6-13 和图 6-14 为铸铁组件装配示意图。

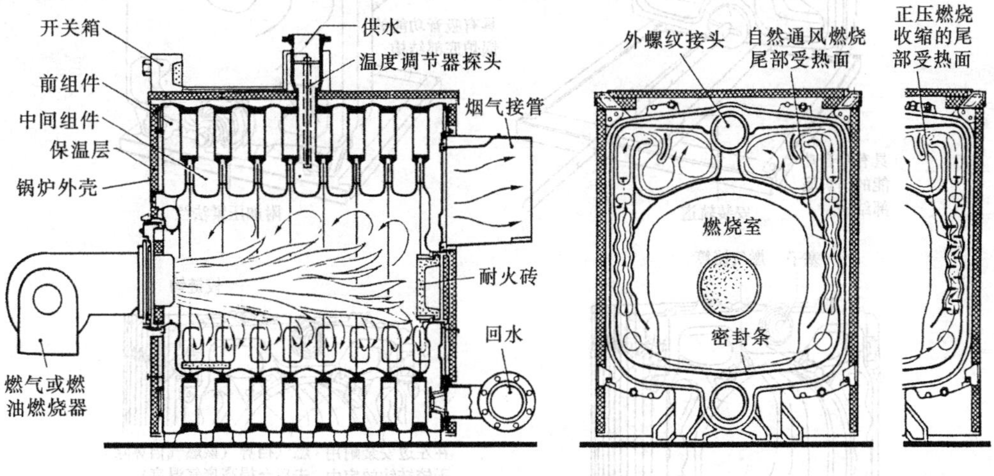

(a)　(b)　(c)

图 6-12　送风燃烧的铸铁组件式锅炉

(a) 横剖面；(b) 纵剖面；(c) 尾部局部剖面

还有一些其他形式的热水锅炉：

(1) 电热水锅炉。

由于这种锅炉耗用的能源是电能，不需要燃烧设备，结构简单，体积小；自动化程度高，控制容易，检修方便；但是由于电是二次能源，价格较高，使用受到一定的限制。它一般使用的范围是：在电能比较便宜的地区；使用分时电价的地区，在夜间便宜电价的时候生产热水进行储存；由于建筑物空间限制，无燃料储存或无法安放普通锅炉的地方；在有些对环境要求较高、不能随意改动的建筑内，例如名胜古迹等地区。

功率为 24～300kW 的电锅炉，采用电加热器件进行加热。功率为 300～1400kW 的电锅炉，利用水的电阻和电极进行加热。为了增加水的导电性，往往通过一个配料泵向水中定量加盐（通常是 Na_2SO_3）。三个指形的电极错开连接，在零相电极的中心设置了一个伺服电机，可以旋转，无级调节功率范围在 10%～100%之间（图 6-15）。图 6-16、图 6-17 是利用这种锅炉采暖的两种情况的简图。电锅炉用于供水温度为 40～45℃的地面式采暖系统较经济。由于它配备的热水存储箱容积大，所以它的膨胀水箱也相应很大（图 6-18）。

(2) 冷凝水锅炉（燃烧值锅炉）。

在一般的供热锅炉中，排烟的温度都高于露点（120～180℃），即利用的是燃料的低位发热量。现在，国外一些锅炉生产厂家将排烟的温度降至露点以下（燃油锅炉的排烟温度在 46℃以下、燃气锅炉的排烟温度在 56℃以下），使排烟热损失降至 1%～2%，大大地节约了

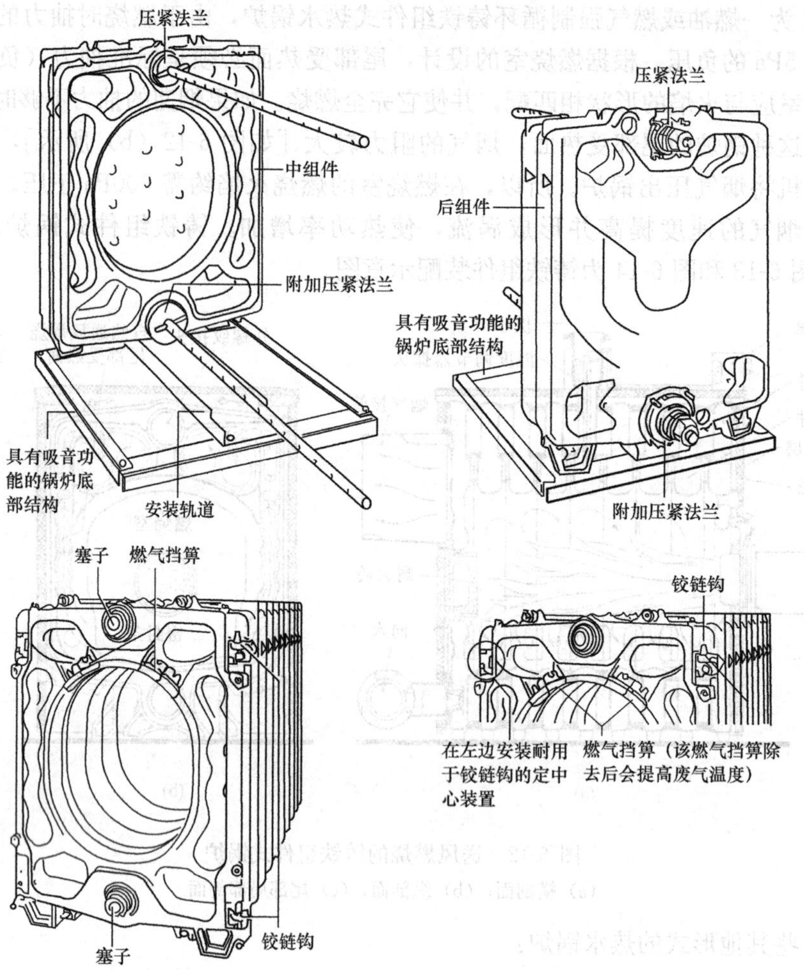

图 6-13　Buderus 铸铁锅炉肋片组装示意图

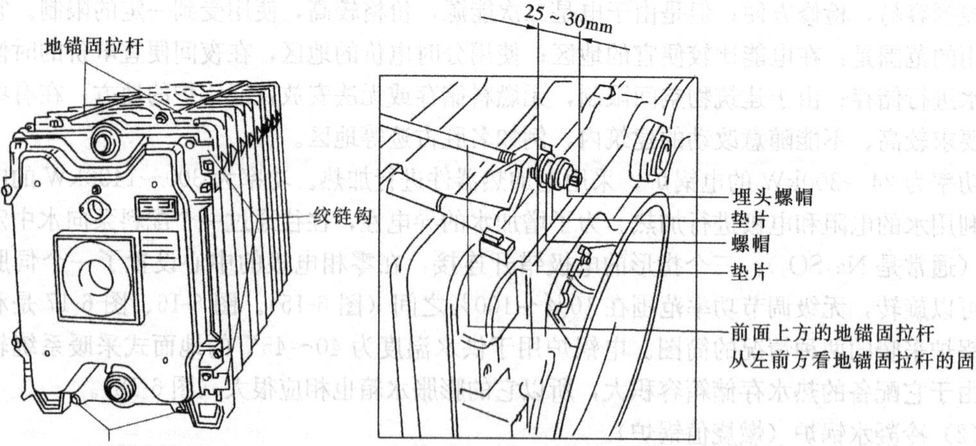

图 6-14　Buderus 铸铁锅炉的肋片拉紧构件示意图

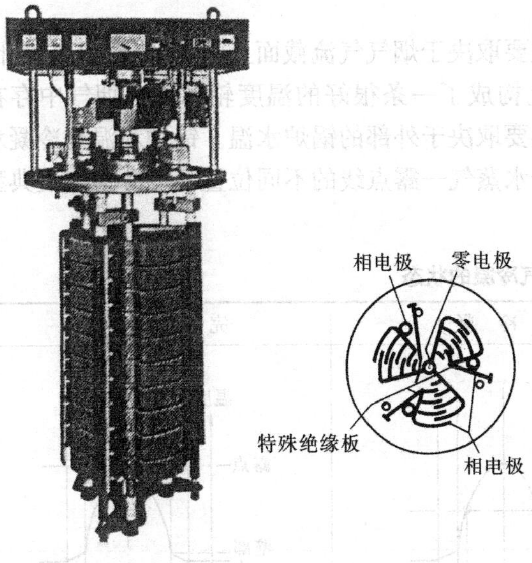

图 6-15 德国 Buderus 的 ASEA 电锅炉加热元件

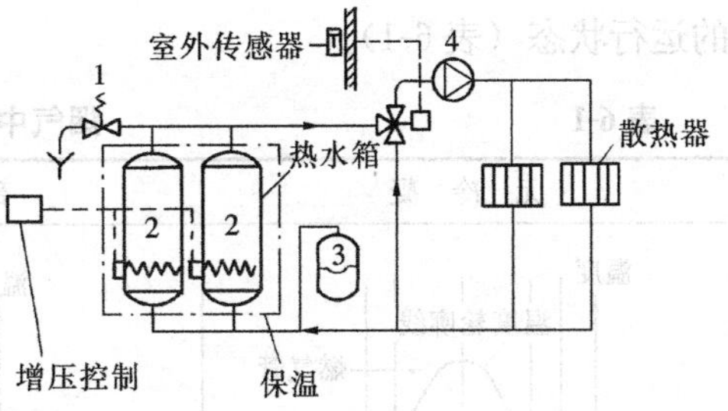

图 6-16 直接加热的电锅炉热水储存式采暖系统

1—安全阀；2—电锅炉；3—闭式膨胀水箱；4—水泵

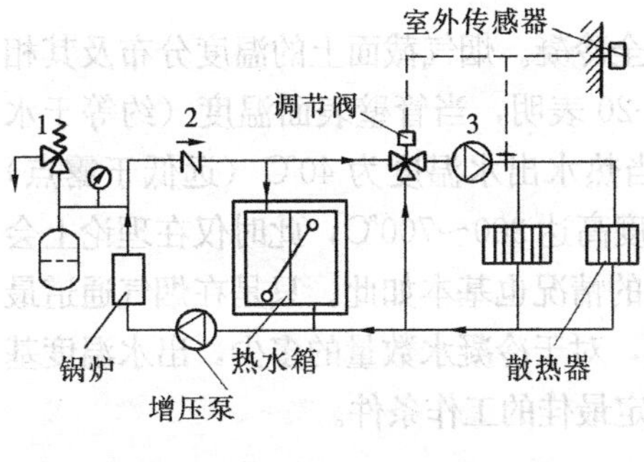

图 6-17 间接加热的电锅炉热水储存式采暖系统

1—安全阀；2—止回阀；3—水泵

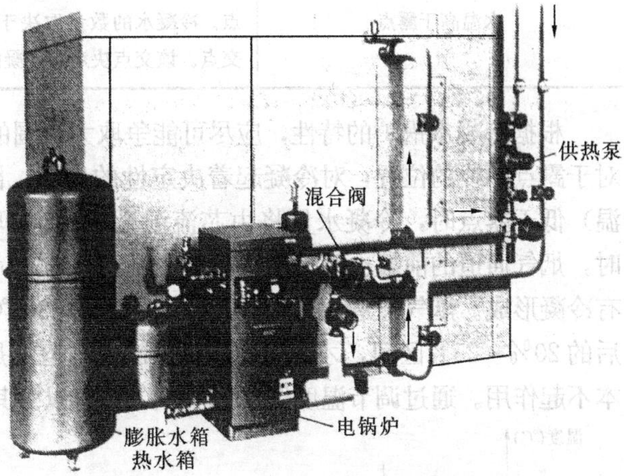

图 6-18 电锅炉和热水存储箱

能源。由于天然气的低位发热量与高位发热量的差值比燃油的这一差值高出一倍，从而其能量收益也高出一倍；此外，天然气的露点也比燃油的露点高出 8K 左右，从而大大提高了发热量实际利用的程度。因此，尽管有少数厂家也开发出了燃油的冷凝水锅炉，但是这种系统主要还是用于燃气锅炉上。与低温热水锅炉不同，这种锅炉的结构应该尽量促进冷凝水的形成，当然应以不引起运行故障或损害为前提。但是，这种锅炉的冷凝水是酸性的（燃油锅炉的冷凝水，pH＝2.5～4.0；燃气锅炉的冷凝水，pH＝3.5～4.5），对锅炉附件的腐蚀性很强，需选用耐腐材料（例如铸铁、合金钢等），冷凝水必须中和后才能排放（1m^3 天然气的最大可能冷凝水量约 1.6L）。因此，控制冷凝水不要在锅炉内部产生是关键，其次是控制回水的温度。

冷凝水的形成，特别是冷凝水的数量，主要取决于烟气气流截面上的温度分布。从热图摄影（图 6-19）中可以清楚地看到，该截面上构成了一条很好的温度轮廓线。烟气中存在芯流温度和壁部的表面温度，壁部表面温度主要取决于外部的锅炉水温。锅炉水温是冷凝水能否形成的先决条件。根据温度轮廓线相对于水蒸气—露点线的不同位置，可分为三类典型的运行状态（表 6-1）。

表 6-1　　烟气中水蒸气冷凝的状态

无冷凝	部分冷凝	完全冷凝
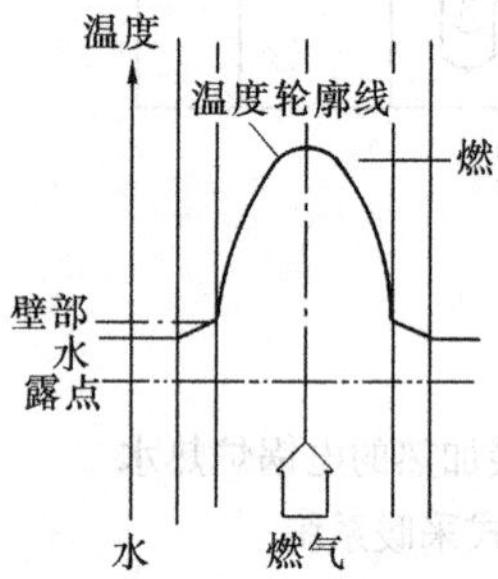	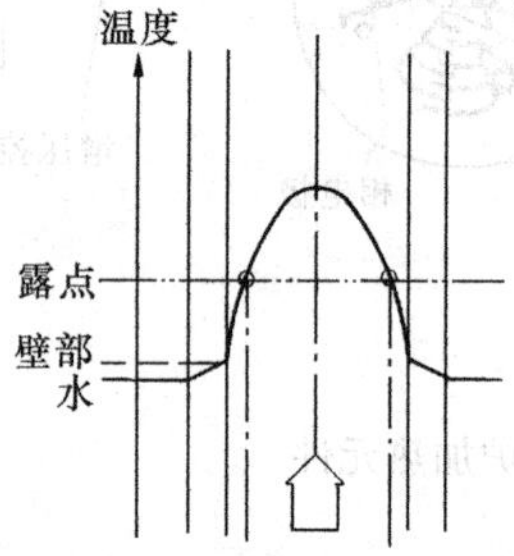	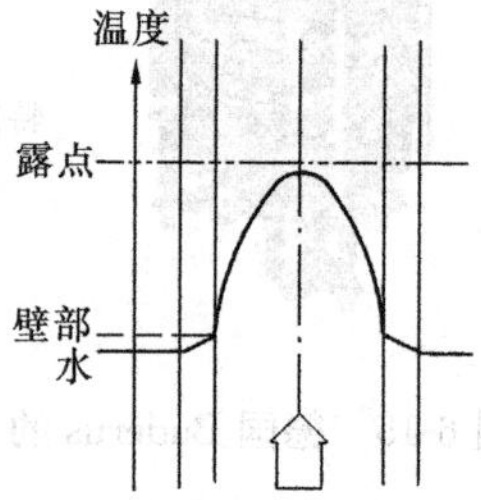
水温高于露点	水温低于露点，但芯流温度却高于露点。冷凝水的数量取决于温度轮廓线的交点。该交点决定着冷凝区的层宽	芯流温度低于露点，整个气流截面上均出现冷凝

根据冷凝水锅炉的特性，应尽可能争取大范围的完全冷凝。烟气截面上的温度分布及其相对于露点标线的位置，对冷凝起着决定性的作用。图 6-20 表明，当管壁表面温度（约等于水温）低于露点时，冷凝水量将由芯流温度决定。即使当热水出水温度为 40℃（远低于露点）时，烟气通道的前部也基本不会出现冷凝。因为芯流温度高达 300～700℃，此时仅在理论上会有冷凝形成。烟气通道中部（芯流温度为 200～300℃）的情况也基本如此。只是在烟气通道最后的 20%～25%区间，才会出现真正的冷凝。也就是说，对于冷凝水数量的多少，出水温度基本不起作用。通过调节温度偶“芯流/水”，可以为其设定最佳的工作条件。

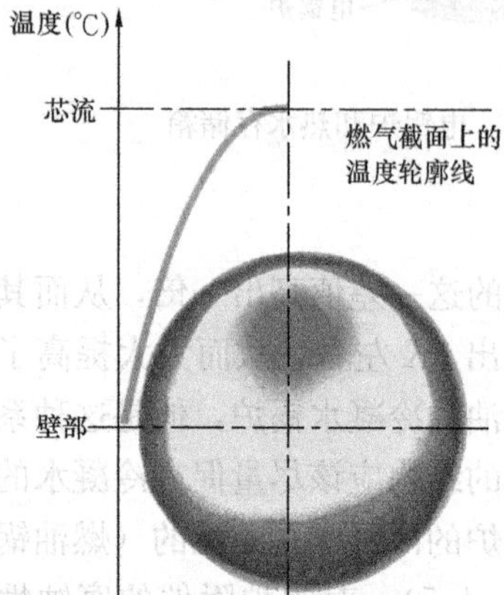

图 6-19　烟气管气流截面上的温度分布

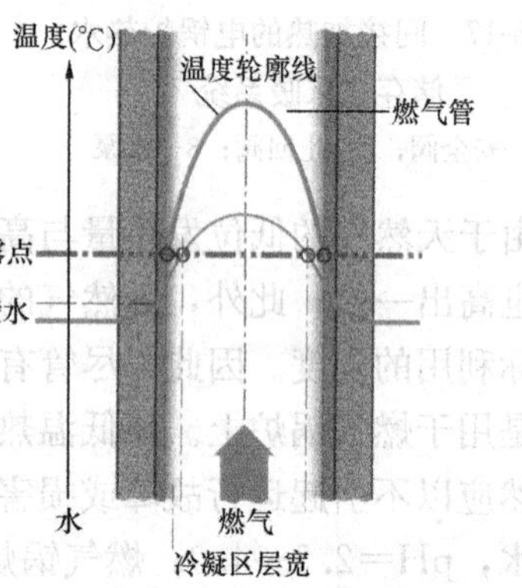

图 6-20　燃烧功率减小（使芯流温度降低）促进冷凝过程示意图

冷凝水锅炉的效率由回水温度所决定，出水温度只起到次要的作用。德国布德鲁斯公司生产的燃气冷凝水锅炉的压力等级有 600、1000、1300、1600kPa，功率范围为 650～19 200kW。图 6-21 为燃气冷凝水锅炉结构示意图。

(3) 低温热水锅炉。

为了使静止状态的损失尽可能地小，低温热水锅炉主要工作在 40～70℃的低温水范围内。燃烧室和尾部受热面必须这样设计，尽管是低温水锅炉，但是烟气的温度不能低于露点。在大多数锅炉中，在功率下限范围内工作时，不会被采暖系统的水冷却，燃烧室由不锈钢制成。通过燃烧，燃烧室在几秒钟内就被加热，不会被水冷却。通过这种“热的燃烧室”，阻止了烟气中的水蒸气冷凝。在燃烧室的后部，用耐火砖封闭，使得燃烧的烟气转折两次，流过耐腐蚀的、蜂窝状烟道的铸铁受热面。烟气在锅炉的后部汇集。

在小功率或小热量需求范围内，价格较低的低温锅炉（图 6-22、图 6-23）仍占有一席之地。大气式燃气锅炉结构简单，不需要送风机的电力驱动，噪声小，利用率高，有害物质排放低，从而使整体系统更加合理。

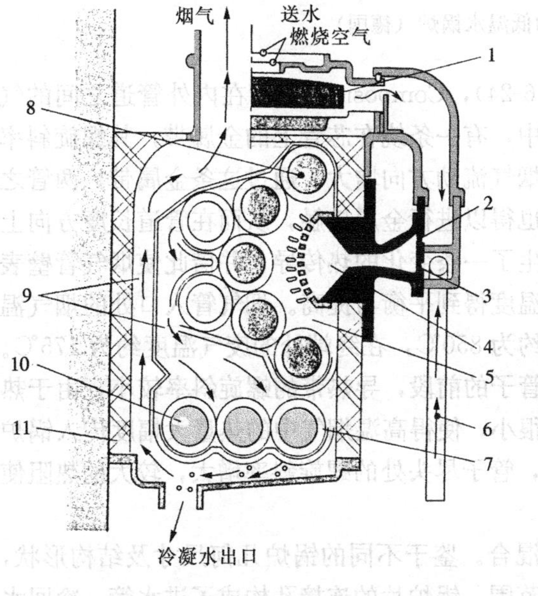

图 6-21　燃气冷凝水锅炉结构示意图

1—燃烧空气鼓风机；2—空气喷嘴；3—燃气喷嘴；4—燃气—空气混合；5—燃烧室正压；6—燃气；7—铸铝圆翼管；8—出水；9—烟气通道；10—回水；11—保温层

图 6-22　总功率为 1840kW 的低温水双锅炉设备

低温热水锅炉与冷凝水锅炉的主要不同点，在于不希望烟气中水蒸气冷凝。按照欧洲的标准，低温锅炉的工作温度极限值定为 40℃，因而在相应的运行阶段中，不可避免地会出现部分冷凝。然而实践经验表明，只要冷凝水量未超过一定标准，且能在运行过程中尽快重新蒸发，就不会带来危害。在低温锅炉中，采用烟气与锅炉水的顺流，借助于芯流的高温，即使在低水温下，冷凝层宽也被限制在最低温度。在烟气行程终端处，尽管芯流温度已经较低，而水温则很高，故仍能达到同样效果。如果将热出水与热回水不断混合（热流原理），则更为有效。

为了提高壁温，德国布德鲁斯公司采用了三层烟气热交换器表面（Composit 烟气管，

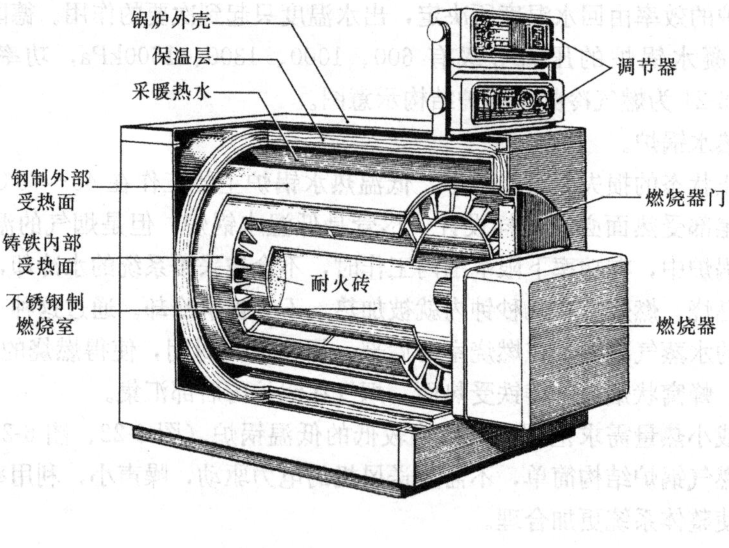

图 6-23 送风燃烧的低温水锅炉（德国）

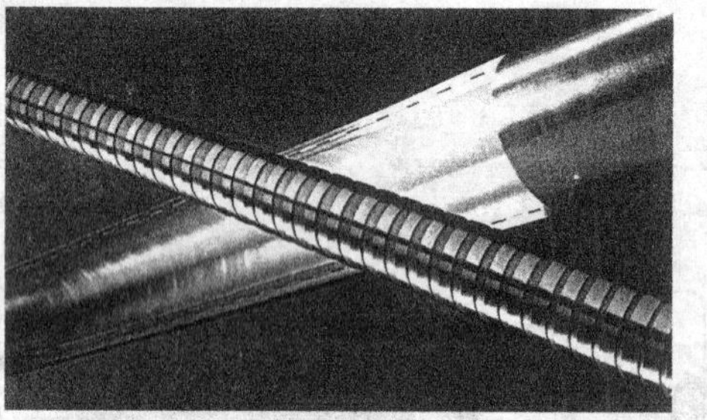

图 6-24 Composit 烟气管的结构

图 6-24)，Composit 烟气管在内外管道之间的气隙中，有一条绕在芯管上的金属带，其螺旋斜率沿烟气流动方向增大。通过这条金属带，两管之间也得以进行金属接触，从而在管道长度方向上产生了一条变化的热传导，并借此使烟气管壁表面温度得到平衡与提高。烟气管入口处的烟气温度约为 850℃，在终端处的废气温度约为 175℃。在管子的前段，导热带的螺旋斜率较小，由于热阻很小，使得高温烟气中的热量大幅度传入锅炉水中，从而避免了过高的管壁温度。与此相反，管子尽头处的螺旋斜率增大，较大的热阻使管壁表面温度得以升高。

通过热流技术，可将冷回水与热出水进行混合。鉴于不同的锅炉几何尺寸及结构形状，这一技术在小功率范围内的应用有别于大功率范围。锅炉片的连接孔构成了进水管，冷回水则经过进水管孔口，进入锅炉片储水室中的专门混合区（图 6-25）。通过喷射效应和储水室中的浇铸导水筋片，热出水立即与冷回水混合。混合区不与烟气接触，从而不会形成冷凝水。加热后的回流水流向热负荷最高处——即直接流向燃烧器表面之上的储水室部分。只要出水温度达到 40℃，即使回流温度低于 15℃，也不会形成有害的冷凝水。

在较大功率的燃油/燃气锅炉上应用热流原理时，结构上有所改变。冷回水仍然通过分配管进入锅炉片的连接孔。但混合过程却直接在出口处实施。从孔口涌出的回流分为分流 1 和分流 2，与锅炉储水室中浮起的热水进行混合。借助于这两股分流的喷射效应以及与出水的压差，会有热水分流 3 与 4 生成。它们将决定出水温度及下部储水室的温度（图 6-26）。混合过程在分流 1 与 3、2 与 4 之间进行。混合调温之后的分流 2 与 4 沿外壁下沉，并沿着承受热负荷的燃烧室内壁向上升起，然后又作为锅炉热水重新划分为分流 3 与 4。

（4）壁挂式燃气热水锅炉。

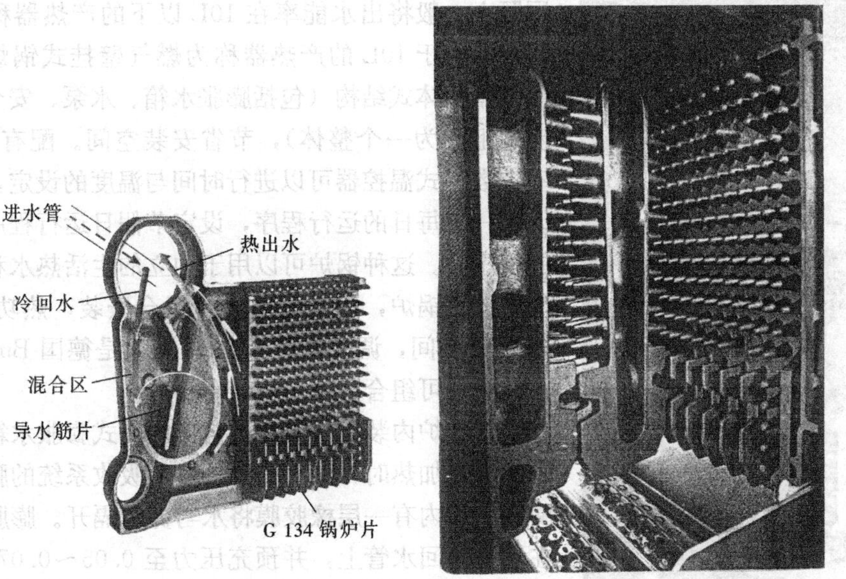

图 6-25 小功率锅炉热流原理的功能

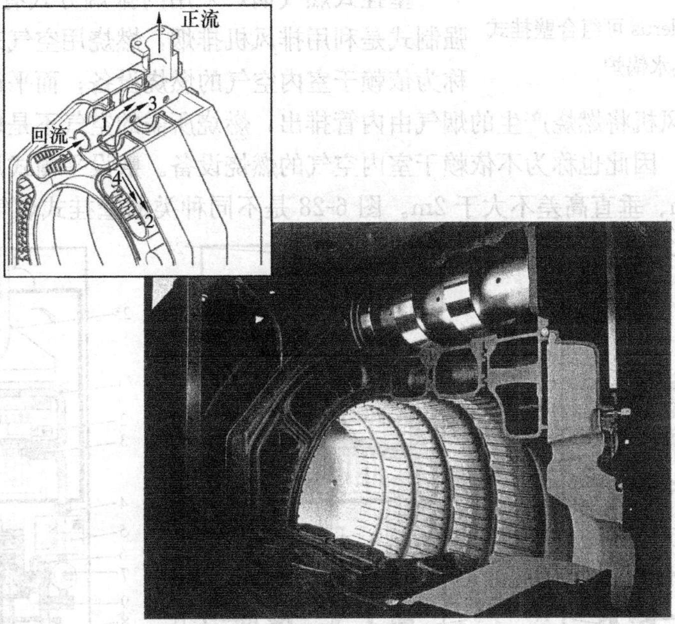

图 6-26 大功率锅炉热流原理的功能

1—沿出水方向分流的冷回水；2—流入锅炉片外部范围的部分回流冷水；

3—沿出水方向分流的锅炉热水；4—流入锅炉片的部分锅炉热水

这种锅炉现在越来越多的被私人家庭和小型单位使用，其热功率可以在 3.5～24kW 之间（最大的可达 60kW）无级调节。24kW 壁挂式锅炉可满足 $150m^2$ 面积采暖和生活热水的供热，燃料一般使用天然气，也有使用城市煤气或液化气的，能源利用率高（热效率可达 92%～99.5%），供热费用较低。有些厂家在供热功率标示上采用出水能率，是指每分钟流出的水温升高 25℃的热水量，例如出水能率 12L，表示 1min 内能将 12L 水温度升高 25℃。

图 6-27 德国 Buderus 可组合壁挂式低温热水锅炉

国际上一般将出水能率在 10L 以下的产热器称为燃气热水器，大于 10L 的产热器称为燃气壁挂式锅炉。这种锅炉采用一体式结构（包括膨胀水箱、水泵、安全附件等紧凑地组装为一个整体），节省安装空间。配有微处理器，室内数字式温控器可以进行时间与温度的设定，例如可以设定一周每日的运行程序，设定节假日运行程序与防冻功能程序等。这种锅炉可以用于独立的生活热水和采暖。有些壁挂式锅炉，最多可以 8 台组合安装，热功率在 11～480kW 之间，调节范围大。图 6-27 是德国 Buderus 壁挂式锅炉，可组合公用热水储存箱。

壁挂炉内装有一个氮气定压的闭式膨胀水箱，当系统中的水被加热时，氮气受到压缩，吸收系统的膨胀量，在膨胀水箱内有一层橡胶膜将水与氮气隔开。膨胀水箱连接在系统的回水管上，并预充压力至 0.05～0.075MPa（不同厂家各有差异）。

壁挂式燃气锅炉采用的排烟方式有强制式或平衡式。强制式是利用排风机排烟，燃烧用空气来自室内，因此也称为依赖于室内空气的燃烧设备；而平衡式的烟管由内管和外管组成，排风机将燃烧产生的烟气由内管排出，燃烧所需的空气不是取自室内，而是由室外沿外管吸入，因此也称为不依赖于室内空气的燃烧设备。敷设平衡式烟管时，其水平段的长度不大于 5m、垂直高差不大于 2m。图 6-28 是不同种类的壁挂式燃气锅炉组成与运行

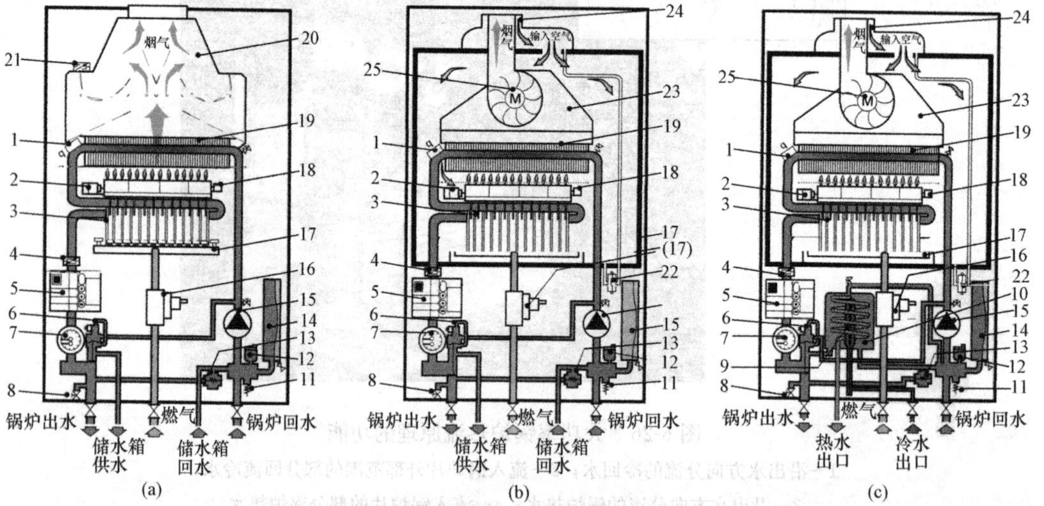

图 6-28 几种不同类型的燃气壁挂锅炉组成与运行原理示意图

(a) 依赖于室内空气的壁挂式锅炉运行方式；(b) 不依赖于室内空气的壁挂式锅炉运行方式；(c) 平衡式燃气壁挂锅炉运行方式

1—安全温限器；2—电点火电极；3—燃气燃烧器；4—供水温度探头和监控器；5—燃烧器自动控制器；6—三通转换阀；7—供水温度计和压力计；8—锅炉注水和排空阀；9—生活热水温度探头；10—生活热水交换器；11—安全阀；12—自动排气器；13—溢流阀；14—压力膨胀阀；15—循环泵；16—燃烧器燃烧阀；17—喷嘴板；18—离子电极；19—热交换器；20—烟气保险；21—烟气传感器；22—差压开关；23—烟气汇集装置；24—排烟管接头；25—排烟风机

原理图，都采用大气式燃烧器。

壁挂式燃气锅炉在冬季同时采暖和生活热水供应时，采用生活热水优先原则设计，即当生活热水龙头打开后，转换阀即自动关闭采暖供水，打开生活热水供应；而当生活热水龙头关闭，转换阀即自动开启采暖供水，关闭生活热水。由于一般生活热水连续使用的时间不会超过 0.5h，在这段时间内对采暖停止供热的影响不会太大。

在燃气壁挂式锅炉采暖与生活热水的供水和回水进出口上，设置了负温度系数热敏电阻传感器（NTC 热敏电阻器）。它是以锰、钴、镍和铜等金属氧化物为主要材料，采用陶瓷工艺制造而成的。这些金属氧化物材料都具有半导体性质，因为在导电方式上完全类似锗、硅等半导体材料。温度低时，这些氧化物材料的载流子（电子和孔穴）数目少，所以其电阻值较高；随着温度的升高，载流子数目增加，所以电阻值降低。通过电阻的变化测量供水和回水的温度，自动地控制燃烧器工作。

在平衡式烟管的进出口上设置了风压传感器（风压开关，图 6-29），根据皮托管原理工作，用于测量排气通路的压差。特殊的空气动力形状使其工作状态稳定。如果烟道堵塞或者风机出现故障使烟气流量降低，则该设备将切断壁挂锅炉的电源，使锅炉停止运行。

图 6-29 风压开关

因为采暖的热水（称为第一热媒）长期在一个封闭的系统中工作，是不能直接用于生活热水的。往往是通过板式热交换器，用第一热媒加热来自饮用水管网的冷水（称为第二热媒）。因此，该生活热水始终是新鲜的，可以直接饮用和蒸煮食物。在冷水进口设置了流量传感器，自动控制燃烧器工作。

第二节 锅炉炉型的选择

一、锅炉房的热负荷

锅炉房的热负荷分为小时最大计算热负荷、小时平均热负荷、采暖期热负荷、非采暖期热负荷和全年热负荷。其中小时最大计算热负荷是选择锅炉容量的依据，所以也称设计热负荷。后四项热负荷是计算锅炉房各个时期和全年燃料消耗量的依据，并以此确定各个时期燃料储存量。

1. 最大计算热负荷

蒸汽锅炉房 $$q_{\max V}=K_0(K_1q_{1V}+K_2q_{2V}+K_3q_{3V}+K_4q_{4V})+K_5q_{5V} \quad (6\text{-}1)$$

热水锅炉房 $$q_{\max W}=K_0(K_1q_{1W}+K_2q_{2W}+K_3q_{3W}+K_4q_{4W})+K_5q_{5W} \quad (6\text{-}2)$$

式中 $q_{\max V}$、$q_{\max W}$——蒸汽、热水锅炉房的最大计算热负荷，t/h 或 kW；

q_{1V}、q_{1W}——采暖最大计算热负荷，t/h 或 kW；

q_{2V}、q_{2W}——通风最大计算热负荷，t/h 或 kW；

q_{3V}、q_{3W}——生产最大计算热负荷，t/h或kW；

q_{4V}、q_{4W}——生活最大计算热负荷，t/h或kW；

q_{5V}、q_{5W}——锅炉房自用最大计算热负荷，t/h或kW；

K_1——采暖热负荷同时使用系数，一般取1.0；

K_2——通风热负荷同时使用系数，视情况取0.8～1.0；

K_3——生产热负荷同时使用系数，视情况取0.7～0.9；

K_4——生活热负荷同时使用系数，一般取0.5，当生产与生活用热时间完全错开时取0；

K_5——自用热负荷同时使用系数，一般取0.8～1.0；

K_0——室外管网散热损失和漏损系数（表6-2）。

表6-2　室外管网散热损失和漏损系数

热媒种类	架空敷设	地沟敷设	直埋敷设
蒸汽	1.1～1.15	1.08～1.12	—
热水		1.06～1.08	

式（6-2）中的生活最大计算热负荷可按下式计算

$$q_4 = \phi q_{av} \tag{6-2a}$$

$$q_{av} = 0.001\,163\frac{mv(t_r - t_l)}{T} \tag{6-2b}$$

式中　ϕ——小时变化系数，一般取2～3（根据用水单位数，按《建筑给水排水设计规范》取用）；

q_{av}——采暖期生活平均热负荷，kW；

m——用热水单位数（住宅取人数、公共建筑取每日人次数、床位数等）；

v——用水单位每日热水用量，按《建筑给水排水设计规范》取用，L/d；

t_r——生活热水计算温度，℃；

t_l——冬季冷水计算温度，取最低月平均水温，℃；

T——每日供水小时数（住宅、旅馆、医院等一般取24h），h。

如果生活热水由蒸汽加热，则需将其热负荷折算成所需蒸汽。

2. 平均热负荷

蒸汽

$$q_{avV} = K_0(q_{av1V} + q_{av2V} + q_{av3V} + q_{av4V}) + q_{av5V} \tag{6-3}$$

热水

$$q_{avW} = K_0(q_{av1W} + q_{av2W} + q_{av3W} + q_{av4W}) + q_{av5W} \tag{6-4}$$

式中　$q_{av1(2)V}$、$q_{av1(2)W}$——蒸汽、热水的平均热负荷，t/h或kW。

（1）采暖（通风）平均热负荷

$$q_{av1(2)V} = \frac{t_n - t_{av}}{t_n - t_w}q_{1(2)V} \tag{6-5a}$$

$$q_{av1(2)W} = \frac{t_n - t_{av}}{t_n - t_w}q_{1(2)W} \tag{6-6a}$$

式中　$q_{av1(2)V}$、$q_{av1(2)W}$——采暖（通风）平均热负荷，t/h或kW；

t_n——采暖（通风）室内计算温度,℃；

t_{av}——采暖期室外平均温度,℃；

t_w——采暖（通风）室外计算温度,℃。

（2）q_{av3V}、q_{av3W}：生产平均热负荷，由各车间生产平均热负荷之和得到，t/h 或 kW。

（3）q_{av4V}、q_{av4W}：生活平均热负荷，t/h 或 kW。

对于蒸汽锅炉房，生活平均热负荷按下式计算

$$q_{av4V} = \frac{1}{8} q_{4V} \quad (t/h) \tag{6-5b}$$

对于热水锅炉房，采暖期生活热水平均热负荷（q_{av}）按式（6-2b）计算；非采暖期生活热水平均热负荷（q_{av4f}）按下式计算

$$q_{av4f} = q_{av4f} \frac{t_r - t_{lf}}{t_r - t_l} \quad (kW) \tag{6-6b}$$

式中 t_{lf}——非采暖期冷水平均温度,℃。

（4）q_{av5V}、q_{av5W}：锅炉房自用平均热负荷，采暖期时近似取锅炉房自用最大热负荷，非采暖期为锅炉房自用最大热负荷与锅炉房自身采暖（通风）最大热负荷之差，t/h 或 kW。

3. 采暖期热负荷

蒸汽

$$q_{nV} = N[K_0(q_{av1V} + q_{av2V} + q_{av3V} + q_{av4V}) + q_{av5V}] \tag{6-7}$$

热水

$$q_{nW} = 0.003\,6N[K_0(q_{av1W} + q_{av2W} + q_{av3W} + q_{av4W}) + q_{av5W}] \tag{6-8}$$

式中 q_{nV}、q_{nW}——采暖期蒸汽、热水热负荷，t 或 GJ；

N——采暖期锅炉统一运行小时数。

其余符号意义与上同。

4. 非采暖期热负荷

为非采暖期各项平均热负荷之和。

5. 全年热负荷

根据采暖、通风、生产、生活、自用热负荷年利用小时数 h_1、h_2、h_3、h_4、h_5 和相应的平均热负荷确定。

蒸汽

$$q_{yV} = K_0(h_1 q_{av1V} + h_2 q_{av2V} + h_3 q_{av3V} + h_4 q_{av4V}) + h_5 q_{av5V} \quad (t/a) \tag{6-9}$$

热水

$$q_{yW} = 0.003\,6K_0(h_1 q_{av1W} + h_2 q_{av2W} + h_3 q_{av3W} + h_4 q_{av4W}) + h_5 q_{av5W} \quad (GJ/a) \tag{6-10}$$

式中符号意义同上。

二、锅炉炉型的确定

在锅炉房热负荷确定之后，进行锅炉类型的选择：

1. 燃料种类的确定

根据当地环境保护的要求，燃料的供给可能性，优先选择燃油（在市区一般都使用轻柴油）或燃气（优先考虑天然气，然后考虑城市煤气等）。如果选择燃煤，要考虑消烟除尘的效果、劳动强度和运输问题。

2. 应能满足供热介质种类和参数的要求

根据用户蒸汽或热水的工作压力、温度，考虑管网与锅炉房内部压力损失等来确定。当用户要求参数不同时，按高压力、高温度用户选择，其余的可以通过调节技术来满足。设在高层民用建筑内的蒸汽锅炉的额定蒸汽压力不超过 1.6MPa、热水锅炉出口热水温度不超过 95℃。

为了便于设计布置、运行管理和检修，锅炉房中尽量选用型号相同的锅炉；必须选用不同型号的锅炉时，不宜超过两种。

3. 综合考虑经济、运行和发展的因素

根据基建投资、运行费用、近期锅炉房的发展、热负荷的变化等，尽量选择用计算机控制的、节能的、干净的现代化锅炉。不得采用淘汰的、落后的产品。

三、锅炉台数的确定

锅炉房中选用锅炉的总台数，应满足下列因素：

(1) 热负荷的变化：所有锅炉在满负荷运行时，能满足最大计算热负荷。应能灵活地调节和调整锅炉运行的台数及工作容量，以适应用户昼夜、冬夏季热负荷的变化。锅炉的经常负荷状态不应低于其额定负荷的 60%。当在不同时间和季节里，锅炉房负荷变化比较大时，尽量选用可变燃烧功率范围的锅炉，例如选用可变功率燃烧器，或带二级、多级燃烧器的锅炉。

(2) 经济和有利于运行管理：容量小、台数多，会造成锅炉房的投资增加，运行、管理和维修麻烦。一般选择容量大、台数少的锅炉。锅炉房内锅炉的总台数不超过 5 台，扩建时不宜超过 7 台。

(3) 设置备用锅炉：锅炉是有压设备，连续运行时间不宜过长，需要经常停炉检修，因此以供生产为主或常年供热的锅炉房，需要设置 1 台备用锅炉。如果锅炉只供采暖通风用热，设备维修在非采暖期进行，可不设置备用锅炉；或当非采暖期至少有一台锅炉停运，锅炉轮流进行维修，可不设置备用锅炉。当一台锅炉因某种原因突然停止运行、发生事故时，其他锅炉仍能满足大部分生产和生活的用热需要。

四、锅炉房的大小

锅炉房容量的大小对燃料供给系统与除灰渣系统的设备选择起着重要的作用，一般按下列原则分为三类：

(1) 小型锅炉房：单台容量≤4t/h，总容量＜20t/h。

(2) 中型锅炉房：单台容量≤20t/h，总容量为 20～60t/h。

(3) 大型锅炉房：单台容量＞20t/h，总容量＞60t/h。

【例 6-1】 某企业拟建一座锅炉房，室外管网采用地沟敷设。试根据下列数据确定锅炉的炉型及台数。

(1) 热负荷资料。

采暖热负荷耗汽量为 3.2t/h，生产最大热负荷为 4.5t/h，生产平均热负荷为 3.2t/h，生活热负荷为 1.2t/h，生产用饱和蒸汽的压力为 0.8MPa，凝结水总回收率约 48%。

(2) 燃料资料。

由于该企业位于远郊，可以使用燃煤，$Q_{ar,net}=19\,720$ (kJ/kg)；$A_{ar}=25.34\%$。

(3) 气象资料。

冬季采暖室外计算温度：−8℃；

采暖期室外平均温度：−0.7℃；

采暖室内计算温度：18℃；

采暖天数：124天。

(4) 其他资料。

二班制，全年生产288天。

解

(1) 最大计算热负荷

$$q_{\max V} = K_0(K_1 q_{1V} + K_3 q_{3V} + K_4 q_{4V})$$

$$= 1.12 \times (1.0 \times 3.2 + 0.74 \times 4.5 + 0.5 \times 1.2) = 7.99 \quad (t/h)$$

非采暖期最大热负荷

$$q_{fV} = K_0(K_3 q_{3V} + K_4 q_{4V}) = 1.12 \times (0.74 \times 4.5 + 0.5 \times 1.2) = 4.40 \quad (t/h)$$

(2) 平均热负荷

$$q_{av1V} = \frac{t_n - t_{av}}{t_n - t_w} q_{1V} = \frac{18 + 0.7}{18 + 8} \times 3.2 = 2.3 \quad (t/h)$$

$$q_{av3V} = 3.2 \quad (t/h)$$

$$q_{av4} = \frac{1}{8} q_{4V} = \frac{1}{8} \times 1.2 = 0.15 \quad (t/h)$$

$$q_{av} = K_0(q_{av1} + q_{av3} + q_{av4}) = 1.10 \times (2.3 + 3.2 + 0.15) = 6.22 \quad (t/h)$$

(3) 锅炉房年热负荷 q_y

$$q_{y1} = 16 \times 124 \times 2.3 = 4563.2 \quad (t/a)$$

$$q_{y3} = 16 \times 288 \times 3.2 = 14\,745.6 \quad (t/a)$$

$$q_{y4} = 16 \times 288 \times 0.15 = 691.2 \quad (t/a)$$

$$q_y = K_0(q_{y1} + q_{y3} + q_{y4}) = 1.12 \times (4563.2 + 14\,745.6 + 691.2) = 22\,400 \quad (t/a)$$

根据锅炉房最大热负荷7.84t/h，用汽参数为0.8MPa的饱和蒸汽，燃用Ⅱ类烟煤，本设计确定选用SZL6-1.25-AⅡ锅炉1台、SZL2-1.25-AⅡ锅炉1台。在非采暖期停开2t/h的锅炉。由于该企业一年开工288天，有专门时间进行检修，所以可以不设置备用锅炉。

复　习　题

1. 简述火管锅炉和水管锅炉的特点。
2. O形与A形水管锅炉燃烧室与对流受热面布置的相对位置有何区别？
3. 热水锅炉的水循环有哪些方式？
4. 什么是冷凝水锅炉？在使用时应注意什么？
5. 选择锅炉的类型与台数时应考虑哪些因素？
6. 有一建筑物的采暖面积为4000m²，按50W/m²指标供热，供热介质为95/70℃的热水，供水压力为0.35MPa，试选择锅炉。

第七章 锅炉房的燃料供给与除灰渣

在设计中，锅炉燃料的储存和供给及灰渣的储存，会影响锅炉房布局的合理性、占地面积、基建投资、锅炉工的操作条件和环境卫生。在运行中，燃料的储存和供给及灰渣的储存，会影响到锅炉房的安全运行。本章将介绍锅炉房的燃料供给系统和除灰渣系统常用的设备及布置和选择的原则。

第一节 燃料的储存与供给系统

一、锅炉房的燃料消耗量

(1) 锅炉燃料的额定消耗量：是锅炉在额定参数下运行的燃料消耗量。它是确定炉前储煤斗容积、燃油或燃气供给管径的依据。

计算公式如下：

蒸汽锅炉

$$B=\frac{(1.015\sim1.036)D(h''-h')}{Q_{ar,net}\eta} \tag{7-1}$$

热水锅炉

$$B=\frac{(1.015\sim1.036)\times3600Q}{Q_{ar,net}\eta} \tag{7-2}$$

式中 B——锅炉燃料的额定消耗量，t/h（或 m^3/h）；

D——锅炉的额定蒸发量，t/h；

h''——蒸汽锅炉在额定压力和温度下蒸汽的焓值，kJ/kg；

h'——蒸汽锅炉给水的焓值，kJ/kg；

$Q_{ar,net}$——燃料的低位发热量，kJ/kg；

η——锅炉效率,%；

1.015～1.036——锅炉排污热损失折算系数（按蒸汽锅炉排污率为5%～12%折算的；只有定期排污的蒸汽锅炉与热水锅炉取较小值）；

Q——热水锅炉的额定产热量，MW。

(2) 锅炉房燃料的最大计算消耗量：是锅炉房相应于最大计算热负荷的燃料消耗量。在燃煤锅炉中，它是选择运煤系统设备容量的依据，也称为运煤系统的设计耗煤量。在燃气锅炉中是确定燃气管径的重要参数，在燃油锅炉中是确定储油罐的重要依据。计算公式如下：

蒸汽锅炉

$$B_{max}=\frac{(1.015\sim1.036)D_{max}(h''-h')}{Q_{ar,net}\eta} \tag{7-3}$$

热水锅炉

$$B_{max}=\frac{(1.015\sim1.036)3600Q_{max}}{Q_{ar,net}\eta} \tag{7-4}$$

式中　B_{max}——锅炉房的小时最大计算燃料消耗量，t/h（或 m^3/h）；

D_{max}、Q_{max}——锅炉房的小时最大计算热负荷，t/h。

其余符号意义同上。

（3）锅炉房燃料小时平均消耗量：是锅炉房小时平均热负荷的燃料消耗量。它又分为采暖期小时平均燃料消耗量 B_{a1} 和非采暖期小时平均燃料消耗量 B_{af}。可利用式（7-3）、式（7-4）计算，只要将最大计算热负荷换成平均热负荷即可。采暖期和非采暖期燃料消耗量，是确定相应购煤量的依据。只要将平均燃料消耗量乘以锅炉房相应期间的运行小时数，再乘以 1.1～1.2 的运输不平衡系数，就是不同时期的燃料采购量。

（4）锅炉房燃料的年消耗量：是锅炉房年热负荷的燃料消耗量。采暖期和非采暖期燃料消耗量之和就是锅炉房的年燃料消耗量。

蒸汽锅炉

$$B_y = \frac{(1.13 \sim 1.2)q_{yv}(h'' - h')}{Q_{ar,net}\eta} \tag{7-5}$$

热水锅炉

$$B_y = \frac{1.13 \times 10^3 q_{yw}}{Q_{ar,net}\eta} \tag{7-6}$$

式中　B_y——锅炉房的年耗煤量，t/a；

q_{yv}——蒸汽锅炉房的年热负荷，t/a；

$10^3 q_{yw}$——热水锅炉房的年热负荷，GJ/a；

1.13～1.2——运输不平衡、排污热损失等富余数。

二、锅炉房燃油的储存

1. 锅炉房耗油（耗气）量计算

单台锅炉燃油（燃气）消耗量可按式（7-7）求得

蒸汽锅炉

$$B = k\frac{D(h'' - h')}{Q_{ar,net}\eta} \tag{7-7}$$

热水锅炉

$$B = k\frac{3600Q10^3}{Q_{ar,net}\eta} \tag{7-8}$$

式中　B——锅炉计算燃油（燃气）消耗量，kg/h（m^3/h）；

D——锅炉蒸发量，kg/h；

Q——锅炉热功率，MW；

h''——蒸汽的焓值，kJ/kg；

h'——给水的焓值，kJ/kg；

η——锅炉的效率；

$Q_{ar,net}$——燃油（燃气）的收到基低位发热量，kJ/kg（kJ/m^3）；

k——富余系数，一般 k=1.2～1.3。

拥有多个燃烧器的锅炉（例如多级燃烧器），应将每只燃烧器的耗油（耗气）量加起来。

2. 燃油的存储

燃油在存储时特别要注意两个危险：一个是可燃性，一个是泄漏后污染地下水和地面水。为了防止这两种危险，就必须注意燃油设备安装和运行的有关法律、标准和规范条文。

燃油的存储有室外地下存储、室外地上存储和室内地上存储三种方式。究竟使用哪种存储方式，必须比较它们的优缺点。在建筑物供热中，难得使用室外地上存储。如果建筑物的所有地下室已用于其他目的，燃油就必须存储在室外地下储油罐。如果有一间合适的地下室或出于特别的理由，例如在水保护区，不允许设地下设备，那么存储在室内则有利得多。

钢制储油罐的内外都易受到腐蚀。如果地下储油罐的沥青层在安装时受到损伤的话，它的外部特别容易腐蚀。储油罐较普遍和较危险的是内部腐蚀。由于冷凝水的形成，油罐里总有水，水的密度较大，汇集在底部，储油罐就可能从里向外烂穿。因为人们事先不能及时地发现这个危险，发生油泄漏事故，燃油渗入土壤、污水设备和地下水，危害城市的供水，甚至发生爆炸事故。这就要求地下储油罐应有很高的强度，所以它的构造形状一般是圆柱形或球形的。要使燃油不渗入地下，一般只允许下列形式的储油罐置于地下：

(1) 单壁裸钢制储油罐：安装在带控制仪器的、不渗油的槽内（如图 7-1 所示）。若有渗漏出的油，必须能通过控制仪器显示出来。

(2) 单壁钢制储油罐：镶有塑料外壳和真空保护层（如图 7-2 所示）。油罐壁和塑料层之间的空气被抽吸掉。当油罐或塑料层发生泄漏时，真空受到破坏，报警装置发出信号。

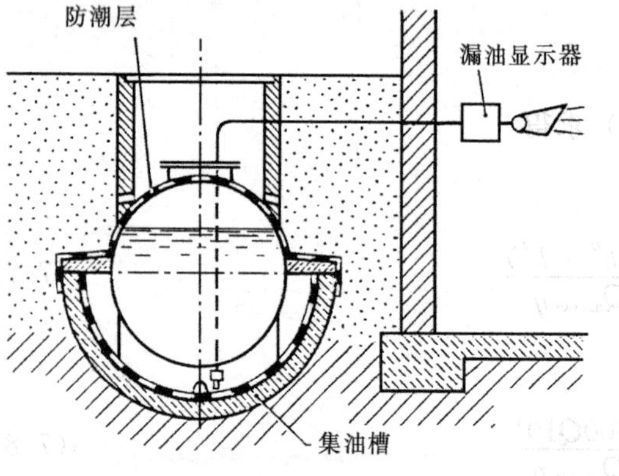

图 7-1 德国安装在不渗油油槽内的单壁裸钢制储油罐

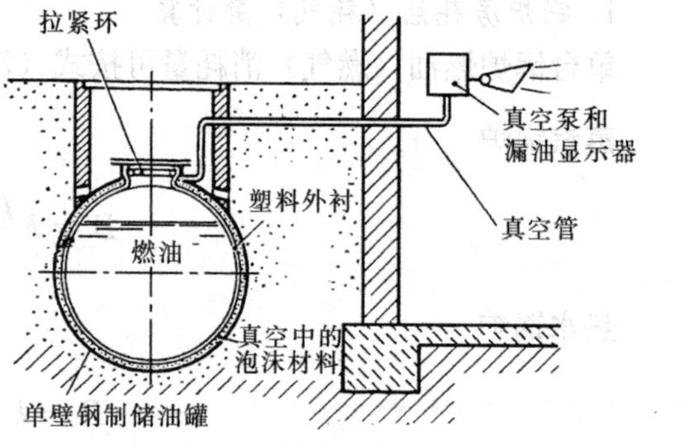

图 7-2 德国镶有塑料层的单壁钢制储油罐

(3) 双壁钢制储油罐：带有控制液位和泄漏的指示计（如图 7-3 所示）。在双壁之间盛有控制液体。在内壁或外壁发生泄漏时，泄漏指示计中的液位下降，因而依光学和声学原理制作的泄漏指示计打开报警。

(4) 由玻璃纤维加强的单壁和双壁塑料储油罐（图 7-4）。

(5) 钢筋混凝土储油罐：内部有不渗水和不渗油的塑料绝缘层（图 7-5）。

储油罐的防冻保护层应该由专业企业安装。安放储油罐的地下基坑必须足够大，使储油罐在放入时不被损伤，并且用不含石头的土（沙）包裹起来（图 7-6）。地下的储油罐在放入基坑前必须由专业人员进行检验。用高压检查设备进行检查，要确定钢制储油罐的绝缘层是否受到损伤。损伤处必须细心地修复。为了收集冷凝水，油罐底部应有 1%～2%的坡度，而且冷凝水能方便清除。在土质不好时，要设混凝土底座，在储油罐上部的管道连接部位的四周应砌成井（图 7-7）。在大的重油储油罐上，要设人孔、加热的盘管（以便具有泵吸能力，如图 7-8 所示）和排水旋塞。

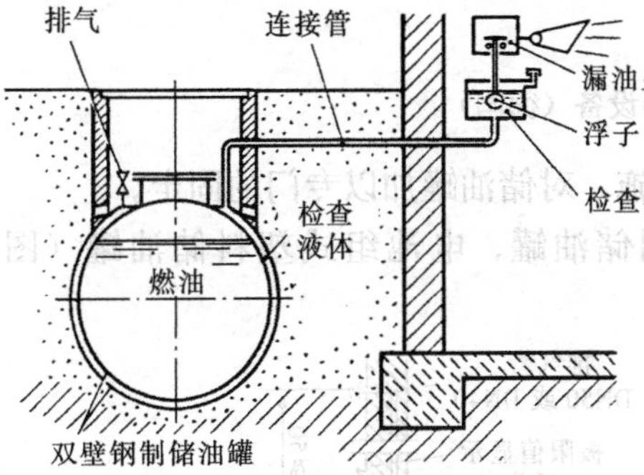

图 7-3 双壁钢制储油罐（德国）

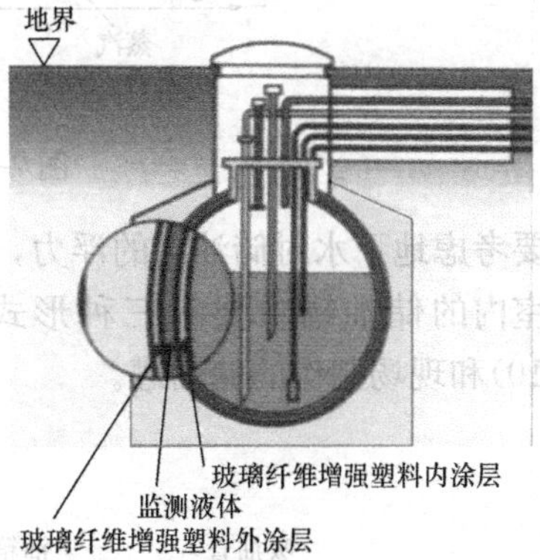

图7-4 玻璃纤维增强塑料燃油罐（德国）

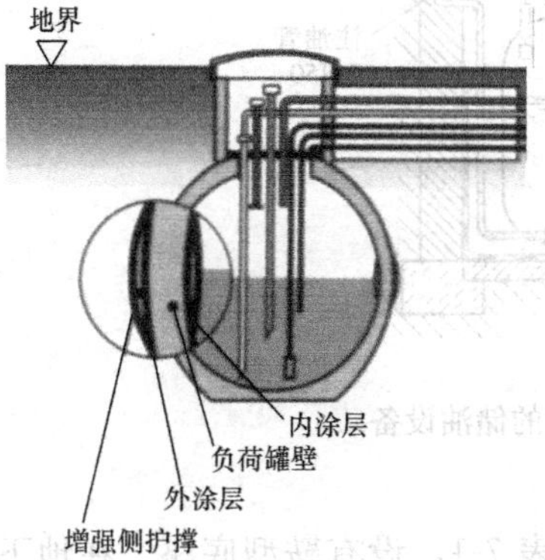

图 7-5 钢筋混凝土燃油罐（德国）

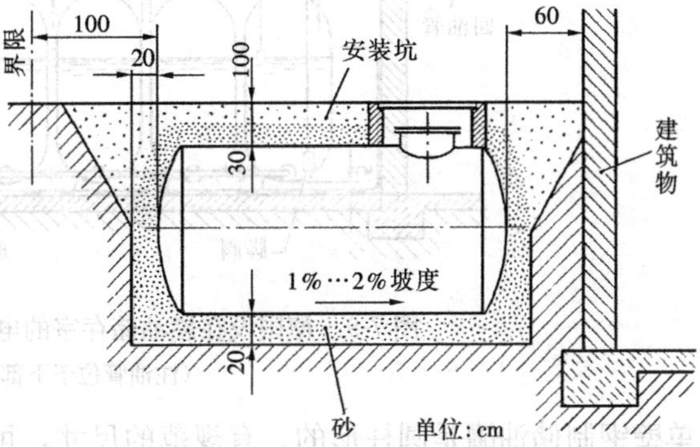

图 7-6 按规范安装的地下燃油罐（德国）

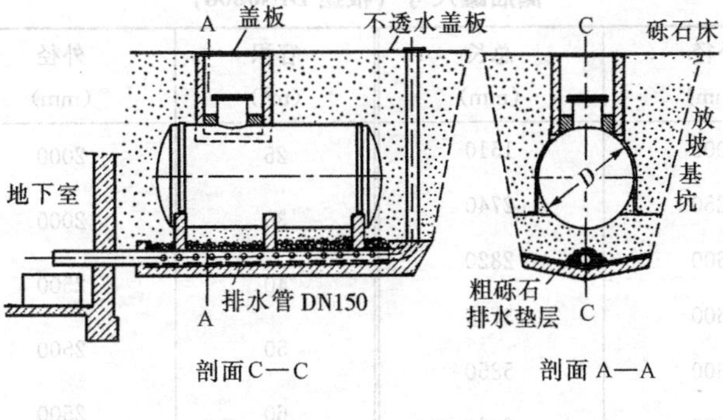

图 7-7 带排水管的地下储油罐的保护槽（德国）

油罐与地皮边界和管道之间的最小间距为 100cm，与建筑物的最小间距为 60cm，储油罐之间的最小间距为 40cm；覆土至少 30cm，在路面下至少 100cm。在地下水位较高的地

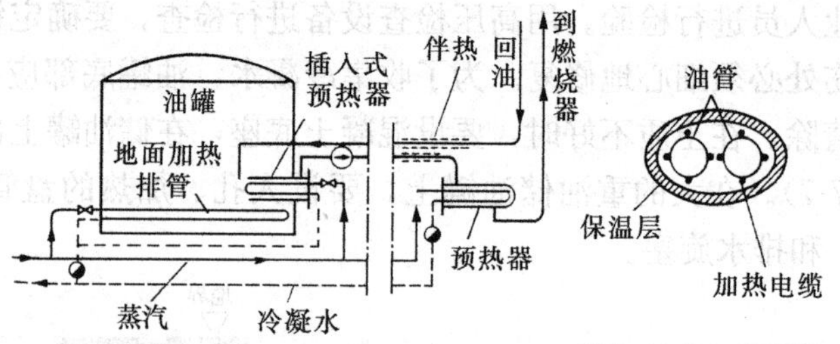

图 7-8 重油储油罐设备（德国）

区，要考虑地下水对储油罐的浮力，采取防漂措施，对储油罐加以专门的固定。

室内的储油罐主要有三种形式：单壁钢制储油罐、电池组式塑料储油罐（图 7-9、图 7-10）和现场制作的储油罐。

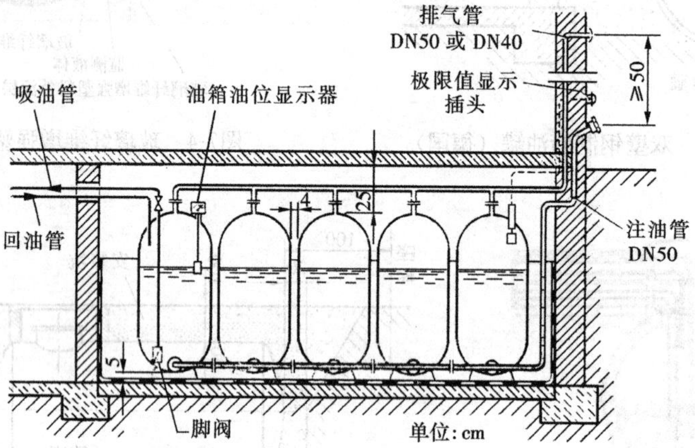

图 7-9 德国设在燃油储存室的电池组式的储油设备
（注油管位于下部）

单壁钢制储油罐是圆柱形的，有规范的尺寸，可参考表 7-1，设有鞍型底座。在地下室就位时，应该在地下室的楼板制作前就安放好。因为它的尺寸较大，搬运时通不过门洞。

表 7-1 储油罐尺寸（根据 DIN6608）

容积 (m^3)	外径 (mm)	总长 (mm)	容积 (m^3)	外径 (mm)	总长 (mm)
1	1000	1510	25	2000	8540
3	1250	2740	30	2000	10 120
5	1600	2820	40	2500	8800
7	1600	3740	50	2500	10 800
10	1600	5350	60	2500	12 800
(13)	1600	6960	80	2900	12 750
16	1600	8570	100	2900	15 950
20	2000	6960			

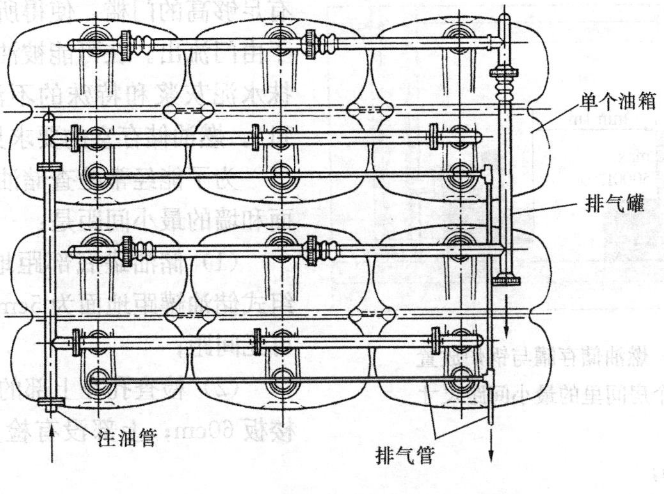

图 7-10　上方注油的电池组式塑料储油管平面图（德国）
（在注油管和取油管设计中，必须使得注油和运行时，
所有的油罐处于同样的油位）

电池组式塑料储油罐应将下部注油管相互连接，使得它们成为连通器，保证所有的油罐油位相同。电池组式塑料储油罐从上方注油。最多它可以用 5 个容积为 1000～5000L 的油罐连成一排。这种储油罐可以用玻璃纤维加强的塑料、聚酰胺（PA）和聚乙烯（PE）制造。上方注油的塑料储油罐，最多可以将 25 个油罐组装成一个储油系统，每排不能多于 5 个油罐，储油罐总储存容积不得超过25 000L。容积为 700～1000L 的单个油罐尺寸比较小，可以通过现有的门洞搬运。

现场安装的燃油储油罐（图 7-11）用钢板作油罐的材料时，由通过考试的焊工安装。这种储油罐的尺寸可以与安置房间（例如地下室）的大小匹配得很好。

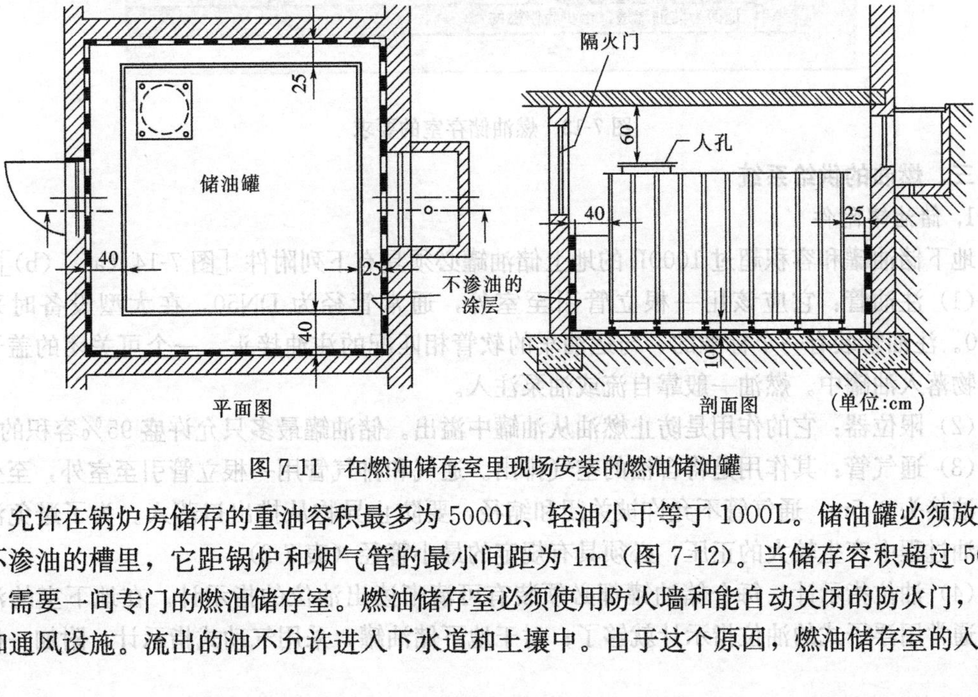

图 7-11　在燃油储存室里现场安装的燃油储油罐

允许在锅炉房储存的重油容积最多为 5000L、轻油小于等于 1000L。储油罐必须放在一个不渗油的槽里，它距锅炉和烟气管的最小间距为 1m（图 7-12）。当储存容积超过 5000L 时，需要一间专门的燃油储存室。燃油储存室必须使用防火墙和能自动关闭的防火门，有照明和通风设施。流出的油不允许进入下水道和土壤中。由于这个原因，燃油储存室的入口要

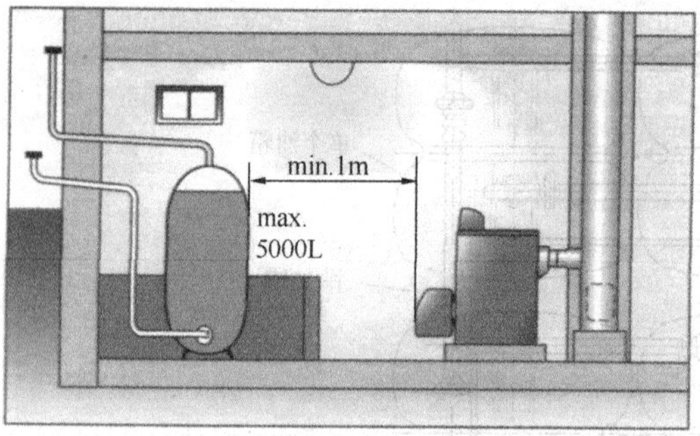

图 7-12 燃油储存罐与锅炉放置在同一个房间里的最小间距尺寸

有足够高的门槛，使得所有的油渗出时不至于由门流出。在可能被油淹没的墙和地面要抹水泥灰浆和特殊的不渗油的涂层（图 7-11）。燃油储存室的要求见图 7-13。

为了能经常检查储油罐，它与楼板、地面和墙的最小间距是：

（1）储油罐底部距地面为 10cm，电池组式储油罐距地面为 5cm，塑料储油罐部分可无间距；

（2）检查孔在上部的储油罐，其顶部距楼板 60cm；上部没有检查孔的储油罐，其顶部距楼板 25cm；

（3）距两面有关联的墙面为 40cm，距其他墙面为 25cm。

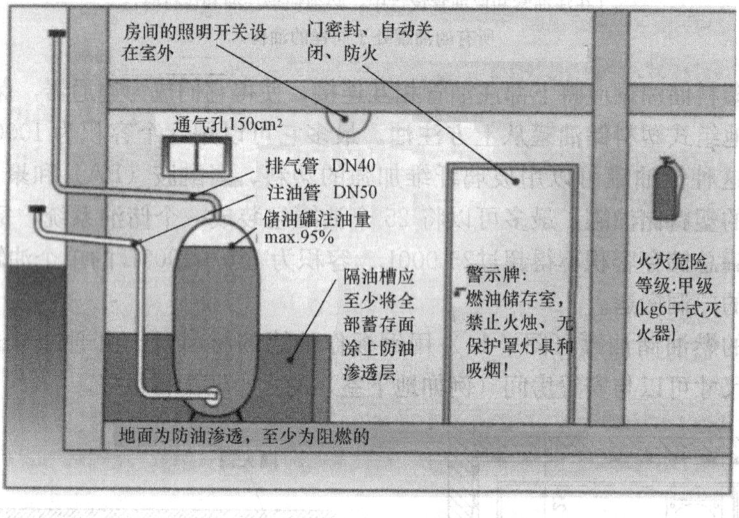

图 7-13 燃油储存室的要求

三、燃油的供给系统

1. 储油罐附件

地下储油罐和容积超过 1000L 的地上储油罐必须具有下列附件［图 7-14（a）、（b）］：

（1）注油管：它应该用一根立管引至室外，通常管径为 DN50，在大型设备时采用 DN80。注油管装有一个标准的、与运油车的软管相匹配的注油接头，一个可关闭的盖子防止异物落入油罐中。燃油一般靠自流或油泵注入。

（2）限位器：它的作用是防止燃油从油罐中溢出。储油罐最多只允许盛 95%容积的油。

（3）通气管：其作用是将含油的空气排出。通气和排气管用一根立管引至室外，至少高出注油接头 0.5m。通气管不允许被关闭和缩径，要防止异物从排出口落入。为了避免油罐在注油过程中产生较大的正压，必须具有规定的最小管径（表 7-2）。

（4）油位指示计：每个储油罐都必须装有可清晰读出油位的指示计。在地下室的油罐中，通常用浮子式的油位指示计就够了；对于地下储油罐，采用气动式指示计，附加一根可以检查油罐油位的测深杆。半透明的电池组式塑料储油罐不需要油位指示计。

表 7-2 储油罐注油管和通气管管径

注油管	通气管和排气管	
	油罐检验压力<30kPa	油罐检验压力≥30kPa
DN50	DN50	DN40
DN80	DN50	DN40

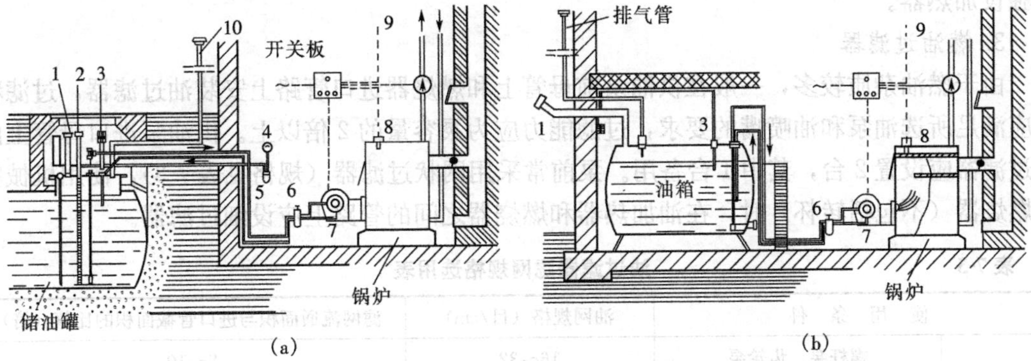

图 7-14 燃油锅炉、燃烧器、地下储油罐和连接管路示意图（德国）

1—注油管；2—测深管；3—限位器；4—油位指示计；5—冷凝水集水器；6—油过滤器；7—油燃烧器；8—锅炉调节器；9—通向室内和室外的温度探头；10—排气管

(5) 取油管：取油管只可以从上部引出。当油泵停止运行时，在管子始端的止回阀阻止油的倒流。燃烧器不需要的油通过一根回流管又流入油罐中。取油管必须在锅炉房外的某个位置能够关闭。为了防止由于冲刷产生的污物小微粒引起燃烧故障，在燃烧器附近的供油管应安装一个过滤器。地下储油罐到锅炉房的管道应防冻、应敷设防腐套管，使得未发现的、流出的燃油不至于渗入地下。

室内储油罐的管路设备如图 7-14（b）所示。通向燃烧器的吸入管路最好采用铜管，也可采用无缝钢管。管径与管壁厚度与燃烧器油泵的功率、储油罐和燃烧器之间的距离以及抽吸高度有关，通常为DN10（$\phi12\times1$）～25（$\phi28\times1.5$），大型燃油锅炉供油管管径可更大些。轻油的最大速度约为 0.4m/s，最大压力损失约 40kPa，流体在流动时应该是层流。在燃烧器附近的油管应可以活动（软管）。在双管系统时的回流管管径与吸入管相同。

锅炉房的供油管宜采用单母管；常年不间断供热时，宜采用双母管。回油管应采用单母管。采用双母管时，每一母管的流量宜按锅炉房最大计算耗油量和回油量之和的 75%计算。

重油供油系统宜采用经锅炉燃烧器的单管循环系统，重油管应保温，当重油在输送过程中，由于温度降低不能满足生产的要求时，还应伴热，在重油回油管可能引起烫伤人员或冻结的部位，应采取隔热措施或保温措施。通过油加热器及其后面管道的燃油流速 v 不应小于 0.7m/s。

燃油管道采用顺坡敷设，但接入燃烧器的重油管道不宜坡向燃烧器。柴油管道的坡度不小于 0.003，重油管道的坡度不小于 0.004。

重油供油系统的设备和管道上，应装吹扫口，其位置应能吹净设备和管道内的重油。吹扫介质宜采用蒸汽或用轻油置换，吹扫用蒸汽压力为 0.6～1.0MPa。

在储油罐和它的附件安装好后，需要进行连接处检验。尤其是检查所有设备部件的密封性和运行能力。安装单位要提供所进行试验的证明。质监部门签发了使用证明后，方可正式运行。

2. 炉前重油加热装置

重油在从储油罐泵入日用油罐后，经电加热或蒸汽加热装置后送入燃烧器，室内重油箱的加热温度不大于90℃，为了满足锅炉燃油雾化的要求，重油在进入喷油嘴之前必须经过二次加热，以进一步降低黏度。全自动燃油锅炉重油燃烧器本身带有燃油加热装置，可不再单独设加热器。

3. 燃油过滤器

由于燃油杂质较多，一般在供油泵前母管上和燃烧器进口管路上安装油过滤器，过滤精度应满足所选油泵和油喷嘴的要求，过滤能力应为泵容量的2倍以上。供油泵进口母管上的油过滤器应设置2台，其中1台备用。泵前常采用网状过滤器（规格见表7-3），使用机械雾化燃烧器（不包括转杯）时，在油加热器和燃烧器之间的管路上应设细过滤器。

表7-3 油过滤器滤网规格选用表

使用条件		油网规格（目/cm）	滤网流通面积与进口管截面积的比值（倍）
泵前	螺杆泵、齿轮泵	16～32	8～10
	离心泵、蒸汽往复泵	8～12	8～10
炉前	机械雾化喷嘴	≥20	2

4. 卸油泵

当油罐车不能利用位差卸油时，需设置卸油泵，将燃油送入储油罐。卸油泵的总排油量按下式计算

$$Q=\frac{nV}{t} \tag{7-9}$$

式中 Q——卸油泵的总排油量，m^3/h。

V——单个油罐车的容积，m^3。

n——卸车车位数，个。

t——纯泵卸时间，h；一般全部卸车时间为4～8h，其中辅助作业时间为0.5～1h，重油加热时间为1.5～3h，纯泵卸时间为2～4h。

5. 输油泵

为了将燃油从卸油罐输送到储油罐，或从储油罐输送到日用油箱，通常采用螺杆泵、齿轮泵，或蒸汽往复泵、离心泵进行输送。油泵不宜少于两台，其中一台备用。

用于从卸油罐到储油罐输送燃油的泵容量应根据油罐车的容积和卸车时间确定。用于从储油罐输送到日用油箱的输油泵容量不应小于锅炉房小时最大计算耗油量的110%。

6. 供油泵

全自动燃油锅炉燃烧器本身配有加压油泵，不需单设供油泵，只有旧型号的锅炉燃烧器才需另设置供油泵。该油泵的扬程应能覆盖供油系统的压力降、供油系统的油位差、燃烧器前所需的油压和适当的富余量。

四、燃气的输入系统

在设计锅炉房燃气系统时，调压站应符合国家《城市燃气设计规范》的有关规定，锅炉

房内的燃气管道应符合《工业企业煤气安全规范》的有关规定。

1. 供气管道进口装置

锅炉房燃气系统一般采用低压（$p\leqslant 0.005$MPa）和次中压（$0.005\text{MPa}<p\leqslant 0.2$MPa）供气系统。为了保证燃气锅炉能安全稳定地燃烧，应设调压装置。当调压装置进气压力>0.3MPa、调压比又比较大时，可能产生很大的噪声。为避免噪声沿管道传入室内，调压后宜有10～15m的一段管道埋地敷设（图7-15）。

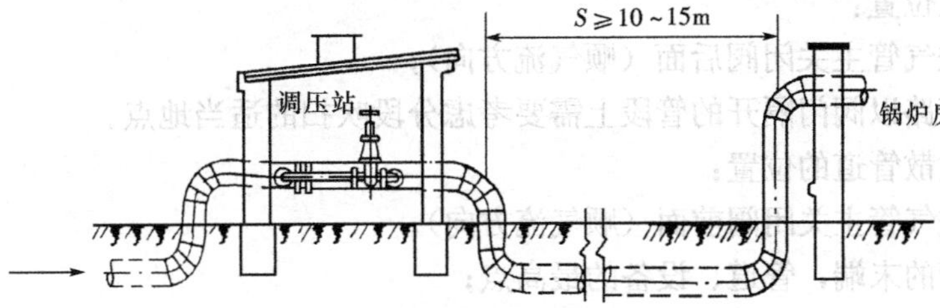

图7-15　调压站至锅炉房间的管道敷设

由调压站至锅炉房的燃气管道宜采用单母管；常年不间断供热时，宜采用双母管，每一母管的流量应按锅炉房最大计算耗气量的75%计算。

外部引入锅炉房的燃气总管的进口处应设主关闭阀，按燃气流动方向，在阀前设放散管，放散管上安有取样口，阀后装吹扫管接头。

2. 锅炉房内燃气系统

设计管路系统时应考虑便于管路的检修和维护。当锅炉台数较多时，在供气干管上设置分气器。供气管道和管路上的附件连接要严密可靠，能承受最高使用压力。

在通向每台锅炉的支管上，应设关闭阀，阀后串联两只切断阀（手动阀和电磁阀）。两阀之间设置放散管，放散管上安有手动阀或电磁阀。靠近燃烧器的1只安全切断电磁阀的安装位置，应尽量靠近燃烧器，以减少管段内燃气渗入炉膛的数量。

图7-16为德国中、小型锅炉来自管网的燃气输入装置。为了在火灾时及时切断气源，还需要设置自动快速关闭阀，即在发生火灾时，该阀不需要任何能源自动关闭。

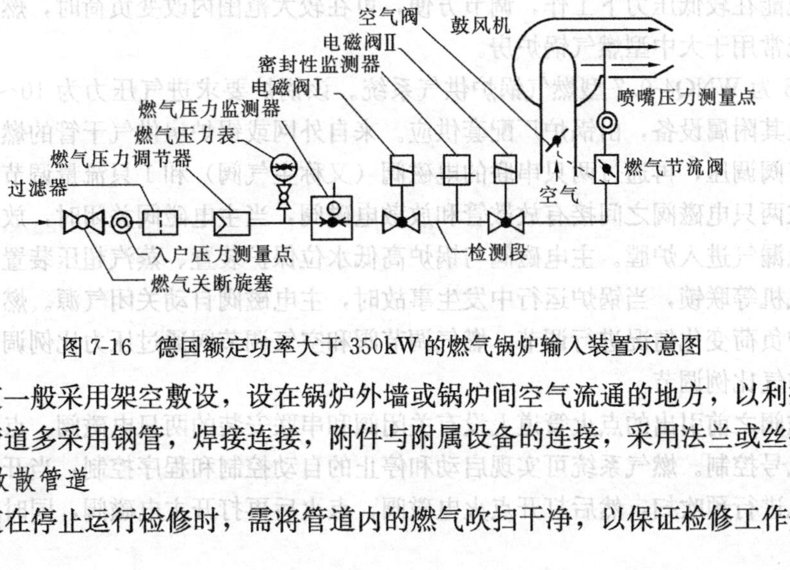

图7-16　德国额定功率大于350kW的燃气锅炉输入装置示意图

燃气管道一般采用架空敷设，设在锅炉外墙或锅炉间空气流通的地方，以利排除泄漏的燃气。燃气管道多采用钢管，焊接连接，附件与附属设备的连接，采用法兰或丝扣连接。

3. 吹扫放散管道

燃气管道在停止运行检修时，需将管道内的燃气吹扫干净，以保证检修工作安全。系统在停止工作较长时间后再投入运行前，也需进行吹扫，将可燃混合气体排入大气，以防止燃气空气混合物进入炉膛引起爆炸。

(1) 吹扫方式：

①设置专用的惰性气体（如氮气、二氧化碳或蒸汽等）吹扫管道进行吹扫；

②不设专用吹扫管道，而在燃气管道上设置吹扫点，在系统投入运行前用燃气进行吹扫、停运检修前用压缩空气进行吹扫。

(2) 吹扫点位置：

①锅炉房进气管主关闭阀后面（顺气流方向）；

②在燃气管路以阀门隔开的管段上需要考虑分段吹扫的适当地点。

(3) 设置放散管道的位置：

①锅炉房进气管主关闭阀前面（顺气流方向）；

②燃气干管的末端，管道、设备的最高点；

③燃烧器前两切断阀之间的管段；

④系统中其他需要考虑放散管的适当地点。

(4) 放散管：

放散管可分别或集中引至室外适当的位置，出口应高出层脊 2m 以上，使放散出去的气体不致被吸入室内或通风装置内。放散管的管径与吹扫段容积和吹扫时间有关，一般吹扫时间为 15～30min，排气量为吹扫段容积的 10～20 倍作为放散管管径的计算依据或参看表 7-4。

表 7-4　锅炉房燃气系统放散管管径选用表

燃气管管径　DN (mm)	25～50	65～80	100	125～150	200～250	300～350
放散管管径　DN (mm)	25	32	40	50	65	80

图 7-17 为机械通风供气系统，系统装有自力式压力调节阀 3 和流量调节阀 7，以保证进气压力和燃气流量的稳定。在燃烧器前的配管系统上装有的安全切断电磁阀、电磁阀、风机、锅炉熄火保护装置、燃气和空气压力监测装置等可以进行联锁动作，在鼓风机、引风机发生故障或燃气压力或空气压力出现异常、炉膛熄火等情况时，迅速切断气源。

该系统能在较低压力下工作，调节方便，可在较大范围内改变负荷时，燃烧仍然相当稳定。该系统常用于大中型燃气锅炉房。

图 7-18 为 WNQ4-0.7 型燃气锅炉供气系统。该锅炉要求进气压力为 10～15kPa，炉前燃气管道及其附属设备，由锅炉厂配套供应。来自外网或锅炉房供气干管的燃气，经过自力式压力调节阀调压，再通过两只串联的电磁阀（又称主气阀）和 1 只流量调节阀，然后进入燃烧器。在两只电磁阀之间接有放散管和放散电磁阀，当主电磁阀关闭时，放散电磁阀自动开启，避免漏气进入炉膛。主电磁阀与锅炉高低水位保护装置、蒸汽超压装置、火焰监测装置以及鼓风机等联锁，当锅炉运行中发生事故时，主电磁阀自动关闭气源。燃气流量由调节阀依据锅炉负荷变化情况进行调节，燃气调节阀和空气调节阀通过压力比例调节器的作用实现燃气—空气比例调节。

在电磁阀之前引出的点火管道上设有关闭阀和串联安装的两只电磁阀，点火电磁阀由点火或熄火讯号控制。燃气系统可实现启动和停止的自动控制和程序控制：当开始点火时，首先打开风机进行预吹扫，然后打开点火电磁阀，点火后再打开主电磁阀，同时火焰监测装置

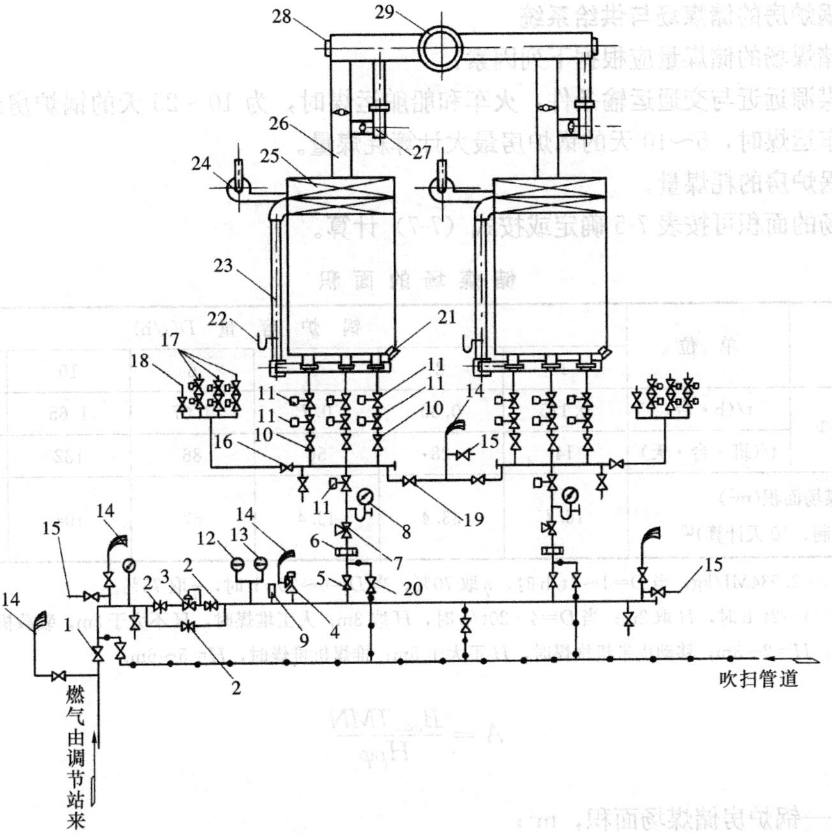

图 7-17　强制鼓风供气系统

1—锅炉房总关闭阀；2—手动闸阀；3—自力式压力调节阀；4—安全阀；5—手动切断阀；6—流量孔板；7—流量调节阀；8—压力表；9—温度计；10—手动阀；11—安全切断电磁阀；12—压力上限开关；13—压力下限开关；14—放散阀；15—取样短管；16—手动阀门；17—自动点火电磁阀；18—手动点火阀；19—放散管；20—吹扫阀；21—火焰监测装置；22—风压计；23—风管；24—鼓风机；25—空气预热器；26—烟道；27—引风机；28—防爆门；29—烟囱

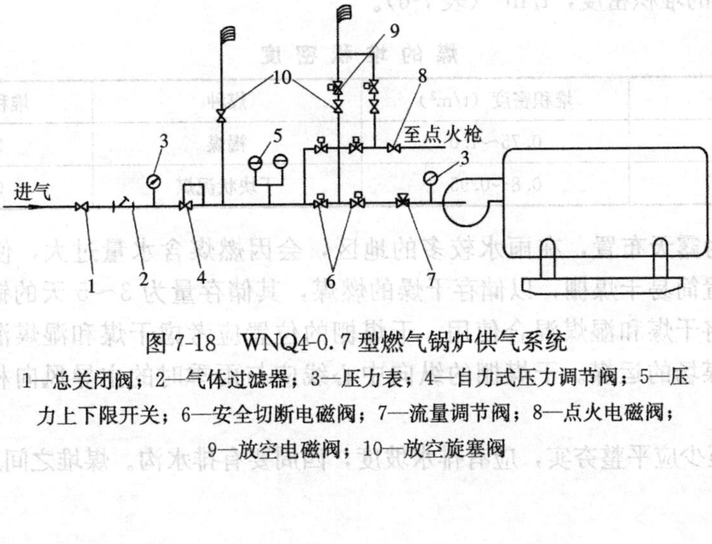

图 7-18　WNQ4-0.7 型燃气锅炉供气系统

1—总关闭阀；2—气体过滤器；3—压力表；4—自力式压力调节阀；5—压力上下限开关；6—安全切断电磁阀；7—流量调节阀；8—点火电磁阀；9—放空电磁阀；10—放空旋塞阀

投入工作，锅炉投入正常运行；停炉时，先关闭主气阀，然后吹扫一段时间。

五、锅炉房的储煤场与供给系统

确定储煤场的储煤量应根据下列因素：

(1) 煤源远近与交通运输条件：火车和船舶运煤时，为10～25天的锅炉房最大计算耗煤量；汽车运煤时，5～10天的锅炉房最大计算耗煤量。

(2) 锅炉房的耗煤量。

储煤场的面积可按表7-5确定或按式(7-7)计算。

表7-5 储煤场的面积

名称	单位	锅炉容量 D(t/h)					
		1	2	4	6	10	20
燃煤消耗量①	t/(h·台)	0.175	0.35	0.7	1.07	1.65	3.3
	t/(班·台·天)	14	28	56	86	132	265
储煤场面积(m^2)(按一班制、10天计算)②		16.7	33.4	43.4	67	104	207

① $Q_{ar,net}$=2.934MJ/kg；当D=1～4t/h时，η取70%；当D=6～20t/h时，η取75%。

② 当D=1～2t/h时，H取2m；当D=4～20t/h时，H取3m；人工堆煤时，H不大于2m；装载机(铲斗车)堆煤时，H=2～3m；移动皮带机堆煤时，H不大于5m；推煤机堆煤时，H=5～6m。

$$A=\frac{B_{max}TMN}{H\rho\varphi} \tag{7-10}$$

式中 A——锅炉房储煤场面积，m^2；

B_{max}——锅炉房最大耗煤量，t/h；

T——锅炉房每昼夜运行小时数，h；

M——煤的储备天数；

N——煤堆过道占用面积的系数，一般取1.5～1.6；

H——煤的堆积高度，m；

φ——煤的堆角系数，一般取0.6～0.8；

ρ——煤的堆积密度，t/m^3(表7-6)。

表7-6 煤的堆积密度

煤种	堆积密度(t/m^3)	煤种	堆积密度(t/m^3)
细煤粒	0.75～1.0	褐煤	0.65～0.78
干无烟煤	0.8～0.95	干块状泥煤	0.33～0.40

煤场一般为露天布置，在雨水较多的地区，会因燃煤含水量过大，使运输和燃烧困难，因而需设置简易干煤棚，以储存干燥的燃煤，其储存量为3～5天的锅炉房最大计算燃煤量。用时将干煤和湿煤混合使用。干煤棚的位置应考虑干煤和湿煤混合的方便，同时不影响露天煤场的运煤。干煤棚的纵向中心线应与雨季时的主导风向相平行，以减少雨水的吹入。

煤场地面至少应平整夯实，应有排水坡度，四周要有排水沟。煤堆之间应留有通道，其宽度最小为 2m。煤场应有照明和防火设施。

六、运煤设备及其选择

在燃煤锅炉房，将煤场的煤转运至锅炉房，常用的运煤设备是手推车、移动式胶带运输机和埋刮板式运输机。

在锅炉房内，将煤从煤斗提升、运输至炉前煤斗中，常用的运煤设备有：

(1) 卷扬翻斗上煤机（图 7-19）：这是一种简易的间歇运煤设备，根据翻斗运动方向分为垂直式和倾斜式。它由滑轨、小翻斗、减速机等组成。该装置可直接将煤从炉前提升到炉前小煤斗上方，煤从小翻斗中倒入锅炉煤斗中。

它的特点是占地面积小，运行机构简单，为 4t/h 以下快装锅炉配套的单台炉上煤装置。小翻斗容积为 0.15～0.21m^3，电动机功率在 1.1kW 以下。

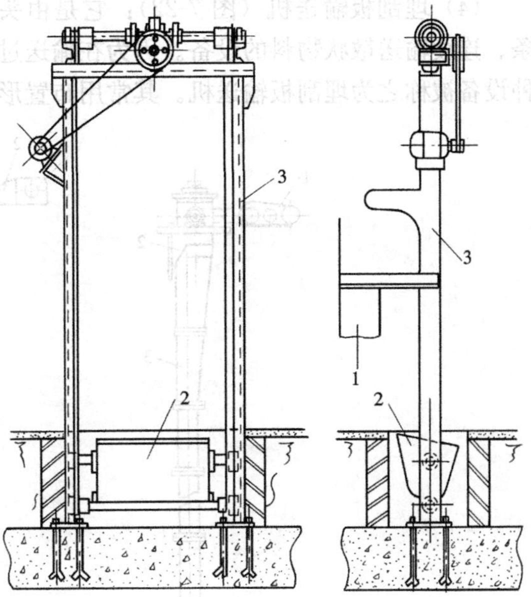

图 7-19　垂直式翻斗上煤装置

1—小煤斗；2—小翻斗；3—滑轨

(2) 摇臂翻斗上煤机（图 7-20）：它是垂直翻斗上煤装置的改进，相比之下，耗钢量小，结构简单轻巧，炉前无立柱，维修方便。翻斗容量分别为 90、100、120、130kg。电动机功率为 1.1kW。

(3) 电动葫芦吊煤罐（图 7-21）：该装置也是一种简易的间断上煤设备，可以进行水平和垂直方向的运输工作，每小时运煤量 2～6t/h。一般适用于额定耗煤量 4t/h 以下的锅炉房。电动葫芦起重量一般为 0.5～3t，提升高度为 6～12m，提升速度为 8m/min，运行速度为 20m/min。吊煤罐形状有方形、圆形和钟罩式三种，均为底开式，容积为 0.4～1m^3。

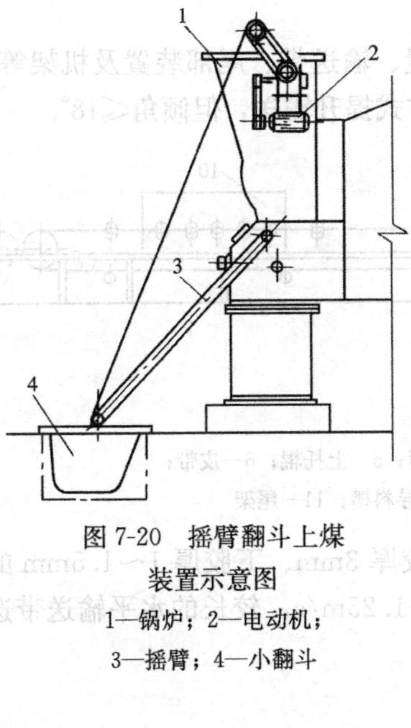

图 7-20　摇臂翻斗上煤装置示意图

1—锅炉；2—电动机；3—摇臂；4—小翻斗

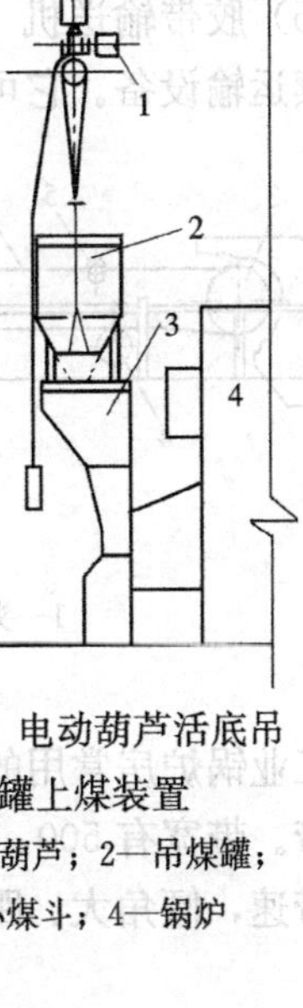

图 7-21　电动葫芦活底吊煤罐上煤装置

1—电动葫芦；2—吊煤罐；3—小煤斗；4—锅炉

(4) 埋刮板输送机（图 7-22）：它是由头部驱动装置带动封闭的中间壳体内的刮板链条、连续输送散状物料的设备。因为在输送过程中，刮板链条埋在被输送的物料中，所以这种设备被称之为埋刮板输送机。其常用布置形式如图 7-23 所示。

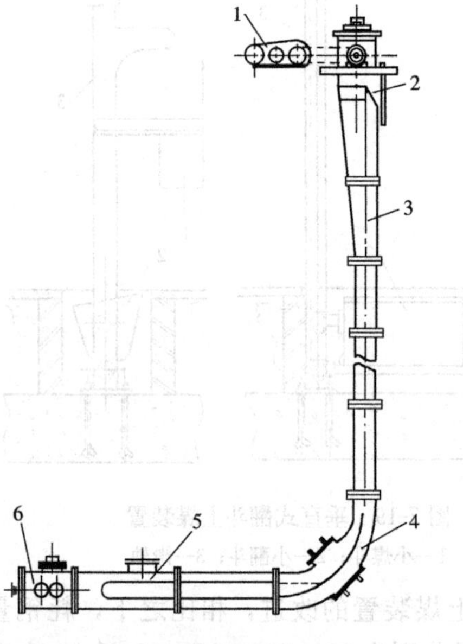

图 7-22 MC 型埋刮板输送机

1—驱动装置；2—头部；3—中间段；4—弯曲段；5—加料段；6—尾部

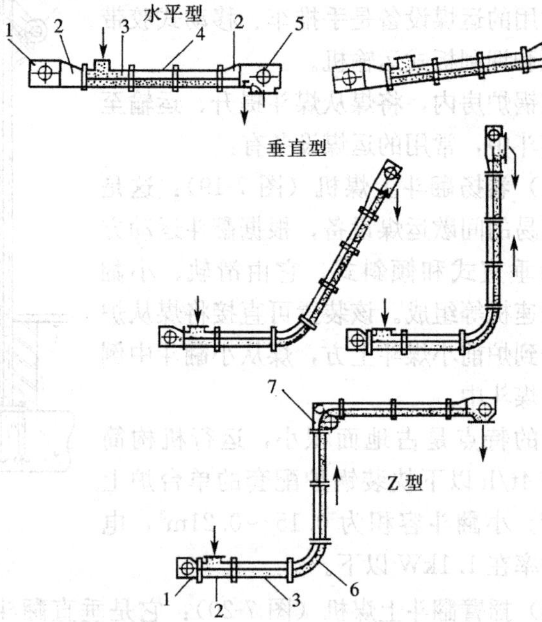

图 7-23 埋刮板输送机的不同布置形式

1—尾部；2—过渡段；3—加料段；4—中间段；5—头部；6—弯曲段；7—回转段

埋刮板输送机的槽宽一般为 160、200、250mm。运行速度：运煤粉为 0.16～0.2m/s；运碎煤为 0.2～0.25m/s。输送量：运送煤粉为 7～28t/h；运送碎煤为 9～37t/h。

埋刮板输送机结构简单，重量轻，体积小，布置灵活，密封性能好，且能多点加料与卸料，适于耗煤量大于 3t/h 的锅炉房。

(5) 胶带输送机（图 7-24）：它是由头部驱动装置、输送带、尾部装置及机架等组成，为连续运输设备。它可以水平输送，也可以通过倾斜方式提升输送，但倾角≤18°。

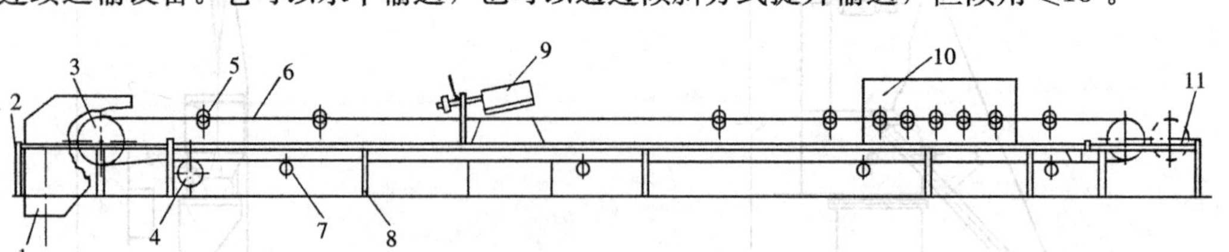

图 7-24 胶带输送机

1—头罩；2—头架；3—传动滚筒；4—改向滚筒；5—上托辊；6—皮带；7—下托辊；8—支架；9—卸料器；10—导料槽；11—尾架

工业锅炉房常用的固定式胶带输送机大多采用上胶厚 3mm、下胶厚 1～1.5mm 的普通橡胶带。带宽有 500、650mm 两种。带速一般为 0.8～1.25m/s，较长的水平输送带选取较高的带速，倾角大、距离短时，应取低些的带速。

胶带输送机能连续、均匀地输送，生产率高、运行可靠。但占地面积大，一次性投资高，一般适用于耗煤量在 4.5t/h 以上的锅炉房。移动式胶带输送机装有滚轮，可以任意移动，常用在储煤场作为煤的装卸转运之用。

还有一种新型胶带输送机，即大倾角挡边胶带输送机（图 7-25），是在平型胶带输送带的两侧安有波形挡边，中部按需要加上横隔板，使物料在一个匣状的容器中进行输送。

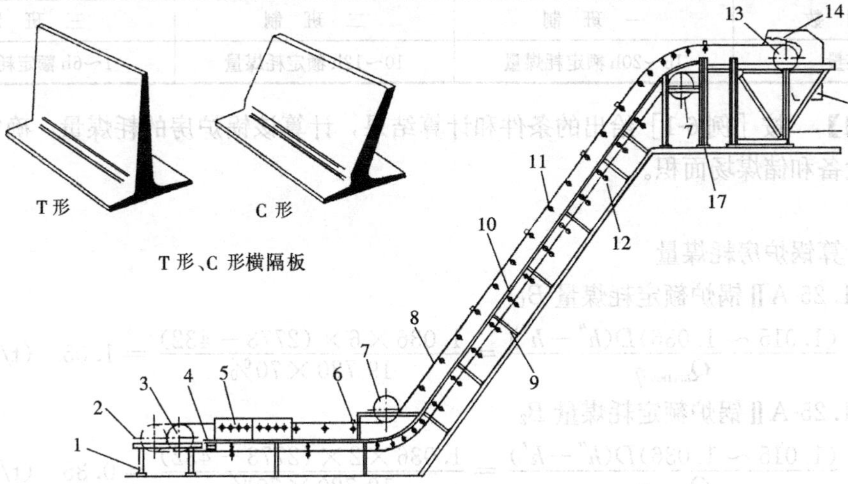

图 7-25　大倾角挡边胶带输送机

1—尾架；2—螺旋拉紧装置；3—改向滚筒；4—空段清扫器；5—导料槽；6—立辊；7—压带轮；8—波纹挡边带；9—支腿；10—中间架；11—平行上托辊；12—平行下托辊；13—传动滚筒；14—头部护罩；15—头部漏斗；16—头架；17—凸弧机架

其输送能力比普通胶带输送机高 2～2.5 倍，输送倾角最大可达 90°（70°以下最好），减少占地、提高输送量、易变向输送、不洒落煤。波形挡边的高度有八种，60～240mm。装在波形挡边之间的横隔板有 T 形和 C 形两种，当输送倾角＜40°时，使用 T 形横隔板；当输送倾角≥40°时，使用 C 形横隔板。

选择运煤设备时，主要应综合考虑锅炉房规模、耗煤量、燃烧设备的形式与场地条件等因素：

（1）额定耗煤量＜1t/h，单台锅炉 D 为 1～4t/h 时，采用人工装卸，手推车运煤、翻斗上煤机供煤。

（2）额定耗煤量为 1～6t/h，单台锅炉 D 为 4～10t/h 时，采用间歇机械化设备装卸及间歇或连续机械化设备运煤。如手推车配电动葫芦吊煤罐、手推车配埋刮板输送机。

（3）额定耗煤量＞6t/h，单台锅炉 D＞10t/h 时，一般采用胶带输送机运煤。

运煤量可以按下式计算

$$Q=\frac{24B_{max}kZ}{t}\quad (t/h) \tag{7-11}$$

式中　Q——锅炉房运煤系统的运煤量，t/h；

B_{max}——小时最大耗煤量，t/h；

k——运输不平衡系数，一般采用 1.1～1.2；

Z——锅炉房发展系数；

t——运煤系统昼夜有效作业时间，h（一班制：$t\leqslant 6$h；二班制：$t\leqslant 12$h；三班制：$t\leqslant 18$h）。

为了保证运煤设备检修期间不至于中断供煤，炉前一般应设置储煤斗。煤斗的储煤量见表7-7。煤斗和溜煤管的壁面倾角不小于60°，以防下滑不畅形成堵塞。

表7-7　　煤斗的储煤量

班制数	一班制	二班制	三班制
储煤量	16～20h额定耗煤量	10～12h额定耗煤量	1～6h额定耗煤量

【例7-1】 按［例6-1］给出的条件和计算结果，计算该锅炉房的耗煤量，确定该锅炉房内运煤设备和储煤场面积。

解

(1) 计算锅炉房耗煤量

SZL6-1.25-AⅡ锅炉额定耗煤量 B_1

$$B_1=\frac{(1.015\sim1.036)D(h''-h')}{Q_{ar,net}\eta}=\frac{1.036\times6\times(2773-432)}{19\,720\times70\%}=1.05\quad(t/h)$$

SZL2-1.25-AⅡ锅炉额定耗煤量 B_2

$$B_2=\frac{(1.015\sim1.036)D(h''-h')}{Q_{ar,net}\eta}=\frac{1.036\times2\times(2773-432)}{19\,720\times70\%}=0.35\quad(t/h)$$

最大耗煤量 B_{max}

$$B_{max}=\frac{(1.015\sim1.036)D_{max}(h''-h')}{Q_{ar,net}\eta}=\frac{1.036\times7.99\times(2773-432)}{19\,720\times70\%}=1.40\quad(t/h)$$

平均耗煤量 B_n^{pj}

$$B_n^{pj}=\frac{(1.015\sim1.036)D(h''-h')}{Q_{ar,net}\eta}=\frac{1.036\times6.33\times(2773-432)}{19\,720\times70\%}=1.11\quad(t/h)$$

年耗煤量 B_y

$$B_y=\frac{1.2D_y(h''-h')}{Q_{ar\cdot net}\eta}=\frac{1.2\times22\,400\times(2773-432)}{19\,720\times70\%}=4558.5\quad(t/y)$$

(2) 运煤系统的选择

根据锅炉房最大耗煤量为1.40t/h，采用间歇机械化设备装卸及间歇或连续机械化设备运煤，拟手推车配埋刮板输送机，每台锅炉前设一储煤斗。

(3) 储煤场面积的确定

$$A=\frac{B_{max}TMN}{H\rho\varphi}=\frac{1.40\times16\times10\times1.5}{2\times0.9\times0.8}=233\quad(m^2)$$

本锅炉房煤场面积确定为20m×12m。

(4) 运煤设备的选择计算

运煤系统为一班制工作，系统的运煤量为

$$Q=\frac{24B_{max}KZ}{t}=\frac{24\times1.40\times1.2\times1}{6}=6.72\quad(t/h)$$

选MZ20型埋刮板输送机上煤，垂直提升高度为10m，水平段长10m，不需要备用设备。

第二节　燃煤锅炉房的灰渣系统和设备

一、燃煤锅炉房产生的灰渣量与灰渣场面积

燃煤锅炉产生的灰渣量，主要取决于锅炉的耗煤量、机械不完全燃烧热损失和煤的灰分。按各类耗煤量，利用下式可计算最大灰渣量 A_{max}、平均灰渣量 A_{pj}、采暖期灰渣量 A_n、非采暖期灰渣量 A_f 和年灰渣量 A_y，即

$$A = B\left(\frac{A_{ar}}{100} + \frac{q_4 Q_{ar,net}}{100 \times 33\,913}\right) \tag{7-12}$$

式中　A——锅炉房产生的灰渣量，t/h；

B——锅炉房的耗煤量，t/h；

A_{ar}——燃煤收到基灰分，%；

q_4——锅炉的机械不完全燃烧热损失，%；

$Q_{ar,net}$——煤的低位发热量，kJ/kg；

33 913——碳的发热量，kJ/kg。

当燃用烟煤和无烟煤时，也可以近似按相应耗煤量的25%～30%估算。

为了保证锅炉的正常运行，必须设置灰渣场，以便及时将固体燃料的燃烧产物——灰渣集中，再转运它处。一般灰渣场设在锅炉房常年主导风向的下方，且同储煤场的距离应大于10m。

灰渣场的储存量，应根据灰渣综合利用情况和运输方式等条件确定，一般应能储存3～5昼夜锅炉房的最大计算排灰渣量。

灰渣场面积可参考表7-8、表7-9确定或按式（7-10）计算，只是用 A_{max} 代替 B_{max}、M 与 ρ 用灰渣的相应数值即可。

表7-8　　灰渣量与灰渣场面积

名　称	单　位	锅炉容量 D(t/h)②					
		1	2	4	6	10	20
灰渣量①	t/(h·台)	0.052 5	0.105	0.21	0.321	0.495	0.99
	t/(班·5天·台)	2.1	4.2	8.4	13	19.8	39.7
灰渣场面积(m^2)(按一班制5天计)③		2.47	4.93	7.95	12.1	18.6	37.2

① $Q_{ar,net}$=2.934MJ/kg。

② 当 D=1～4t/h时，η取70%；当 D=6～20t/h时，η取75%。

③ 当 D=1～2t/h时，H_h取2m；当 D=4～20t/h时，H_h取2.5m。

表7-9　　灰渣堆积密度参考值　　t/m^3

灰渣种类	干　灰	干　渣	湿　渣	湿灰渣
灰渣堆积密度	0.7～0.75	0.8～1.0	1.3～1.4	1.4

如果在锅炉房外设置集中灰渣斗时，不再设置灰渣场，灰渣斗的总容量一般为1～2天锅炉房最大排灰渣量。斗壁倾斜角不小于60°。灰渣斗排出口与地面的净高：用汽车运渣时，H不小于2.6m；火车运渣时，H不小于5.3m；当机车不通过灰渣斗下部时，H=3.5m。

二、燃煤锅炉房除灰渣系统及设备

1. 人工除灰渣

在手烧锅炉房，由锅炉工将灰渣从灰坑中扒出装上手推车，推到灰渣场，即完全依靠人

力来装卸和输送。由于灰渣温度高、灰尘大，工人的劳动强度大，卫生条件差。为了保证安全生产和改善工人的劳动条件，灰渣应先浇水冷却，才能从锅炉向外运。同时，应注意锅炉间通风良好，尽量减少灰尘、蒸汽和有害气体对环境的污染。

2. 机械除灰渣

(1) 重型框链除渣机。

这是一种连续输送灰渣的设备，其组成如图 7-26 所示。链条的材质为铸钢或铸铁，链

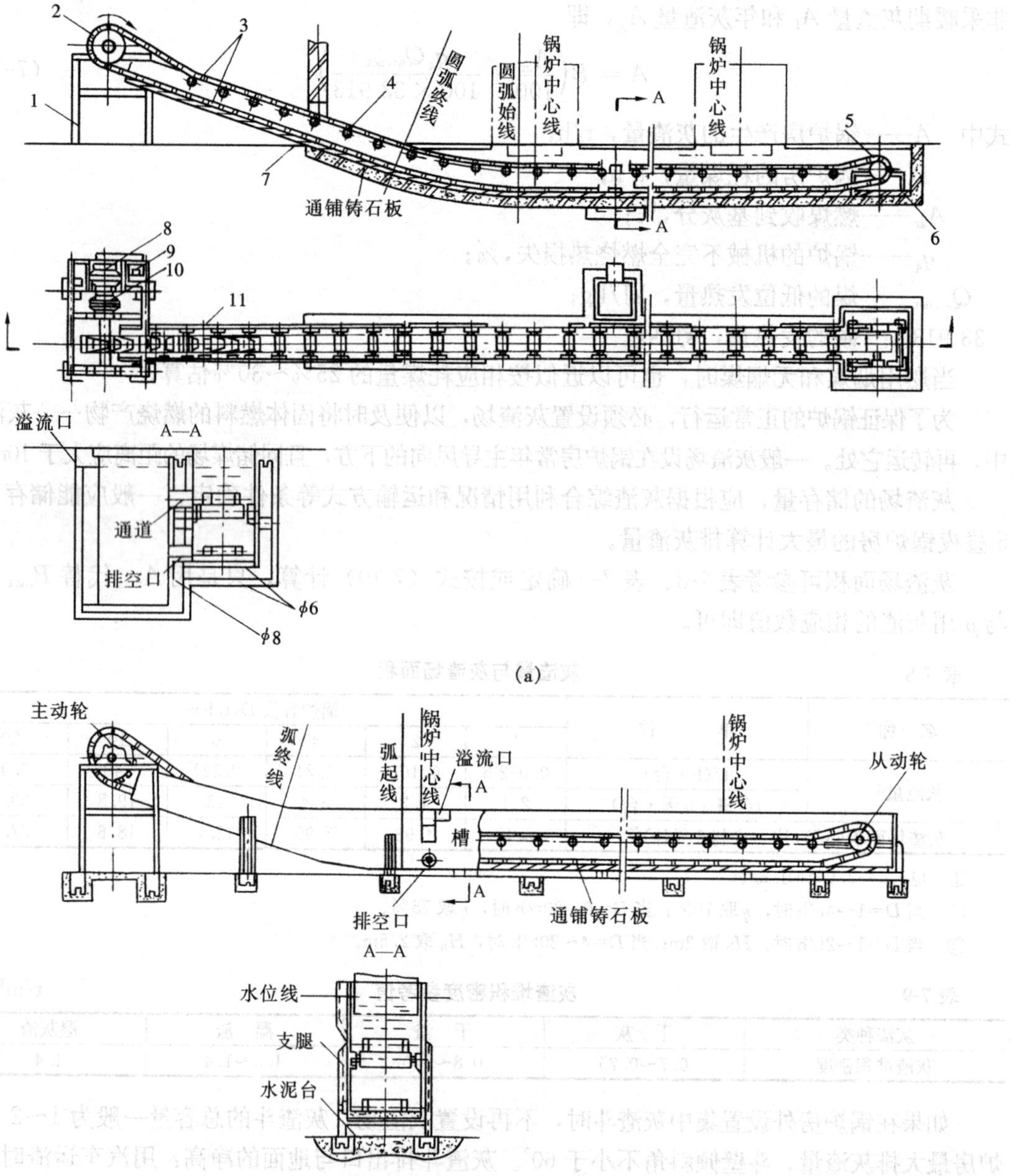

图 7-26 重型框链除渣机

(a) 水泥灰渣槽；(b) 铁灰渣槽

1—支架；2—主动轮；3—链条；4—托辊；5—从动轮；6—支架；

7—铸石板；8—减速机；9—电动机；10—保险、联轴器；11—铁槽

条上每隔一定间距设置一块带长翼的链节，借此输送灰渣。在驱动装置的带动下，循环运行的链条贴在铺有铸石板的灰渣槽内滑动，将灰渣带走。

当锅炉配置碎渣机时，灰渣槽中充满水，接锅炉出渣口的溜渣管直接插入灰渣槽水中进行水封，防止空气漏进炉膛。可以消除灰渣中红火，并使大块焦渣炸碎，避免大焦渣卡住除渣机。

该设备结构简单、耐磨、除渣干净、工作可靠及日常维修量极少，可供单台或多台 1～75t/h 锅炉除渣用。能水平或倾斜布置，倾角<18°（最大倾角不大于 40°），倾角超过 18°时需加压轮。灰渣槽分水泥槽和铁槽两种，即槽体为地下布置和地上布置两种形式，其主要技术参数见表 7-10，可根据不同炉型进行选择。

（2）螺旋除渣机。

该设备由驱动装置、螺旋轴、筒壳、进渣斗和出渣口等部件组成（图 7-27）。其工作原理是利用旋转的螺旋将被输送的灰渣沿固定的筒壳内壁推移而送出炉外。电机转速为 30～70r/min。由于螺旋直径为 200～300mm，有效流通截面较小，输送的灰渣量及渣块大小受到限制，一般用于 D=2～4t/h 的锅炉。其主要技术参数见表 7-11。

表 7-10　　重型框链除渣机主要技术参数

名　称	配套锅炉						
	1～4t/h	4～6t/h	6～10t/h	10～20t/h	20～75t/h	75～150t/h	75～300t/h
锅炉总蒸发量（t/h）	18	35	60	100	160	250	300
出渣量（t/h）	0.8	1.6	2.7	4.5	7.2	11.3	13.5
链条速度（m/min）	2.2	2.5	2.5	2.5	2.5	2.5	2.5
链条规格（mm）	260×200×80	300×210×80	400×200×80	500×210×80	600×210×80	800×210×80	1000×210×80
提升角度（°）	5～18	5～18	5～18	5～18	5～18	5～18	5～18
输送长度（m）	30	40	50	60	70	80	90
机座号	74	84	85	95	106	117	128
传动装置 减速器型号	XWE						
传动装置 电动机 型号	Y100L1-4	Y100L2-4	Y112M-4	Y132S-4	Y132M-4	Y160M-4	Y160L-4
传动装置 电动机 功率（kW）	2.2	3.0	4.0	5.5	7.5	11.0	15.0
水泥渣槽 P（mm）	850	850	900	900	900	900	900
水泥渣槽 M（mm）	510	510	610	710	810	1010	1210
水泥渣槽 K（mm）	800	800	800	900	900	900	900
水泥渣槽 $S\times S$（mm）	1200×1200	1200×1200	1200×1200	1300×1300	1300×1300	1400×1400	1600×1600
铁渣槽 M（mm）	510	510	610	710	810	1010	1210
铁渣槽 F（mm）	560	560	660	760	860	1060	1260
铁渣槽 $S\times S$（mm）	1200×1200	1200×1200	1200×1200	1200×1200	1200×1200	1400×1400	1600×1600

表 7-11　　螺旋除渣机主要技术参数

参数名称	型号		参数名称	型号	
	LXL-1	LXL-1A①		LXL-1	LXL-1A①
额定出渣量（t/h）	0.8	0.8	电动机功率（kW）	0.8	1.1
最大出渣量（t/h）	1.5	1.5	总重量（kg）	1100	1200
主轴转速（r/min）	3.34	3.34			

① 加长型，比 LXL-1 型长 870mm。

(3) 马丁除渣机。

马丁除渣机主要由除渣机构、排渣机构、水封槽和驱动装置组成，如图 7-28 所示。它用于双层布置的 6～20t/锅炉，直接与锅炉出渣口相接，落入的灰渣经除渣机构破碎后，进入水槽，然后被推渣机构从渣口推出。它的湿式出渣有利于环境卫生，但该设备结构较复杂，易发生故障，且需配置运渣设备。马丁除渣机的主要技术参数见表 7-12。

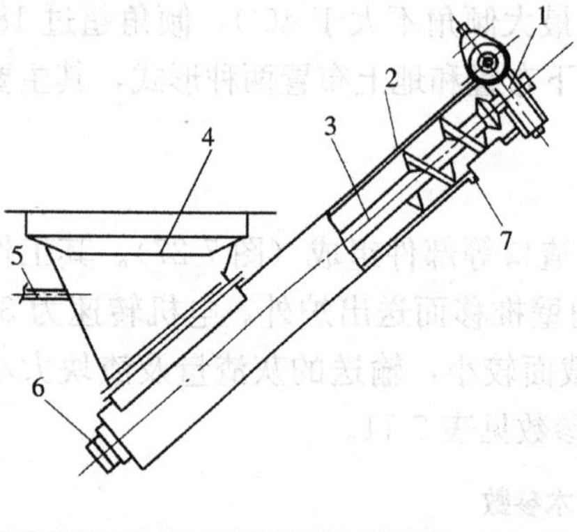

图 7-27 螺旋除渣机

1—蜗杆减速箱；2—螺旋筒体；3—螺旋轴；4—渣斗；5—供水管；6—轴承；7—出渣口

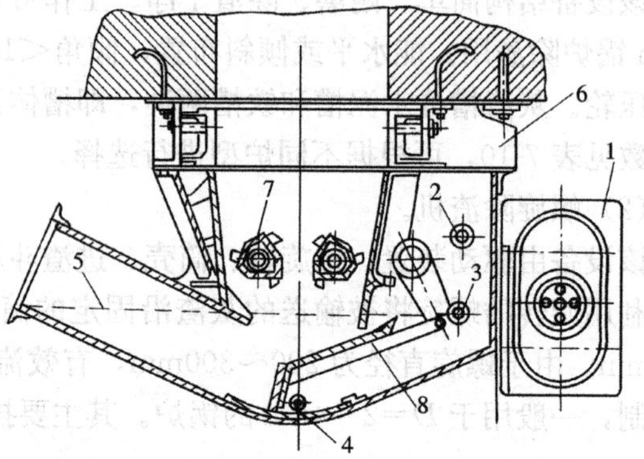

图 7-28 马丁除渣机

1—齿轮箱；2—进水口；3—溢流口；4—放水口；5—水封线；6—出渣器框架；7—除渣机构；8—推渣机构

表 7-12 马丁除渣机的主要技术参数

参数名称	型号		参数名称	型号	
	STC-2	STC-4		STC-2	STC-4
出渣量（t/h）	2	4	电动机功率（kW）	2.2	2.2
出渣粒度（mm）	80	80	总重量（kg）	2751	—

(4) 圆盘除渣机。

该设备结构如图 7-29 所示，它是坐地安装。灰渣经落渣管进入渣槽，在渣槽的水中冷却后由出渣轮刮至机前运渣设备。由于落渣管插入出渣槽水面 100mm，保持一定的水封，避免冷空气进入炉膛，有利于燃烧。

图 7-29 圆盘除渣机

1—出渣轮叶片；2—耐磨衬板；3—出渣槽

这种设备运行稳定、占地少、电耗低、改善了锅炉卫生条件；但该设备无碎渣能力，易被大块渣卡住，不适于结焦性强的煤。圆盘除渣机的额定除渣量为 1～3t/h，适用于单台 10～35t/h 的层燃炉除渣，但需配备运渣设备。其主要技术参数见表 7-13。

3. 低压水力除灰渣

这种系统是用 0.4～0.6MPa 的低压水将由锅炉排出、落到灰渣沟内的碎渣与由湿式除尘器排出到灰沟内的烟灰冲往沉淀池，由抓斗起重机将灰渣从沉淀池倒至沥干台，定期将沥过的湿灰渣再装上汽车运出，沉淀池中的水经过滤后进入清水池循环使用，其流程如图7-30所示。

表 7-13　　圆盘除渣机主要技术参数

参数名称	出渣盘直径（mm）		参数名称	出渣盘直径（mm）	
	φ750			φ750	
最大出渣量（kg/h）	700	2000	电动机功率（kW）	0.37	0.75
出渣轮转速（r/min）	1.5	1.5			

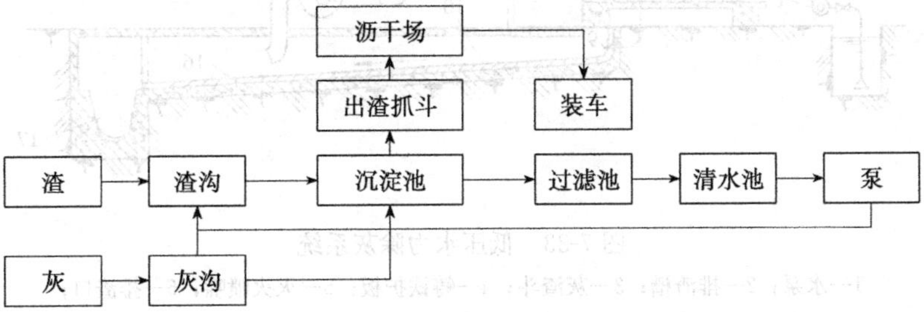

图 7-30　水力除灰渣系统的流程图

由于渣池中的水呈碱性（pH>10），不能直接排入下水道，多以锅炉除尘器的冲灰水（pH 为 4～5）与之中和，使之达到废水排放标准。若仍达不到排放标准，则需投放化学药品进行中和。

矩形的沉淀池应紧靠锅炉房，其宽度与长度之比以 1∶4 为宜，储存容量一般按 1～2 昼夜锅炉房最大灰渣排放量计算，其堆满系数取 0.5～0.7。

灰渣沟布置应力求短而直，并考虑到扩建时便于连接。灰渣沟一般为钢筋混凝土结构，其表面镶铸石板，以达到耐磨、防腐蚀、减小摩擦阻力的目的。其断面尺寸如图 7-31 所示，灰渣沟的坡度为 1.5%～2%。冲灰沟的断面如图 7-32 所示，其表面也衬铸石板，坡度为 1%～1.5%。

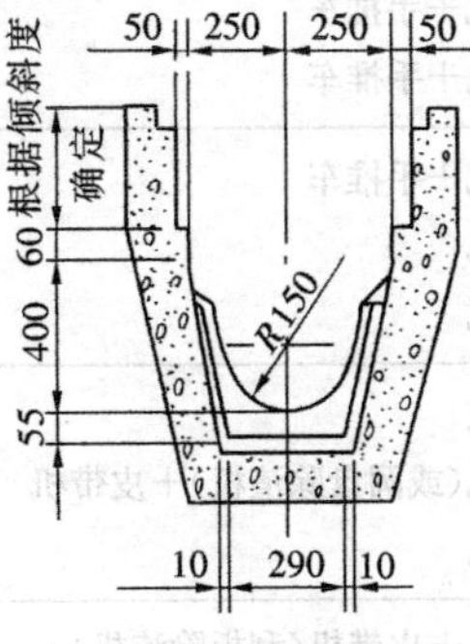

图 7-31　灰渣沟断面图

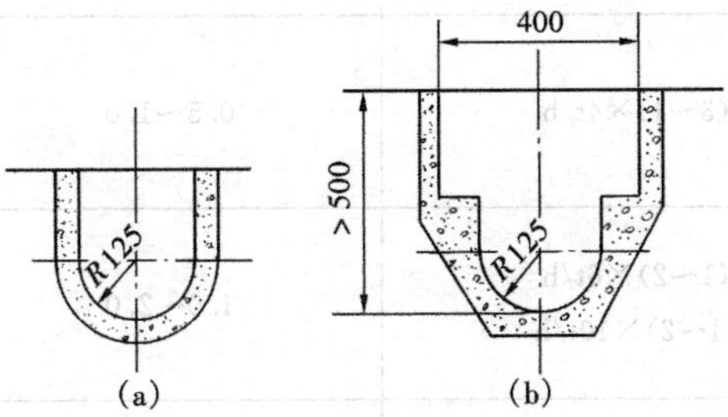

图 7-32　灰沟断面图

(a) 沟深小于 500mm；(b) 沟深大于 500mm

灰渣沟的始端、每个排渣设备的落渣口前 1.5～2.0m 处、灰渣沟相交和转弯处及较长的直沟段，一般设激流喷嘴，以加快灰渣混合物流速，防止灰渣沉淀沟中。喷嘴中心应对准沟道中心线，并向下倾斜8°～15°，喷嘴之间的间距为10～20m，喷嘴出口离沟底250～300mm，喷嘴直径有12、14、16mm。为便于检修，每个喷嘴前应设阀门。该系统如图7-33所示。

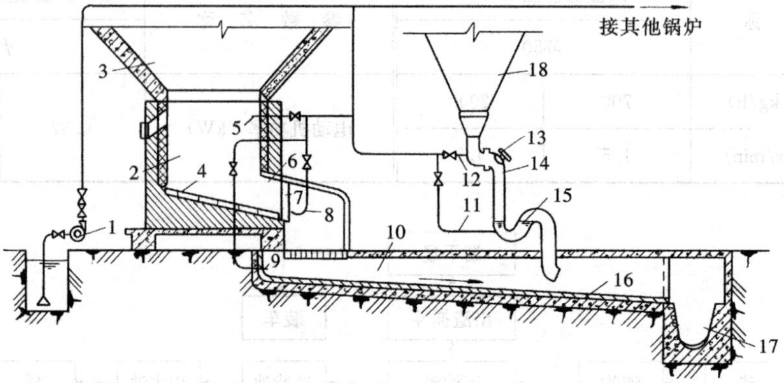

图7-33 低压水力除灰系统

1—水泵；2—排渣槽；3—灰渣斗；4—铸铁护板；5—灭火喷嘴；6—排渣口；7—灰渣闸门；8—冲灰喷嘴；9—冲洗喷嘴；10—冲灰沟；11—激流喷嘴；12—喷嘴；13—手孔；14—冲灰器；15—水封；16—铸石衬里；17—集灰沟；18—飞灰斗

该系统运行安全可靠、劳动强度小、卫生条件好与操作管理方便，但湿灰渣含水量较大、运输不方便、不利于综合利用、需要建造深而大的沉淀池，寒冷地区为防止系统冻结，沉淀池需布置在室内，所以使其应用受到限制。

三、燃煤锅炉房除灰渣系统的选用

燃煤锅炉房除灰渣系统的选用一般是根据锅炉的类型、灰渣排出量、灰渣特性、运输条件及资金等因素确定，可以参见表7-14。

表7-14　锅炉房除灰渣系统推荐表

锅炉容量及台数	灰渣量(t/h)	除灰渣系统
8t/h	<0.5	刮板除渣机+手推车 螺旋除渣机+手推车 框链除渣机+手推车
(3～4)×4t/h	0.5～1.0	螺旋除渣机+手推车 框链除渣机 刮板除渣机
(1～2)×6t/h (1～2)×10t/h	1.0～2.0	框链除渣机 马丁除渣机(或圆盘除渣机)+皮带机 刮板除渣机
(3～4)×6t/h (2～4)×10t/h (2～4)×20t/h	≥2	马丁除渣机+皮带机(刮板除渣机) 圆盘除渣机+皮带机 刮板除渣机 低压水力除渣

除灰渣系统的每小时运渣量可按下式计算

$$Q_z = \frac{24A_{max}KZ}{t} \quad (t/h) \tag{7-13}$$

式中　Q_z——除灰渣系统的运渣量，t/h；

A_{max}——小时最大灰渣量，t/h；

K——运输不平衡系数，1.1～1.2；

Z——锅炉房发展系数；

t——除灰渣系统昼夜的工作时间。

【例 7-2】　按［例 6-1］给出的条件计算该锅炉房的灰渣量，确定该锅炉房的灰渣量，确定该锅炉房除灰渣方式、设备及储渣场面积（q_4 为 10%）。

解

（1）计算锅炉房灰渣量

$$A_{max} = B_{max}\left(\frac{A_{ar}}{100} + \frac{q_4 Q_{ar,net}}{100 \times 33\ 913}\right) = 1.40 \times \left(\frac{25.34}{100} + \frac{10 \times 19\ 720}{100 \times 33\ 913}\right) = 0.44 \quad (t/h)$$

（2）确定灰渣场面积

$$A = \frac{A_{max}TMN}{H\rho\varphi} = \frac{0.44 \times 16 \times 3 \times 1.5}{2 \times 0.85 \times 0.7} = 26.62 \quad (m^2)$$

本锅炉房灰渣场面积确定为 13.5m×2m。

（3）计算除灰渣系统的运渣量

$$Q_z = \frac{24A_{max}KZ}{t} = \frac{24 \times 0.44 \times 1.2 \times 1}{16} = 0.79 \quad (t/h)$$

（4）除灰渣方式的选择

本锅炉房选用重型框链出渣机，额定出渣量为 1.6t/h，电动机功率为 3.0kW。

复　习　题

1. 燃油的储存方式有哪些？燃油的储存有哪些危险？

2. 安装地下燃油储油罐有哪些注意事项？

3. 安装地下室内的燃油储油罐有哪些注意事项？

4. 在什么样的条件下，储油罐可以设置在锅炉房内？从多大容积的燃油储油罐起，需要设一个专门的燃油储存室？

5. 储油罐应安装哪些附件？各有什么作用？各有什么要求？

6. 电池组式储油罐最多可以储存多少燃油？一个燃油储存室的地面尺寸为 3.90m×3.15m，净高 2.20m。现场安装的储油罐的最大尺寸可以是多大？储存容量是多少？

7. 燃油输入系统由哪些附件组成？

8. 燃气输入系统由哪些附件组成？

9. 燃煤锅炉房的运煤设备有哪些种类？各有什么特点？

10. 除灰渣设备有哪些种类？各有什么特点？如何选用除灰渣系统？

11. 按复习题 6 给出的条件，计算该采暖锅炉的燃油量、储油罐的尺寸，确定燃油输入系统。

第八章　锅炉的烟气净化

工业锅炉所使用的燃煤在燃烧时产生的大量烟尘及硫和氮的氧化物等有害气体，会严重地污染环境，是全球环境恶化的污染源之一。锅炉的这种低空排放，对人民生活、人体健康和生产都会造成极大的危害。因此，国际上和我国政府对锅炉烟尘的排放要求越来越苛刻。

第一节　烟气与烟尘的排放标准

一、烟气的成分与危害

1. 烟尘

燃煤等固体燃料锅炉排烟中的烟尘由两部分组成，即煤烟（炭黑）和飞灰。前者是煤在燃烧过程中处于高温和缺氧的条件下分解和裂化出来的微小炭粒，其粒径为0.05～1.0μm。后者是由于烟气的扰动作用而被带走的灰粒和未燃尽的煤粒，其粒径为1～100μm。

粒径小于10μm的尘粒能长期飘在空气中，称为飘尘；粒径10μm及以上的尘粒，由于自身重力的作用，在短时间内可以降落在地面上，称为降尘。工业锅炉排出的烟尘中有10%～30%是小于5μm的尘粒。这些尘粒具有很强的吸附能力，能吸附很多有害气体、液体或某些金属（如镍、铬、锌等），随人的呼吸进入人体，刺激呼吸道，造成气管炎、支气管炎、哮喘，以至进入人体肺泡，引起肺气肿和肺心病等，甚至引起肺癌等病症。

烟尘降落在植物叶面上，会妨碍植物的光合作用，造成植物叶片褪绿，使农作物减产，园林受害。

烟尘会污染空气，降低空气可见度；由于烟尘的遮挡，减弱了太阳紫外线辐射，易引起儿童佝偻病的发生；另外，由于大量废热排入空气中，使空气中的灰尘起到形成水蒸气凝结核的作用，易形成雾，增加交通事故，甚至改变当地空气的温度、湿度及降雨量。

空气中烟尘的增加，还会严重影响纺织、食品、仪表、电子等工业产品的质量。

2. 有害气体

锅炉排放的最大量气体是二氧化碳，它是地球温室效应的"元凶"之一，而我国是世界上二氧化碳排放量最大的国家。烟气中有害的气体还有SO_2、SO_3、NO、NO_2、CO_2等。这些有害气体浓度的增加，会诱发人体呼吸道等疾病，腐蚀工业设备及建筑物，严重的会造成酸雨，形成温室效应，破坏植被、森林、庄稼和生态平衡。

二、烟气排放标准

为了保护环境和人民的身体健康，根据不同地区的要求、燃料的种类等，我国对工业锅炉烟尘允许排放浓度制订了《锅炉大气污染物排放标准》（GB 1327—2001），见表8-1～表8-3。烟气中的烟尘浓度用$1m^3$排烟体积内含有的烟尘质量（mg）来表示。

表 8-1　锅炉烟尘最高允许排放浓度和烟气黑度限值

锅炉类别		适用区域②	烟尘排放浓度（mg/m³）		烟气黑度级（林格曼黑度）
			Ⅰ时段	Ⅱ时段	
燃煤锅炉	自然通风锅炉<0.7MW（1t/h）	一类区	100	80	1
		二、三类区	150	120	
	其他锅炉	一类区	100	80	1
		二类区	250	200	
		三类区	350	250	
燃油锅炉	轻柴油、煤油	一类区	80	80	1
		二、三类区	100	100	
	其他燃料油	一类区	100	80	1
		二、三类区	200	150	
燃气锅炉		全部区域①	50	50	1

① 一类区禁止新建以重油、渣油为燃料的锅炉。

② 一类区为自然保护区、风景游览区、疗养地、名胜古迹区、重要建筑物周围；二类区为市区、郊区、工业区、县以上城镇；三类区为其他地区。

表 8-2　燃煤锅炉烟尘初始排放浓度和烟气黑度限值

锅炉类别		燃煤收到基灰分（%）	烟尘初始排放浓度（mg/m³）		烟气黑度级（林格曼黑度）
			Ⅰ时段	Ⅱ时段	
层燃锅炉	自然通风锅炉<0.7MW（1t/h）	/	150	120	1
	其他锅炉≤2.8MW（4t/h）	A_{ar}≤25%	1800	1600	1
		A_{ar}>25%	2000	1800	
	其他锅炉>2.8MW（4t/h）	A_{ar}≤25%	2000	1800	1
		A_{ar}>25%	2200	2000	
沸腾锅炉	循环流化床锅炉	—	15 000	15 000	1
	其他沸腾锅炉	—	20 000	18 000	
抛煤机锅炉		—	5000	5000	1

表 8-3　锅炉 SO_2 和 NO_x 最高允许排放浓度

锅炉类别		适用区域	SO_2 排放浓度（mg/m³）		NO_x 排放浓度（mg/m³）	
			Ⅰ时段	Ⅱ时段	Ⅰ时段	Ⅱ时段
燃煤锅炉		全部区域	1200	900	—	—
燃油锅炉	轻柴油、煤油	全部区域	700	500	—	400
	其他燃料油	全部区域①	1200	900	—	400
燃气锅炉		全部区域	100	100	—	400

① 一类区内禁止新建以重油、渣油为燃料的锅炉。

该标准按锅炉建成使用年限分为两个阶段，执行不同的大气污染排放标准：

Ⅰ时段为2000年12月31日前建成使用的锅炉；Ⅱ时段为2001年1月1日起建成使用的锅炉（含在Ⅰ时段立项未建成或未运行使用的锅炉和建成使用锅炉中需要扩建、改造的锅炉）。

从表8-1和表8-2可以看出，供热锅炉排烟含尘浓度均超过国家允许的排放标准。在实际燃烧过程中，要使燃料全部完全燃烧是不可能的，要使烟气中一点飞灰没有也是不可能的。一般说的消除烟尘，是指把烟气的黑度和含尘量降低到不会导致污染环境和危害人体健康的程度。对于锅炉还要进行烟气黑度的测量。在德国，液体燃料锅炉用巴氏比色板比较，烟灰最大值为2（图8-1）；固体燃料锅炉用林格曼黑度比较，要求应该比林格曼黑度值1浅

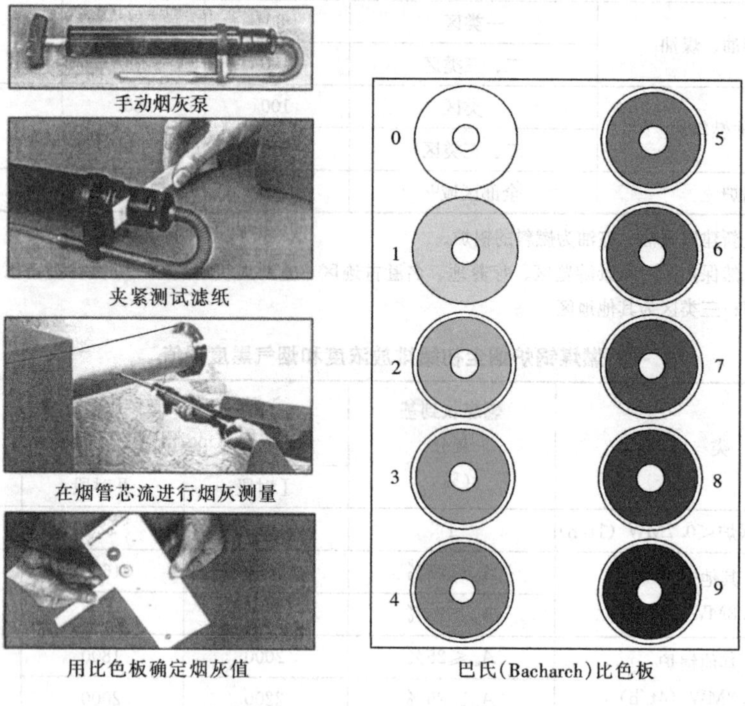

图8-1 德国烟气黑度的测量仪器与巴氏烟灰值比色板

些（林格曼黑度值为1时，黑色占白色的份额为20%）才能达标（图8-2）。需要进行三次测量，取算术平均值。这样计算的烟气黑度不可以超过比色板上的值1。

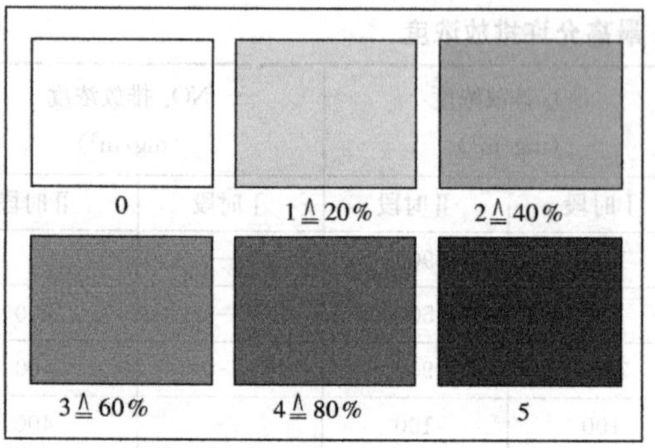

图8-2 林格曼黑度值比色板

烟尘中的黑烟，可通过改进燃烧装置及合理的燃烧调节来消除，例如在炉内送入二次风，使烟气中的可燃物在炉膛中充分燃烧。对于飞灰，除了改进燃烧装置与合理的燃烧调节，使排尘初始浓度降低外，还必须在引风机前安装除尘设备，使锅炉排烟含尘量达到排放标准。至于烟气中的硫氧化物，可通过烟气脱硫或流化床脱硫，其他的有害气体的消除尚待研究。

第二节 除尘设备与烟气的脱硫

一、干式除尘设备

干式除尘是利用机械方法改变烟气流动的方向产生的惯性力，将灰粒分离而使烟气净化。常用的是旋风除尘设备。

1. 旋风除尘器

旋风除尘器的工作原理是使含尘烟气作旋转运动，从而使尘粒在离心力的作用下从烟气中分离出来，如图 8-3 所示。含尘烟气以 15～20m/s 的速度切向进入除尘器外壳和排气管之间的环形空间，形成一股向下运动的外旋气流。这时，烟气中的尘粒在离心力作用下被甩到筒壁，并随烟气一起沿着圆锥体向下运动，沉入除尘器底部的灰斗。由于气流旋转和引风机的抽吸，在旋风筒中心产生负压，使运动到筒体底部的已净化的烟气改变流向沿筒体的轴心部位形成上旋气流从除尘器上部的排气管排出。

旋风除尘器结构简单、管理方便、投资省、耗电量省、处理烟气量大、除尘效率高，被广泛地应用于供热锅炉烟气除尘。现在旋风除尘器的种类很多，下面介绍几种常用的形式：

（1）立式旋风除尘器。

图 8-4 为 XZZ 型立式旋风除尘器，其本体由烟气进口管、平板反射屏、直通型旁室、直筒形锥体、烟气排出管及排灰口等组成。含尘烟气以 18～20m/s 的流速从进口切向引入除尘器后，在顶部形成上灰环，可在排气管入口处与已净化烟气的上旋气流混合，形成“返混”而降低除尘效率，故采用了直通型旁室，将上灰环的含尘气流经旁室引向筒体的锥体部分，灰粒则下落至下灰斗。同时为消除下灰环形成和减轻锥体部分的磨损和粗颗粒粉尘的反弹现象，采用了接近直筒形的锥体结构。另外，在直筒形锥体的落灰端设有双层平板反射屏，下层平板中心开设一圆孔，其目的在于防止灰尘的二次飞扬。

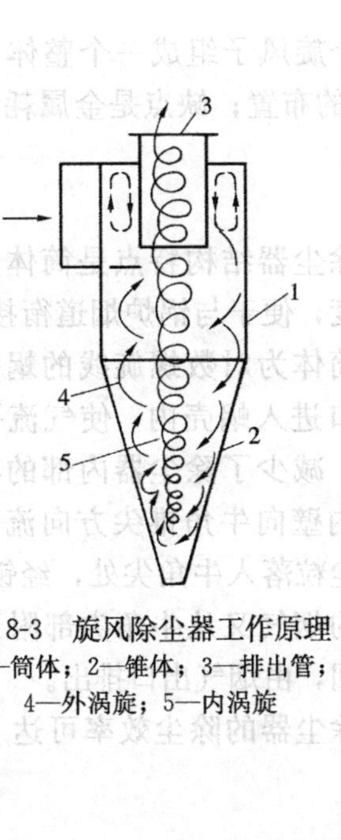

图 8-3 旋风除尘器工作原理

1—筒体；2—锥体；3—排出管；4—外涡旋；5—内涡旋

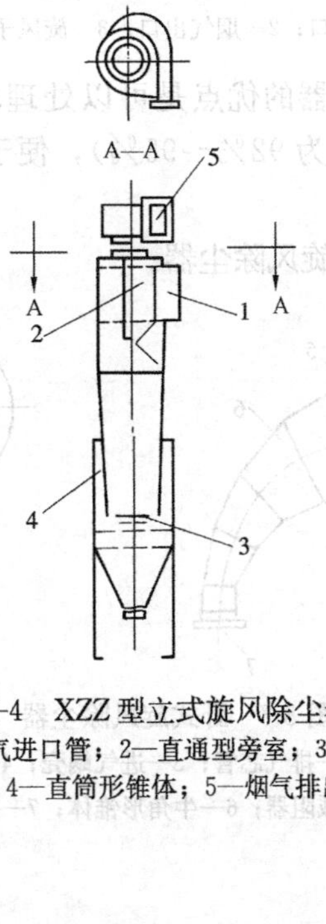

图 8-4 XZZ 型立式旋风除尘器

1—烟气进口管；2—直通型旁室；3—反射屏；4—直筒形锥体；5—烟气排出口

这种除尘器体积小，结构简单，效率较高，热态运行效率达 90%～93%，阻力为 774～860Pa。立式旋风除尘器的形式有单筒、双筒或多筒组合体，可适用于中小型的层燃锅炉。

(2) 立式多管旋风除尘器。

在旋风除尘器中，灰粒的沉降与旋风除尘器的半径成反比，因此小直径的旋风除尘器可提高除尘效率。在处理较大烟气量时，为使除尘效率不下降，入口流速要保持在合适的范围内以及出口管尺寸不能太大，将数十个小型旋风除尘器（称旋风子）并联起来。立式多管旋风除尘器（图 8-5）是由组装在一个壳体内的若干个立式小旋风子（图 8-6）、进口配气管、出口集气管、抽风系统和储灰斗组成。其特点是加设了一个抽风小旋风，使总灰斗保持一定的负压，有利于各旋风子配风均匀，从而保证整个除尘器的除尘效率。

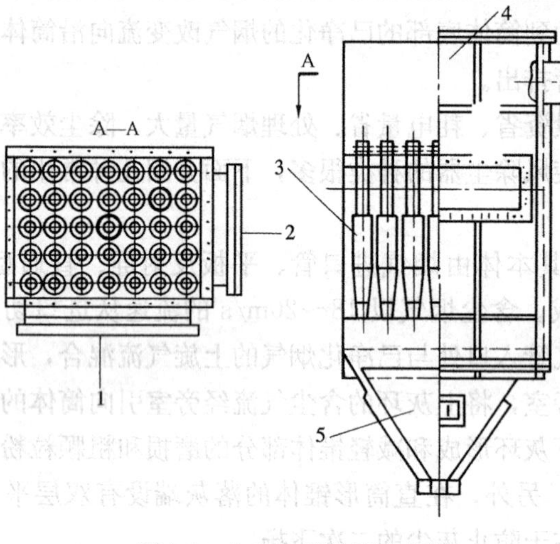

图 8-5 立式多管旋风除尘器

1—烟气进口；2—烟气出口；3—旋风子；4—排烟室；5—灰斗

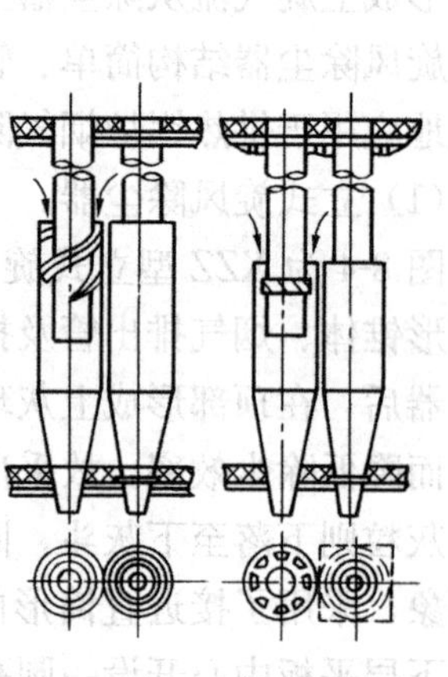

图 8-6 旋风子结构示意图

这种除尘器的优点是可以处理较大的烟气量，多个旋风子组成一个整体，具有较高的除尘效率（为 92%～95%），便于烟道的连接和设备的布置；缺点是金属耗量大，易于磨损。

(3) 卧式旋风除尘器。

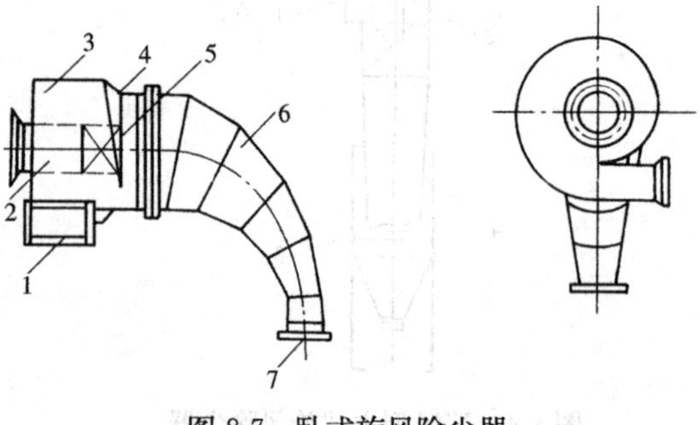

图 8-7 卧式旋风除尘器

1—进气管；2—排气芯管；3—进气蜗壳；4—锥形底板；5—芯管减阻器；6—牛角形锥体；7—排灰口

该除尘器结构特点是筒体呈卧式，降低了高度，便于与锅炉烟道衔接，如图 8-7 所示。筒体为对数螺旋线的蜗壳，烟气由切向入口进入蜗壳内，使气流平稳而均匀地旋转，减少了除尘器内部的涡流。旋转烟气沿内壁向牛角锥尖方向流动，被分离出来的尘粒落入牛角尖处，经锁气器排出。而净化的烟气又从牛角尖部附近以螺旋线旋转返回，由烟气出口排出。

该除尘器的除尘效率可达 92%，阻力

为 725Pa，适用于容量为 1～4t/h 的锅炉。

（4）双旋风除尘器。

这种除尘器是由一个大旋风蜗壳和一个小旋风分离器组合而成，前者能使烟气含尘获得浓缩，后者则让烟尘进行分离。大、小旋风分离器下均设有灰斗。

含尘烟气切向进入大旋风卧壳，随着旋转角的增大，尘粒被逐渐浓缩到蜗壳的外边缘。当气流旋转到 270°处时，最外边缘上约 15%～20%的含尘浓缩气流进入小旋风分离器进一步分离。未进入小旋风分离器的内层气流，一部分进入平旋蜗壳在大旋风筒内继续旋转分离；另一部分通过芯管与筒壁之间的间隙与新进入除尘器的气流汇合形成二次回流，以增加细尘粒被捕集的机会。这两部分气流净化后沿高度方向经导流叶片进入大旋风排气芯管，并与小旋风分离器的排气在芯管内汇合后一同向下排出除尘器。灰尘则分别收集在大小旋风筒下的灰斗中。

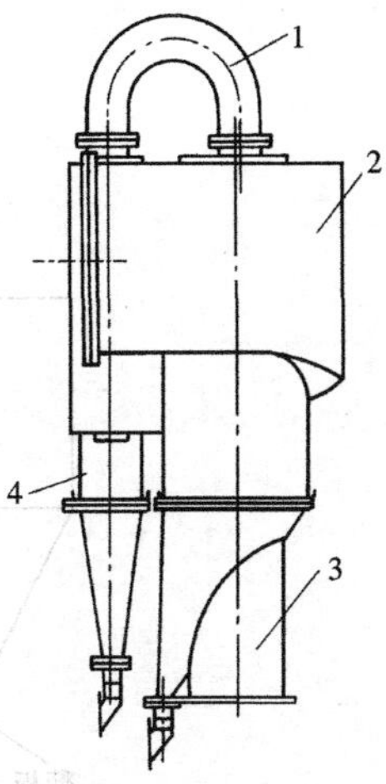

图 8-8 XS 型立式双旋风除尘器

1—大旋风壳体；2—大旋风芯管；3—排气管；4—小旋风锥体

它有立式和卧式两种（图 8-8、图 8-9），其烟气阻力略低，为 608～715Pa。立式的占地面积较小，但对微粒细尘的捕捉能力稍差，除尘效率为 88%～92%；卧式的烟管布置方便。可用于容量为 1～20t/h 的锅炉。

在旋风除尘器的使用中，还应注意：

（1）烟气的流速增大会使除尘器阻力增加，流速减小会使除尘效率降低，因此烟气的进口速度宜控制在 12～20m/s，v_{max}＝25m/s。

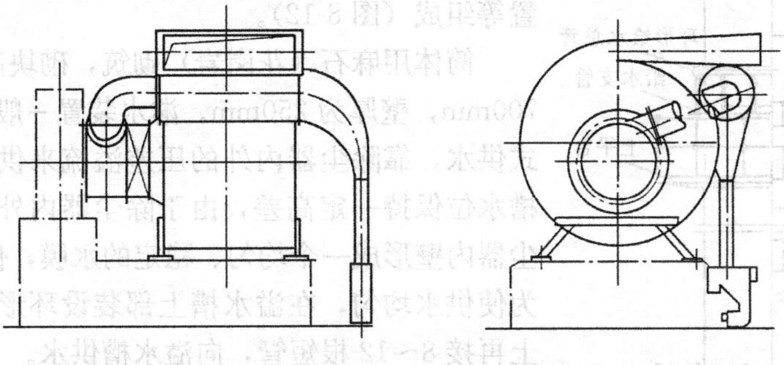

图 8-9 XSW 型卧式双旋风除尘器

（2）除尘器的管道系统应保持严密；除尘器的灰斗装置应能方便除灰并保持良好的气密性能，防止因漏风而破坏除尘器内的负压工作状态使除尘器效率下降。当漏风率为 5%时，除尘器效率由原来的 90%下降到 50%；当漏风率为 15%时，除尘器效率接近于零。

（3）旋风除尘器筒体直径越小，尘粒所受的离心力越大，除尘效率越高。

（4）烟尘粒度越粗、密度越大，除尘效率越高；但在捕集 5μm 以下的尘粒时效率很低。当锅炉容量在 1～2t/h 以下时，可在除尘器排灰口设置固定式灰斗（图 8-10）。该种灰斗需定期清灰，而且清灰时应关闭引风机，以免积灰被烟气重新带走。

图 8-11 为翻板式锁气器，它是利用翻板上的积灰和平衡锤之间的重力平衡作用，达到自动卸灰的目的，两层翻板轮流启闭，以保持平衡。在容量较大的锅炉所配的旋风除尘器上，还有采用转动式锁气器、电磁锁气排灰阀和湿式排灰装置的。

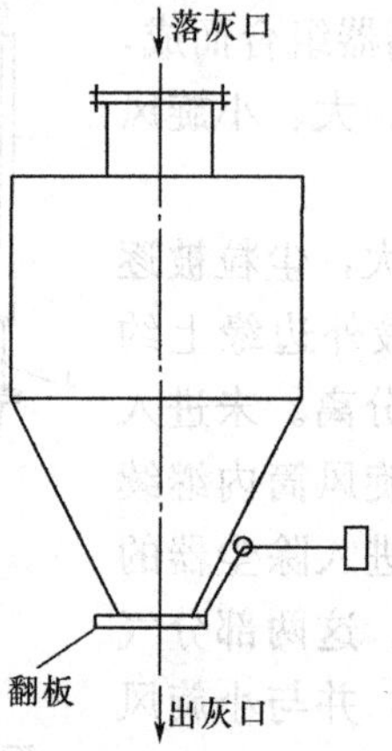

图 8-10　固定式灰斗

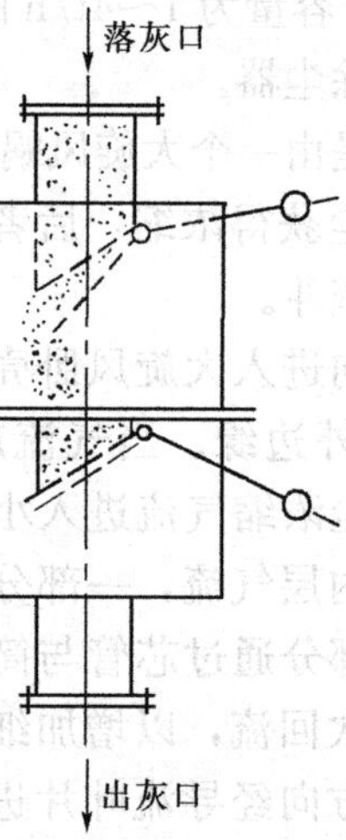

图 8-11　翻板式锁气器

二、湿式除尘设备

湿式除尘，是利用水膜粘住或吸附烟气中的灰粒，或用喷雾的水使灰粒凝聚随水清洗下来。常用的有水浴式除尘器、麻石（花岗石）水膜除尘器等。这类除尘器耗水量较大，在我国的缺水地区不适用。

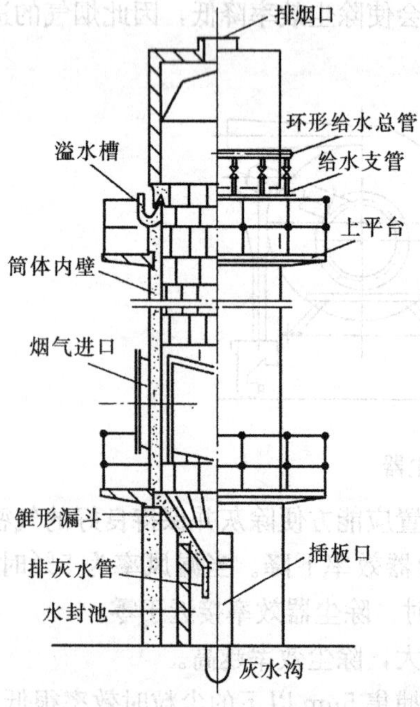

图 8-12　麻石水膜除尘器

(1) 麻石（花岗石）水膜除尘器。该除尘器由圆柱形筒体淋水装置、灰斗、烟气进口、烟气出口和排灰装置等组成（图 8-12）。

筒体用麻石（花岗岩）砌筑，砌块高度一般为500～700mm，壁厚为 250mm。淋水装置一般采用溢流外水槽式供水，靠除尘器内外的压差溢流来供水。溢流口与水槽水位保持一定高差，由于除尘器内外压差恒定，在除尘器内壁形成一个均匀、稳定的水膜，使除尘效率稳定。为使供水均匀，在溢水槽上部装设环形给水总管，总管上再接 8～12 根短管，向溢水槽供水。

含尘烟气以 20m/s 左右的速度由除尘器下部从烟气进口管以切向进入筒体，形成强烈的旋转上升气流，尘粒在离心力的作用下被甩向筒壁。水从围绕在除尘器上部的喷水管喷淋，通过溢流在圆筒内壁上形成水膜，并沿壁往下流。尘粒遇水膜后被润湿而随水膜流入水封排灰装置，然后不断流向沉淀池中。净化后的烟气则由烟气出口管排出。喷嘴出口水速需保持在 1.2m/s 左右；环形喷嘴出口的表压力维持在 15～25kPa；筒内的烟气上升速度通常在 4～5m/s 之间。

由于这种分离出来的烟尘不可能再被烟气带走，所以除尘效率较高，能捕集小于 5μm 的较小尘粒。同时，还能部分地吸收烟气中的 SO_2 及其他有害气体。然而，该除尘器的排水呈酸性，不允许直接排入城市排水系统或河流，必须对除尘后的含酸废水进行处理。一些造纸、棉纺、印染厂具有大量碱性废水，用来中和酸性废水，已取得良好效果。

这种除尘器的效率可达90%～95%；阻力较小，为40～90Pa；结构简单，工作可靠。

（2）自激水泡沫除尘器（图8-13）。含尘烟气进入塔体经导流装置冲击液面，粗尘粒被液体捕获，细尘粒随气流进入两侧文氏通道，形成射流效应，气、液、烟尘充分混合、接触和反应，完成除尘、脱硫的过程。尘粒和反应生成物沉淀于塔底锥体中，经刮板除灰机排出。净化后的烟气经过脱水装置由除尘器出口排出。

该除尘器设有溶液箱及加药器，溶液箱内放有脱硫剂氢氧化钙水溶液，它进入洗涤反应槽与烟气中的SO_2发生反应。

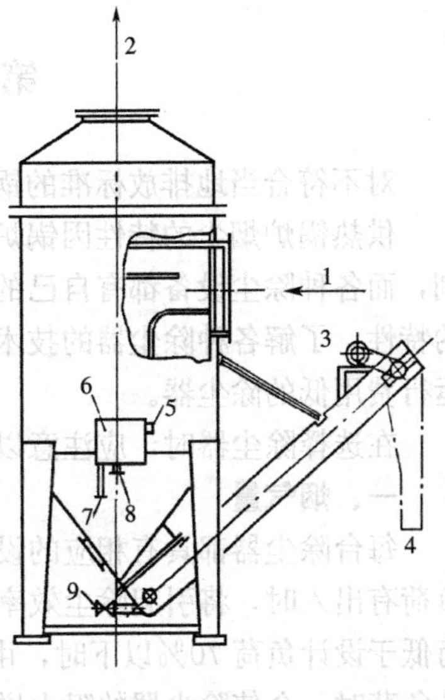

图8-13 CZT型自激水泡沫除尘器
1—烟气入口；2—烟气出口；3—电机；4—落灰口；5—进水管；6—溶液箱；7—溢流口；8—快速进水口；9—排污口

这种除尘器属于湿式除尘，脱硫效果比麻石除尘器好，且耗水量少，占地小，设备简单。该除尘器适用于4～35t/h锅炉，除尘效率达95%，脱硫效率为50%～80%，阻力<1400Pa。将它与旋风除尘器结合组成干湿二级除尘系统，可用于抛煤机倒转炉排锅炉、沸腾炉及循环流化床锅炉。

在供热锅炉的烟气除尘中也试验性地采用了袋式除尘器和静电除尘器。

三、烟气的脱硫

由于烟气中的SO_2与SO_3会诱发人体呼吸道疾病、腐蚀设备和建筑物，严重的还会形成酸雨，对农业、林业生产以及生态平衡产生严重的后果。因此，对燃烧后排放的烟气进行脱硫已刻不容缓。通常有三种脱硫方式：

（1）煤燃烧前脱硫：通常是使用洗煤和煤气化后脱硫的方法，难在供热锅炉中应用。

（2）煤在燃烧过程中脱硫：即炉内脱硫，通常使用型煤固硫和向锅炉炉膛直接喷固硫剂的方法。这类方法的缺点是设备投资与运行管理费用大。

（3）烟气脱硫：通常使用回收法和抛弃法。前者可回收硫，但流程长、设备多、投资大、效率低和成本高。后者又分为喷雾干燥烟气脱硫和石灰湿法脱硫，较为适用于供热锅炉。

1）喷雾干燥烟气脱硫：是把石灰粉加水搅拌成石灰乳液，经喷雾器雾化送入脱硫干燥塔，与烟气充分接触反应，吸收SO_2和SO_3并蒸发干燥，生成$CaSO_3$、$CaSO_4$，随烟气进入袋式除尘器或高效除尘器而排出系统，烟气则得到净化。这种方法系统简单、投资小，只要雾化脱硫塔设计运行良好，可达到较高的脱硫效率。

2）石灰湿法脱硫：是以石灰水为吸收剂，在脱硫塔内烟气与吸收液充分接触反应，最后生成$CaSO_3$、$CaSO_4$溶液，经沉淀池处理达到可循环使用的标准后，返回使用。但系统中设备及管道易结垢，需经常冲洗。

此外，采用流化床直接脱硫，也可不设置很大的排烟脱硫装置而达到脱硫目的。

第三节 除尘器的选用

对不符合当地排放标准的锅炉销售单位配套供应的除尘设备，应重新选择除尘器。

供热锅炉烟尘的特性因锅炉类型、燃料种类、燃烧方式和操作条件等不同而有很大的区别，而各种除尘设备都有自己的特点和适用范围。因此在选择除尘器时，必须掌握除尘烟气的特性，了解各种除尘器的技术经济性能，经过方案比较，选择高效、低阻、设备投资少和运行费用低的除尘器。

在选择除尘器时，应注意以下有关烟气特性的几个问题。

一、烟气量

每台除尘器都具有相应的设计额定负荷（处理烟气量，m^3/h），当实际负荷与设计额定负荷有出入时，将引起除尘效率的变化。例如旋风除尘器一般没有负荷调整装置，当实际负荷低于设计负荷70%以下时，由于其进口流速降低，除尘效率将显著下降；当负荷高于设计负荷时，会使除尘器的阻力增加。

供热锅炉运行时烟气量变化很大。锅炉高负荷运行时，烟气量增加；低负荷运行时，烟气量减小。因此，在选定除尘器时，应考虑烟气量及其变化这一因素（表8-4、表8-5)。

二、排烟的含尘浓度

锅炉排烟中的含尘浓度与锅炉燃用的燃料、炉型和运行情况有关。由表8-1～表8-3可知，不同炉型的锅炉含尘量相差很大、不同燃料的锅炉排烟浓度也不同。锅炉运行时负荷的高低也会影响排烟含尘浓度；负荷高时，排烟含尘浓度较大；负荷低时，排烟含尘浓度较小。

表 8-4　部分配套型号旋风除尘器性能表

序号	除尘器型号	除尘效率 η① (%)		分割粒径 d_{c50} (μm)		折算阻力 (10Pa)		除尘器本体耗钢量 kg $(1000m^3)^{-1}$
		额定负荷	低负荷	额定负荷	低负荷	额定负荷	低负荷	
1	XZZ-2	93.6	91.8	6.55	9.5	71	45	41.5
2	XZD-2	94	89	7.3	9.5	74	44	34.3
3	ZS-2	92.3	82.5	6.2	14.3	62	29	61.0
4	XPX-2	93.0	93.2	7.1	7.7	80	75	75.2
5	XND-2	92.3	91.8	8.1	10.3	79	39	33.4
6	SG-2	89.5	80.7	9.5	10.3	52	33	47.75
7	XS-10	88.0	80	13.0	13.0	73	40	42
8	XZD-10	88.9	73	14.4	20	79	54	—
9	双级涡旋-10	86.5	89	16.5	15.8	63	28	35.1
10	XWD-10	94.1	83.7	7.3	14.5	105	60	156
11	XCX-10	88.5	81.8	6.4	7.4	103	53	114.32

① 额定负荷指100%负荷，低负荷指70%负荷。

不同形式的除尘器，对于锅炉排烟含尘浓度具有不同的适应性。例如双旋风除尘器，当初始含尘浓度在 0.1～10g/m³ 时，除尘效率基本上平稳地保持较理想数值，而当浓度高于 15g/m³ 时，除尘效率显著下降。除尘器的除尘效率可按式（8-1）计算

$$\eta=\left(1-\frac{C_2}{C_1}\right)\times 100\% \tag{8-1}$$

式中 η——除尘器的除尘效率；

C_1——除尘前烟气中含尘浓度，mg/m³；

C_2——除尘后烟气中含尘浓度，mg/m³。

含尘烟气净化后排入大气的允许浓度 C_2 应符合排放标准，锅炉出口的烟气浓度 C_1 见表 8-2。

当采用二级除尘时，总除尘效率为

$$\eta=1-[(1-\eta_1)(1-\eta_2)] \tag{8-2}$$

式中的 η_1 和 η_2 分别为第一级和第二级的除尘效率。

表 8-5　　工业锅炉产品配套除尘器型号表

锅炉额定蒸发量（t/h）	锅炉燃烧方式		除尘器型号
<1	手烧炉	自然引风	XZS、XZY、XDP
		机械引风	
	下饲式		XZZ、SG
	链条炉排		
	往复炉排		
1	链条炉排		XND-1、XPX-1 XS-1、XZD-1 XZZ-1、SG-1
	往复炉排		
	振动炉排		
2	链条炉排		XND-2、XPX-2 XS-2、XZD-2 XZZ-2、SG-2
	往复炉排		
	振动炉排		
4	链条炉排		XND-4、XPX-4 XS-4、XZD-4 XZZ-4、SG-4
	往复炉排		
	振动炉排		
6	链条炉排		XS-6、XZD-6 双级涡旋（改进型）-6
	往复炉排		
	抛煤机炉		XCX-6、XWD-6 双级涡旋（改进型）-6
	沸腾炉、煤粉炉		
10	链条炉排		XS-10、XZD-10 双级涡旋（改进型）-10
	往复炉排		
	抛煤机炉		XCX-10、XWD-10
	沸腾炉、煤粉炉		双级涡旋（改进型）-10
20	链条炉排		XCX-20、XS-20、XWD-20 XZD-20、双级涡旋（改进型）-20
	抛煤机炉		XCX-20、XWD-20，二级除尘
	沸腾炉、煤粉炉		二级除尘

续表

锅炉额定蒸发量（t/h）	锅炉燃烧方式	除尘器型号
≥35	链条炉排	自行协商选配
	抛煤机炉	
	沸腾炉、煤粉炉	

注 对环保要求高的特殊地区，用户可使用二级除尘或湿式除尘。

三、烟尘的分散度

锅炉排烟中的飞灰是由大小不同的尘粒组成，其粒径范围一般为 3～500μm。把烟尘中的尘粒按一定的直径范围分组，各组烟尘的质量分数称为它的分散度。锅炉的燃烧方式不同，烟尘的分散度也不相同（表 8-6）。此外，烟尘的分散度还与燃料的粒度、锅炉的负荷波动情况有关。不同形式的除尘器，对于尘粒的分散度具有不同的适应性。由图 8-14 可知，烟尘粒径大于 10μm 时，离心式除尘器具有较高的效率；而当粒径不超过 10μm 时，则湿式或静电除尘器的效率较高。

表 8-6　锅炉烟尘分散度

粒径范围（μm）	锅炉类型						
	手烧炉		往复炉排炉	链条炉	抛煤机炉	煤粉炉	沸腾炉
	自然通风	机械引风					
<5	1.2	1.3	4.2	3.1	1.5	6.4	1.3
5～10	4.6	7.6	8.9	5.4	3.6	13.9	7.9
10～20	14.0	6.65	12.4	11.3	8.58	22.9	13.8
20～30	10.6	8.2	10.6	8.8	8.1	15.3	11.2
30～47	16.9	7.5	13.8	11.7	11.2	16.4	15.4
47～60	9.1	15.6	6.7	6.9	7.0	6.4	10.6
60～74	7.4	3.2	7.0	6.3	6.1	5.8	11.2
>74	36.2	50.0	36.4	46.5	54.0	13.4	28.6

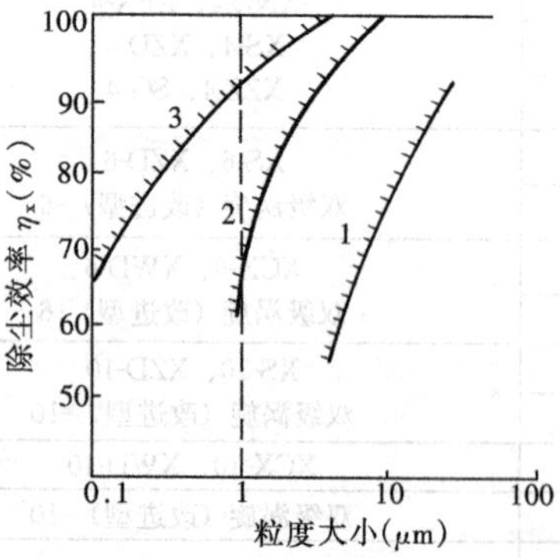

图 8-14　各种除尘器在不同粉尘粒径下的除尘效率

1—离心式除尘器；2—湿式除尘器；3—静电除尘器

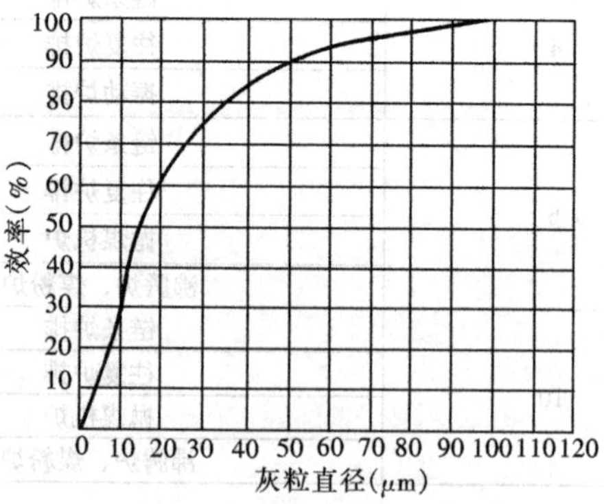

图 8-15　XS 型旋风除尘器热态分级效率曲线

对于粒径不同的尘粒，同一类型的除尘器捕集的能力不一样，即其相应的除尘效率也不一样。常用分级效率为50%的粒径d_{C50}来表示除尘器对不同尘粒的捕集能力。d_{C50}称为分割粒径，它是反映旋风除尘器性能的一项重要指标。d_{C50}越小，除尘效率越高。由图8-15可知，XS型旋风除尘器d_{C50}为13μm左右。

在选用除尘器时，除尘器的阻力也是其中一个重要因素。

【例8-1】 针对［例6-1］中选定的锅炉，假设该锅炉房位于二类地区，这两台锅炉的排烟温度都为180℃，试选择除尘设备。

解

(1) 查表8-2，SZL6-1.25-AⅡ和SZL2-1.25-AⅡ锅炉排烟含尘浓度为1800mg/m³。查表8-1，在二类地区，这种锅炉允许排放标准为200mg/m³。

除尘器所需的除尘效率为

$$\eta_x \geqslant \left(1-\frac{C_2}{C_1}\right)\times 100\% = \left(1-\frac{200}{1800}\right)\times 100\% = 88.9\%$$

(2) SZL6-1.25-AⅡ锅炉计算燃料消耗量为

$$B_{j1} = B_1\left(1-\frac{q_4}{100}\right) = 1050\times\left(1-\frac{10}{100}\right) = 945 \quad (\text{kg/h})$$

SZL2-1.25-AⅡ锅炉计算燃料消耗量为

$$B_{j2} = B_2\left(1-\frac{q_4}{100}\right) = 350\times\left(1-\frac{10}{100}\right) = 315 \quad (\text{kg/h})$$

(3) 理论空气量

$$V_K^0 = 0.251\frac{Q_{ar,net}}{1000} + 0.278 = 0.251\times\frac{19\ 720}{1000} + 0.278 = 5.23 \quad (\text{m}^3/\text{kg})$$

理论烟气量

$$V_y^0 = 0.249\frac{Q_{ar,net}}{1000} + 0.77 = 0.249\times\frac{19\ 720}{1000} + 0.77 = 5.68 \quad (\text{m}^3/\text{kg})$$

(4) 炉膛过量空气系数α_1''取1.3，查表2-10炉膛后各段烟道的漏风系数总和$\Delta\alpha=0.15+0.15+0.01=0.31$，则该除尘器入口处总过量空气系数为$\alpha=\alpha_1''+\Delta\alpha=1.3+0.31=1.61$，则实际排烟量为

$$V_y = V_y^0 + 1.016\ 1(\alpha-1)V_K^0 = 5.68 + 1.016\ 1\times(1.61-1)\times 5.23 = 8.92 \quad (\text{m}^3/\text{kg})$$

(5) SZL6-1.25-AⅡ锅炉额定负荷下除尘器进口处的烟气量

$$V_{y1} = B_{j1}V_y\frac{273+t_y}{273} = 945\times 8.92\times\frac{273+180}{273} = 13\ 990 \quad (\text{m}^3/\text{h})$$

SZL2 1.25-AⅡ锅炉额定负荷下除尘器进口处的烟气量

$$V_{y2} = B_{j2}V_y\frac{273+t_y}{273} = 315\times 8.92\times\frac{273+180}{273} = 4662 \quad (\text{m}^3/\text{h})$$

由于这两台锅炉的除尘效率要求为88.9%，XND-6和XND-2型除尘器可以满足要求，分别安装在锅炉的尾部。

复 习 题

1. 供热锅炉的排烟中有哪些有害成分？各有什么危害？
2. 烟灰黑度如何检测？我国对锅炉的排烟有些什么标准？
3. 供热锅炉有哪些除尘设备？旋风除尘器的工作原理是什么？
4. 如何选择除尘器？
5. 根据第六章复习题 6 的条件与计算结果，选配除尘器。

第九章 锅炉的通风

在锅炉运行过程中，通过送风系统连续向炉内送入燃料燃烧所需要的适量空气，同时将燃烧生成的含尘烟气不断排出锅炉，以维持炉膛压力的稳定和燃烧、传热的正常进行，这种送风、排烟（也称引风）同时进行的过程称为锅炉的通风过程。如果送风量和送风方式与燃料和燃烧方式不匹配将会影响燃料的着火、燃烧和燃尽过程，影响炉内平均烟温水平和辐射换热强度以及锅炉出力等；如果送风量和排烟量不匹配将影响炉膛压力的稳定性和烟道中受热面的换热强度以及磨损、积灰等。因此，正常的通风过程是保证锅炉安全经济运行的一个重要条件，只有合理设计通风系统和选择通风设备，才能保证锅炉的安全经济运行。

第一节 锅炉的通风方式

锅炉的通风方式主要分为自然通风方式和机械通风方式两种。

一、自然通风方式

自然通风方式即锅炉不设送风机和引风机，利用自身的烟囱高度和烟囱中热烟气与外界环境空气的密度差所产生的自生通风力（或抽力）来克服风烟流动的全部阻力。这种通风方式只适用于风烟道流动阻力不大，无尾部受热面的小容量锅炉如1t/h以下的小型锅炉。

二、机械通风方式

机械通风方式即依靠送风机、引风机产生的动力和烟囱的自生通风力来共同克服锅炉风烟流动的阻力。机械通风方式有三种形式：负压通风、正压通风与平衡通风。

1. 负压通风

不设送风机，仅在烟囱前装设引风机来克服炉排、燃料层和烟道的全部流动阻力。由于装设了引风机，烟囱高度可以适当降低，但和自然通风方式一样，炉膛和烟道均处于负压下工作。这种通风方式对风烟系统阻力不太大的小容量锅炉较为适用。如果风烟道阻力较大，采用这种通风方式易造成炉膛及烟道中的负压较高，致使漏风量增加，既不利于燃料的着火与燃烧，又会使不完全燃烧热损失、排烟热损失增加，降低锅炉热效率，甚至影响锅炉的正常运行。

2. 正压通风

在锅炉风烟系统中只装设送风机，不装引风机，利用送风机压头克服风烟道的流动阻力。由于锅炉的炉膛及其后的烟道都在正压下工作，为防止火焰和高温烟气外喷伤人和影响工作环境，对炉墙和门孔的严密性要求较高。这种通风方式可提高炉膛燃烧强度，消除炉膛、烟道的漏风，提高锅炉热效率。燃油炉和燃气炉通常采用此种通风方式。

3. 平衡通风

在锅炉风烟系统中同时装设送风机和引风机。由送风机克服从吸风口到进入炉膛包括空气预热器、燃烧设备和燃料层等在内的风道的阻力；由引风机克服从炉膛出口到烟囱出口包括防渣管、过热器、省煤器、空气预热器、除尘器等在内的烟道的阻力，并使炉膛保持一定的负压。与负压通风相比，平衡通风能有效向炉膛送入燃烧所需的空气，锅炉的漏风量较小，经济性较高；与正压通风相比，平衡通风又能使炉膛及烟道都在负压下工作，锅炉房的安全及卫生条件较好。容量大于 2t/h 的锅炉大都采用平衡通风方式。图 9-1 为锅炉采用平衡通风时风烟道的风压变化示意图。

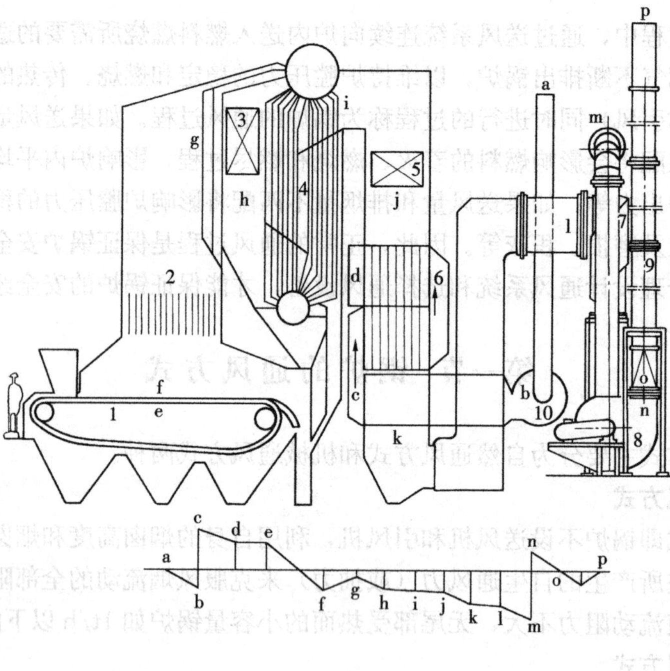

图 9-1 平衡通风沿程的风压变化示意图

1—链条炉排；2—炉膛；3—过热器；4—对流管束；5—省煤器；6—空气预热器；7—除尘器；8—引风机；9—烟囱；10—送风机

第二节 锅炉风烟道阻力计算

锅炉风烟道阻力计算（亦称锅炉设备的空气动力计算）的目的是确定锅炉在额定负荷下风烟系统的阻力（全压降），以便合理选择通风装置，同时也为合理设计风烟道提供依据。锅炉风烟道设计和布置应符合下列要求：

（1）风、烟道应尽量采用既省材料、阻力又小的圆形管道，烟道与烟囱的布置应紧凑。

（2）风、烟道应平直畅通，附件少，密封性好。转弯部分应尽量采用平缓转变（$r/b=1\sim2$），或内外双侧带圆角的急转弯（$r/b=0.4\sim0.6$）。避免连续串联转弯，如果结构要求必须采用这种形式，则两个相邻弯头之间要有足够的直段距离（如图 9-2 所示）。

（3）分流、汇集联箱的阻力较大，应采用图 9-3（a）所示的结构以减少阻力。当分支管数不多时，可采用分流、合流管形式，如图 9-3（b）所示。

（4）接近风机入口处不宜布置弯头，以免降低风机效率。若必须在风机附近（小于 3～4 倍当量直径）转弯，最好装设入口风室，风室入口速度可取为 13～15m/s，B/C 为 2～3（图 9-4）。

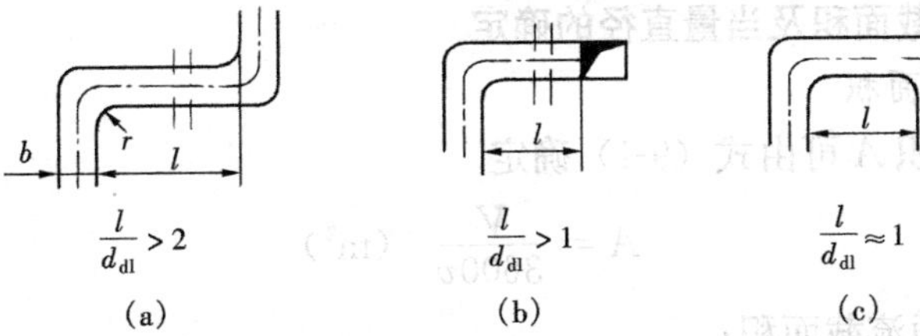

图 9-2 对相邻弯头距离的要求

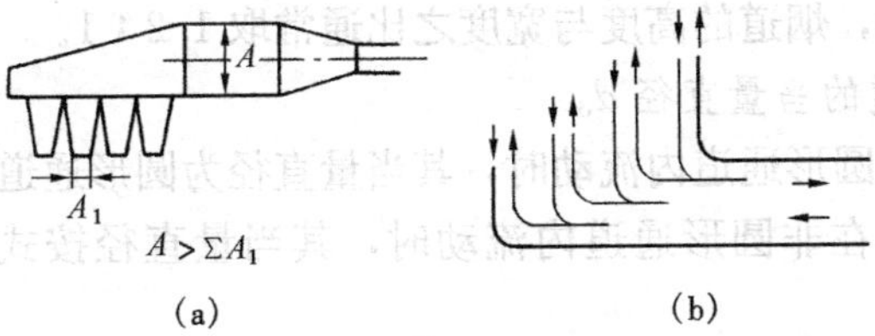

图 9-3 分流、合流管及其联箱

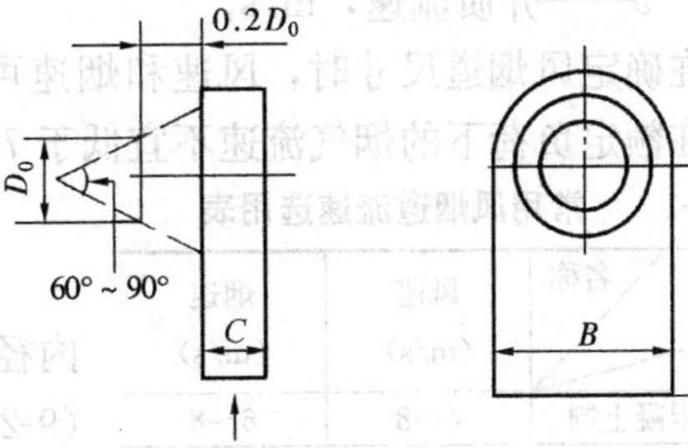

图 9-4 风机入口风室

(5) 风机入口挡板的转动方向应使气流经挡板后的方向与风机转子旋转方向一致，若方向相反，则会使风机效率明显降低，如图 9-5（a)、(b) 所示。

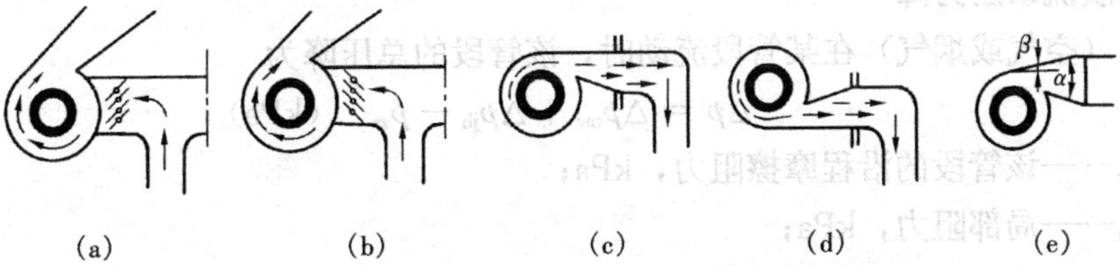

图 9-5 风机入口挡板、出口处风烟道的转动方向及出口渐扩管形状

(a) 入口挡板与风机转子旋转方向一致；(b) 入口挡板与风机转子旋转方向相反；(c) 出口处风烟道的转向与风机转子旋转方向一致；(d) 出口处风烟道的转向与风机转子旋转方向相反；(e) $\alpha \leqslant 20℃$时，$\beta = 0 \sim \frac{\alpha}{2}$；$\alpha > 20℃$时，$\beta \approx 10°$

(6) 风机出口处风烟道的转动方向应与风机转子旋转方向一致，若方向相反，由于会形成气流漩涡从而使阻力明显增大［图 9-5（c)、(d)］。

(7) 风机出口处渐扩管形状应符合图 9-5（e）的要求。若渐扩管偏于风机外侧，会使阻力明显增加。在风机轴向上的扩大宜为双侧对称。

(8) 风烟道内速度大的部位不宜焊加强肋或加强杆，以防产生气流漩涡造成阻力损失。

(9) 几台锅炉共用一个烟囱或烟道时，宜使每台锅炉的通风力均衡。

(10) 宜采用地上烟道，并应在适当的位置，设置清扫烟道积灰的人孔。

(11) 应考虑烟道和热风道热膨胀的影响。

(12) 应设置必要的测点，并满足测试仪表及测点的技术要求。

(13) 烟囱与建筑物的距离，除满足生产工艺外，还要考虑烟囱地基下沉时，不影响建筑物的基础。

一、风烟道通流截面积及当量直径的确定

1. 风烟道通流截面积

风烟道通流截面积 A 可由式（9-1）确定

$$A=\frac{V}{3600v}\quad (m^2) \tag{9-1}$$

式中　A——风烟道通流截面积；

V——介质流量，m^3/h；

v——介质流速，m/s。

在确定风烟道尺寸时，风速和烟速可按表 9-1 选取。对于较长的水平烟道，为防止积灰，在额定负荷下的烟气流速不宜低于 7～8m/s，烟道的高度与宽度之比通常取 1.2∶1。

表 9-1　常用风烟道流速选用表

数值 名称 / 材料	风速 (m/s)	烟速 (m/s)
砖或混凝土制	4～8	6～8
金属制	10～15	10～15

2. 通道的当量直径 d_d

气流在圆形通道内流动时，其当量直径为圆形通道内径；气体在非圆形通道内流动时，其当量直径按式（9-2）计算

$$d_d=\frac{4A}{U}\quad (m) \tag{9-2}$$

式中　A——通道的通流截面积，m^2；

U——通道的周界长度，m。

二、介质流动压力降

当介质（空气或烟气）在某管段流动时，该管段的总压降为

$$\Delta p=\Delta p_{mc}+\Delta p_{jb}-p_{zs}\quad (kPa) \tag{9-3}$$

式中　Δp_{mc}——该管段的沿程摩擦阻力，kPa；

Δp_{jb}——局部阻力，kPa；

p_{zs}——自生通风力（自生风），kPa。

自生通风力是由于通道内流动介质与通道外空气的密度差和通道高度所产生的流动压头，即

$$p_{zs}=(\rho_k-\rho)g(Z_2-Z_1)\quad (kPa) \tag{9-4}$$

式中　Z_1、Z_2——管段进、出口的海拔高度或离某一基准面的高度，m；

ρ_k——通道外空气密度，kg/m^3；

ρ——通道内介质平均密度，kg/m^3。

由于烟道（包括热风道）内介质密度 ρ 总是小于大气密度 ρ_k，因此在气流上升的热风、烟道（$Z_2>Z_1$）中，p_{zs}是正值，可以用来克服流动阻力，有助于气流的流动；相反，在气流下降的热风、烟道（$Z_2<Z_1$）中，p_{zs}是负值，因而会阻碍气流的流动，增加外界压头的消耗。在水平风、烟道（$Z_1=Z_2$）中，p_{zs}等于零，无自生通风作用。

（一）沿程摩擦阻力

沿程摩擦阻力是指气流在流过等截面的直通风、烟道，包括纵向冲刷管束时产生的阻力。沿程摩擦阻力的大小与流体的黏滞性、通道长度、流体速度、通道壁粗糙度和温度等因素有关。在锅炉设备通风计算中只有空气预热器需要温度修正，而其差值也不超过10%。因此，在计算锅炉的风烟道沿程摩擦阻力时，均可按等温气流对待，以每段管段的平均温度计

算，不考虑热交换影响的修正，即按式（9-5）计算沿程摩擦阻力

$$\Delta p_{mc} = \lambda \frac{l}{d_d} \frac{\rho v^2}{2} \quad (kPa) \tag{9-5}$$

式中 λ——沿程摩擦阻力系数，见表 9-2；

l——通道长度，m；

v——气流的速度，m/s；

ρ——气流的密度，kg/m^3；

$\frac{\rho v^2}{2}$——动压头$\left(p_d = \frac{\rho v^2}{2}\right)$，可由图 9-6 查得，kPa。

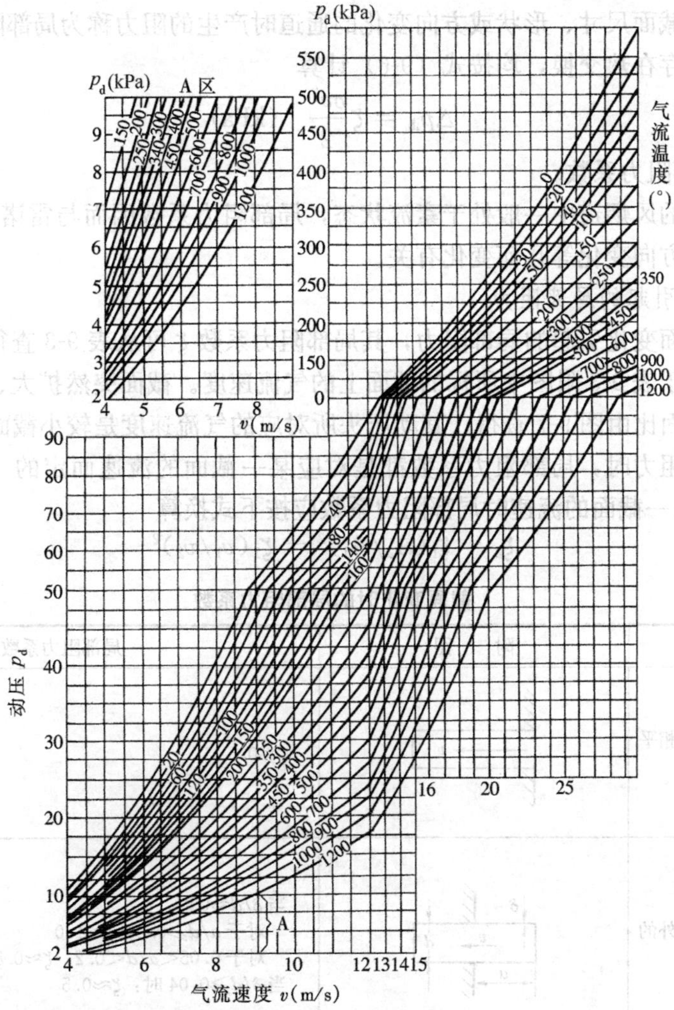

图 9-6 标准大气压（101 325Pa）下空气的动压头线算图

表 9-2 **沿程摩擦阻力系数 λ**

通道形式	λ
纵向冲刷光滑管道或管束	0.03
无耐火衬的钢制风、烟道	0.02

续表

通 道 形 式		λ
有耐火衬的钢制风、烟道，砖或混凝土制风烟道	当 $d_d \geqslant 0.9$m	0.03
	当 $d_d < 0.9$m	0.04
硅石混凝土的烟囱筒身		0.02
砖砌烟囱和钢筋混凝土烟囱		0.05
金属烟囱	当烟囱出口内径 $d_2 \geqslant 2$m	0.015
	当烟囱出口内径 $d_2 < 2$m	0.02

（二）局部阻力

当气流通过截面尺寸、形状或方向变化的通道时产生的阻力称为局部阻力。对所有局部阻力，无论是否存在热交换，均按式（9-6）计算

$$\Delta p_{jb} = \zeta \frac{\rho v^2}{2} \quad (\text{kPa}) \tag{9-6}$$

式中 ζ——局部阻力系数。

气流在锅炉的风烟道中一般处于紊流状态，局部阻力系数因而与雷诺数 Re 无关，只与通道截面变化、方向变化等几何变化有关。

1. 截面变化引起的局部阻力

由于通道截面变化引起的局部阻力，其局部阻力系数 ζ 可从表 9-3 查得。动压头所用的气流速度是对应于表 9-3 附图中所标的截面上的气流速度。截面突然扩大、突然缩小的局部阻力系数 ζ 按截面比由图 9-7 查得，其动压头所对应的气流速度是较小截面的气流速度。

在计算局部阻力时，局部阻力系数都是对应某一截面的流速而定的（一般是按小的截面），当对应于另一截面的流速时局部阻力系数应按下式换算

$$\zeta_2 = \zeta_1 (A_2/A_1)^2 = \zeta_1 (v_1/v_2)^2 \tag{9-7}$$

表 9-3 **截面变化时的局部阻力系数**

序号	名 称	附 图	局部阻力系数 ζ
1	端部与壁面相平的通道入口	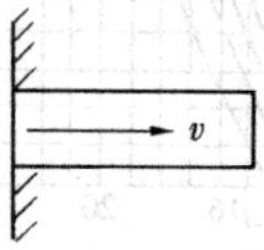	$\zeta=0.5$
2	端部伸出壁外的通道入口	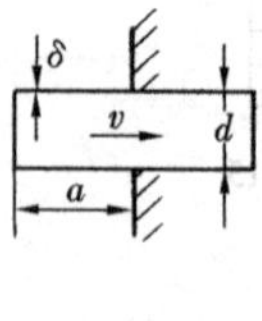	当 $\delta/d \approx 0$ 时： 对于 $a/d \geqslant 0.2$，$\zeta \approx 1.0$ 对于 $0.05 < a/d < 0.2$，$\zeta \approx 0.85$ 当 $\delta/d \geqslant 0.04$ 时：$\zeta \approx 0.5$
3	喇叭形的通道入口	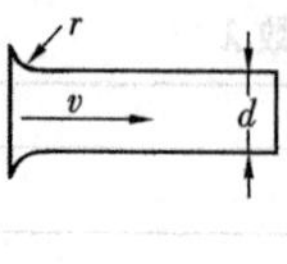	当 $r/d=0.05$ 时： 边缘与壁平齐时，$\zeta=0.25$ 边缘伸出壁外时，$\zeta=0.4$ 当 $r/d=0.1$ 时，$\zeta=0.12$ 当 $r/d=0.2$ 时，$\zeta=0.0$

续表

<table>
<tr><th>序号</th><th>名　称</th><th>附　图</th><th>局部阻力系数ζ</th></tr>
<tr><td rowspan="2">4</td><td rowspan="2">进入端部为圆锥形管的通道，对于矩形通道ζ应按较大的α值来决定</td><td>(a) 端部与壁面平齐
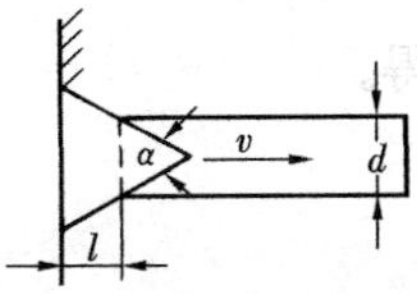
</td><td><table>
<tr><th rowspan="3">α</th><th colspan="3">ζ</th></tr>
<tr><th colspan="3">l/d</th></tr>
<tr><th>0.1</th><th>0.2</th><th>0.3</th></tr>
<tr><td>30°</td><td colspan="2">0.25</td><td>0.2</td></tr>
<tr><td>50°</td><td colspan="2">0.2</td><td>0.15</td></tr>
<tr><td>90°</td><td colspan="2">0.25</td><td>0.2</td></tr>
</table></td></tr>
<tr><td>(b) 端部伸出壁外
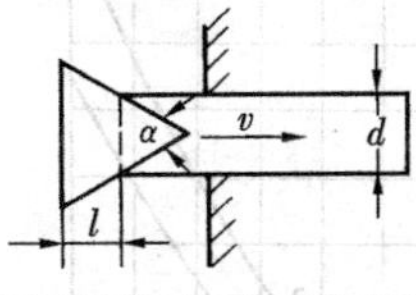
</td><td><table>
<tr><th rowspan="3">α</th><th colspan="3">ζ</th></tr>
<tr><th colspan="3">l/d</th></tr>
<tr><th>0.1</th><th>0.2</th><th>0.3</th></tr>
<tr><td>30°</td><td>0.55</td><td>0.35</td><td>0.2</td></tr>
<tr><td>50°</td><td>0.45</td><td>0.22</td><td>0.15</td></tr>
<tr><td>90°</td><td>0.41</td><td>0.22</td><td>0.18</td></tr>
</table></td></tr>
<tr><td>5</td><td>通道出口（烟囱除外）</td><td>
</td><td>$\zeta=1.1$；当在出口之前装有收缩管（$l\geqslant 20d_{d1}$）时，$\zeta=1.0$</td></tr>
<tr><td>6</td><td>通过栅格或孔板（锐缘孔口）进入通道</td><td>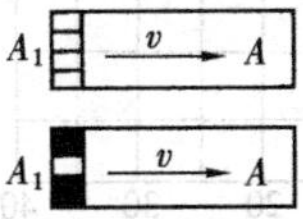
</td><td>$\zeta=\left(1.707\dfrac{A}{A_1}-1\right)^2$</td></tr>
<tr><td>7</td><td>通过栅格或孔板流出通道</td><td>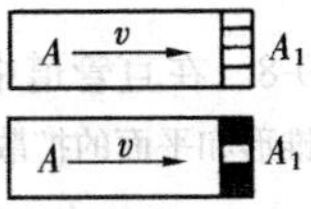
</td><td>$\zeta=\left(\dfrac{A}{A_1}+0.707\dfrac{A}{A_1}\sqrt{1-\dfrac{A_1}{A}}\right)^2$</td></tr>
<tr><td>8</td><td>流经通道内的栅格或孔板</td><td>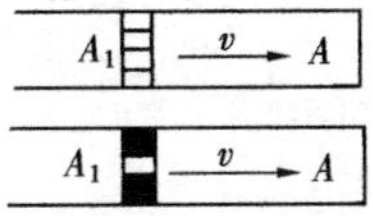
</td><td>$\zeta=\left(\dfrac{A}{A_1}-1+0.707\dfrac{A}{A_1}\sqrt{1-\dfrac{A_1}{A}}\right)^2$</td></tr>
<tr><td>9</td><td>全开的转动挡板</td><td>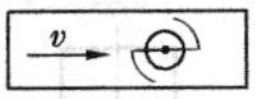
</td><td>$\zeta=0.1$</td></tr>
<tr><td>10</td><td>部分开启的插板门</td><td>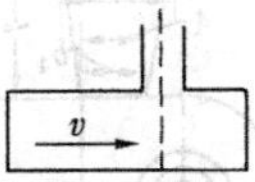
</td><td><table>
<tr><td>开启程度</td><td>5</td><td>10</td><td>30</td><td>50</td><td>70</td><td>90</td><td>100</td></tr>
<tr><td>ζ</td><td>1000</td><td>200</td><td>18</td><td>4</td><td>1</td><td>0.22</td><td>0.1</td></tr>
</table></td></tr>
<tr><td>11</td><td>在直通道中的渐缩管</td><td>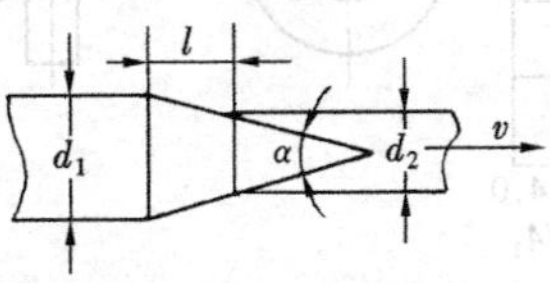
</td><td>当$\alpha<20°$时，$\zeta=0$
当$\alpha=20°\sim 60°$时，$\zeta=0.1$
当$\alpha>60°$时，ζ按截面突然收缩时由图9-7确定
$\tan\dfrac{\alpha}{2}=\dfrac{d_1-d_2}{2l}$
当收缩管为矩形截面并在双侧收缩时，d采用具有较大收缩角处的尺寸</td></tr>
</table>

扩散管一般分为圆锥形扩散管、平面扩散管和棱锥形扩散管（图9-8），其阻力系数总是对应于进口截面上的速度。这三种扩散管的局部阻力系数均可按式（9-8）计算

$$\zeta_{ks}=\varphi_{ks}\zeta_{jk} \tag{9-8}$$

式中 ζ_{jk}——按截面突然扩大从图9-7查得；

φ_{ks}——扩散系数，查图9-8。

菱形扩散管在两侧扩散角不同时，按较大的角计算（见图9-8）。天圆地方或地圆天方

扩散管在计算 α 角时，以 $2\sqrt{\dfrac{A}{\pi}}$ 代替边长，其中 A 为方截面的面积，φ_{ks} 值由图 9-8 中曲线 2 决定。

风机出口扩散管的局部阻力系数按图 9-9 查得。

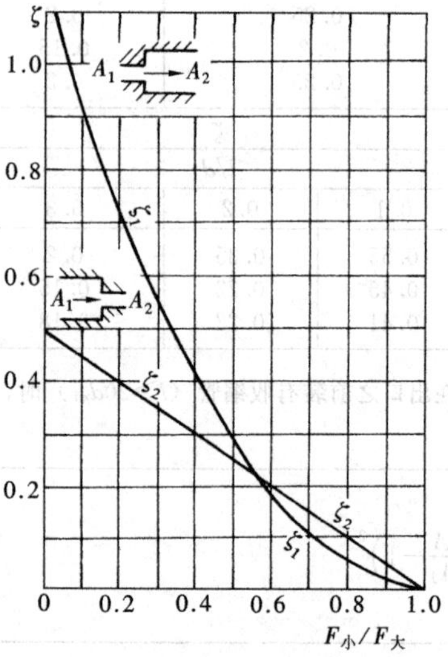

图 9-7　截面突然变化时的局部阻力系数

ζ_1—出口阻力系数(截面由小变大)；

ζ_2—进口阻力系数(截面由大变小)

$\Delta p_1=\zeta_1\dfrac{\rho v_1^2}{2}$　(kPa)；$\Delta p_2=\zeta_2\dfrac{\rho v_2^2}{2}$(kPa)

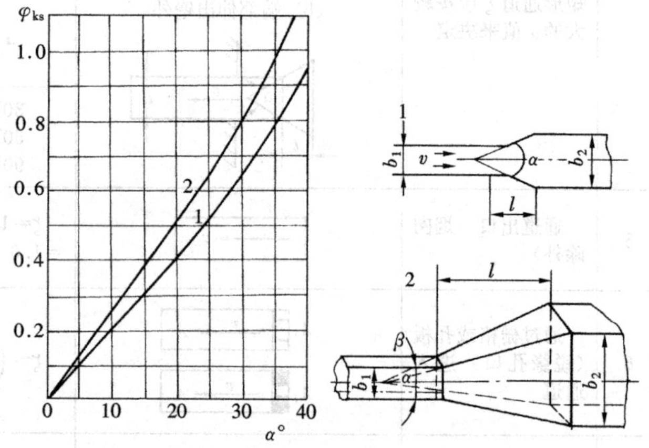

图 9-8　在直管道中扩散管的扩散系数

1—圆锥形和平面的扩散管；2—棱锥形的扩散管

$\tan\dfrac{\alpha}{2}=\dfrac{b_2-b_1}{2l}$；$\zeta_{ks}=\varphi_{ks}\zeta_{jk}$

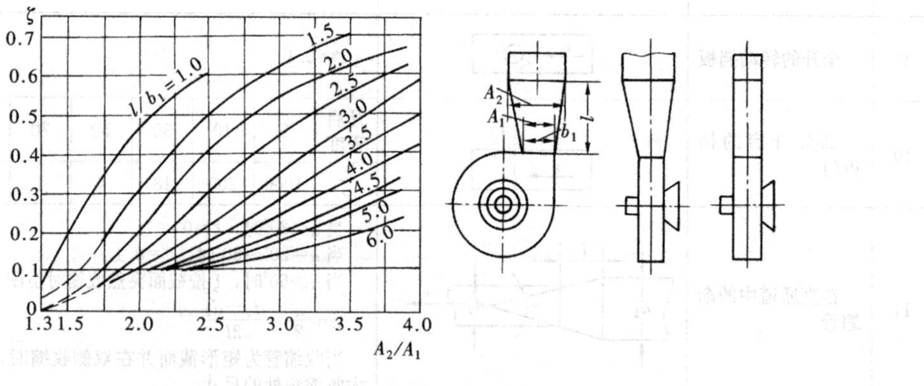

图 9-9　风机出口扩散管的阻力系数

2. 方向改变（转弯）引起的局部阻力

通道中所有转弯的阻力系数均按下式计算

$$\zeta=K_\Delta\zeta_0BC \tag{9-9}$$

式中　ζ_0——弯头的原始阻力系数，决定于转弯形状和相对曲率半径；

K_Δ——与通道壁粗糙度有关的系数，对一般粗糙度的风烟道及锅炉烟气通道壁，缓转弯

的 K_Δ 平均值取 1.3，急转弯的取 1.2；对于没有圆曲边的急转弯，$K_\Delta\zeta_0=1.4$；

B——与弯头角度 α 有关的系数，查图 9-10（c）；当转弯角度为 90°时，$B=1$；

C——与弯头截面形状有关的系数，查图 9-10（d），当弯头截面为圆形或正方形时，$C=1$。

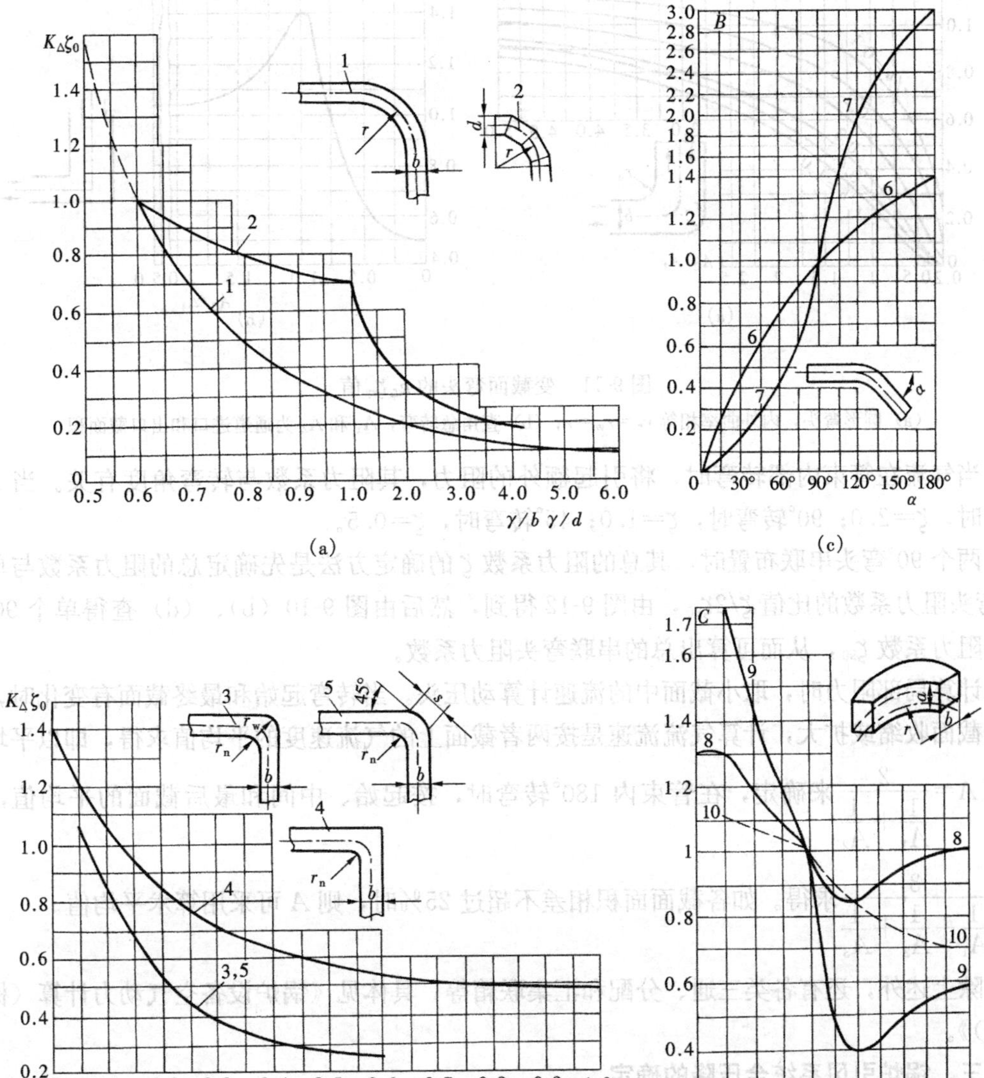

图 9-10 截面不变时弯头的 $K_\Delta\zeta_0$ 值及修正系数 B、C 值

(a) 用于缓转弯头；(b) 用于有圆曲边的急转弯头；(c) 用于求与转弯角度有关的修正系数 B；(d) 用于求与截面形状有关的修正系数 C

1—圆弯头；2—拼接弯头；3—内外曲率相等 $r_n=r_w=r$；4—外侧未弯成弧形 $r_n=r$，$r_w=0$；5—$r_n=r$，$S\approx 0.83(r+0.6)$；6—缓转弯和圆曲边的急转弯；7—直角边的急转弯；8—$r/b\leqslant 2$ 的矩形截面带圆曲边的缓转弯；9—$r/b>2$ 的矩形截面带圆曲边的缓转弯；10—直角边的急转弯

式（9-9）中 $K_{\Delta}\zeta_0$ 在图 9-10 中的（a）、（b）和图 9-11 中查得。通道截面不变时用图 9-10，变截面时用图 9-11。由于扩散转弯之后的气流很不均匀，因此，在转弯后没有稳定段或直段长度小于管道出口截面当量直径的 3 倍时，均应将由图 9-11 或式（9-9）求得的阻力系数乘以 1.8 倍。

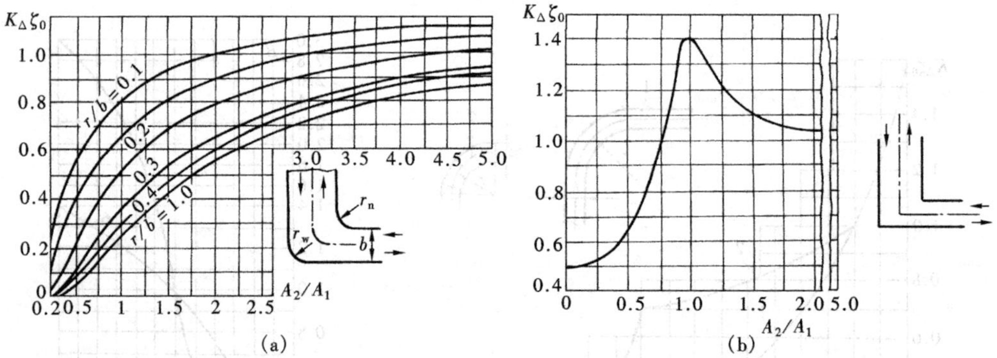

图 9-11 变截面弯头的 $k_{\Delta}\zeta_{zy}$ 值

（a）圆形弯头，内外曲率相等 $r_n=r_w=r$；（b）直角急转弯，A_1 和 A_2 为通道进口和出口截面积

当气流在管束内部转弯时，将引起额外的阻力，其阻力系数与转弯角度有关。当 180°转弯时，$\zeta=2.0$；90°转弯时，$\zeta=1.0$；45°转弯时，$\zeta=0.5$。

两个 90°弯头串联布置时，其总的阻力系数 ζ 的确定方法是先确定总的阻力系数与单个 90°弯头阻力系数的比值 $\zeta/2\zeta_{90}$，由图 9-12 得到，然后由图 9-10（b）、（d）查得单个 90°弯头的阻力系数 ζ_{90}，从而可算出总的串联弯头阻力系数。

计算局部阻力时，取小截面中的流速计算动压头。当转弯起始和最终截面有变化时，不论是截面收缩或扩大，计算气流流速是按两者截面上的气流速度的平均值求得，即以平均截面积 $A=\dfrac{2}{\dfrac{1}{A_1}+\dfrac{1}{A_2}}$ 来确定，在管束内 180°转弯时，按起始、中间和最后截面的平均值，即

$A=\dfrac{3}{\dfrac{1}{A_1}+\dfrac{1}{A_2}+\dfrac{1}{A_3}}$ 求得。如各截面面积相差不超过 25％时，则 A 可采用算术平均值。

除上述外，还有各类三通、分配和汇集联箱等，具体见《锅炉设备空气动力计算（标准方法）》。

三、锅炉引风系统全压降的确定

锅炉引风系统的压降（即阻力）计算按照锅炉的额定负荷进行。阻力计算中必需的重要原始数据如烟道及各段受热面的结构尺寸、烟气流速、烟温等均需由热力计算先行求得。在计算各段烟道阻力时，其中的流速、温度等均取平均值。平衡通风时，由于烟道内的压力接近大气压，可用大气压力作为计算压力。

阻力计算公式和线算图都是在理想条件下得出的，并未考虑锅炉烟道中各种受热面在实际工作中存在积灰现象等因素，因此还需按受热面种类及运行中是否吹灰等不同条件对各个受热面的计算结果进行修正。表 9-4 列出了各种受热面计算阻力的修正系数 k 值。

在烟道阻力计算时，所使用的各种线算图都是按标准状态下干空气（$p=101\ 325$Pa，

ρ=1.293kg/m^3）绘制的，而烟道中实际的流动介质为含灰烟气。因此，待全部阻力计算完成后，需再按烟气密度、气流中灰分的浓度和烟气压力等因素进行修正。考虑自身通风后，便可求得烟道的总压降，据此可选择引风机压头。

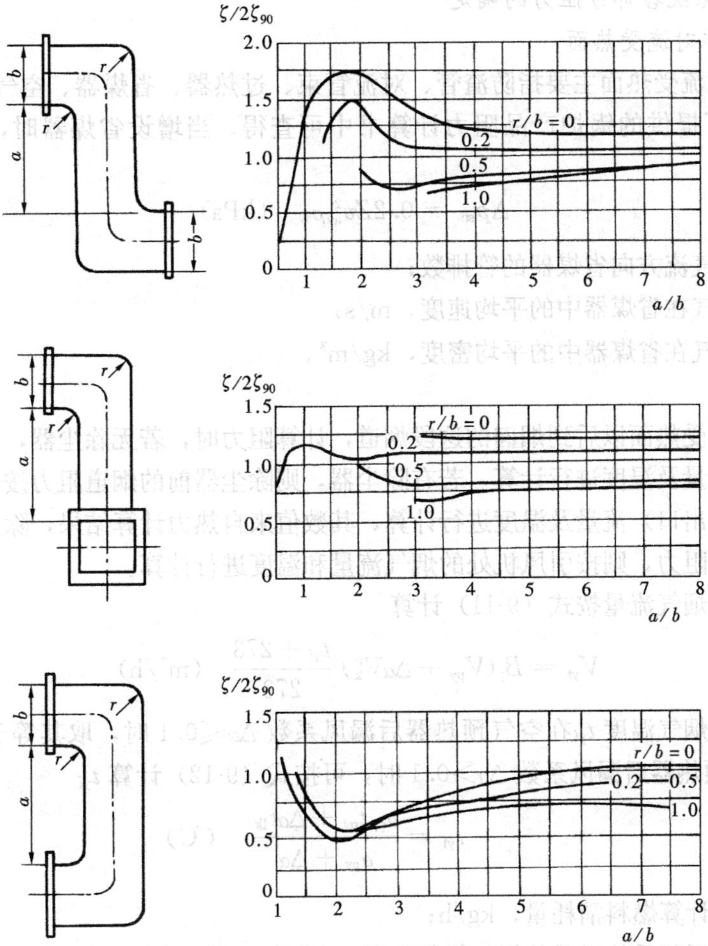

图 9-12　弯头串联布置时的局部阻力系数

表 9-4　**受热面计算阻力的修正系数 *k* 值**

受　热　面	系　数	受　热　面	系　数
1. 锅炉管束		4. 铸铁省煤器	
a）混合冲刷多锅筒立式锅炉	0.9	a）标准鳍片式	1.2
b）烟气在水平方向多次转弯的小型锅炉	1.0	b）非标准鳍片式省煤器，有吹灰	1.4
c）同上，在第一管束前面有燃尽室	1.15	c）同上，无吹灰	1.8
d）分联箱式锅炉	0.9		
2. 蛇行管束及屏式受热面	1.2	5. 管式空气预热器	
3. 光管省煤器		a）烟气侧	1.1
a）燃煤	1.2	b）空气侧	1.05
b）燃气	1.0		
c）燃油	1.2		

锅炉引风系统阻力计算是从炉膛出口开始，至烟囱出口结束，按烟气流动方向依次进

行。烟气流经的受热面和设备顺序为：炉膛负压→锅炉本体对流受热面（防渣管、对流管束、过热器、省煤器、空气预热器烟气侧）→烟道→除尘器→烟道→引风机→总烟道→烟囱。

（一）引风系统各部分阻力的确定

1. 锅炉本体对流受热面

锅炉本体对流受热面主要指防渣管、对流管束、过热器、省煤器、空气预热器烟气侧。其阻力由制造厂提供的锅炉产品阻力计算书中可查得。当增设省煤器时，其阻力可按式（9-10）计算

$$\Delta p_{sm} = 0.2 Z v_{av}^2 \rho_{av} \quad (\text{kPa}) \tag{9-10}$$

式中 Z——沿气流方向省煤器的管排数；

v_{av}——烟气在省煤器中的平均速度，m/s；

ρ_{av}——烟气在省煤器中的平均密度，kg/m^3。

2. 烟道

从锅炉尾部受热面以后到烟囱的这段烟道，计算阻力时，若无除尘器，则这段烟道都按引风机处烟气流量及温度进行计算。若有除尘器，则除尘器前的烟道阻力按锅炉排烟（省煤器或空气预热器出口）流量及温度进行计算，其数值来自热力计算结果，除尘器到引风机及引风机后的烟道阻力，则按引风机处的烟气流量和温度进行计算。

引风机处的烟气流量按式（9-11）计算

$$V_{yf} = B_j (V_{py} + \Delta\alpha V_k^0) \frac{t_{yf} + 273}{273} \quad (m^3/h) \tag{9-11}$$

引风机处的烟气温度 t_{yf} 在空气预热器后漏风系数 $\Delta\alpha \leqslant 0.1$ 时，取其等于锅炉的排烟温度 t_{py}。当空气预热器后漏风系数 $\Delta\alpha > 0.1$ 时，可按式（9-12）计算 t_{yf}

$$t_{yf} = \frac{\alpha_{py} t_{py} + \Delta\alpha t_{lk}}{\alpha_{py} + \Delta\alpha} \quad (℃) \tag{9-12}$$

上式中 B_j——计算燃料消耗量，kg/h；

V_{py}——尾部受热面后的锅炉排烟容积，m^3/kg；

V_k^0——理论空气量，m^3/kg；

$\Delta\alpha$——尾部受热面后的烟道漏风系数，砖烟道：每 10m，$\Delta\alpha = 0.05$，钢烟道：每 10m，$\Delta\alpha = 0.01$，旋风除尘器：$\Delta\alpha = 0.05$，电除尘器：锅炉容量 $D > 50t/h$ 时，$\Delta\alpha = 0.1$，$D \leqslant 50t/h$ 时，$\Delta\alpha = 0.15$；

t_{yf}——引风机处的烟气温度，℃；

α_{py}、t_{py}——锅炉排烟处（尾部受热面后）的过量空气系数及其温度，℃；

t_{lk}——漏入的冷空气温度，℃。

(1) 烟道的摩擦阻力。

锅炉烟道通常截面较大，长度较短，因而摩擦阻力较小。若烟气流速小于 12m/s，摩擦阻力可忽略不计，这时烟道的阻力主要取决于局部阻力。若烟气流速为 12～25m/s 时，可选择一到两段最长的等截面烟道计算其摩擦阻力，然后用得到的数值乘以烟道总长度与计算烟道长度之比即可得到烟道的总摩擦阻力。

（2）烟道的局部阻力。

烟道的局部阻力是由转弯、分支、变截面及挡板门等引起的。在机械通风时，某些局部阻力的计算也可简化。当局部阻力系数 $\zeta<0.1$，且在所计算区段内不多于 2 个时，局部阻力不予考虑。当 $\zeta<0.1$ 有三个或更多时，可将每一个阻力系数取为 $\zeta=0.05$，并可取通道中任一截面的流速做计算。

当烟道中截面变化不大于 15%或对截面平缓增大不超过 30%的扩散管以及对收缩角 $\leqslant 45°$ 下任何截面比的平缓收缩管时，其局部阻力也都不予考虑。

自然通风时由于通风阻力不大，所有各个阻力均需按相应的方法进行计算。

3. 除尘器

除尘器的进出口阻力与其连接的烟道一起计算，除尘器本身的阻力可按局部阻力计算。除尘器的局部阻力与除尘器的形式和结构有关。常用的干式旋风除尘器，其阻力为 400～800Pa；离心式水膜除尘器的阻力为 400～600Pa；文丘里湿式除尘器的阻力为 500～2000Pa。各类除尘器的阻力数值可从产品性能说明书或设计手册查得。

4. 烟囱

烟囱进口的阻力算在烟道阻力中，速度为对应其进口截面的速度。烟囱自身的阻力由沿程摩擦阻力和出口局部阻力组成。

（1）考虑烟囱的锥度 i，其摩擦阻力可按式（9-13）近似计算

$$\Delta p_{\mathrm{mc}}=\frac{\lambda}{8i}\frac{\rho v_2^2}{2}\quad(\mathrm{kPa})\tag{9-13}$$

式中 v_2——烟囱出口处的烟气流速，m/s；

i——烟囱的锥度（$i=\dfrac{d_1-d_2}{2H}$，H 为烟囱高度，d_1 为烟囱下部内壁直径，d_2 为烟囱上部内壁直径），通常 $i=0.02\sim0.03$；

λ——摩擦阻力系数，由表 9-2 查得；

ρ——干空气密度，$\rho=1.293\mathrm{kg/m^3}$。

（2）烟囱出口局部阻力用式（9-14）计算：

$$\Delta p_{\mathrm{jb}}=\zeta\frac{\rho v_2^2}{2}\quad(\mathrm{kPa})\tag{9-14}$$

式中 ζ——烟囱出口阻力系数，一般取 $\zeta=1.1$。

（二）阻力修正

烟道中各部分阻力都是按标准状态下的干空气为介质计算的，因此应该把计算所得的各部分阻力换算成烟气的阻力，即根据烟气的实际密度、烟气中实际飞灰浓度及实际的烟气压力进行修正。修正后的锅炉烟道系统总阻力 Δp_{y} 为

$$\Delta p_{\mathrm{y}}=[\Sigma\Delta p_1(1+\mu)+\Sigma\Delta p_2]\times\frac{\rho_{\mathrm{y}}^0}{1.293}\frac{101\ 325}{b_{\mathrm{y,av}}}\quad(\mathrm{kPa})\tag{9-15}$$

$$\rho_{\mathrm{y}}^0=\frac{1-0.01A_{\mathrm{ar}}+1.306\alpha V_{\mathrm{k}}^0}{V_{\mathrm{y}}}\quad(\mathrm{kg/m^3})\tag{9-16a}$$

$$\mu=\frac{A_{\mathrm{ar}}\alpha_{\mathrm{fh}}}{100\rho_{\mathrm{y}}^0V_{\mathrm{av}}^{\mathrm{y}}}=\frac{\mu_{\mathrm{fh}}}{\rho_{\mathrm{y}}^0}\quad(\mathrm{kg/kg})\tag{9-16b}$$

$$b_{\mathrm{y,av}}=b-\frac{\Sigma\Delta p}{2}\quad(\mathrm{kPa})\tag{9-16c}$$

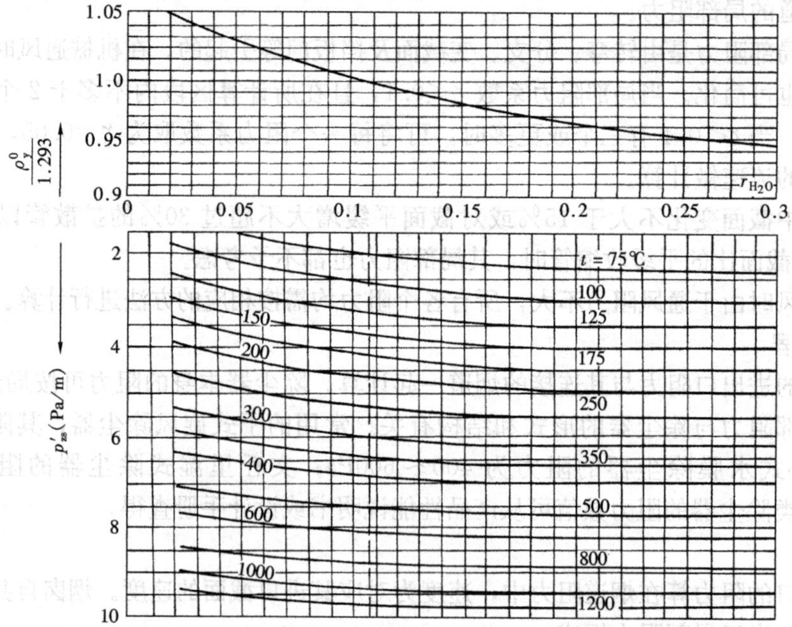

图 9-13 烟气的折算密度和每 m 高度的自生通风值（空气按虚线 1 查）

式中 $\Sigma\Delta p_1$——从炉膛出口到除尘器的总阻力，kPa。

$\Sigma\Delta p_2$——从除尘器至烟囱出口的总阻力，kPa。

ρ_y^0——在标准状态下烟气的密度，kg/m³，ρ_y^0 可通过$\frac{\rho_y^0}{1.293}$在图 9-13 中据 γ_{H_2O}查得，γ_{H_2O}为水蒸气在烟气中的容积份额 ρ_y^0，也可按式（9-16a）计算。

A_{ar}——燃料收到基灰分，%。

α——计算烟道的过量空气系数。

V_k^0——理论空气量，m³/kg。

V_y——计算烟道的烟气容积，m³/kg。

μ——烟气中飞灰的质量浓度。当 $\alpha_{fh}A_{ar,zs}>6$ 时，才考虑 μ 的影响并按式(9-16b)计算。

μ_{fh}——飞灰的容积浓度，kg/m³。

V_{av}^y——从炉膛出口到除尘器间平均过量空气系数下烟气的容积，m³/kg。

α_{fh}——飞灰占燃料总灰分的份额。

$b_{y,av}$——烟道中烟气的平均压力，kPa。如果海拔高度不超过 200m，可不考虑大气压力的修正，即 $b_{y,av}=b=$ 101 325kPa。当平衡通风锅炉的烟道总阻力 $\Sigma\Delta p\leqslant 3$kPa 时，可令 $b_{y,av}=b$；当$\Sigma\Delta p>3$kPa 时，$b_{y,av}$ 按式（9-16c）确定。

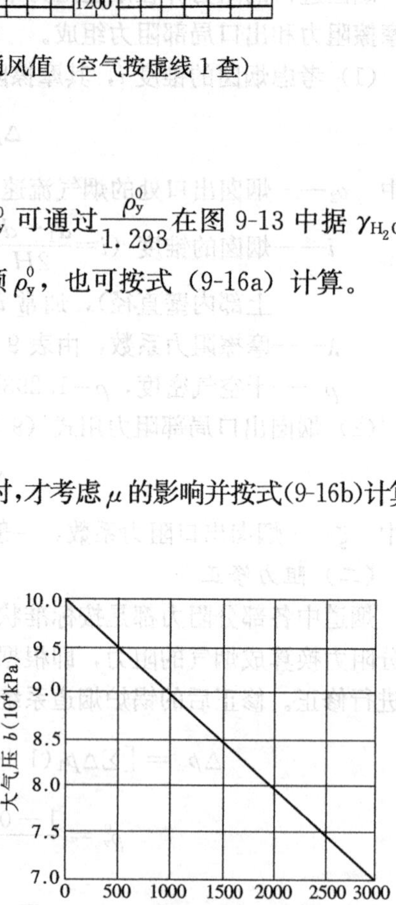

图 9-14 平均大气压与海拔高度的关系

b——当地平均大气压力，kPa。根据海

拔高度 H 由图 9-14 查得。

$\sum\Delta p$——烟道未进行修正时的总阻力，kPa。

（三）烟道系统的自生通风力

在锅炉烟道系统除阻力外还应考虑烟气在烟道和烟囱中产生的自生通风力。包括烟囱在内，各段烟道的自生通风力 $p_{y,zs}$ 可由式（9-4）得出。如周围空气温度为 20℃，$\rho_k=1.2\text{kg/m}^3$，则各段烟道的自生通风力计算式可写成式（9-17）

$$p_{y,zs}=\pm\left(1.2-\rho_y^0\frac{273}{273+t_y}\right)gH \quad (\text{kPa}) \tag{9-17}$$

式中 H——所计算烟道进口、出口截面之间的垂直高度差，m；

t_y——烟气平均温度，℃。

当烟气向上流动时计算结果取正号，向下流动时取负号。

在机械通风时，烟道总的阻力大大超过自生通风力，因而计算自生通风力时可以简化。如对M型布置的锅炉，其后部竖井烟道，可按总高度和平均烟温进行计算；从尾部受热面出口到引风机出口以及从引风机出口到烟囱出口的两段烟道都按引风机处的烟温作为计算温度。把各段烟道包括烟囱的自生通风力相加可得到烟道（或称为引风）系统总的自生通风力，即

$$p_{y,zs}=\sum p_{y,zs} \quad (\text{kPa}) \tag{9-18}$$

图 9-13 画出了外部空气温度为 20℃时每 1m 烟道高度的自生通风力 p'_{zs}，根据烟气中水蒸气的容积份额和烟气温度由图中查出 p'_{zs} 后，再乘以自生通风烟道高度 H，也可得到烟道的自生通风力 $p_{y,zs}$。

（四）烟道系统的全压降

综上所述，锅炉烟道系统的全压降 $\Delta p_{y,qy}$ 为

$$\Delta p_{y,qy}=p''_1+\Delta p_y-P_{y,zs} \quad (\text{kPa}) \tag{9-19}$$

式中 p''_1——炉膛出口处的负压，平衡通风时一般采用 $p''_1=0.02\sim0.03\text{kPa}$，自然通风采用 $p''_1=0.04\sim0.08\text{kPa}$。

四、锅炉送风系统全压降的确定

锅炉送风（即风道）系统的阻力计算也是按锅炉的额定负荷进行的。所用的原始数据如空气温度、空气预热器中空气的有效截面和空气流速等都由热力计算得到。锅炉风道系统的阻力计算按空气流动方向依次进行，顺序为冷风道→送风机→风道→空气预热器空气侧→热风道（含风门挡板及风室）→燃烧设备。计算出各部分阻力后统一对大气压力进行修正，然后计算自生通风力，最后求出风道系统全压降，以此作为选择送风机风压的依据。

（一）送风系统各部分阻力的确定

1. 冷风道阻力

风道的阻力主要是局部阻力，计算局部阻力的方法和烟道相同。当冷空气流速小于 10m/s 时，摩擦阻力可不考虑；冷空气流速为 10～20m/s 时，可先计算出一至二段最长的等截面管段的摩擦阻力，然后乘以冷风道总长度与计算段长度之比，即可得出冷风道的总摩擦阻力值。阻力系数 λ 由表 9-2 查得。冷空气流量按式（9-20）计算

$$V_{lk}=B_jV_k^0(\alpha''_1-\Delta\alpha_l+\Delta\alpha_{ky})\frac{273+t_{lk}}{273} \quad (\text{m}^3/\text{h}) \tag{9-20}$$

式中 B_j——计算燃料消耗量，kg/h；

V_k^0——理论空气量，m^3/kg；

α''_1——炉膛出口处的过量空气系数；

$\Delta\alpha_1$、$\Delta\alpha_{ky}$——炉膛、空气预热器的漏风系数；

t_{lk}——冷空气温度，从锅炉房内吸入冷空气时，可取30℃。

2. 空气预热器空气侧阻力

管式空气预热器主要由管箱和空气连通罩组成，空气在管箱内的流动为横向冲刷错列管束，在连通罩的流动为转弯流动，空气侧阻力可从制造厂提供的阻力计算书直接查得。

3. 热风道阻力

热风道阻力计算方法与冷风道相同，空气预热器后的热风流量按式（9-21）计算

$$V_{rk} = B_j V_k^0 (\alpha''_1 - \Delta\alpha_1) \frac{273 + t_{rk}}{273} \quad (m^3/h) \tag{9-21}$$

式中 t_{rk}——热空气温度,℃，取自热力计算。

4. 燃烧设备的阻力

燃烧设备的阻力可分为以下几种情况考虑：

(1) 对室燃炉，燃烧器喷射二次风的阻力（包括出口局部阻力在内）可按式（9-22）计算

$$\Delta p = \zeta \frac{\rho v_2^2}{2} \quad (kPa) \tag{9-22}$$

式中 v_2——燃烧器出口二次风流速，m/s；

ζ——燃烧器局部阻力系数，可参阅有关资料而定。

(2) 对层燃炉，燃烧设备的阻力指空气穿过炉排和燃料层的阻力。由于空气穿过炉排和燃料层的阻力难以计算，一般以要求炉排下的风压值来代替。炉排下要求的风压值取决于炉子形式和燃料层厚度，一般链条炉排为0.8～1kPa；往复炉排为0.6kPa；抛煤机炉为0.6kPa；固定炉排为0.8～1kPa。

(3) 对沸腾炉，该项阻力由布风板和料层阻力组成。对风帽式沸腾炉，静止料层高度保持在400mm左右时，燃烧设备的阻力可达4.9～7kPa；对密孔板式沸腾炉可达2～4kPa。

(二) 阻力修正

如果当地海拔高度超过200m，则需计入大气压力的修正，修正后的总阻力为

$$\Delta p_k = \Sigma \Delta p \frac{101\,325}{b_{k,av}} \quad (kPa) \tag{9-23}$$

$$b_{k,av} = b + \frac{\Sigma \Delta p}{2} \quad (kPa) \tag{9-23a}$$

式中 $\Sigma\Delta p$——风道各项阻力之和，kPa；

$b_{k,av}$——风道中空气的平均压力，如$\Sigma\Delta p > 3kPa$时，按式（9-23a）计算；

b——当地平均大气压力，如$\Sigma\Delta p \leqslant 3kPa$，可取$b_{k,av} = b$。

(三) 风道系统的自生通风力

任何一段风道的自生通风力$p_{k,zs}$可由式（9-4）得出。如周围空气温度为20℃，$\rho_k = 1.2kg/m^3$，则各段风道的自生通风力计算式可写为

$$p_{k,zs} = \pm(1.2 - \rho_{rk})gH = \pm\left(1.2 - \rho_k^0 \frac{273}{273 + t_{rk}}\right)gH = \pm\left(1.2 - \frac{352}{273 + t_{rk}}\right)gH \quad (kPa) \tag{9-24}$$

式中 H——所计算风道进口、出口截面的垂直高度差，m；

ρ_{rk}、t_{rk}——热空气密度和温度，kg/m³、℃；

ρ_k^0——在标准状态下(气压 101 325Pa、温度 0℃)空气的密度，kg/m³，$\rho_k^0=1.293$kg/m³。

在锅炉风道系统一般只对两处进行自生通风力计算：一是空气预热器内，其计算高度等于冷空气进口和热空气出口的标高差；二是整个热风道，其计算高度等于空气预热器出口到炉室入口（即燃烧器的轴心或炉排面）的标高差。两部分之和即为风道系统总的自生通风力

$$p_{k,zs}=\sum p_{k,zs}\quad(\text{kPa})\tag{9-25}$$

于是，锅炉风道系统的全压降为

$$\Delta p_{k,qy}=\Delta p_k-p_{k,zs}-p'_1\quad(\text{kPa})\tag{9-26}$$

$$p'_1=p''_1+0.95Hg\quad(\text{kPa})\tag{9-26a}$$

式中 p'_1——空气进炉膛处的负压值，其值可用式（9-26a）近似求得；

p''_1——炉膛出口处的负压值，一般 $p''_1=0.02$kPa；

H——空气进口到炉膛出口中心间的垂直距离，m。

五、锅炉风烟系统阻力的估算

为了分析锅炉运行工况，对风烟系统的阻力也常采用估算的方法。

（1）水平烟道的摩擦阻力，当烟气流速为 3～4m/s 时，每 25m 取 20Pa；当烟气流速为 6～8m/s 时，取 80Pa。

（2）不同容量锅炉的烟道阻力计算和风道阻力计算可按表 9-5 进行估算。

表 9-5 不同容量锅炉的烟道阻力和风道阻力估算值

容量(t/h) / 阻力类别	≤4	6	10	20	35
风道阻力（Pa）	800～1000	1000～1500	1900～2300	1600～2200	1600～2200
烟道阻力（Pa）	600～800	700～1050	500～1000	650～1100	1000～1400

（3）一般蒸汽锅炉（含大型热水锅炉）都有空气动力计算书，锅炉本体的阻力可从生产厂家提供的计算书中查得。铸铁锅炉及小型锅壳锅炉通常没有空气动力计算书，其本体的烟气阻力可按表 9-6 进行估算。

表 9-6 铸铁锅炉及小型锅壳锅炉本体的烟气阻力估算值

锅炉形式	烟气阻力（Pa）	锅炉形式	烟气阻力（Pa）
铸铁锅炉	40～50	水—火管组合锅炉	30～60
卧式水管锅炉	60～80	立式水管锅炉	20～40
卧式烟管锅炉	70～100		

第三节 烟囱的计算

烟囱是烟道的组成部分，所以必须认真设计和安装，如果忽略了这点，会导致不完全燃

烧。特别要注意烟囱的压力和温度。由于现在新的供热系统技术的发展，使得排烟温度降低(有些锅炉比旧式的排烟温度要低100℃左右，例如中、小型燃烧值锅炉的烟气温度仅为40℃左右)；烟气量变小了（因为空气过量少了)；运行时间变长了（因为建筑物保温功能提高，锅炉的功率小了)，旧式烟囱尺寸显得过大，不能防护结露（图9-15)。

一、烟囱的种类

烟囱必须抗热、抗烟气的腐蚀和烟灰的烧烤。根据材料，烟囱分为砖烟囱、钢筋混凝土烟囱和钢板烟囱。

(1) 砖烟囱。砖烟囱造价低，使用年限较长，在中、小型锅炉中应用广泛，甚至可以和建筑物一起设计建造。砖烟囱的高度一般不超过60m，适用于地震烈度为七度及以下地区。但是若设计不当或施工质量低劣时，易产生裂缝，影响通风和安全运行（图9-16)。烟囱出口与屋面的尺寸见图9-17。

图9-15 外墙被烟囱损害

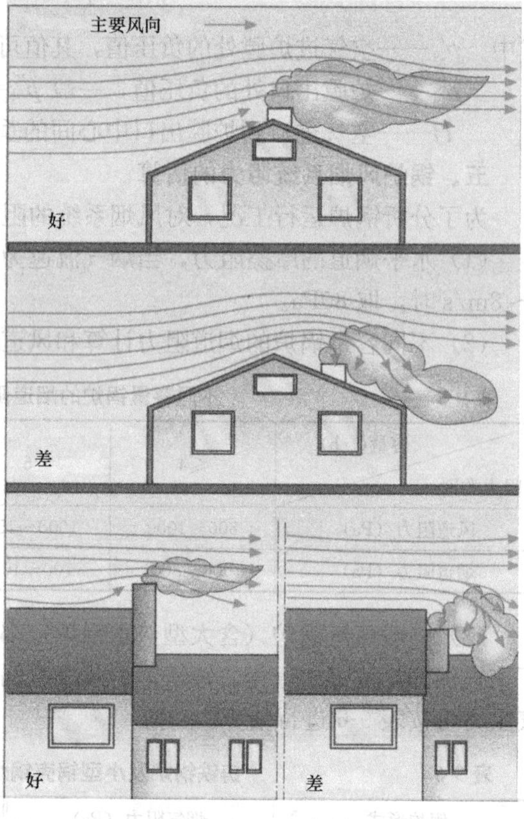

图9-16 屋面烟囱的出口

(2) 钢筋混凝土烟囱。钢筋混凝土烟囱抗地震烈度较高，使用年限长；但因消耗较多的钢材，造价较高。钢筋混凝土烟囱适用于烟囱高度一般超过60m和地震烈度为七度以上的地区。

(3) 钢板烟囱。钢板烟囱自重轻、占地少，便于工业化生产和现场制作安装，抗震性能较好；易受烟气腐蚀和氧化锈蚀，需经常维护保养。钢板烟囱主要用于燃油、燃气锅炉和容量较小的燃煤锅炉，其高度不宜超过30m。

砖烟囱和钢筋混凝土烟囱为求稳定，其筒身呈锥度为 2%～2.5%的圆锥形。为了防止高温烟气损坏烟囱内壁和烟气温度下降过快，筒身内壁敷设的耐火材料的内衬，即使烟气的温度在 500℃时，其外侧的温度也不能超过 160℃；为了防止结露，筒身与内衬之间应留出 50mm 的空气隔热层，或内衬包上隔热材料。为便于清灰和检修，烟囱底部应设清灰人孔。

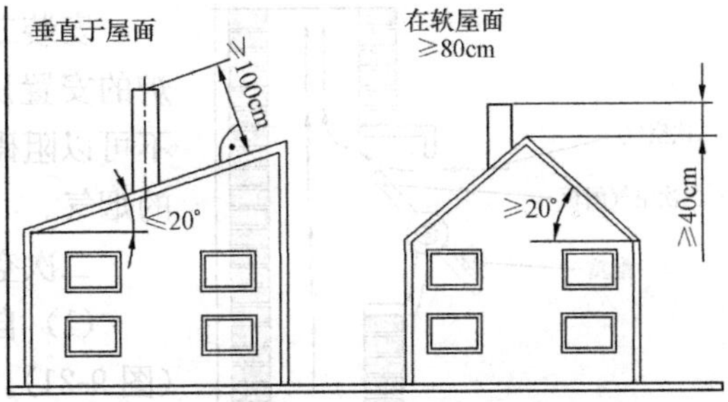

图 9-17 烟囱出口与屋面的距离

钢板烟囱由多节组成，由普通碳素钢板和不锈钢板制成，也有直接用钢管代替的。钢板烟囱底部应设冷凝水收集和排除装置。为了防止烟气的腐蚀，可在烟囱内壁敷设耐热砖衬或耐酸水泥。为了维持烟囱的稳定性，应用 3～4 根钢丝绳对称固定。

在建筑物发生火灾时，烟囱必须耐火 90min。为防止雷击，烟囱外部应设避雷措施。烟囱外部还应设爬梯，供检修使用。

以前烟囱都是单层的，然后是用专门的单层砌块砌成，安装简单而快捷。随着燃油锅炉的使用，要求耐酸和采用双层结构模式。由于现在排烟的温度越来越低，导致三层与辅助通气结构的出现（图 9-18），即使排烟温度在 30℃，也不会出现结露。

烟气闸板（图 9-19）是在锅炉静止状态时用来节能的，如果没有闸板，炉内存在的热量会因为烟气产生热的升力而损失掉。热控制的闸板只允许用于大气式燃气燃烧器，电极控制的闸板可以用于带送风机的燃油和燃气燃烧器、不带送风机的燃气燃烧器。烟气闸板不妨碍连接件和烟囱的检测和清扫。当烟气闸板打开时，带送风机的燃烧器才可以运行。

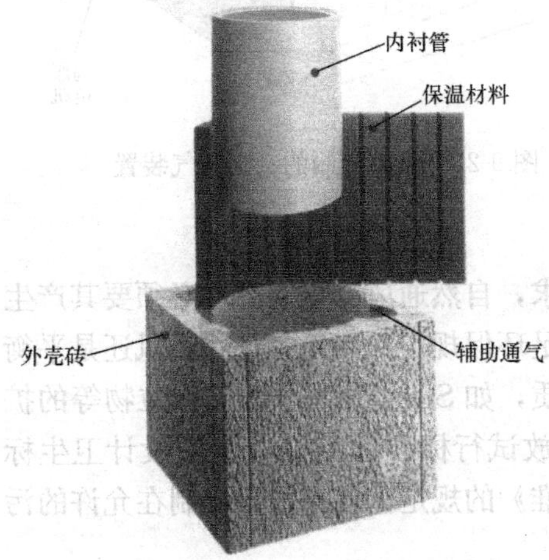

图 9-18 带辅助通气的三层绝热烟囱

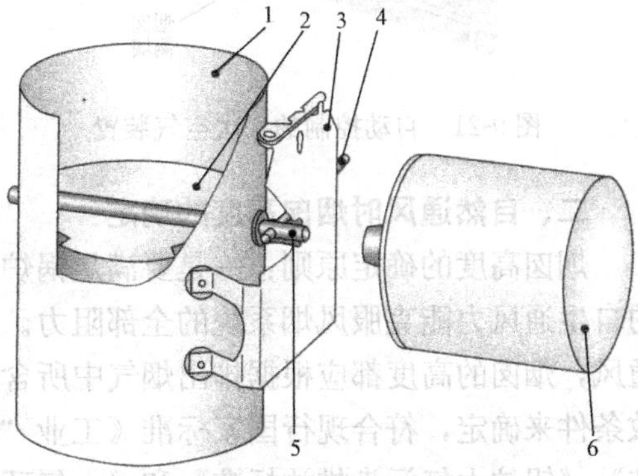

图 9-19 烟气闸板

1—烟管；2—闸板；3—支撑板；4—调节杠杆；5—闸板轴；6—伺服电机

烟气二次空气装置是用来防止烟囱过度湿漉（不适用于对潮湿不灵敏的烟囱）和太大的升力波动的（图 9-20）。在引用先进技术、正确设计的烟囱上不需要二次空气装置，但是在旧的锅炉上可以改善升力条件。

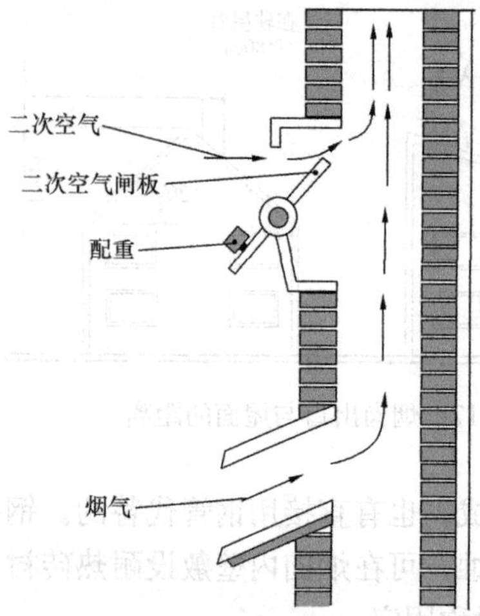

图 9-20　烟气二次空气装置

安装二次空气装置应满足一定条件：如只安排在锅炉的安置房间；至少安装在烟囱柱 40cm 以上的位置；不可以阻碍烟气的排出；在正压时，不能逸出有危害量的烟气。

二次空气装置分为以下三类：

(1) 自动控制二次空气装置：也称为升力限制器(图 9-21)。孔的开放度依赖于烟囱升力，由于二次空气进入烟囱，使升力保持恒定。

(2) 机械控制二次空气装置：当它开放相应的孔时，通过一台电动机驱动和在锅炉静止状态时，关注烟囱的通风（图 9-22)。

(3) 复合式二次空气装置：它负责烟囱恒定的升力和通风。

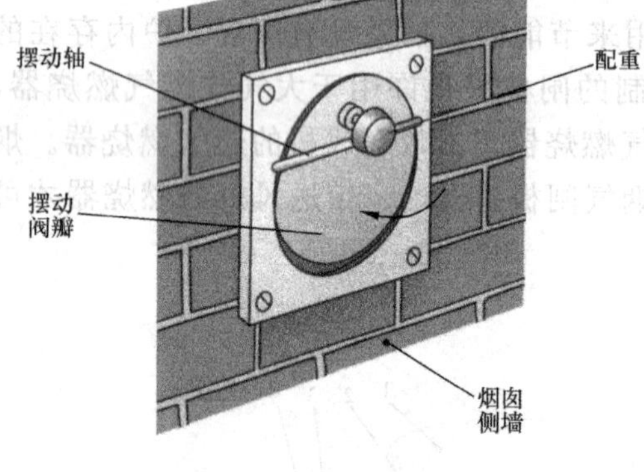

图 9-21　自动控制的二次空气装置

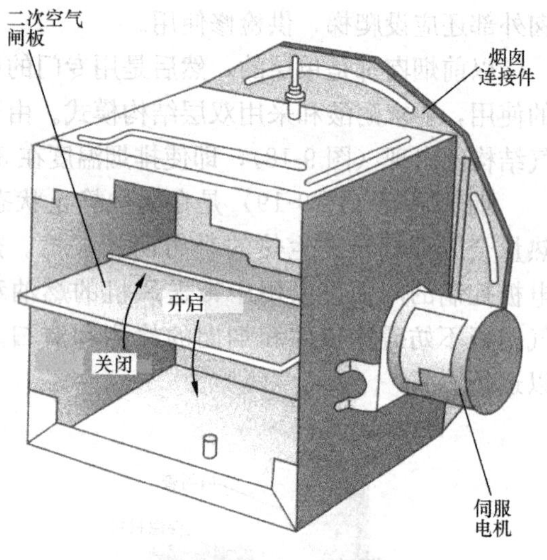

图 9-22　机械控制的二次空气装置

二、自然通风时烟囱高度的确定

烟囱高度的确定原则：一是要满足锅炉通风的要求，自然通风的烟囱高度必须要其产生的自生通风力能克服风烟系统的全部阻力。二是要满足环保规定，无论是自然通风还是平衡通风，烟囱的高度都应根据排出烟气中所含的有害物质，如 SO_2、NO_x、固定颗粒物等的扩散条件来确定，符合现行国家标准《工业“三废”排放试行标准》、《工业企业设计卫生标准》、《锅炉大气污染排放标准》和《大气环境质量标准》的规定，使排放量控制在允许的污染程度之内。

(一) 烟囱高度的确定

如图 9-23 所示，采用自然通风的小型锅炉灰坑与大气相连，烟道出口与烟囱相连。烟囱的自生通风力 $p_{yc,zs}$ 由式 (9-4) 可得

$$p_{yc,zs}=(\rho_k-\rho_y)gH_{yc}=\left(\rho_k^0\frac{273}{273+t_k}-\rho_y^0\frac{273}{273+t_{yc}}\right)gH_{yc}\quad(kPa)\qquad(9\text{-}27)$$

式中 H_{yc}——烟囱高度，m；

ρ_k、ρ_y——分别为当地大气压力下空气和烟囱内烟气的平均密度，kg/m^3；

ρ_k^0、ρ_y^0——在标准状态下空气和烟气的密度，kg/m^3，$\rho_k^0=1.293$kg/m^3，$\rho_y^0\approx$ 1.34kg/m^3；

t_k、t_{yc}——环境空气和烟囱内烟气的平均温度，℃。

自然通风时，烟囱的自生通风力若要克服风烟系统的全部阻力，烟囱的高度必须满足下列要求

$$p_{yc,zs}\frac{b}{101\,325}-\Delta p_{yc}\frac{\rho_y^0}{1.293}\frac{101\,325}{b}\geqslant 1.2\Delta p' \quad (\text{kPa}) \tag{9-28}$$

即

$$H_{yc}\geqslant\frac{1.2\Delta P'+\Delta p_{yc}\dfrac{\rho_y^0}{1.293}\dfrac{101\,325}{b}}{g\left(\rho_k-\rho_y^0\dfrac{273}{273+t_{yc}}\right)\dfrac{b}{101\,325}} \quad (\text{m}) \tag{9-29}$$

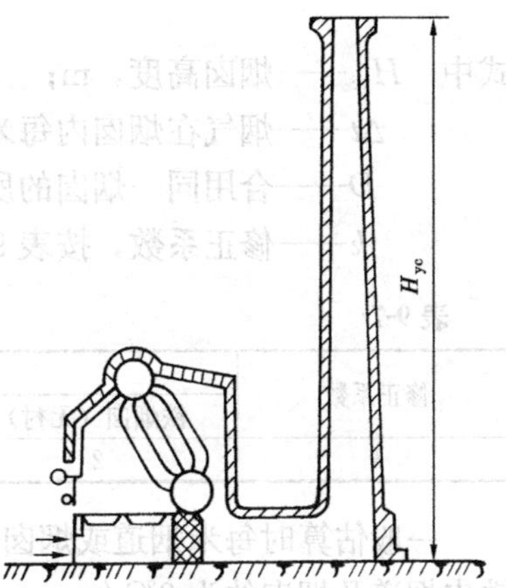

图 9-23 自然通风工作示意图

式中 $p_{yc,zs}$——烟囱的自生通风力，kPa；

Δp_{yc}——烟囱的总阻力，包括摩擦阻力和出口阻力，可按式（9-13）和式（9-14）计算，kPa；

$\Delta P'$——锅炉风烟道总阻力（其中不包括烟囱本身的自生风和烟囱的总阻力），kPa；

1.2——引风能力的储备系数；

b——当地大气压力，kPa。

式（9-28）中第一项为自生通风力，它与密度 ρ 的一次方成正比，而 ρ 与大气压力成正比，故自生通风力与大气压力 b 成正比，因此乘以$\dfrac{b}{101\,325}$修正系数。

采用自然通风且全年运行的锅炉房，应分别以冬、夏季室外温度相应最大蒸发量为基础来计算烟囱的高度，取其较高值；对于专供采暖的锅炉房，则应分别以采暖室外计算温度和采暖期结束时的室外温度和相应的最大蒸发量为基础计算烟囱高度，并取其较高值。如果计算所需烟囱高度超过 50m，则应设置引风机进行机械通风。

（二）烟囱中烟气平均温度的确定

自然通风情况下在计算烟囱中烟气的平均温度时必须考虑烟气在烟道和烟囱内的温降。

1. 烟气在烟道中的温度降 $\Delta t'$

当烟道有良好的保温时可不考虑，当烟道没有良好的保温时按式（9-30）计算

$$\Delta t'=\frac{Q_{yd}}{V_{yf}c/3600} \quad (℃) \tag{9-30}$$

$$Q_{yd}=q_{yd}A \quad (\text{kW}) \tag{9-31}$$

式中 V_{yf}——引风机处的烟气流量，m^3/h；

c——烟气平均比热，一般可取 $c=1.352\sim1.356$kJ/(m$^3\cdot$K)；

Q_{yd}——烟道的散热损失，kW；

q_{yd}——烟道单位面积的散热损失，室内不保温的烟道可取 $q_{yd}=1.163$kW/m^2，室外

不保温烟道可取 $q_{yd}=1.521\text{kW/m}^2$；

A——烟道散热面积，m^2。

2. 烟气在烟囱中的温度降 $\Delta t''$

$$\Delta t'' = H_{yc}\Delta t \quad (℃) \tag{9-32}$$

$$\Delta t = \frac{k}{\sqrt{D}} \quad (℃/\text{m}) \tag{9-33}$$

式中 H_{yc}——烟囱高度，m；

Δt——烟气在烟囱内每米高度的温度降，℃/m，可用近似公式（9-33）确定：

D——合用同一烟囱的所有同时运行的锅炉额定蒸发量之和，t/h；

k——修正系数，按表 9-7 取用。

表 9-7　　修正系数 k

修正系数	烟囱种类			
	铁烟囱（无衬）	铁烟囱（有衬）	砖烟囱平均壁厚＜0.5m	砖烟囱平均壁厚＞0.5m
k	2	0.8	0.4	0.2

一般估算时每米烟道或烟囱的温度降可采用下列数值：砖砌烟道及烟囱约为 0.5℃/m，铁皮烟道及烟囱约为 2℃/m。

3. 烟囱出口烟气温度 t_2

$$t_2 = t_{py} - \Delta t' - \Delta t''(℃) \tag{9-34}$$

式中 t_{py}——锅炉排烟温度（取用热力计算或厂家提供数据），℃。

4. 烟囱中烟气平均温度

$$t_{yc} = \frac{t_2 + (t_{py} - \Delta t')}{2} = t_{py} - \Delta t' - \frac{\Delta t''}{2}(℃) \tag{9-35}$$

为简化计算，烟气在烟囱中的冷却可不考虑，按式（9-12）引风机处的烟温来进行计算。

三、机械通风时烟囱高度的确定

机械通风时，风烟道阻力由送、引风机克服。因此，烟囱的作用主要是将烟气排入高空中并使排出的烟气符合环境保护的要求。

每个新建锅炉房只能设一个烟囱。烟囱高度应根据锅炉房总容量，按表 9-8 规定执行。

表 9-8　　锅炉房总容量与烟囱高度的对应关系

锅炉房总容量							
	t/h	＜1	1～＜2	2～＜4	4～＜10	10～＜20	20～＜40
	MW	＜0.7	0.7～＜1.4	1.4～＜2.8	2.8～＜7	7～＜14	14～＜28
烟囱允许最低高度	m	20	25	30	35	40	45

新建锅炉烟囱周围半径 200m 范围内有建筑物时，烟囱应高出最高建筑物 3m 以上。

锅炉房总容量大于 28MW（40t/h）时，其烟囱高度应按环境影响评价要求确定，但不得低于 45m。

四、烟囱直径的确定

1. 烟囱出口截面内径 d_2

$$d_2 = \sqrt{\frac{B_j n V_y (t_2 + 273)}{3600 \times 273 \times 0.785 v_2}} \quad (\text{m}) \tag{9-36}$$

式中 B_j——计算燃料消耗量，kg/h；

V_y——在标准状态下通过烟囱的烟气流量，m^3/h；

n——共用同一烟囱的同时运行的锅炉台数；

v_2——烟囱出口处烟气流速，m/s，按表 9-9 选用。

表 9-9 烟囱出口烟气流速 v_2 推荐值

烟囱类型	烟囱高度(m)	出口烟气流速(m/s)
工业锅炉砖或钢筋混凝土烟囱	60	16～23
	30～45	10～15
钢烟囱	>20	～15
	<20	～12
自然通风		6～10

注 1. 选用流速时应根据锅炉房扩建的可能性取适当数值，一般不宜取用上限。

2. 应注意烟囱出口烟气流速在最小负荷时不宜小于 2.5～3m/s，以免冷空气倒灌。

设计 d_2 时应根据冬、夏季负荷分别计算。如负荷相差悬殊，则应首先满足冬季负荷的要求。

由式（9-36）求得烟囱直径后，施工时考虑积灰的影响，直径应放大 100mm 左右。圆形烟囱的出口内径一般不小于 0.8m，以便用内脚手架砌筑。当直径较小时，可采用方形或矩形烟囱。钢板烟囱不受限制。

2. 烟囱入口截面内径 d_1

烟囱入口直径（内衬最小内径）不应小于出口直径，考虑一定锥度后，d_1 为

$$d_1 = d_2 + 2iH_{yc}(\mathrm{m}) \tag{9-37}$$

式中 i——烟囱锥度，通常取 0.02～0.03。

3. 烟囱底部外径 d 与烟囱高度的关系

$d \leqslant 2.5$m 时， $H_{yc} \leqslant (25 \sim 30)d$

$d > 2.5$m 时， $H_{yc} \leqslant (20)d$

第四节 风机的选择

一、风机选择的要点

（1）常用的风机有离心式和轴流式两种。目前国内使用的主要是离心式风机。风机的性能参数有流量 Q、全压 p、转速 n、功率 P 及效率 η。风机的流量和全压应根据锅炉额定负荷出力、燃料品种、燃烧方式和风烟系统的阻力计算结果确定，并计入当地大气压和空气、烟气的温度和密度对风机特性的修正。

（2）风机的功率 P 是由流量 Q、全压 p 确定的。在选择风机时，应使风机经常工作的区域（一般为锅炉负荷的 80%左右）在其效率最高的范围内。风机厂的风机性能目录中列出的性能范围或风机铭牌上标出的性能数据是指效率不低于该风机最高效率的 90%时所对应的性能，可按此值选用风机。应选用高效、节能和低噪声风机。

（3）送风机所输送的介质为低温清洁空气，工作条件较好，其转速可高些。通过引风机的介质为高温含尘烟气，温度一般为 150～250℃，因此引风机易受磨损。为减轻磨损和防止积灰振动，其转速不宜超过 960r/min，叶片数目也不宜过多，且叶片和机壳应有一定厚

度，以延长风机的寿命。

(4) 对一般工业锅炉，送、引风机最好是单炉单机配置，即每台锅炉都有自己的一台送风机和一台引风机。无特殊要求时，不考虑风机的并列运行。送、引风机单炉单机配置时，层燃炉风量的备用系数为1.1，风压的备用系数为1.2。

(5) 当需要集中配置时，每台锅炉的风、烟道与总风、烟道连接处，应设置密封性好的风、烟道闸门，以便检修一台风机时不影响另一台运行。集中配置风机时，送风机和引风机的台数不应少于2台，其中各有一台备用，并应使风机能并联运行，并联运行后风机的风量和风压富裕量和单炉配置时相同。

(6) 风机的调节装置应设在风机入口处，调节装置有闸板、导向叶片和变转速等。闸门节流方法调节简单，但不经济。变速调节方法调节设备较复杂，但最经济。目前采用最多的是风机入口装设径向导向叶片，设备简单，阻力小。

(7) 由于风机的设计介质为空气，设计参数是：压力为101 325Pa大气压，送风机介质温度为20℃，引风机介质温度为200℃，因此，在选择风机时必须考虑到当地的气压和介质温度对风机性能的修正。此外，引风机不能超过其规定的介质温度。

(8) 选择风机时应按锅炉房设备布置图确定风机的旋转方向及出风口风向的角度。

二、选择风机用的流量和压头的确定

由于运行条件和理论计算之间存在着一定的偏差，为了安全起见，风机流量和压头都应有一定的储备。

1. 选择送风机和引风机用的介质流量

$$Q_j = \beta_1 V \frac{101\ 325}{b_j} \quad (m^3/h) \tag{9-38}$$

式中 V——额定负荷下的空气或烟气流量，m^3/h，分别按式(9-20)和式(9-11)进行计算；

β_1——流量储备系数，$\beta_1=1.1$；

b_j——风机进口介质压力。对送风机及进口负压 $h_j<3000Pa$ 的引风机，可取 b_j 等于大气压力 b；对于进口负压 $h_j \geqslant 3000Pa$ 的引风机，则 $b_j=b-h_j$。

2. 选择送风机和引风机用的压头

$$p_j = \beta_2 \Delta p \quad (kPa) \tag{9-39}$$

式中 Δp——锅炉风道或烟道系统的全压降，kPa，由式(9-26)和式(9-19)确定；

β_2——压头储备系数，$\beta_2=1.2$。

由于我国风机厂产品的设计条件是送风机以标准大气压下20℃的空气为介质，引风机以标准大气压下200℃的空气为介质，因此在选择风机之前还必须把风机压头 p_j 折算到风机厂设计条件下的压头，压头折算公式为

$$p = K_\rho p_j \quad (kPa) \tag{9-40}$$

式中 K_ρ——介质密度修正系数。

对送风机

$$K_\rho = \frac{T}{T_k} \frac{101\ 325}{b} \tag{9-41}$$

对引风机

$$K_\rho = \frac{1.293}{\rho_y^0} \frac{T}{T_k} \frac{101\,325}{b} \quad (9\text{-}42)$$

式中　T——额定负荷下送风机或引风机中介质的绝对温度，K；

T_k——制造厂设计风机时取用的空气的绝对温度，K；

ρ_y^0——在标准状态下烟气的密度，$\rho_y^0=1.34\text{kg/m}^3$。

三、风机功率的确定

1. 风机所需的轴功率

$$P = \frac{Q_j p_j}{3600 \times 10^3 \times \eta \times \eta_j} \quad (\text{kW}) \quad (9\text{-}43)$$

式中　η——风机在全压下的效率，一般离心式风机为0.6～0.7，机翼型叶片的高效离心式风机为0.85～0.9；

η_j——机械传动效率，其值取决于风机与电动机的连接方式。当风机与电动机直联时，$\eta_j=1.0$；当风机与电动机用联轴器连接时，$\eta_j=0.95$～0.98；当风机与电动机三角皮带传动时，$\eta_j=0.9$～0.95；当风机与电动机用平皮带传动时，$\eta_j=0.85$。

2. 风机所需的电动机功率

$$P_d = \frac{\beta_3 N}{\eta_d} \quad (\text{kW}) \quad (9\text{-}44)$$

式中　η_d——电动机效率，一般取0.9；

β_3——电动机备用系数，按表9-10取用。

表9-10　电动机备用系数 β_3

电动机功率(kW)	备用系数 β_3 皮带传动	备用系数 β_3 同一转动轴或联轴器连接	电动机功率(kW)	备用系数 β_3 皮带传动	备用系数 β_3 同一转动轴或联轴器连接
≤0.5	2.0	1.15	2.0～5.0	1.2	1.10
0.5～1.0	1.5	1.15	>5.0	1.1	1.10
1.0～2.0	1.3	1.15			

复　习　题

1. 锅炉通风方式有哪几种？各有什么特点？
2. 锅炉风烟道阻力计算的目的是什么？
3. 解释：自生通风力、沿程摩擦阻力、局部阻力。
4. 锅炉引风系统阻力计算的起点和终点各取何处？所包括的设备有哪些？
5. 锅炉送风系统阻力计算的起点和终点各取何处？所包括的设备有哪些？
6. 为什么要对计算所得的阻力进行修正？如何修正？
7. 烟道系统全压降包括哪几项？请用等式的形式表示出来。
8. 风道系统全压降包括哪几项？请用等式的形式表示出来。
9. 烟囱的种类有哪些？烟囱高度确定的原则、方法有哪些？
10. 风机选择应注意哪些要点？

第十章 锅炉给水的处理

锅炉用水主要来自天然水（江、河、湖和地下水）和自来水，由于其中含有各种杂质，必须经过处理后才能作为锅炉用水，否则会严重影响锅炉的安全经济运行。为降低水中钙、镁盐类的含量（俗称软化），防止锅内结垢，减少水中的溶解气体（俗称除氧），减轻其对受热面的腐蚀，锅炉房必须设置合适的水处理设备以保证锅炉用水质量。对大部分工业锅炉，给水经预先处理后进入锅炉，称为锅外水处理；对一些小容量的工业锅炉，水处理在锅内进行，则称为锅内水处理。

第一节 水质指标和水质标准

一、水中的杂质及其危害性

（一）水中的杂质

天然水中的杂质主要按三种形式存在：悬浮物、胶体、溶解物。详见表 10-1。

表 10-1 水中杂质分类

水中杂质	溶解物			胶体	悬浮物	
杂质形态	离子的和溶解态			非离子的和非溶解态		
杂质尺寸（mm）		10^{-7}	10^{-6}	10^{-5}	10^{-4}	10^{-3}　10^{-2}　10^{-1}　1　10
	阳离子	阴离子	气体			
杂质名称	钙 镁 钠 钾 铵 铁 锰	重碳酸根 碳酸根 氢氧根 硫酸根 氯根 硝酸根 磷酸根 有机物	二氧化碳 硫化氢 氨 氧 甲烷 氯	有机物 胶体硅 微生物 浮游生物 腐殖质 油 腐蚀产物	淤泥、泥渣污物和其他悬浮物 有机物 藻类	
存在特征	透明			光照下混浊	混浊	肉眼可见

悬浮物是指水流动时呈悬浮状态存在，但不溶于水的颗粒物质，其颗粒直径在 10^{-4}mm 以上，通过过滤可以被分离出来。主要是砂粒、黏土、油以及动植物的腐败物质等。

胶体是颗粒直径在 10^{-6}～10^{-4}mm 之间的微粒，是许多分子和离子的集合体，不能通过过滤分离出来。它们在水中不相互黏合，而是稳定在微小的胶体颗粒状态下，不能依靠重力自行下沉。天然水中的有机胶体多半是由动植物腐烂和分解后生成的腐殖质，同时还带有一部分矿物质胶体，主要是铁、铝、硅和铬等的化合物。

溶解物质中的盐类大都以离子状态存在，其颗粒小于 10^{-3}mm。离子是由水溶解了某些矿物质（主要是钙、镁、钾、钠等盐类）而带入的。例如钙离子（Ca^{2+}）主要来自地层中石灰石（$CaCO_3$）和石膏（$CaSO_4 2H_2O$）在水中的溶解，镁离子（Mg^{2+}）是由白云石

$(MgCO_3 \cdot CaCO_3)$ 受含 CO_2 的水溶解而成的。天然水中的溶解气体主要有氧、二氧化碳。氧的来源是由于水中溶解了大气中的氧。至于 CO_2，主要是水中或泥土中有机物的分解和氧化的产物。

（二）水中杂质的危害

1. 结垢

锅炉运行一段时间后，往往在锅筒壁及管壁上粘附一层白色硬皮，称为水垢。水垢形成的主要原因是由于给水中含有钙、镁盐类，也就是所谓的硬度物质。这种盐类溶解度较小，其溶解度随温度升高而下降，易变成难溶的盐类。水垢的存在对锅炉的危害主要表现为：

(1) 增加导热热阻，浪费燃料。与钢铁的导热能力相比，水垢的导热性能很差（表10-2)。锅炉结有水垢后，会使受热面的传热性能变差，燃料燃烧产生的热量不能迅速地传递到工质中，大量的热量被炉烟带走，造成排烟温度升高，排烟热损失增加，锅炉出力和热效率下降。每毫米厚水垢要多消耗燃料 7%～9%，热效率下降 10%～20%。

表 10-2 钢铁与各类水垢的导热系数

水垢成分	导热系数[kJ/(m·h·℃)]	与钢铁相比
钢铁	167.2～250.8	
硅酸盐垢	0.84～1.67	1/100～1/200
碳酸盐垢	1.67～2.50	1/80～1/100
硫酸盐垢	2.09～8.36	1/20～1/80
磷酸盐垢	2.09～2.92	1/70～1/80
氧化铁（赤铁矿）	12.54～20.9	1/8～1/20
氧化铁（磁铁矿）	4.18	1/40～1/60
油脂膜	0.50	1/400
煤灰	0.25～0.5	1/400～1/800

(2) 损坏受热面。当受热面结有水垢后，会使结垢部位的金属管壁温度升高，以致引起金属过热，机械强度降低，管道内壁变形，产生鼓包，甚至引起爆管等严重事故。据测算：当锅炉内结有 3mm 厚的水垢时，钢材温度会由 280℃上升到 580℃，而其抗拉强度则会由 $3.96\times10^6 N/m^2$ 下降到 $9.84\times10^5 N/m^2$。而且，水垢产生后会减小受热面管内部通流截面，水循环的流动阻力增加，影响循环回路正常工作。结垢严重时甚至会堵塞水管，导致管子烧损。

(3) 缩短锅炉使用寿命。水垢附着在锅炉受热面上，尤其是在管内，很难清除。为了除垢需要经常停炉进行清洗，因而增加了检修费用，不仅耗费较大的人力、物力，而且会因采用机械法除垢或化学清洗除垢使受热面受到损伤，降低锅炉的使用寿命。

2. 腐蚀

给水和补水水质不良还会引起锅炉系统的腐蚀。腐蚀的危害主要表现在：

(1) 破坏设备构件。水是电解质（酸、碱、盐的水溶液），与之接触的金属极易产生电化学腐蚀。当水中含有溶解氧或游离 CO_2、或 pH 值 <7 呈现酸性、或水中氯化物存在较多时，会对给水管道、省煤器、水冷壁、锅筒及对流管束等产生化学腐蚀。这两种腐蚀均为局部腐蚀。腐蚀会使这些金属构件变薄、局部点状腐蚀而凹陷甚至穿孔，不仅降低了金属构件的强度，缩短了其寿命，造成经济损失，而且严重影响锅炉的安全运行。若锅水碱度过大，易产生苛性脆化，这是一种特殊的应力腐蚀，常常导致严重后果。

(2) 增加了锅水中的结垢成分。金属腐蚀产物(主要是铁化合物)转入水中,使水中杂质增多,受热面上结垢的机会也增加,容易与其他杂物结成混合水垢。而当水垢中含有高价铁时,又容易引起与水垢接触的金属铁的腐蚀(即"垢下腐蚀"),铁的腐蚀产物又重新回到水中,进一步增加锅水中的结垢成分,从而加剧了在高热负荷受热面的结垢过程。这是一种恶性循环,它会导致锅炉系统金属构件的迅速破坏。

3. 发沫或汽水共腾

汽锅中的水,随着不断蒸发,其所含的盐量及碱度不断增高。当其浓度达到一定值时,就容易在锅筒蒸发面产生泡沫,称为发沫,尤以水中有悬浮物颗粒、油及有机物时发沫更易发生且剧烈。发沫严重时会使锅筒内汽水面不分,变成蒸汽和水泡沫的混合体,这种现象叫汽水共腾。发沫或汽水共腾的主要危害是:

(1) 污染蒸汽品质。蒸汽携带泡沫,引起蒸汽大量带水,致使蒸汽被污染,造成过热器及蒸汽管道等积盐(随蒸汽带出的杂质沉积在蒸汽通过的部位)。过热器积盐后会使管壁温度增高很多,以致烧损。

(2) 锅炉水位计水位不清,甚至看不出水位,影响锅炉安全运行。

(3) 产生水击现象,易造成蒸汽系统的损坏。

二、水质指标

水质指标是评价水的质量好坏的技术指标。锅炉用水的水质指标通常分为两类:一类是反映水中某种杂质含量的成分指标,如溶解氧、氯离子、钙离子等;另一类是反映某一类物质的总含量的技术指标,如硬度、碱度、含盐量等。在工业锅炉中表示水质的指标主要有:

(1) 浊度:指由于含有泥沙、黏土、有机物、无机物、浮游生物等不溶于水的悬浮状杂质造成的浑浊的程度。根据光透过被测水样的强度,以福马肼标准悬浊液作标准溶液,采用浊度仪来测定。

(2) 溶解固形物:指水中除去悬浮物后,经蒸发、烘干后所得的残渣,单位为mg/L。溶解固形物包含有机物质和含盐量。水中含盐量表示水中各种盐类的总和,由水中全部阳离子和阴离子的重量相加得到。通常用溶解固形物作为含盐量的近似值。在测定水中的溶解固形物时,由于水处于蒸发状态,使水中的部分碳酸盐发生分解(HCO_3^- 变成 CO_2 逸出),氧化物和硫酸钙、镁加热时形成结晶水等,造成测定的溶解固形物不能正确反映水中的总含盐量。所以在使用溶解固形物值估算含盐量时,应予校正。一般采用:总含盐量≈溶解固形物 $+\frac{1}{2}[HCO_3^-]$ (mg/L)。

(3) 硬度(H):指溶解于水中能形成水垢的物质,即钙、镁盐类的总含量。硬度法定计量单位用mmol/L(毫摩尔/升)表示,即一升水中含有钙、镁盐的毫摩尔数。法定计量单位与其他单位的换算关系见表10-3,其中德国度、ppm已废止。硬度通常分为如下几类:

1) 总硬度:表示水中钙、镁盐类的总含量,mmol/L。

2) 钙硬度:表示水中钙离子的含量,mg/L。

3) 镁硬度:表示水中镁离子的含量,mg/L。

4) 碳酸盐硬度:指溶解于水中的重碳酸钙 $Ca(HCO_3)_2$、重碳酸镁 $Mg(HCO_3)_2$ 和钙、镁的碳酸盐的含量。重碳酸钙、镁在水加热至沸腾后能转变为沉淀物析出,所以又称为暂时硬度。即

$$Ca(HCO_3)_2 \xlongequal{\triangle} CaCO_3 \downarrow + H_2O + CO_2 \uparrow$$

$$Mg(HCO_3)_2 \xlongequal{\triangle} MgCO_3 + H_2O + CO_2 \uparrow$$

$$MgCO_3 + H_2O \xlongequal{\triangle} Mg(OH)_2 \downarrow + CO_2 \uparrow$$

5）非碳酸盐硬度表示水中钙、镁的非碳酸盐（如氯化钙 $CaCl_2$、氯化镁 $MgCl_2$、硫酸钙 $CaSO_4$ 和硫酸镁 $MgSO_4$）的含量。这些盐类在加热至沸腾时不会立即沉淀，只有在水不断蒸发后使水中所含的浓度超过饱和极限时才会沉淀析出，所以又叫永久硬度。

6）几种硬度间的关系：总硬度＝暂时硬度＋永久硬度＝碳酸盐硬度＋非碳酸盐硬度。

表 10-3　硬度单位间的换算关系

硬度单位	mmol/L	德国度	法国度	英国度	美国度
mmol/L	1	2.804	5.005	2.511	50.045
法国度	1.998	0.56	1	0.702	10
英国度	0.284	0.798	1.428	1	14.285
美国度	0.018	0.056	0.1	0.070	1
ppm	0.018	0.056	0.1	0.070	1
德国度	0.356 6	1	1.784	1.252	17.847

注　1. 法国度：1L 水中含 10mg$CaCO_3$；英国度：0.7L 水中含 10mg$CaCO_3$；美国度、ppm：1L 水中含 1mg$CaCO_3$；德国度：1L 水中含 10mgCaO。

2. mmol/L 以一价离子作为基本单元，对于二价离子或分子均以其二分之一作为基本单元。如硬度 mmol/L 的基本单元为 C（$1/2Ca^{2+}$、$1/2Mg^{2+}$），碱度 mmol/L 的基本单元为 C（OH^-、HCO_3^-、$1/2CO_3^{2-}$）。而1/2CaO 的摩尔质量为 28.039 5，1/2$CaCO_3$ 的摩尔质量为 50.044，故 1 德国度＝10×50.044/28.039 5＝17.847ppm。1L 水中含 10mgCaO 相当于 10/28.039 5＝0.357mmol/L，即 1 德国度＝0.357mmol/L。

(4) 碱度（A）：是指水中含有能接受氢离子的物质的量。例如氢氧根（OH^-）、碳酸盐（CO_3^{2-}）、重碳酸盐（HCO_3^-）、磷酸盐（PO_4^{3-}）以及其他一些弱酸盐类（诸如硅酸盐、亚硫酸盐、腐植酸盐）和氨等，都是水中常见的碱性物质，它们都能和酸进行反应。在天然水中，碱性物质主要是 HCO_3^-。锅水中碱性物质主要有 CO_3^{2-} 和 OH^-，若采用磷酸盐处理时，锅水中还有 PO_4^{3-}、HPO_4^{2-} 等。碱度的单位用 mmol/L 表示。几种碱性物质的单位换算见表 10-4。

表 10-4　几种碱性物质的单位换算

mmol（l/L）	$CaCO_3$（mg/L）	Na_2CO_3（mg/L）	NaOH（mg/L）	HCO_3^-（mg/L）
1	100	106	40	61
0.01	1	1.06	0.400	0.61
0.025	2.50	2.65	1	1.52
0.016 4	1.64	1.74	0.66	1
0.094	0.64	1	0.38	0.58

水中不可能同时存在氢氧根碱度和重碳酸盐碱度，因为二者会起反应，即

$$OH^- + HCO_3^- \rightarrow CO_3^{2-} + H_2O$$

表示碱度的指标通常有全碱度和相对碱度两种：

1）全碱度：表示水中 OH^-、CO_3^{2-}、HCO_3^-、PO_4^{3-} 等的总含量。

2）相对碱度：指锅水中游离的 NaOH 含量和溶解固形物含量的比值。所谓游离 NaOH 是指水中氢氧根碱度折算成 NaOH 的含量。相对碱度是为防止锅炉苛性脆化而规定的一项技术指标。我国规定相对碱度值必须小于 0.2。

硬度和碱度的关系：暂时硬度既构成硬度又构成碱度，是硬度和碱度的共同组成部分。钠盐碱度即钠与负离子构成的碱度（如 NaOH、$NaHCO_3$、Na_2CO_3、Na_3PO_4 等），它与永久硬度不能共存，因为二者会起反应，如 $Na_2CO_3 + CaSO_4 = CaCO_3 \downarrow + Na_2SO_4$。由于钠盐碱度有消除永久硬度的能力，故也被称作负硬度，单位为 mg/L。除负硬度外，其他的硬度都是表示钙、镁离子的含量。

水中碱度和硬度的内在关系可归结为表 10-5 所示三种情况。

表 10-5　碱度与硬度的组合关系

分析结果 \ 硬度	暂时硬度	永久硬度	负硬度
$H>A$	暂时硬度$=A$	$H-A$	无
$H=A$	暂时硬度$=A$	无	无
$H<A$	$H=$暂时硬度	无	$A\text{-}H$

（5）pH 值：表示水的酸碱程度的一个指标。当 pH=7 时，水呈中性；pH<7 时，水呈酸性；pH>7 时，水则呈碱性。

天然水的 pH 值一般在 6～8.5 范围内。呈酸性的水会对金属有腐蚀性，因此锅炉给水都要求 pH>7；而锅水的 pH 值通常控制在 10～12，以形成 Fe_3O_4 保护膜使钢板不受腐蚀。

（6）溶解氧（O_2）：表示水中溶解的氧量，单位是 mg/L。溶解氧会腐蚀金属，所以对压力较高、容量较大的锅炉，给水必须除去溶解氧。溶解氧与水温有关，水温愈高，溶解氧愈小。常压下，水温 100℃时，溶解氧为 0。

（7）磷酸根（PO_4^{3-}）：指锅水中磷酸根的含量，单位是 mg/L。为消除锅炉给水带入汽锅的残留硬度，或为了控制相对碱度不超过 0.2 而进行锅内水处理时向锅内加入的一定量的磷酸盐，因而磷酸根 PO_4^{3-} 也作为锅水的一项控制指标。

（8）亚硫酸根（SO_3^{2-}）：指锅水中亚硫酸根的含量，单位是 mg/L。给水中的溶解氧可用化学方法去除，常用的化学药剂为亚硫酸钠。给水中亚硫酸钠相对于氧的过剩量越多，则反应速度越快越完全，在此情况下锅水中亚硫酸根（SO_3^{2-}）的含量也是一项控制指标。

（9）含油量：指水中油脂的含量，单位是 mg/L。天然水一般不含油，可是蒸汽的凝结水或给水在使用过程中有可能混入油类。油脂能黏结在锅炉的受热面上，产生油泥状水垢，还可造成汽水共腾，影响蒸汽品质。

三、水质标准

为了保证工业锅炉安全经济运行，锅炉给水及锅水均要求达到一定水质标准，我国现行国家标准 GB/T 1576—2008《工业锅炉水质》中规定：自然循环蒸汽锅炉和汽水两用锅炉，以及贯流和直流蒸汽锅炉的给水一般应采用锅外化学水处理，给水和锅水的水质应符合表

10-6 和表10-7的规定。

表 10-6　自然循环蒸汽锅炉和汽水两用锅炉锅外水处理的水质

额定蒸汽压力（MPa）		$p \leqslant 1.0$		$1.0 < p \leqslant 1.6$		$1.6 < p \leqslant 2.5$		$2.5 < p < 3.8$	
补给水类型		软化水	除盐水	软化水	除盐水	软化水	除盐水	软化水	除盐水
浊度（FTU）		≤5.0	≤2.0	≤5.0	≤2.0	≤5.0	≤2.0	≤5.0	≤2.0
硬度（mmol/L）①		≤0.030		≤0.030		≤0.030		$\leqslant 5.0 \times 10^{-3}$	
pH 值（25℃）		7.0～9.0	8.0～9.5	7.0～9.0	8.0～9.5	7.0～9.0	8.0～9.5	7.5～9.0	8.0～9.5
溶解氧（mg/L）②		≤0.10		≤0.10	≤0.050	≤0.050		≤0.050	
含油量（mg/L）		≤2.0		≤2.0		≤2.0		≤2.0	
含全铁量（mg/L）		≤0.30		≤0.30		≤0.30	≤0.10	≤0.10	
电导率（25℃）（μS/cm）		—		$\leqslant 5.5 \times 10^2$	$\leqslant 1.1 \times 10^2$	$\leqslant 5.0 \times 10^2$	$\leqslant 1.0 \times 10^2$	$\leqslant 3.5 \times 10^2$	≤80.0
全碱度③（mmol/L）	无过热器	6.0～26.0	≤10.0	6.0～24.0	≤10.0	6.0～16.0	≤8.0	≤12.0	≤4.0
	有过热器	—		≤14.0	≤10.0	≤12.0	≤8.0	≤12.0	≤4.0
酚酞碱度（mmol/L）	无过热器	4.0～18.0	≤6.0	4.0～16.0	≤6.0	4.0～12.0	≤5.0	≤10.0	≤3.0
	有过热器	—		≤10.0	≤6.0	≤8.0	≤5.0	≤10.0	≤3.0
pH 值（25℃）		10.0～12.0		10.0～12.0		10.0～12.0		9.0～12.0	9.0～11.0
溶解固形物④（mg/L）	无过热器	$\leqslant 4.0 \times 10^3$		$\leqslant 3.5 \times 10^3$		$\leqslant 3.0 \times 10^3$		$\leqslant 2.5 \times 10^3$	
	有过热器	—		$\leqslant 3.0 \times 10^3$		$\leqslant 2.5 \times 10^3$		$\leqslant 2.0 \times 10^3$	
PO_4^{3-}（mg/L）⑤		—		10.0～30.0		10.0～30.0		5.0～20.0	
SO_3^{2-}（mg/L）⑥		—		10.0～30.0		10.0～30.0		5.0～10.0	
相对碱度⑦		<0.20		<0.20		<0.20		<0.20	

① 硬度 mmol/L 的基本单元为 C（$1/2Ca^{2+}$、$1/2Mg^{2+}$）。

② 溶解氧控制值适用于经过除氧装置处理后的给水。锅炉额定蒸发量大于等于 10t/h 时，给水应除氧；额定蒸发量小于 10t/h 的锅炉如发现局部氧腐蚀时，给水也应采用除氧措施。对于供汽轮机用汽的锅炉给水含氧量应小于等于 0.050mg/L。

③ 碱度 mmol/L 的基本单元为 C（OH^-、HCO_3^-、$1/2CO_3^{2-}$）。对蒸汽品质要求不高，且不带过热器的锅炉，锅水全碱度上限值可适当放宽，但放宽后锅水的 pH 值（25℃）不应超过上限。

④ 如测定溶解固形物有困难，可采用测定电导率或氯离子（Cl^-）方法来间接控制，但溶解固形物与电导率或氯离子（Cl^-）的比值关系应根据试验确定，并应定期复试和修正此比值关系。

⑤ 适用于锅内加磷酸盐阻垢剂。采用其他阻垢剂时，阻垢剂残余量应符合药剂生产厂规定的指标。

⑥ 适用于给水加亚硫酸盐除氧剂。采用其他除氧剂时，除氧剂残余量应符合药剂生产厂规定的指标。

⑦ 全焊接锅炉相对碱度可不控制。

表 10-7　贯流和直流蒸汽锅炉的锅外水处理水质

项目	锅炉类型	贯流锅炉			直流锅炉		
	额定蒸汽压力（MPa）	$p \leqslant 1.0$	$1.0 < p \leqslant 2.5$	$2.5 < p < 3.8$	$p \leqslant 1.0$	$1.0 < p \leqslant 2.5$	$2.5 < p < 3.8$
给水	浊度（FTU）	≤5.0			—		

续表

项目	锅炉类型	贯流锅炉			直流锅炉		
	额定蒸汽压力（MPa）	$p \leqslant 1.0$	$1.0 < p \leqslant 2.5$	$2.5 < p < 3.8$	$p \leqslant 1.0$	$1.0 < p \leqslant 2.5$	$2.5 < p < 3.8$
给水	硬度（mmol/L）	≤0.030		$\leqslant 5.0 \times 10^{-3}$	≤0.030		$\leqslant 5.0 \times 10^{-3}$
	pH 值（25℃）	7.0～9.0			10.0～12.0		
	溶解氧（mg/L）	≤0.10	≤0.050		≤0.10	≤0.050	
	含油量（mg/L）	≤2.0			≤2.0		
	含全铁量（mg/L）	≤0.30		≤0.10	—		
	全碱度（mmol/L）	—			6.0～16.0	6.0～12.0	≤12.0
	酚酞碱度（mmol/L）	—			4.0～12.0	4.0～10.0	≤10.0
	溶解固形物（mg/L）	—			$\leqslant 3.5 \times 10^3$	$\leqslant 3.0 \times 10^3$	$\leqslant 2.5 \times 10^3$
	PO_4^{3-}（mg/L）	—			10.0～50.0		5.0～30.0
	SO_3^{2-}（mg/L）	—			10.0～50.0	10.0～30.0	10.0～20.0
锅水	全碱度（mmol/L）	2.0～16.0	2.0～12.0	≤12.0	—		
	酚酞碱度（mmol/L）	1.6～12.0	1.6～10.0	≤10.0	—		
	pH 值(25℃)	10.0～12.0			—		
	溶解固形物（mg/L）	$\leqslant 3.0 \times 10^3$	$\leqslant 2.5 \times 10^3$	$\leqslant 2.0 \times 10^3$	—		
	PO_4^{3-}(mg/L)	10.0～50.0		10.0～20.0			
	SO_3^{2-}(mg/L)	10.0～50.0	10.0～30.0	10.0～20.0	—		

额定蒸发量不大于 4t/h，且额定蒸汽压力不大于 1.3MPa 的自然循环蒸汽锅炉和汽水两用锅炉也可单独采用锅内加药水处理。但必须对锅炉的结垢、腐蚀和水质加强监督，认真做好加药、排污和清洗工作，其给水和锅水的水质应符合表 10-8 的规定，锅炉受热面平均结垢速率不得大于 0.5mm/a。若同时采用锅外水处理和锅内加药处理时，给水和锅水水质参照表 10-8 的规定。

表 10-8　　蒸汽锅炉和汽水两用锅炉锅内加药处理时的水质

项　目	给　水	锅　水
浊度（FTU）	≤20.0	—
硬度（mmol/L）	≤4.0	—
全碱度（mmol/L）	—	8.0～26.0
酚酞碱度（mmol/L）	—	6.0～18.0
pH 值（25℃）	7.0～10.0	10.0～12.0
油（mg/L）	≤2.0	—
溶解固形物（mg/L）	—	$\leqslant 5.0 \times 10^3$
PO_4^{3-}（mg/L）	—	10.0～50.0

承压热水锅炉给水应进行锅外水处理。额定功率不大于4.2MW承压热水锅炉和常压热水锅炉（管架式热水锅炉除外）可单独采用锅内加药处理，但必须对锅炉的结垢、腐蚀和水质加强监督，认真做好加药工作。其水质应符合表10-9的规定。若额定功率不大于4.2MW承压热水锅炉和常压热水锅炉，同时采用锅外水处理和锅内加药处理时，给水和锅水水质也参照表10-9的规定。

表10-9　热水锅炉的水质

项　目	锅内加药处理		锅外水处理	
	给　水	锅　水	给　水	锅　水
浊度（FTU）	≤20.0	—	≤5.0	—
硬度（mmol/L）	≤6.0①	—	≤0.60	—
pH值（25℃）	7.0～11.0	9.0～11.0	7.0～11.0	9.0～11.0②
溶解氧（mg/L）③	—	—	≤0.10	—
含油量（mg/L）	≤2.0	—	≤2.0	—
含全铁量（mg/L）	—		≤0.30	—
PO_4^{3-}（mg/L）	—	10.0～50.0④	—	5.0～50.0

① 使用与结垢物质作用后不生成固体不溶物的阻垢剂，给水硬度可放宽至不大于8.0mmol/L。

② 通过补加药剂使锅水pH值（25℃）控制在9.0～11.0。

③ 溶解氧控制值适用于经过除氧装置处理后的给水。额定功率不小于7.0MW的承压热水锅炉给水应除氧；额定功率小于7.0MW的承压热水锅炉如发现局部氧腐蚀，也应采取除氧措施。

④ 适用于锅内加磷酸盐阻垢剂。采用其他阻垢剂时，阻垢剂残余量应符合药剂生产厂规定的指标。

锅炉回水水质应符合表10-10的规定，并应根据回水可能受到的污染介质，增加必要的检测项目。

表10-10　锅炉回水水质

硬度（mmol/L）		含全铁量（mg/L）		含油量（mg/L）	
标准值	期望值	标准值	期望值	标准值	期望值
≤0.060	≤0.030	≤0.60	≤0.60	≤2.0	

第二节　离子软化水处理及软化设备

锅炉水处理一般分为锅外化学水处理和锅内加药水处理两大类。锅外水处理主要包括预处理，即去除水中的悬浮物及胶体物质；软化处理，即去除水中的硬度；综合处理或降碱处理，即去除硬度、降低碱度；除盐处理，即去除水中的各种盐类；除氧，即去除水中溶解的氧气。其中软化处理方法主要有两类：一类叫沉淀软化，另一类叫离子交换软化。目前广泛采用的是离子交换软化法。

一、离子交换软化法基本原理及离子交换剂

水中形成硬度的物质，是水中所含有的钙离子（Ca^{2+}）和镁离子（Mg^{2+}）。利用不会形成硬度的阳离子将水中的Ca^{2+}和Mg^{2+}置换出来，可以达到将水软化的目的，这样的方法称为阳离子交换软化法，简称离子交换软化法。能用自己的阳离子把水中的Ca^{2+}、Mg^{2+}置换

出来的物质称为离子交换剂。目前常用的离子交换剂为合成树脂。

合成树脂是用化学合成法制成的，称为有机合成离子交换树脂。它们是由许多低分子化合物（单体）聚合而成的一些高分子化合物。合成树脂内部具有较多的孔隙，交换能力大，同时机械强度和工作稳定性都较好。根据单体的种类，合成树脂可分为苯乙烯系和丙烯酸系等。按其用途可分为阳树脂、阴树脂和其他树脂（如吸附树脂，氧化还原树脂等）。阳树脂具有交换阳离子的能力；阴树脂具有交换阳离子的能力。

阳离子型的离子交换剂由阳离子和复合阴离子两部分组成，其中复合阴离子是一种不溶于水的高分子化合物，通常以 R^- 表示。在进行离子交换反应时，交换剂的复合阴离子属于稳定的组成部分，而阳离子则能和水中的钙、镁等离子互相交换。反应结果使水中的 Ca^{2+} 和 Mg^{2+} 被吸附在交换剂上，交换剂就转变成 Ca、Mg 型，而交换剂上原有的阳离子转入水中，这样水中的 Ca^{2+} 、Mg^{2+} 就被除去，原水由硬水变成了软水。常用的阳离子型的离子交换剂有钠离子、氢离子、氨离子交换剂等。这些交换剂的阳离子分别为 Na^+ 、H^+ 、NH_4^+ 等，因此钠离子交换剂通常写作 NaR，氢离子交换剂通常写作 HR，氨离子交换剂通常写作 NH_4R。

二、钠离子交换软化特点

钠离子交换软化是目前工业锅炉给水软化最常用的一种阳离子交换软化法。其反应式如下

$$2NaR+Ca^{2+}=\!=\!=CaR_2+2Na^+$$

$$2NaR+Mg^{2+}=\!=\!=MgR_2+2Na^+$$

从上述反应可以看出：

(1) 经钠离子交换后，水中的钙、镁盐类都变成了钠盐，因此，除去了水中的硬度。

(2) 原水中的重碳酸盐碱度（暂时硬度）均转变为钠盐碱度，所以，钠离子交换只能软化水，但不能除碱，即经钠离子交换前后水的碱度保持不变。这是钠离子交换法最主要的缺点。

(3) 由于 Na^+ 的当量值要比 Ca^{2+} 、Mg^{2+} 的当量值（即某物质的分子量或原子量除以该物质中正离子或负离子的化学反应价数）大，而水中的阴离子（Cl^-、SO_4^{2-}、HCO_3^{2-} 等）并未改变，故经钠离子交换后，水中含盐量稍有增加。

经过钠离子交换后的软水，还残留少量硬度，一般在 0.03～0.1mmol/L 以下。

在钠离子交换器中，随着交换过程的不断进行，交换剂上的钠离子大部分被置换掉后，出水硬度增高。当其硬度达到一定范围时，给水不再满足标准要求，说明交换剂已失效。如果将出水硬度达不到软化水保证的硬度作为交换剂失效，按此时计算 $1m^3$ 湿态离子交换剂的软化能力称为工作交换能力 E_g，单位是 mol/m^3 或 mmol/L。

失效后的钠离子交换剂要用浓度为 5%～8%的食盐（NaCl）进行还原（或称再生），再生方法是使食盐溶液流过失效的交换剂，用 Na^+ 把交换剂中的 Ca^{2+} 、Mg^{2+} 置换出来，其反应式如下

$$CaR_2+2NaCl=\!=\!=2NaR+CaCl_2$$

$$MgR_2+2NaCl=\!=\!=2NaR+MgCl_2$$

还原 1mol 钙、镁硬度需 2molNaCl，即 117g，但实际使用时，经常为理论量的 1.2～1.7 倍才能使还原完全。在供热锅炉房一般采用 140～200g/mol 为指标。

三、固定床钠离子交换设备、运行操作及其系统

固定床离子交换，是指运行中离子交换剂层是固定不动的，通常是使原水由上而下不断地通过交换剂层，完成反应过程。

交换器的运行通常分软化、再生两个阶段周期性地交替进行，如果以交换剂运行失效作为一周期的起点，则交换器的运行可以分为四个步骤：反洗、再生（又称还原）、正洗、交换（软化）。

固定床离子交换按其再生运行的不同方式，可分为顺流再生和逆流再生两种。

（一）顺流再生

是指交换运行时水流方向和再生时还原液流动方向一致，都是由上向下流动。这种方法由于设备和运行比较简单，目前使用的较普遍。

1. 钠离子交换器及盐水制备系统

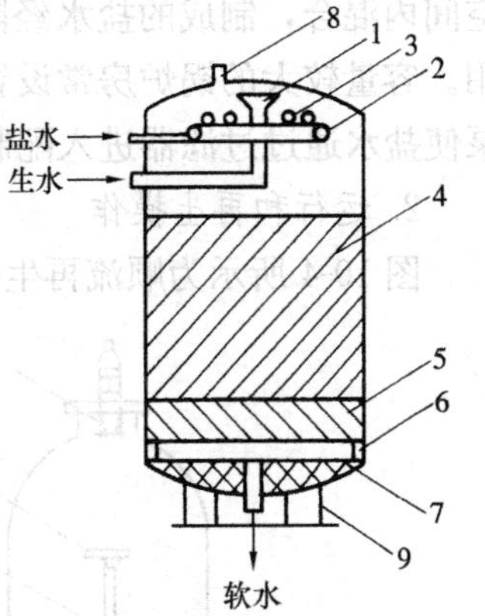

图 10-1 钠离子交换器构造示意图

1—分配漏斗；2—环形管；3—喷嘴；4—交换剂层；5—砂层；6—集水装置；7—混凝土层；8—排气管；9—支柱

钠离子交换器构造如图 10-1 所示，原水采用一根粗管引至交换器顶部的分配漏斗 1，从中喷出后均匀下落，通过交换剂层 4、砂层 5 被软化，软水在交换器底部汇集后排出。集水装置 6 直接影响交换器中水流分配的均匀性，它在安装后用水泥浇灌固定。还原用盐液比重较大，送入速度又低，若采用分配漏斗就不能使盐液均匀下落，故采用环形管及分支管的结构。盐水由环形管 2 上的喷嘴 3 喷出后同样经过交换层、砂层，由集水装置排出。为了排除空气，在交换器顶部设有排气管。

集水装置如图 10-2 所示，由排水管 1 向两边引出很多支管，在支管上装有很多塑料集水罩，俗称水帽，其上有很多缝隙或小孔，水从缝隙或小孔流入集水管，但砂粒不能通过。采用缝隙式集水罩时，可以不设砂层。

水的分配漏斗最大截面积应为交换器截面积的 2%～4%；漏斗上口至交换器封头顶的距离为 100～150mm。环形管的中心圆的直径为交换器直径的 1/2～2/3，孔径为 10～20mm，盐水流出速度为 1～1.5m/s。

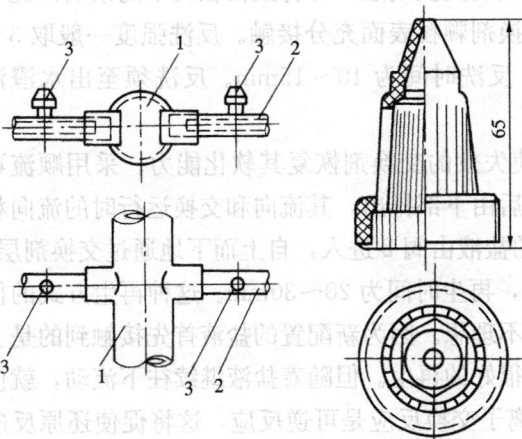

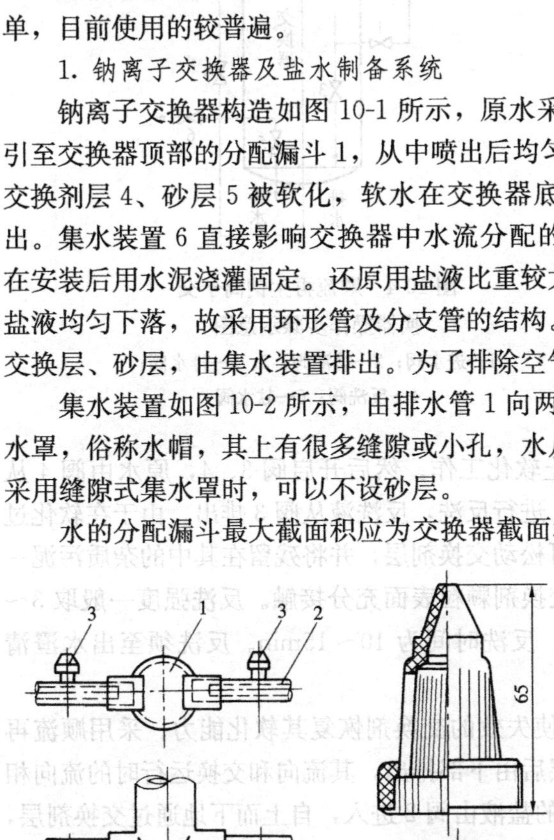

图 10-2 集水装置

1—排水管；2—集水管；3—集水罩

离子交换器常用的规格有 $\phi500$、$\phi700$、$\phi1000$、$\phi1200$、$\phi1500$ 及 $\phi2000$；交换器层高度有 1.5、2 及 2.5m。用离子交换树脂作交换剂时，离子交换器内壁必须有内衬，以防止树脂被铁“中毒”和罐体腐蚀。

盐水的制备。小型锅炉有时用如图 10-3 所示的压力式溶解器制备盐水。食盐从加盐口 2 加入，按量加完后，紧闭加盐口，由进水管 3 进水。反射板 4 是为了防止食盐进入进水管，使水分散的作用。盐在器内溶解，溶好的盐水，通过 A、B、C 三层粒径不同

的石英砂过滤层，经下部出水管5引出。盐溶解器设备简单，但供出的盐水浓度不均，开始浓逐渐变稀。设备容易腐蚀。另有很多锅炉房采用盐溶解箱以盐泵输送盐水。盐溶解箱由混凝土制成，中间设上部带小孔的隔板，将水箱隔成约3/5与2/5两部分，盐和水先加到3/5空间内混合，制成的盐水经隔板小孔流入2/5空间，再由盐泵输出经过滤器供交换器还原用。容量较大的锅炉房常设置储盐池，食盐加入池水中湿储存。浓盐水引至浓盐水箱，经盐泵使盐水通过过滤器进入配制箱加水稀释至所需的浓度，再经同一盐泵送入交换器。

2. 运行和再生操作

图10-4所示为顺流再生钠离子交换器示意图，操作过程如下：

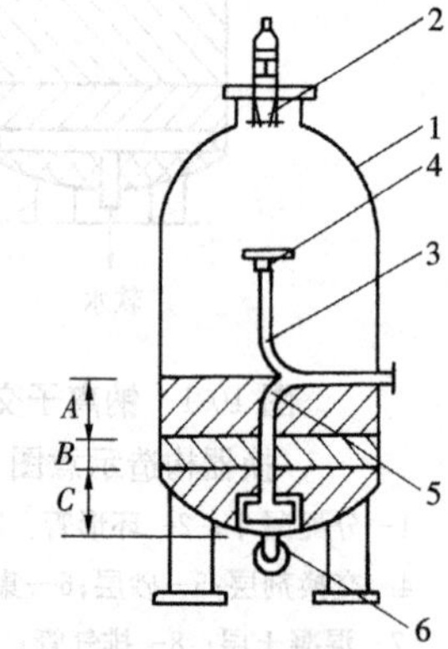

图10-3 压力式盐溶解器

1—外壳；2—加盐口；3—进水口；4—反射板；5—出水管；6—排污管

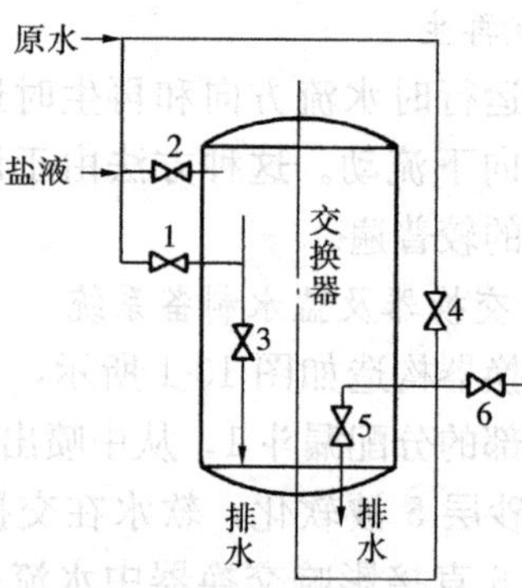

图10-4 顺流再生钠离子交换器操作步骤示意图

1—进水阀；2—盐液阀；3、5—排水阀；4—反洗阀；6—软水阀

(1) 反洗。当离子交换剂失效后，就停止软化工作。然后开启阀3、4，原水由阀4从交换器底部进入，自下而上地通过交换剂层，进行反洗，反洗液从阀3排出。由于在软化过程中交换剂层可能被冲积成实块，因此反洗可松动交换剂层，并将残留在其中的杂质污泥一并除去，使以后还原时盐液易渗入层中并与交换剂颗粒表面充分接触。反洗强度一般取3～5L/(s·m^2)（相当于空罐流速11～18m/h）。反洗时间为10～15min。反洗须至出水澄清为止。

(2) 还原（又称再生）。再生的目的就是使失效的交换剂恢复其软化能力。采用顺流再生时，盐液从交换器上部进入，通过交换剂层后由下部排出，其流向和交换运行时的流向相同。具体为：开启阀2、5，浓度为5%～8%的盐液由阀2进入，自上而下地通过交换剂层，废液由阀5排出。再生时流速一般为4～8m/h，再生时间为20～30min。这种再生方式的优点是装置简单和操作方便，但缺点是再生效果不理想。因为新配置的盐液首先接触到的是上部完全失效的交换剂，使这一部分交换剂得到很好的再生。但随着盐液继续往下流动，就使其中所含的Ca^{2+}、Mg^{2+}离子逐渐增多，由于离子交换反应是可逆反应，这将促使还原反应有反方向进行的趋势，故称这些离子为反离子；反离子浓度的增大，会影响交换剂的还原；因此，越在下面的交换剂，再生的程度就越差。所以如果要提高它们的再生程度，就得增大盐液的耗量。为此可采用分段再生法，即先用3%～5%的盐液再生，然后再用8%～12%盐液再生，可以提高再生效率，降低盐耗。

(3) 正洗。正洗的目的是清除残余的再生液和再生时的生成物。离子交换器经再生后，必须立即对交换剂进行清洗。顺流再生时正洗水从交换器上进下出，即开启阀 1、5，原水由阀 1 进入，自上而下地通过交换剂层后由阀 5 排出。正洗开始时可用 3～5m/h 的流速清洗约 15min 后，加大流速至 6～8m/h 进行清洗直至水符合要求为止。一般正洗时间为 30～40min。为了减少交换器的自身用水量和再生时的盐耗量，通常正洗过程的后期阶段，将含有盐分的正洗水送入反洗水箱储藏起来，供下次反洗时使用。

(4) 交换。经清洗合格后的离子交换器即可投入交换运行。开启阀 1、6，原水由阀 1 从交换器上部进入，通过交换剂层使水达到软化的目的。软水通过阀 6 进入软化水箱，以备锅炉用。交换时应按原水水质、交换剂的性质，选用合适的水流速度。如果除去的离子浓度大（即原水硬度高），则流速应控制小。树脂交换反应推荐的水流速度为 15～20m/h。

(二) 逆流再生

为了克服顺流再生时底层部分交换剂再生较差的缺陷，可以改用逆流再生法。

1. 逆流再生特点

逆流再生式钠离子交换器结构如图 10-5 所示。逆流再生时，盐液是从交换器下部进入，上部排出。其流向和水软化运行时的流向相反。因此，盐液在流动过程中，交换器底部的交换剂总是和新鲜的盐液接触，能够得到较高程度的再生；而含反离子（Na^+）较多的再生液与上部失效程度较大的交换剂接触，由于离子平衡关系，仍能起还原作用，盐液就能被充分利用。但总的来说，上部的交换剂再生程度总比下部的低，这种分布情况正好与顺流再生时相反，这对交换反应很有利。因为在软化运行时，水中钙、镁离子含量随着水流向下越来越少，而越向下的交换剂的再生程度却越高，使交换反应持续进行，所以能使交换器的出水水质比较好。至于再生程度最差的上层交换剂，由于它首先与原水相接触，而此时水中的反离子（Na^+）浓度较小，故还是能进行离子交换，使这部分交换剂也得以充分利用。

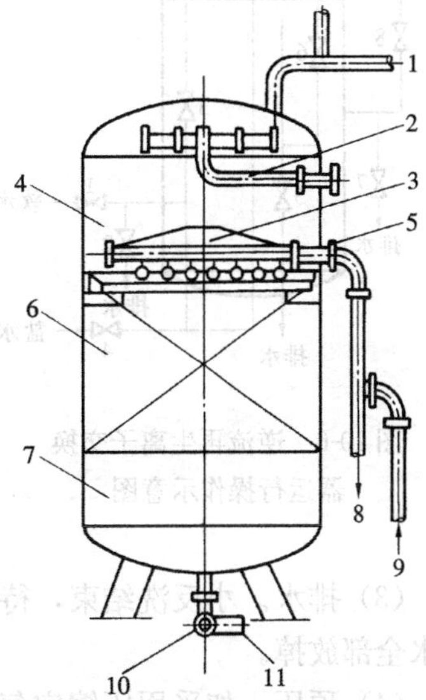

图 10-5 逆流再生离子交换器结构示意图

1—空气管；2—进水管；3—加强筋；4—压层；5—中排管；6—交换剂；7—垫料层；8—排废液管；9—小反洗进水管；10—出水管；11—进再生液管

综上所述，逆流再生离子交换具有如下特点：①软化时，越向下所接触的交换剂的再生度越高，因此，出水残留硬度降低，水质提高；②盐耗低，盐耗比顺流再生低 20%～40%；③交换剂的工作交换容量可比顺流再生提高约 1/3 以上；④还原剂利用率高，废液量少而浓度低，正洗及反洗冲洗水耗最好情况可降低 50%左右。

在逆流再生时，由于再生液是从交换器下部进入的，因此，当再生液流速较高时，就会和反洗时一样使交换剂层产生扰动现象，使交换剂层上下层次被打乱，通常称为乱层。如果发生了乱层现象，交换剂层中的交换剂将不再保持有规则的层次，从而就失去逆流再生的优点。

为了防止乱层现象的发生，保持交换剂层上下层次分明，逆流再生器在结构和运行上都采取了一些相对应的措施。在结构上，在交换剂表面部分设有分布均匀的中间排水装置（俗称中排管），使向上流动的再生液或冲洗水能均匀地从中排管排走，而不使交换剂层扰动。中排管是在支撑角钢上布置一排排液支管，各支管又汇总到母管，支撑角钢则固定在交换器内壁上。另外，在位于中间排水装置之上，与交换剂层相接处，添加一层厚约150～200mm的压实层。压实层采用比树脂轻的聚苯乙烯白球（25～30目）或直接用离子交换树脂作为压实层。作为压实层的离子交换树脂始终处于失效状态，不起离子交换作用，因此，为防止这部分树脂进入交换层下部，降低交换器出水水质，再生时由进气管向顶部送入压缩空气（称顶压），压缩空气穿过压实层随同再生液一起，由中排管排出。由于交换器上部的压力加大，下部的水流不会蹿流到上部，就可以防止交换剂乱层。若将树脂压层的厚度提高到200mm以上，并适当降低再生液流速，也可以只设树脂压层，不设压缩空气。除压缩空气压顶外，还有类似的方法用水压顶。一般小型锅炉常采用低流速的逆流再生方法来防止乱层。树脂交换剂的再生或逆洗流速采用1.6～2m/h。

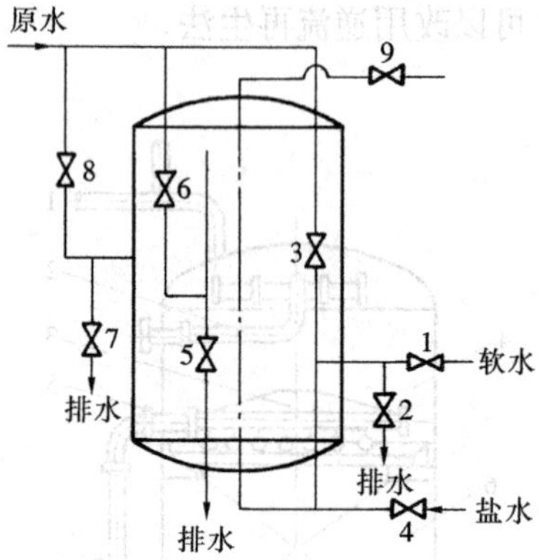

图10-6 逆流再生离子交换器运行操作示意图

2. 运行操作

图10-6为逆流再生离子交换器示意图，操作过程如下：

（1）运行（软化）。开启阀门1、6，原水由阀6从上部进入，通过离子交换层进行软化，软化水由底部经阀1流入软化水箱，以备锅炉使用。运行中水的流速为22m/h。运行中应定期对软水进行化验。

（2）小反洗。在交换器失效后，先进行小反洗。开启阀门8，原水由中排管进入，对中排管上面的压实层进行反洗，并从交换器顶部经阀门5排出，以冲去运行时积聚在压实层表面及中间排水装置以上的污物。小反洗水速在12m/h以下，以出口水中无外逸的树脂为度。洗至出水清澈为止。

（3）排水。小反洗结束，待压实层的颗粒下降后，开启空气阀9和阀7，将中排管以上的水全部放掉。

（4）顶压。如采用压缩空气顶压时，从交换器顶部经阀9送入压缩空气，气压维持在0.03～0.05MPa的范围内，以防止乱层。

（5）再生。在顶压情况下，开启阀4、7，将盐液从交换器下部由阀4送入，废液随同适量的空气从中排管经阀7排出。无顶压时，就采用低流速送入再生液。盐液质量浓度为4%～10%（一般为6%～7%），再生时流速为1.6～2m/h，再生时间为40～60min。

（6）逆流冲洗。当再生液进完后，在有顶压的情况下，将逆洗水由阀1从交换器下部送入，进行逆流冲洗，废液从中排管经阀7排出，冲洗至出口水的硬度小于25×10^{-6}（以碳酸钙为准）或氯离子小于入口水的2倍为止。逆流水的流速仍保持在5～6m/h，并应采用质量较好的水，不然会影响底部交换剂的再生程度。逆流冲洗的时间一般为30～40min。无顶压时，冲洗速度与低流速再生时的流速相同。

（7）小正洗。停止逆流冲洗和顶压，开启阀6、7，原水由阀6进水顶部，通过压实层后由中排管经阀7排出，以清洗渗入压实层中及压实层上部的再生液，节省正洗水耗量并缩短正洗时间。流速为 15～20m/h，时间为 5～10min。

(8) 正洗。开启阀 2、6，原水由阀 6 进入上部经交换剂层后由底部阀 2 排出，以清洗交换层，直至出水符合给水标准，关闭阀 2 打开阀 1 交换器投入正常运行。正洗流速为15～20m/h。

(9) 大反洗。一般逆流再生离子交换器在运行 15～20 个周期后，进行一次大反洗，以除去交换剂层中的污物和破碎的交换剂颗料。反洗流速为 18～20m/h，时间约为 15～20min。大反洗时原水由阀 3 进水底部，自下而上，废水由交换器顶部经阀 5 排出。由于大反洗打乱了整个交换剂层，所以为了恢复正常的交换容量，大反洗后第一次再生时，用盐量应为正常值的 1.5～2 倍。

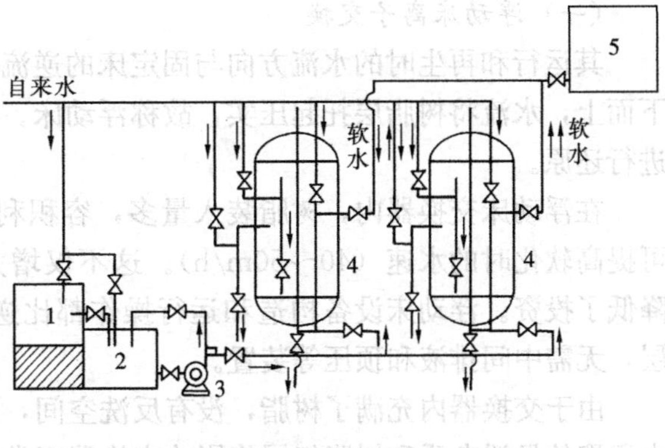

图 10-7 单级 Na 离子交换系统

1—食盐溶解槽；2—盐液计量箱；3—盐液泵；4—逆流再生钠离子交换器；5—软化水箱

(三) 钠离子交换系统

最简单的系统是单级钠离子交换系统(图 10-7)，当原水硬度＜8mmol/L 时，经单级钠离子交换后，可作为锅炉给水。在系统设置中，一般钠离子交换器不止一台，往往是一台运行，另一台反洗和再生后备用，每台容量为 100%设计水量。离子交换器之间可为串联或并联方式。并联方式使每台保持独立，相互不受干扰；串联方式可充分利用残余交换能力和提高软化水水质。为保证交换床在设备检修或再生时的连续供水，可设置一台软水箱，软水箱的容积应能满足 1～1.5h 锅炉补水量。

当生水硬度＞8mmol/L 时，单级钠离子交换后的残余硬度较高，往往不能满足给水要求，因此建议采用双级钠离子交换系统（图 10-8）。其特点为：①可提高出水水质的可靠性；②可提高第一级钠离子交换器的失效率，由于有二级交换器作后盾，所以一级交换器的失效标准可以提高（例如硬度为 200μmol/L），充分发挥它的交换能力；③可以节省盐耗量。通常第一级只要用 100～110g/mol，第二级交换器为 250～350g/mol。第二级的盐耗量虽然大些，但由于它的运行周期长，再生次数少，而且还可以利用它的废盐液去再生第一级交换器，所以总的盐耗还是比单级钠离子交换要低些；④一级交换器的运行速度一般为 15～20m/h，二级交换器由于进水中要除去的离子浓度很低，故交换剂层的高度不需要很高，通常为 1.5m 左右，运行速度要高些，通常为 40～60m/h，二级钠离子交换系统可以两台一级交换器共用一台二级交换器，以节省投资；⑤运行操作简单。由于二级钠离子交换器运行周期长，有时可连续运行 1～2 周才再生一次，故总的运行操作量不增加。

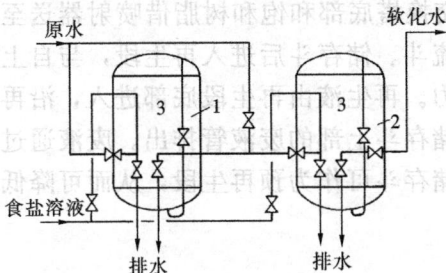

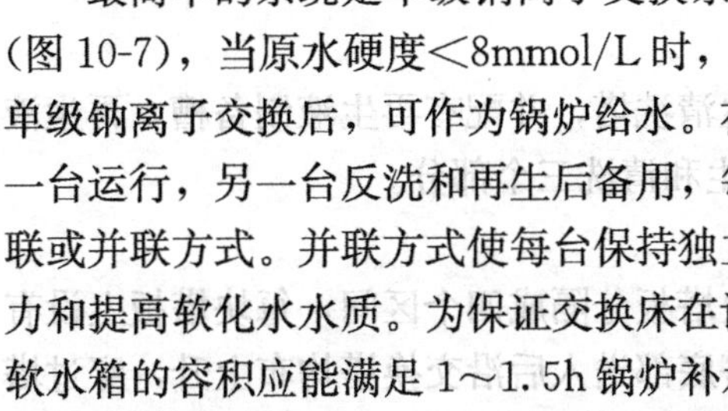

图 10-8 双级 Na 离子交换系统

1—一级钠离子交换器；2—二级钠离子交换器；3—反洗水

四、浮动床及流动床离子交换设备

固定床离子交换设备虽运行可靠，但存在一些缺陷，就固定床交换器体积庞大，交换器的容积利用率低（约为 60%），推出了浮床离子交换器；就固定床交换器运行不连续，在运行周期中有一段长时间不能供水，推出了连续式的离子交换设备等。目前常用的有浮动床和流动床两类。由于前者对自控要求高，所以不及后者应用普遍。

（一）浮动床离子交换

其运行和再生时的水流方向与固定床的逆流再生运行相反，即在软化过程，水流方向自下而上，水流将树脂层托起压实，故称浮动床。再生时，交换剂层先落下，再生液自上而下进行还原。

在浮动床交换器内，树脂装入量多，容积利用率可达 95%以上，树脂层高度高，因此可提高软化时的水速（40～50m/h）。这不仅增大单位容积的出水量，还延长了运行周期，降低了投资。浮动床设备构造和运行操作都比逆流再生固定床简单方便，不会引起树脂乱层，无需中间排液和顶压等装置。

由于交换器内充满了树脂，没有反洗空间，因而当浮动床运行 10～15 周期后，树脂层内积聚的悬浮杂质和树脂细屑将影响交换器正常运行，需要将树脂引至罐体外，用压缩空气和水擦洗。此外，为了延长运行周期，对原水悬浮物含量要求不超过 2mg/L。这些附加条件制约了浮动床在供热锅炉房中的广泛应用。

（二）流动床离子交换

流动床离子交换系统的主要设备为交换塔和再生清洗塔，并配有再生液制备槽，再生液泵等，如图 10-9 所示。整个工艺流程分为软化、再生和清洗三个部分。

1. 软化过程

软化过程是在交换塔内进行。交换塔通常由三块塔板分隔成四个区间，每块塔板上设有浮球装置及若干个过水单元。工作时，原水从交换塔底部送入后沿交换塔均布上升，穿过塔板上的过水单元，与从塔顶送入并通过浮球装置逐层下落的树脂进行逆流、悬浮状离子交换，原水被软化后经塔顶溢流槽排出，饱和（失效）树脂最后落入塔底并被送至再生塔顶部。

塔板中央的浮球装置，运行时浮球被上升水流顶起，使树脂从上而下沿塔板逐级下落。停止进行时，浮球会下落，关闭锥孔，防止树脂漏落而乱层。每个过水单元有 5～6 个水孔，孔的上方装有盖板，能防止运行和停用时树脂穿过水孔下落。

2. 再生过程

饱和树脂的再生过程在再生清洗塔上段进行。交换塔底部和饱和树脂借喷射器送至再生塔顶部，然后从上而下，经过再生塔上段的回流斗、储存斗后进入再生段，与自上而下的再生液相遇进行逆流再生，逐步恢复交换能力。再生液由再生段底部进入，沿再生段向上流动，与饱和树脂交换后变成废液，通过储存斗上部的废液管排出。废液通过储存斗时，还可充分利用其残余的再生能力，因此储存斗可作为预再生段，从而可降低再生液的耗量。

3. 清洗过程

再生后树脂的清洗过程是在再生清洗塔下段进行。树脂通过再生段得到再生以后，下落至清洗段，与自下而上的清洗水逆向接触，洗去再生产物和残留再生液，进入清洗段的下面，被水压送至交换塔顶部。清洗水从清洗段进入后，分成两股水流，一股向上流动，作清

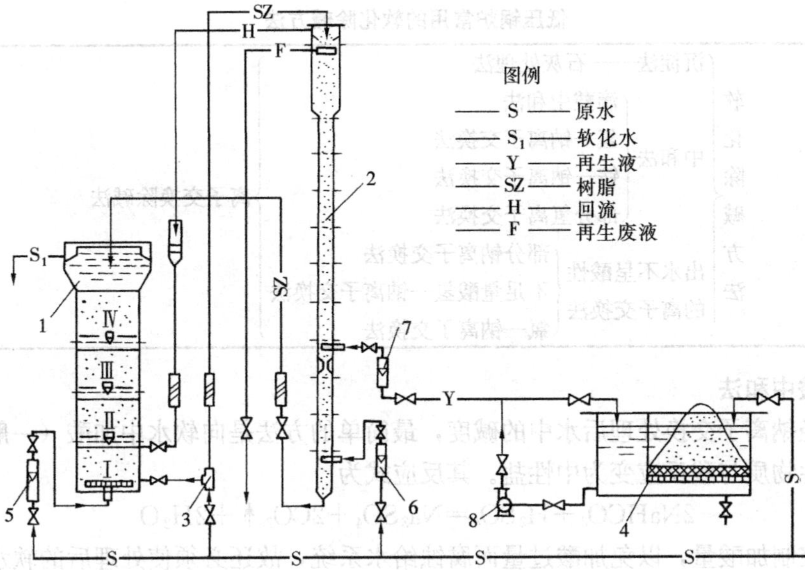

图 10-9　流动床离子交换系统流程

1—交换塔；2—再生清洗塔；3—树脂喷射器；4—再生液制备槽；
5—原水流程计；6—清洗水流量计；7—再生液流量计；8—再生液泵

洗用，清洗水向上流入再生段后就充当再生液的稀释液；另一股向下流动，作为输送再生树脂的介质。

以上各过程均连续稳定地进行。原水、再生液及清洗水的流量借各流量计调节；树脂循环量取决于原水流量及其水质，可用喷射器控制，如喷射器输送的树脂过多时，树脂可从回流斗溢出，自行返回交换塔底部。

流动床离子交换比固定床有很多优点，前者的装置都是敞开式不承受压力，从而可用塑料制作，设备简单，加工容易；不需自控装置即可连续稳定地进行。由于树脂的还原是逆流再生的，还原液耗量较低，出水质量也较高。因此，它适合作为中小型锅炉房的给水处理装置。

第三节　离子软化除碱水处理

钠离子交换法只能除去水中的硬度离子（Ca^{2+}、Mg^{2+}），使原水软化，而不能除去水中的碱度离子（HCO_3^- 等）。碱度离子进入锅炉后会在高温下发生分解和水解反应，至使锅水中游离 OH^- 碱度增加，蒸汽中 CO_2 浓度增加，其反应过程如下

$$2NaHCO_3 \rightarrow Na_2CO_3 + CO_2 + H_2O$$

$$Na_2CO_3 + H_2O \rightarrow 2NaOH + CO_2$$

从而造成：①锅水的相对碱度增高，碱腐蚀可能性增大；②碱度的排污率增大；③CO_2 进入蒸汽系统，使蒸汽和冷凝水系统出现酸腐蚀。所以《工业锅炉水质》规定：若锅水相对碱度若大于 0.2，为防止苛性脆化，必须除碱；碱度的排污率要不小于 10%，否则给水要除

碱。这种降低碱度的软化处理称为脱碱软化。低压锅炉常用的软化除碱方法见表 10-11。

表 10-11　　低压锅炉常用的软化除碱方法

- 软化除碱方法
  - 沉淀法——石灰处理法
  - 中和法
    - 滴酸中和法
    - 氢—钠离子交换法
    - 铵—钠离子交换法
    - 部分氢离子交换法
  - 出水不呈酸性的离子交换法
    - 部分钠离子交换法
    - 不足量酸氢—钠离子交换法
    - 氯—钠离子交换法

（氢—钠离子交换法至氯—钠离子交换法：离子交换除碱法）

一、滴酸中和法

为降低经钠离子交换处理后水中的碱度，最简单的方法是向软水中加酸（一般用硫酸），使生成的碱性物质与酸反应变为中性盐。其反应式为

$$2NaHCO_3 + H_2SO_4 = Na_2SO_4 + 2CO_2\uparrow + 2H_2O$$

但必须控制加酸量，以免加酸过量而腐蚀给水系统，故还必须使处理后的软水中仍保持有一定的残余碱度（一般为 0.3～0.5mmol/L）；加酸后还增加了水中的溶解固形物量，此外，还需配置除 CO_2 装置和热力除氧装置，以消除蒸汽中含的 CO_2，减轻回水管道的腐蚀。

二、氢—钠离子交换原理及系统

（一）氢—钠离子交换软化、除碱原理

如果离子交换剂不是用盐水还原而是用酸溶液还原，例如用 1%～2%的硫酸（H_2SO_4）作为还原剂，则阳离子交换剂变成氢离子交换剂（HR）

$$CaR_2 + H_2SO_4 = 2HR + CaSO_4$$

$$MgR_2 + H_2SO_4 = 2HR + MgSO_4$$

原水流经氢离子交换剂后，水中的钙、镁离子可被置换，对碳酸盐硬度

$$2HR + Ca(HCO_3)_2 = CaR_2 + 2H_2O + 2CO_2\uparrow$$

$$2HR + Mg(HCO_3)_2 = MgR_2 + 2H_2O + 2CO_2\uparrow$$

对非碳酸盐硬度

$$2HR + CaSO_4 = CaR_2 + 2H_2SO_4$$

$$2HR + CaCl_2 = CaR_2 + 2HCl$$

$$2HR + MgSO_4 = MgR_2 + H_2SO_4$$

$$2HR + MgCl_2 = MgR_2 + 2HCl$$

由以上化学反应可见：

（1）水中的碳酸盐硬度转变成水和二氧化碳，所以在消除硬度的同时也降低了水的碱度和盐分，其除盐、除碱的量与原水中碳酸盐硬度的当量数相等。

（2）离子交换后，非碳酸盐硬度转变为游离酸，产生的酸量与原水中非碳酸盐硬度的当量数相等。

由于形成酸性水，因此氢离子交换器及其管道要有防腐措施，处理后的水不能直接进入锅炉。通常必须与钠离子交换联合使用，称为氢—钠离子交换，使氢离子交换后产生的游离酸与经钠离子交换后生成的碱相互中和，达到除碱作用，即

$$2NaHCO_3 + H_2SO_4 = Na_2SO_4 + 2CO_2\uparrow + 2H_2O$$

$$NaHCO_3 + HCl = NaCl + CO_2\uparrow + H_2O$$

失效的氢离子交换剂还原时，如使用硫酸，酸的浓度通常取2%左右；使用盐酸时，盐酸浓度以不超过5%为宜。酸的实际耗量一般为理论耗量的1.6～2.0倍。

（二）氢—钠离子交换系统

氢—钠离子交换有三种系统：并联、串联和综合式。

1. 并联系统

如图10-10（a）所示，两个离子交换器同时工作。一部分原水从钠离子交换器流过，其余部分从氢离子交换器流过。两部分软水混合后进入二氧化碳除气器，将水中生成的CO_2排除。除气器将鼓入的空气流与处理的水充分接触，水中的CO_2会扩散至CO_2分压力很小的空气里而被带走。软水存于给水箱由水泵送走。

流经氢离子交换器及钠离子交换器的水量分配比例与水质、处理要求有关。按理论计算应使经氢离子交换产生的酸与经钠离子交换产生的碱度恰好完全中和。但实际上，为了避免混合后出现酸性水，计算水量分配时总是让混合后的软水仍带一点碱度，此碱度称为残留碱度，通常控制在0.5～1.0mmol/L。原水分配见表10-12，也可按式（10-1）计算

表10-12　　氢—钠离子交换并联系统原水分配比例

原水碱度（mmol/L）	1	2	3	4	5	6
原水中硫酸根和氯离子总含量（mmol/L）	进入氢离子交换器的水量（%）					
0.3	38					
0.5	33	60	71	77	81.8	84.6
1.0	25	50	62.5	70	75	78.6
1.5	20	43	55.5	63.6	69.2	73.3
2.0	16.7	37.5	50	58.3	64.3	68.8
2.5	14.3	33	45.5	53.8	60	64.7
3.0	12.5	30	41.6	50.0	56.3	61.1
3.5	11.0	27	38.5	46.7	52.9	57.9
4.0	10.0	25	35.7	43.8	50.0	55.0
4.5		23	33.8	41.2	47.4	52.4
5.0		21.4	31.3	38.9	45	50.0
5.5			29.4	36.8	42.9	47.8

$$Q_H = \frac{A - A_C}{A + (SO_4^{2-} + Cl^-)} \times Q \quad (m^3/h) \tag{10-1}$$

$$Q_{Na} = \frac{(SO_4^{2-} + Cl^-) + A_C}{A + (SO_4^{2-} + Cl^-)} \times Q \quad (m^3/h) \tag{10-2}$$

式中　Q——处理总水量，m^3/h；

Q_H、Q_{Na}——进入氢离子交换器、钠离子交换器的水量，m^3/h；

$(SO_4^{2-} + Cl^-)$——原水中硫酸根和氯离子含量之和，mmol/L；

A——原水中碱度，mmol/L；

A_C——中和后水的残留碱度，mmol/L。

氢一钠离子交换并联系统适用于进水硬度高、碱度大的情况，为充分发挥氢离子交换器的交换容量，以碳酸盐硬度较大（<3.6mmol/L）且与总硬度的比值大于或等于0.5的进水较为合适，其中进水中强酸阴离子总量为3～4mmol/L。

2. 串联系统

如图10-10（b）所示，一部分原水经氢离子交换器，其软水（酸性水）再与未经软化的其余部分原水混合。此时，经氢离子交换产生的酸度和原水中的碱度发生中和反应，反应后产生的CO_2则由除气器除去，除去CO_2的水经过水箱打入钠离子交换器。

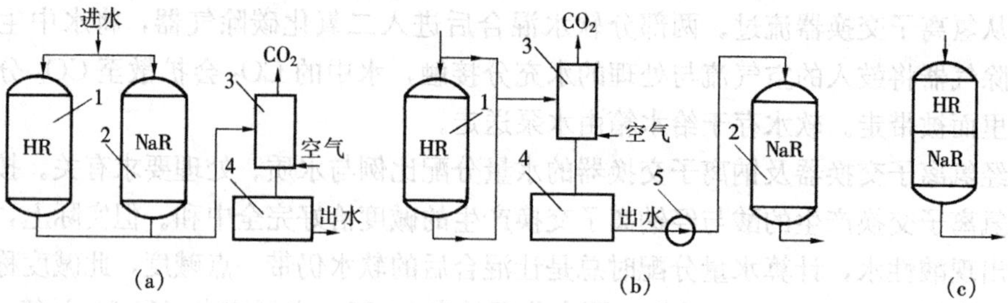

图10-10 氢一钠离子交换系统

(a) 并联系统；(b) 串联系统；(c) 综合系统

1—氢离子交换器；2—钠离子交换器；3—CO_2除气器；4—水箱；5—泵

在这个系统中，应在钠离子交换器之前设置除气器，否则CO_2形成碳酸后再流经钠离子交换器会产生$NaHCO_3$，结果使出水碱度重新增高，即

$$H_2CO_3+NaR=NaHCO_3+HR$$

此外，在串联系统中，对氢离子交换器常以“不足酸量”的方法进行还原，即当其失效后，仅用理论量的酸去还原。这样，由于酸量的不足只能使交换剂的上层变成H型，而下层的交换剂仍为Ca、Mg型，称为缓冲层。当全部原水（不再另分一路与交换器出水混合）流经上层交换器时，其中非碳酸盐硬度就会产生一定量的强酸。但是水经过下层时，水中强酸中的H^+又和Mg^{2+}、Ca^{2+}进行交换。所以生水经过交换器后只降低了其中的碳酸盐硬度，而非碳酸盐硬度基本不变。“不足量酸”法可以节省还原用酸和防止出酸水。由于不足量酸还原的氢离子交换剂主要用于除碱，而软化并不彻底，故这种交换总是与钠离子交换串联使用。必须指出，不足量酸还原只适用于磺化煤交换剂和弱酸性阳离子树脂，不能用于强酸型树脂，因为要使Ca、Mg型的强酸性树脂得到还原，酸的浓度要高，而通过此缓冲层的水中酸浓度尚不足以使Ca、Mg型饱和的强酸性树脂还原，因此使出水就仍为酸性水。

此种串联系统，原水的分配比例见表10-13，计算方法与并联计算方法相同。

氢一钠离子交换串联系统适用于原水硬度较高，水中碳酸盐硬度较大（>3.6mmol/L）且与总硬度的比值小于0.5，进水中强酸阴离子总量大于3～4mmol/L的场合。出水硬度可达30～50μmol/L，碱度0.5mmol/L。

3. 综合式系统

如图10-10（c）所示，交换器的交换剂上面部分为氢型，下面部分为钠型。这样的交换剂层先用一定量的酸液还原，然后再用食盐还原。食盐溶液流经上层氢离子时，H^+并不会被置换出来，因H^+比Na^+有较大的活性。综合式氢钠交换器中，氢离子交换层（HR）与钠离子交换层（NaR）高度的比例，和并联系统求水量分配比例的方法相同。同时可按求出的高度比例来计算再生剂的用量。

表 10-13　　氢—钠离子交换串联系统原水分配比例

原水硬度（mmol/L）	进入氢离子交换器水量（%）	混合水硬度（mmol/L）	原水硬度（mmol/L）	进入氢离子交换器水量（%）	混合水硬度（mmol/L）
	10	4.5		10	6.3
	20	4.0		20	5.6
	30	3.5		30	4.9
	40	3.0		40	4.2
5	50	2.5	7	50	3.5
	60	2.0		60	2.8
	70	1.5		70	2.1
	80	1.0		80	1.4
	90	0.5		90	0.7
	10	5.4		10	7.2
	20	4.8		20	6.4
	30	4.2		30	5.6
	40	3.6		40	4.8
6	50	3.0	8	50	4.0
	60	2.4		60	3.2
	70	1.8		70	2.4
	80	1.2		80	1.6
	90	0.6		90	0.8

由以上分析可知，在并联系统中只有一部分原水进入钠离子交换器，而在串联系统中，全部原水最后都要通过钠离子交换器。所以从设备来说，串联系统投资较高。但从运行来看，并联系统需要严格控制水量比例，加强化学监督，才能避免氢、钠交换器的混合水呈酸性。而在串联系统中，即使经氢离子交换的水和原水的混合水带有些酸性，但由于还要经过钠离子交换器，最后就不会出酸性水，因而可靠性较好。

三、铵—钠离子交换原理及系统

（一）铵—钠离子交换软化除碱原理

为了达到软化和除碱的目的，也可用铵—钠离子交换法。此时，可用氯化铵为还原液，使之成为铵离子交换剂 NH_4R

$$CaR_2 + 2NH_4Cl \xlongequal{} 2NH_4R + CaCl_2$$

$$MgR_2 + 2NH_4Cl \xlongequal{} 2NH_4R + MgCl_2$$

铵离子交换剂与水中的碳酸盐硬度作用时

$$2NH_4R + Ca(HCO_3)_2 \xlongequal{} CaR_2 + 2NH_4HCO_3$$

$$2NH_4R + Mg(HCO_3)_2 \xlongequal{} MgR_2 + 2NH_4HCO_3$$

重碳酸铵（NH_4HCO_3）在汽锅中受热以后分解

$$NH_4HCO_3 \xlongequal{\triangle} NH_3\uparrow + CO_2\uparrow + H_2O$$

与氢离子交换一样，既软化了碳酸盐硬度，又消除了碱度，同时也有除盐的作用。

对于水中的非碳酸盐硬度

$$2NH_4R + CaSO_4 \xlongequal{} CaR_2 + (NH_4)_2SO_4$$

$$2NH_4R + CaCl_2 \xlongequal{} CaR_2 + 2NH_4Cl$$

$$2NH_4R+MgSO_4 = MgR_2+(NH_4)_2SO_4$$

$$2NH_4R+MgCl_2 = MgR_2+2NH_4Cl$$

软化水中所含的铵盐不具有酸性，对锅炉及管道没有腐蚀作用。

硫酸铵及氯化铵在汽锅中受热分解而形成酸

$$(NH_4)_2SO_4 \xlongequal{\triangle} 2NH_3\uparrow+H_2SO_4$$

$$NH_4Cl \xlongequal{\triangle} NH_3\uparrow+HCl$$

可见，在铵离子交换中，非碳酸盐硬度软化后，也生成“潜在”的酸。这对锅炉安全运行有危害，因此，单纯的铵离子交换处理是不适宜的，一般常与钠离子交换并联使用。使铵盐受热分解所生成的酸与钠离子交换后（$NaHCO_3$）加热分解所生成的碱中和，既消除了酸，又降低了锅水中相对碱度。

铵—钠交换与氢—钠交换在工作原理及所产生效果上相同，不同之处为：①铵离子交换的除碱及除盐效果，必须在软水受热后才呈现；②铵离子交换受热后才呈现酸形，并且不用酸还原，故离子交换器不需防酸措施；③铵离子交换处理的水受热后会产生氨气，在有氧的条件下对铜制的设备及附件有腐蚀作用。

铵离子交换采用硫酸铵［$(NH_4)_2SO_4$］作还原剂时，取浓度为 2.5%～3%；以氯化铵（NH_4Cl）为还原剂时，其浓度不受限制。

（二）铵—钠离子交换系统

同氢—钠离子交换一样，铵—钠离子交换系统也有并联和混合式两种。一般不用串联，这是由于 NH_4^+ 和 Na^+ 的活性相近，串联时水中 NH_4^+ 又会被 Na^+ 部分置换而达不到除碱的效果。

经铵离子交换的水，在未受热前不会分解生成 CO_2，故并联铵—钠不需要设置除气器。并联铵—钠离子交换水量分配的计算与氢—钠离子交换完全相同，软化水的残留碱度可降低到 0.2～0.3mmol/L，故适用于原水碱度较高的地区。

当原水中碳酸盐硬度与总硬度比值大于 0.8，且允许软水残碱大于 0.5～1.0mmol/L 时，可采用综合式铵—钠离子交换水处理，软水中的铵及二氧化碳应经大气式热力除氧器去除。

四、部分钠离子交换、部分氢离子交换原理及系统

部分钠离子交换法是将原水分成两部分，一部分通过钠离子交换，所得的软水与另一部分原水相混合（图 10-11）。经钠离子交换的部分原水中的碳酸盐硬度变成 $NaHCO_3$，进入汽锅后会热分解和水解，生成 Na_2CO_3 和 NaOH，与另一部分进汽锅的原水中的非碳酸盐硬度反应，生成水渣 $CaCO_3$、$Mg(OH)_2$，可随锅炉排污排出锅外。因此，这是一种锅外和锅内相结合的水处理方法。可达到除硬、除碱的目的。此法适用于小型锅炉、原水永硬与总硬之比大于 0.5 的水质。

经钠离子交换后软水中的碱量与未经软化的那部分水中非碳酸盐硬度在锅内反应后，其剩余碱量和排污碱量、蒸汽带走碱量应相平衡。基于此，通过钠离子交换的原水水量可用式（10-3）计算

$$Q_{Na}=\frac{H-A+PA_0}{H}\times Q \quad (m^3/h) \tag{10-3}$$

式中　H、A——原水总硬度、全碱度，mmol/L；

A_0——锅水碱度，mmol/L；

P——锅炉排污率，%；

Q——原水总流量，m^3/h。

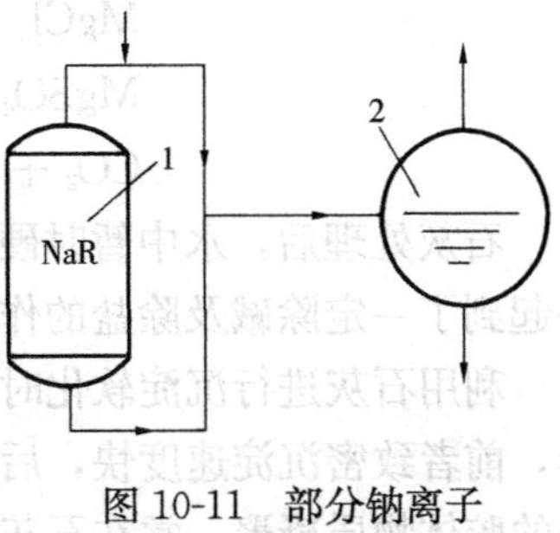

图 10-11　部分钠离子交换过程示意图

1—钠离子交换器；2—锅炉汽锅

如果原水中碱度大于硬度，即所谓负硬水，可采用部分氢离子交换法，经过氢离子交换的那部分原水被软化、除碱后生成相应的二氧化碳及酸，再与另一部分原水相混除去原水中多余碱度。反应过程中生成的二氧化碳要通过 CO_2 除气器。为保持混合后水中有一定的残碱，控制混合水的碱度略大于硬度。这样混合水中硬度全为碳酸盐硬度，进入汽锅后会自行分解、软化。虽然混合后的水碱度显著下降或被消除，但硬度达不到锅外化学处理的水质指标，对于采用锅内加药处理且给水硬度要求较低的容量≤2t/h 的小型锅炉仍允许使用。

五、氯—钠离子交换

氯—钠离子交换既有阳离子（钠、氢）交换又有阴离子（氯）交换。氯离子交换器是以氯型强碱阴离子交换树脂为交换剂，把水中酸根阴离子都置换成氯离子

$$2RCl + SO_4^{2-} \rightleftharpoons R_2SO_4 + 2Cl^-$$

$$RCl + HCO_3^- \rightleftharpoons RHCO_3 + Cl^-$$

$$RCl + NO_3^- \rightleftharpoons RNO_3 + Cl^-$$

串联的氯—钠离子交换系统原水先经过钠离子交换器，再经过氯离子交换器。交换过程不产生 CO_2，不需设除气器。出水氯离子含量增加较多，适用于碱度高而氯离子含量较少的水。氯离子交换剂的还原剂也是食盐。但阴离子交换树脂能力低，价格也昂贵。

第四节　沉淀软化处理和锅内加药水处理

锅炉用水的软化处理以离子交换技术为主，有些中、小型工业锅炉也采用沉淀软化处理。沉淀软化是把溶于水的钙、镁盐类转变成难溶于水的化合物，并在水中沉淀下来加以除掉。最常用的是石灰、石灰—纯碱法处理方法。而对于额定蒸发量≤4t/h，额定工作压力≤1.3MPa 的自然循环蒸汽锅炉、汽水两用锅炉及额定功率≤4.2MW 的热水锅炉，当给水是质量较好的原水时（浊度≤20，总硬度≤4mmol/L），可以不进行锅外软化处理，而单独依靠锅内加药处理来满足锅炉运行要求。但处理后的水质必须符合标准要求，且必须对锅炉的结垢、腐蚀和水质加强监督，认真做好加药、排污和清洗工作。

一、沉淀软化处理

（一）石灰及石灰—纯碱法水处理原理

石灰软化处理是先将生石灰 CaO 溶于水中制成熟石灰[$Ca(OH)_2$]，即石灰乳，然后将石灰乳加进原水中，和原水中的暂硬及游离的二氧化碳作用，生成难溶于水的化合物析出，其反应过程为

$$Ca(HCO_3)_2 + Ca(OH)_2 = 2CaCO_3 \downarrow + 2H_2O$$

$$Mg(HCO_3)_2 + 2Ca(OH)_2 = 2CaCO_3 \downarrow + Mg(OH)_2 \downarrow + 2H_2O$$

$$MgCl_2 + Ca(OH)_2 = Mg(OH)_2\downarrow + CaCl_2$$
$$MgSO_4 + Ca(OH)_2 = Mg(OH)_2\downarrow + CaSO_4$$
$$CO_2 + Ca(OH)_2 = CaCO_3\downarrow + H_2O$$

石灰处理后，水中暂时硬度被除去，永久硬度未变（镁盐永久硬度变成钙盐永久硬度），并起到了一定除碱及除盐的作用。其除碱及除盐的量则与暂时硬度的当量相等。

利用石灰进行沉淀软化时，生成的两种沉淀物 $CaCO_3$ 和 Mg（OH）$_2$ 在性质上有明显差异，前者致密沉淀速度快，后者松散，形似絮状，较难沉淀。为了加速沉淀物的生成和使水中的胶体物质凝聚，常在石灰软化的同时加入凝聚剂，进行凝聚，常用的凝聚剂有硫酸亚铁（$FeSO_4\cdot 7H_2O$）或硫酸铝。

水中铁离子的存在也要消耗石灰，其反应为

$$2Fe^{3+} + 3Ca(OH)_2 = 2Fe(OH)_3\downarrow + 3Ca^{2+}$$

石灰处理时，如保持处理后有一定石灰过剩量，每吨原水的加药量为

$$G_1 = \frac{56}{E_1}(H_T + H_{Mg} + CO_2 + 1.5Fe + K + 0.2) \quad (g/t) \tag{10-4}$$

式中 56——CaO 的分子相对质量；

G_1——生石灰（工业产品）消耗量，g/t；

H_T——原水中重碳酸盐硬度，mmol/L；

H_{Mg}——原水中镁硬度，mmol/L；

CO_2——原水中游离 CO_2，mmol/L；

Fe——原水中含铁量，mmol/L；

0.2——石灰过剩量，mmol/L；

K——水中凝聚剂的加药量，一般取 0.13mmol/L；

E_1——工业石灰的纯度，一般为 50%～80%。

单用石灰软化，只能消除暂硬，故常用石灰与纯碱（即碳酸钠）联合处理。加入纯碱的作用是去除永硬，特别是经石灰作用后的钙盐永硬。反应如下

$$CaSO_4 + Na_2CO_3 = CaCO_3\downarrow + Na_2SO_4$$
$$CaCl_2 + Na_2CO_3 = CaCO_3\downarrow + 2NaCl$$
$$MgSO_4 + Na_2CO_3 = MgCO_3\downarrow + Na_2SO_4$$
$$MgCl_2 + Na_2CO_3 = MgCO_3\downarrow + 2NaCl$$

硫酸镁与熟石灰作用后可被去除

$$MgCO_3 + Ca(OH)_2 = CaCO_3\downarrow + Mg(OH)_2\downarrow$$

每吨原水纯碱的消耗量为

$$G_2 = \frac{106}{E_2}(H_{FT} + 0.7) \quad (g/t) \tag{10-5}$$

式中 106——Na_2CO_3 分子相对质量；

G_2——纯碱消耗量，g/t；

H_{FT}——原水中非碳酸盐硬度，mmol/L；

0.7——纯碱的过剩量，mmol/L；

E_2——纯碱的纯度，一般为 95%。

石灰—纯碱处理后的软水，由于反应沉淀物碳酸钙有一定溶解度，残留硬度随水温升高而降低。水温70～80℃时，残留硬度为0.3～0.4mmol/L；水温为90～100℃时，则为0.1～0.2mmol/L。

（二）沉淀软化处理系统

对于容量较小的供热锅炉房可用图10-12所示的简易系统。药剂（石灰和纯碱）和水在混合器中作用后生成沉淀，并流入沉淀池中使泥渣沉降，由于泥渣沉淀可能不彻底，再将水流过自然压力式过滤池进行过滤，然后进入水箱，此即为软化水。

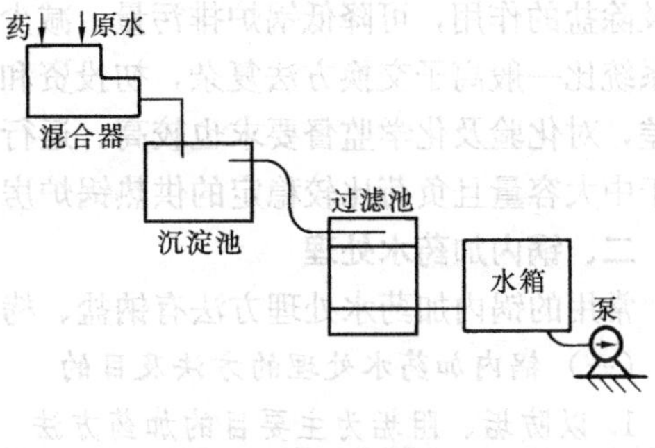

图10-12 简易沉淀软化系统

对补给水量较多的供热锅炉房可采用脉冲式石灰软化系统（图10-13）。

石灰乳的制备是将生石灰加到石灰乳池的筛板上用水冲化而成。制备好的石灰乳（浓度为5%左右）由石灰乳喷射器8引射入石灰乳箱9后直接加入中心管的下端。

原水与凝聚剂（硫酸亚铁饱和溶液）分别进入虹吸式脉冲器3，并在中心管装置中与送入的石灰乳进行强烈的混合、反应，使形成的$CaCO_3$、Mg（OH）$_2$沉淀物呈絮状泥渣；借助脉冲器的工作，水流经中心管装置进入澄清池1时呈周期性的脉冲，使澄清池中的泥渣层时而膨胀，时而收缩，保持泥渣层有比较均匀的浓度并呈悬浮状态，因而增加了新旧泥渣碰撞接触机会，以旧泥渣为结晶核心，形成粗大的泥渣后，利于澄清和过滤。

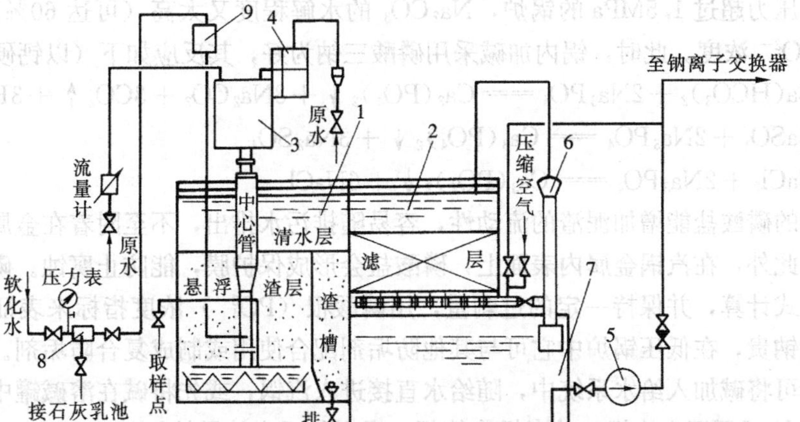

图10-13 脉冲石灰软化水处理系统

1—澄清池；2—过滤池；3—脉冲器；4—硫酸亚铁饱和溶液罐；5—清水泵；6—虹吸管；7—中间水池；8—石灰乳喷射器；9—石灰乳箱

经石灰软化并经悬浮渣层澄清后的水上升至清水层，通过集水槽进入过滤池2被进一步过滤，而后流入中间水池，此时水的混浊度小于5mg/L，碳酸盐硬度去除了2/3～3/4，最后用水泵5送至钠离子交换器进行第二级软化处理。

一般清水层的高度为1.2～2m，水在澄清池停留的时间控制在45～60min，过滤池的流速为6～8m/s。可用废的磺化煤作为滤料，澄清池悬浮渣层中“老化”的泥渣进入渣槽后可定期排出。

常用的脉冲器利用虹吸原理，能定期将水送入澄清池，脉冲周期一般为30～60s。

脉冲石灰水处理与钠离子交换器结合使用，对处理暂硬较高的原水有较好的效果，有除碱及除盐的作用，可降低锅炉排污量，减少热损失，能节约食盐用量，降低运行费用，但设备系统比一般离子交换方法复杂，初投资和占地面积较大。此外，石灰消化系统的卫生条件较差，对化验及化学监督要求也较高。运行中还会出现设备本身的结垢及堵塞现象，一般适用于中大容量且负荷比较稳定的供热锅炉房。

二、锅内加药水处理

常用的锅内加药水处理方法有钠盐、栲胶、柞木、烟秸和石墨法等。

（一）锅内加药水处理的方法及目的

1. 以防垢、阻垢为主要目的加药方法

加入的防垢剂有碱、有机胶、复合防垢剂及有机阻垢剂等。

（1）钠盐法。俗称加碱法水处理，常用的碱有磷酸三钠、纯碱（碳酸钠）和火碱（氢氧化钠），其中以由纯碱应用得最普遍。纯碱进入锅内后水解，生成NaOH，使锅水中pH值保持在10～12之间，并保持锅水中有过剩的CO_3^{2-}。原水中碳酸盐硬度在锅内自身受热分解，在碱性环境中生成疏松的碳酸钙水渣随排污排出。非碳酸盐硬度与Na_2CO_3解离生成的CO_3^{2-}和水解生成的OH^-结合，分别反应生成碳酸钙和氢氧化镁的水渣排出锅外。锅水中Ca^{2+}、Mg^{2+}浓度降低，就会减少$CaSO_4$、$CaSiO_3$、$Mg(OH)_2$等硬垢的产生。但对工作压力低于0.2MPa的锅炉碳酸钠水解率太低（只有2%），难以保持锅水中pH值在10～12之间；对工作压力超过1.5MPa的锅炉，Na_2CO_3的水解程度又太高（可达60%），就不能保持一定的CO_3^{2-}浓度。此时，锅内加碱采用磷酸三钠为好，其反应如下（以钙硬为例）

$$3Ca(HCO_3)_2 + 2Na_3PO_4 = Ca_3(PO_4)_2\downarrow + 3Na_2CO_3 + 3CO_2\uparrow + 3H_2O$$

$$3CaSO_4 + 2Na_3PO_4 = Ca_3(PO_4)_2\downarrow + 3Na_2SO_4$$

$$3CaCl_2 + 2Na_3PO_4 = Ca_3(PO_4)_2\downarrow + 6NaCl$$

所形成的磷酸盐能增加泥渣的流动性，容易随排污水排出，不至附着在金属表面上变成二次水垢。此外，在汽锅金属内表面上，磷酸盐会形成保护膜，能防止腐蚀。磷酸钠的加药量可按反应式计算，并保持一定的过剩量，用磷酸根（PO_4^{3-}）浓度指标来表征。磷酸三钠价格比碳酸钠贵，在低压锅炉中它可与其他防垢剂配合使用或制成复合防垢剂。

加药时可将碱加入给水系统中，随给水直接进入汽锅，或先将碱在溶碱罐中溶解，并加热至70～80℃后再压入汽锅。前者操作简便，后者的反应效果较好。

此外，采用加碱法水处理，必须加强排污管理，否则会产生汽水共腾或堵塞排污阀等事故。

（2）有机胶法。国内常用的有机胶法是加橡碗栲胶，柞木，烟秸等含单宁多的物质。单宁就是有机胶，有机胶溶于水使水呈胶体状态，进入汽锅后，其在金属表面上形成单宁酸铁绝缘层，使金属表面与会形成水垢盐类之间的静电吸引作用减弱或消失，抑制结垢盐类在金属表面的积聚；单宁能与水中Ca^{2+}、Mg^{2+}生成络合物，阻止锅水中的钙、镁离子形成水垢；同时，单宁有凝聚作用，使沉淀物形成水渣；单宁容易氧化，尤其在碱性锅水中，更容易吸氧，可减少氧对金属锅壁的腐蚀。

（3）复合防垢剂。按不同比例，同时向水中加入由磷酸三钠、碳酸钠或氢氧化钠、碳酸钠及栲胶组成的复合防垢剂。

(4) 有机防垢剂。最常用的是乙二胺四甲叉膦酸钠（EDTMPS），氨基三甲叉膦酸（ATMP），水解聚马来酸酐（HPMA）及腐殖酸钠等。

(5) 吸附法。利用静电引力作用的吸附原理向锅内加入石墨粉末或活性白土，这些物质吸附在受热面内壁而起“隔离层”作用，或吸附 Ca^{2+}、Mg^{2+} 后沉淀，以防止结垢。

2. 以防腐蚀为主要目的锅内加药

最常用的是加硅酸盐被膜缓蚀剂，一般都用于热水锅炉，既防腐也起防垢作用。它是阳极型缓蚀剂，在金属表面形成膜以防腐。它不能与除氧剂复合适用。

3. 以防苛性脆化为主要目的锅内加药

防止苛性脆化，降低相对碱度的方法主要是除碱或增加锅水含盐量（或溶解固形物）。增加锅水含盐量而降低相对碱度的方法称为安全碱度处理。其常用药品为磷酸三钠；硝酸钠或硝酸钾；硫酸铵、硝酸铵和磷酸铵。

（二）锅内加药装置

向锅内加药有两种装置：一种是用流量小而扬程高的往复加药泵，将药剂直接加入上锅筒（图 10-14），加药泵的扬程等于锅筒内的工作压力。有的加药泵为计量泵，可计量和调节流量。中压锅炉采用这种形式的较多。另外一种装置是将药剂用加药器由给水管道加入。图 10-15 是最简单的加药器。加药时先关阀门 1，然后打开放水阀 2 及阀门 3 将存水排净。关闭放水阀 2，从漏斗 5 加药剂，再关闭阀门 3，打开阀门 1 向锅内加药。

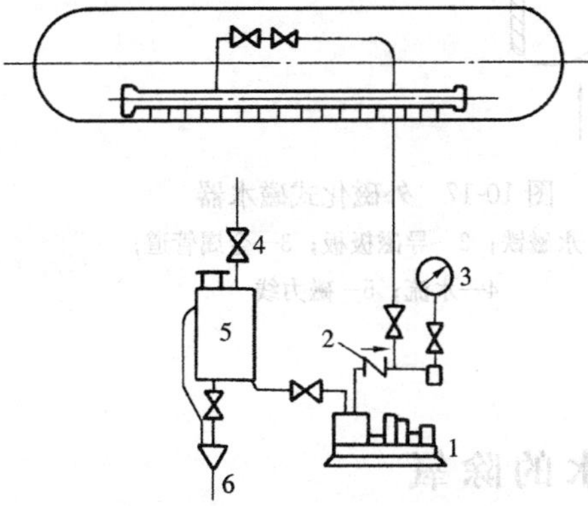

图 10-14 锅内加药系统图

1—加药泵；2—逆止阀；3—压力表；
4—软化水管；5—药箱；6—排水

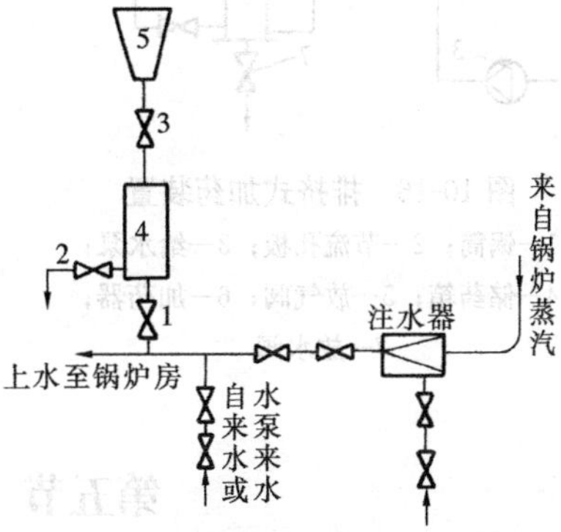

图 10-15 简易加药器

1—与给水管连通阀；2—放水阀；
3—投药漏斗阀门；4—加药罐；5—加药漏斗

图 10-16 是最常用的排挤式加药装置。在给水母管上装节流孔板 2，造成压差以输送药液。热水锅炉也可从供水管引管道至加药器，加药器的出药液管则接至回水管。若加入药剂为固体，可在加药器上装加药漏斗。

三、物理水处理

物理水处理就是不用加药产生化学反应的方法，而是采用物理方法来达到消除水中硬度或改变水中硬度盐类的结垢性质。常用的物理水处理有磁化法和高频水性改变法两种。

磁化法是将原水流经磁场后，使水中钙、镁盐类在锅内不会生成坚硬水垢，而成松散泥渣，能随排污排出。

磁化法水处理的原理有不少说法，至今未有统一结论。其中较多的说法是：水中钙、镁离子受磁场作用后，破坏了它们原来与其他离子之间静电吸引的状态，而导致其结晶条件的改变。永磁式磁水器各地的效果不一，初步得到的试验结果认为，它适用于碱性水、负硬水的处理，但还有待于通过研究试验去探索它的规律性。使用磁水器时，必须加强锅炉排污，控制磁水器中水速，给水要均匀连续地送入锅炉。在管径为 25、38、51、76、100mm 的管道上，相应的磁块数为 2、3、4、5、6 块。

图 10-17 为一种外磁化式磁水器的装置示意图。按一定规律排列的永磁铁固定在给水管道四周，永磁铁的磁场强度通过导磁极板使磁场能量集中，可达 10 000O_e（奥斯特）。原水通过这段管道而得到了处理。外磁式磁水器体积小、重量轻；用单件或多件组合使用，可适用于不同管径管道等。而且使用时不需停产就可安装，由于安装在管道外部，水中杂质及管道铁锈等导磁物质都不会影响磁水器的正常工作。

高频水性改变法与磁化法水处理的原理相同，只是将原水流经高频电场而得到了处理。

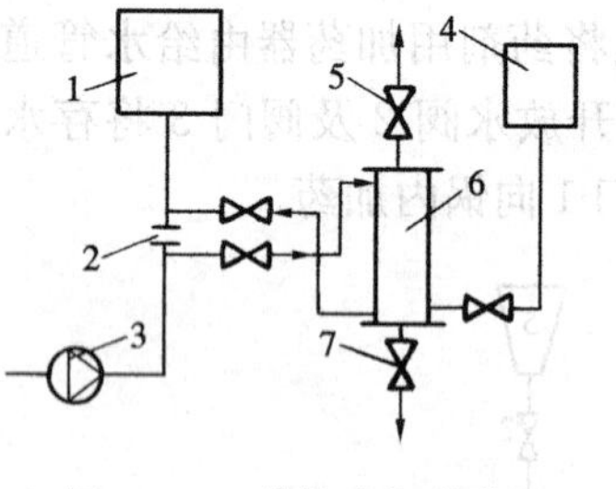

图 10-16　排挤式加药装置

1—锅筒；2—节流孔板；3—给水泵；4—储药箱；5—放气阀；6—加药器；7—放水阀

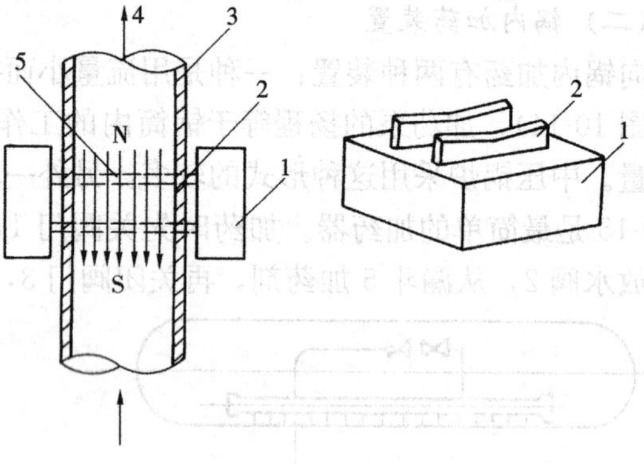

图 10-17　外磁化式磁水器

1—永磁铁；2—导磁极板；3—金属管道；4—水流；5—磁力线

第五节　锅炉给水的除氧

在锅炉给水中往往溶解有氧、二氧化碳等多种气体，其中的氧能跟大多数金属直接化合，从而对金属造成腐蚀，尤其高温的汽、水及其混合物中的氧能加快对金属的腐蚀速度，因此，《工业锅炉水质》规定：额定蒸发量≥10t/h 的蒸汽锅炉和额定功率≥7.0MW 的承压热水锅炉，给水应除氧；额定蒸发量＜10t/h的蒸汽锅炉和额定功率＜7.0MW 的热水锅炉如发现局部腐蚀时，给水应采用除氧措施。将水中溶解氧除去的方法有：热力除氧、解析除氧、化学除氧。

一、热力除氧

热力除氧的主要设备为除氧器，除氧器从整体结构看可分为除氧头和储水箱两部分，如图 10-18 所示。除氧器按运行时的工作压力不同可分为真空除氧、大气除氧、高压除氧三种。真空除氧在小于 0.06MPa 的绝对压力下进行。真空借助蒸汽喷射泵或水喷射泵实现，水面上产生的气体也由真空泵一并抽出；大气除氧在 0.105～0.12MPa 的绝对压力下进行；

高压除氧在 0.35～1.5MPa 的绝对压力下进行。按除氧头结构组成不同可分为淋水盘式、喷雾式、填料式和旋膜式四种。其中填料式常与其他形式联合使用。目前推荐使用的是大气式喷雾填料热力除氧器。

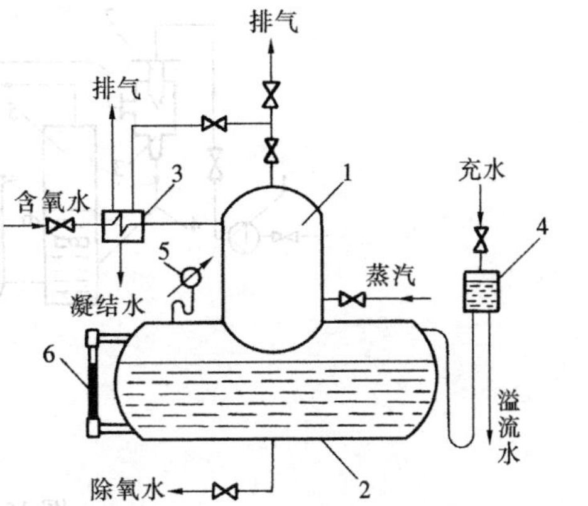

图 10-18 热力除氧器系统图

1—除氧头；2—储水箱；3—排气冷却器；4—安全水封；5—压力表；6—水位表

大气式热力除氧就是把蒸汽通入除氧头中，将水加热到相应压力下的沸点，并维持足够的沸腾时间，使溶于水中的气体逸出并排出除氧器以达到除氧的目的。储水箱则在储存 30～90min 锅炉给水量的同时，还能使残余溶解氧继续溢出，起到深度除氧作用，故运行中水箱一般保持 2/3 水位，留有一定散气空间。热力除氧不仅能除去水中溶解氧，而且同时能除去其他溶解气体（如 CO_2、NH_3 等）和一部分碱度（$2HCO_3^- \xlongequal{\triangle} CO_3^{2-} + CO_2\uparrow + H_2O$）。

喷雾填料式热力除氧器结构如图 10-19 所示，其工作流程为给水经喷嘴（又称雾化器）10 以极细的水滴向上喷出，与从除氧头上部 7 进入的加热蒸汽进行初步热交换，然后落入填料层 20。水在填料层中又被分割成很薄的水膜，水膜在向下流动的过程中，与从下部 8 进入的蒸汽再次进行热交换，使水达到除氧头工作压力下的饱和温度，从而达到除氧目的。除氧效果可使水中溶氧量 $<7\mu g/L$。目前除氧头常用的填料为 Ω 形不锈钢填料。

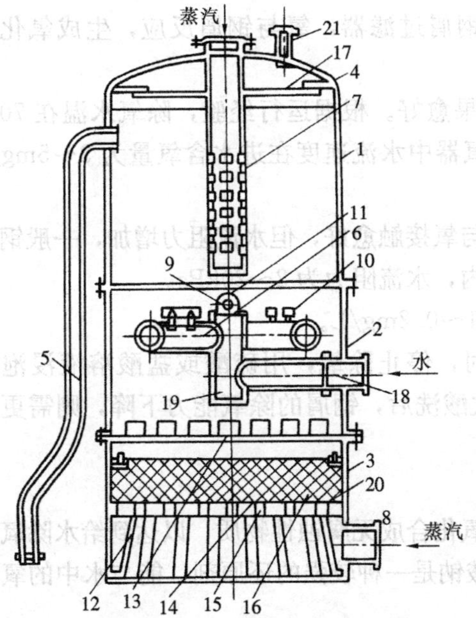

图 10-19 喷雾填料式除氧器结构图

1—上壳体；2—中壳体；3—下壳体；4—椭圆形封头；5—接安全阀的管；6—环形配水管；7—上进汽管；8—下进汽管；9—高压加热器疏水进口管；10、11—喷嘴；12—进汽管；13—淋水盘；14—上滤板；15—填料下支架；16—滤网；17—挡水板；18—进水管；19—中心管段；20—Ω 形填料；21—排汽管

二、解吸除氧

解吸除氧就是将不含氧的气体与要除氧的给水强烈混合，由于不含氧气体中的氧分压力为零，给水中的氧就会大量地扩散到无氧气体中去，给水得以除氧。

解吸除氧系统如图 10-20 所示。给水经泵送至水喷射器，靠水喷射器的引射作用把由反应器来的无氧气体吸入，与水强烈混合，经扩散器和混合管进入解吸器。溶解于水中的氧在此过程中开始向气体中扩散，并在解吸器中分离气和水，挡板 6 用以改善分离过程，减少气携带的水分。分离出的含氧气体经气体冷却器和汽水分离器通往反应器。反应器内装脱氧剂，温度在 200℃以上，氧气与脱氧剂反应生成 CO_2 气体，故反应器出口的气体中没有氧气。如此循环，便可将给水中的氧除掉。

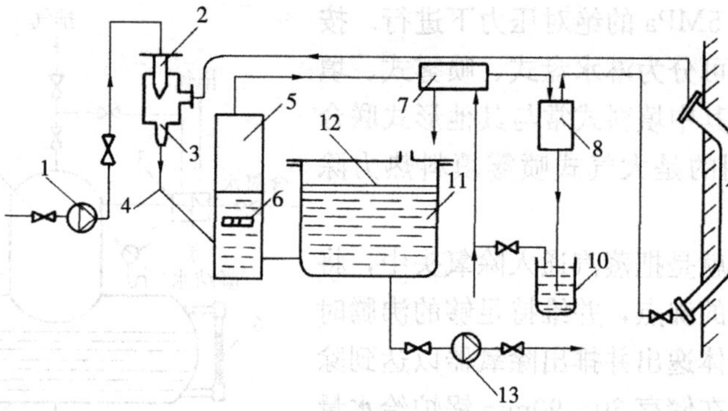

图 10-20 解吸除氧系统

1—水泵；2—水喷射器；3—扩散器；4—水气混合管；5—解吸器；6—挡板；
7—气体冷却器；8—汽水分离器；9—反应器；10—水封箱；11—水箱；12—浮板；13—给水泵

除氧后的水由解吸器流入水箱，再经给水泵打入锅炉。为了与外界空气隔绝，水箱内放有浮板 12，将整个水箱盖住，或采用蒸汽封住水面。

三、化学除氧

常用的化学除氧有钢屑除氧和药剂除氧。

（一）钢屑除氧

将含有溶解氧的水加热至 70℃以上后流经钢屑过滤器，氧与钢屑反应，生成氧化铁（$3Fe+2O_2=Fe_3O_4$），从而达到除氧的目的。

水温愈高，水与钢屑接触时间愈长，除氧效果愈好。根据运行经验，除氧水温在 70～80℃时，反应接触时间需 3～5min。一般钢屑除氧器中水流速度在进水含氧量为 3～5mg/L 时，采用 15～25m/h。

钢屑压紧程度也影响除氧效果，压得愈紧，与氧接触愈好，但水流阻力增加，一般钢屑装填密度为 1000～1200kg/m³，在上述水速范围内，水流阻力为 2～20kPa。

一般情况下钢屑除氧可使水中含氧量降为 0.1～0.2mg/L。

当钢屑除氧器出水达不到给水含氧量标准时，停止除氧，用硫酸或盐酸溶液浸泡约 30min，放掉酸液，恢复钢屑的除氧能力。经几次酸洗后，钢屑的除氧能力下降，则需更换钢屑。

（二）药剂除氧

药剂除氧即向给水中加药，使其与水中溶解氧化合成无腐蚀性物质，以达到给水除氧的目的。常用的药剂为亚硫酸钠（Na_2SO_3）。亚硫酸钠是一种较强的还原剂，能与水中的氧发生还原反应，其反应式如下

$$2Na_2SO_3 + O_2 = 2Na_2SO_4$$

在使用时，将 Na_2SO_3 配制成浓度为 2%～10%的溶液，用活塞泵打入给水管道的吸入侧或直接加入给水箱中，保持给水中 SO_3^{2-} 为 2～7mg/L，锅水中 SO_3^{2-} 为 10～40mg/L。

亚硫酸钠除氧只能用于中、低压锅炉，不能用于高压锅炉，因为压力高于 6MPa，亚硫酸钠会分解出有害气体 SO_2 及 H_2S。

复　习　题

1. 天然水中的杂质有几种存在形式？简述其主要特点。
2. 水垢、腐蚀、汽水共腾对锅炉有何危害？
3. 分析总硬度、永久硬度和暂时硬度间的关系。
4. 分析碱度和硬度间的关系。
5. 简述阳离子交换软化法水处理原理。
6. 离子软化除碱水处理有哪些方法？
7. 锅内加药水处理与物理水处理有何区别？
8. 在什么情况下要对给水进行除氧？为什么？
9. 给水除氧常用方法有哪些？

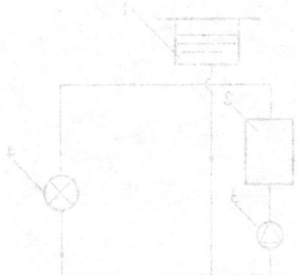

第十一章　锅炉房的汽(热水)、水系统与锅炉房布置

蒸汽锅炉房的汽水系统一般包括给水、蒸汽和排污三个系统。热水锅炉房热力系统则主要由补给水和回水两个系统组成。

第一节　蒸汽锅炉给水系统

一、蒸汽锅炉给水系统

给水系统包括从回水进入锅炉房起，至给水进入锅炉为止。主要设备有给水箱、给水泵、凝结水箱、凝结水泵、给水管道及其附件等。给水箱和给水泵是锅炉必不可少的设备。给水泵是将给水提高压力送入锅炉，给水箱一是进行给水储备，一是在软化水（即补水）和凝结水与锅炉给水流量之间起缓冲作用，一般水泵前都有水箱。

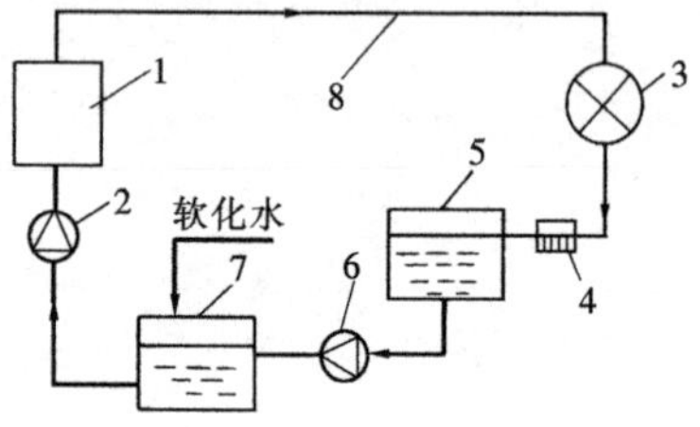

图 11-1　二级给水系统示意图

1—蒸汽锅炉；2—给水泵；3—热用户；4—疏水阀；5—凝结水箱；6—凝结水泵；7—补给水箱；8—蒸汽管道系统

给水系统常与回水方式、水处理或除氧方式有关。当回水为压力回水时，给水系统只设一组水泵和水箱，软化水和回水都流至给水箱，这种给水系统称为一级给水系统。如果锅炉房为自流回水，必须在地坪下或低的地方设回水箱和回水泵，回水要经回水泵打入给水箱，与软化水混合后，再经给水泵打入锅炉，这种串联有两组水泵和水箱的给水系统，则称为二级给水系统。设有热力除氧的给水系统，软水或给水需由升压泵打至除氧器，除氧后的水再由除氧水箱经给水泵送入锅炉，这种给水系统也称为二级给水系统。图 11-1 所示为蒸汽锅炉二级给水系统示意图。

二、热力系统的补水定压

为使给水热力系统水力工况运行稳定，对管网系统的泄漏必须随时补充，而且必须保证系统每一点的压力都处于正值，不允许出现倒空，为此需在热源处对热网进行补水定压。定压方式有以下几种。

1. 膨胀水箱定压系统

如图 11-2 所示，采用高位膨胀水箱作恒压装置时，为了降低水箱的安装高度，恒压点宜设在循环泵进口母管上；为防止热水系统停运时产生倒空，致使系统吸入空气，水箱的最低水位应高于热水系统最高点 2～3m 处，并应使循环水泵停运时系统不汽化；膨胀管上不应装设阀门；设置在露天的高位膨胀水箱及其管道应有防冻措施。高位水箱定压系统简单、安全、可靠、水力工况稳定，是机械循环小型低温水供热系统最常用的定压方式。

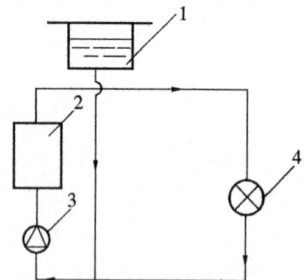

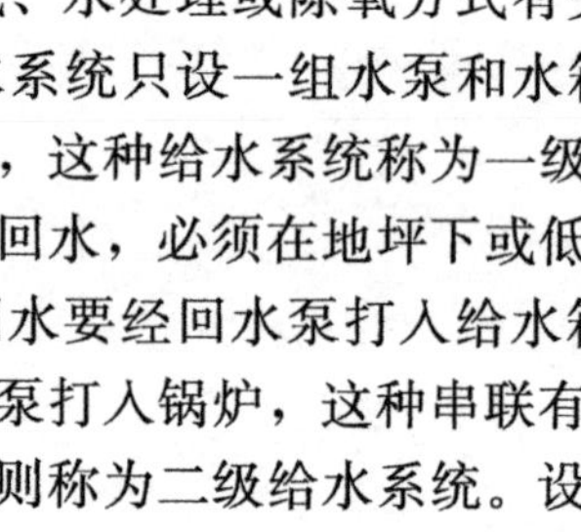

图 11-2　膨胀水箱定压系统

1—膨胀水箱；2—锅炉；3—循环水泵；4—热用户

而用补水箱作恒压装置的热水系统，补水箱安装高度的最低极限，应以系统运行时不汽化为原则；补水箱与系统连接管道上应装设止回阀，以防止系统停运时补水箱冒水和系统倒空。同时必须在系统中装设泄压装置；在系统停运时，可采用补水泵或压力较高的自来水建立静压，以防止系统倒空或汽化。

2. 氮气或蒸汽定压系统

当系统内没有条件安装高位膨胀水箱时，可用隔膜式氮气罐代替，系统的工作原理如图 11-3 所示。在氮气罐内设有囊形胶袋，胶袋内为水室，胶袋外充氮气。最初胶袋外充满氮气，而胶袋内为水室近似于零。当供热系统开始运行后，水温从最低温度上升直至最高温度，胶袋内为水室容积由于系统水升温膨胀从最低值（近似于零）扩大到最高值，胶袋外的氮气由初始压力 p_1 上升到 p_2。当系统中水冷缩或泄漏时，氮气罐内水容量减少，氮气的压力也随之降低，压力降到最低值 p_1 时，补水泵即自动开启向系统补水，以维持系统要求的最低工况。p_1 与 p_2 即为补水泵启停的定点压力，也是氮气罐定压的压力波动范围。

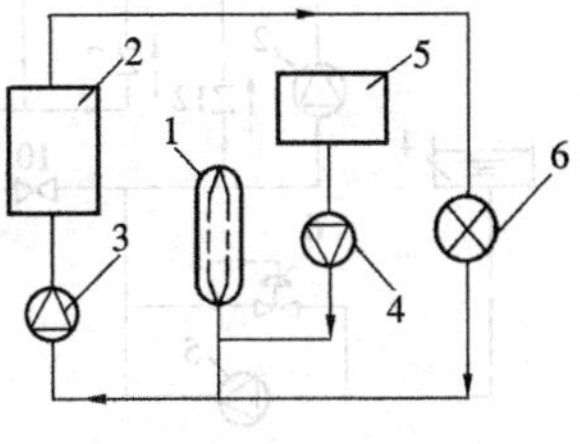

图 11-3　氮气罐定压系统
1—隔膜式氮气罐；2—锅炉；3—循环水泵；4—补水泵；5—补水箱；6—热用户

蒸汽定压系统有下面几种形式：

（1）蒸汽锅炉定压方式。是依靠锅炉上锅筒蒸汽空间的压力来维持定压的。

（2）外置膨胀罐的蒸汽定压方式。是将热水锅炉中的高温水引入外置高位膨胀罐，高温水的蒸汽积聚在罐的上部形成对系统加压的蒸汽垫层，用以对系统加压。

（3）采用淋水式加热器的蒸汽定压方式。淋水式加热器内部具有一定的蒸汽压力，同时它的下部起着蓄存系统中膨胀水箱的作用，因此，淋水式加热器除了加热网路水外，还起着容纳系统膨胀水量和对系统进行定压的作用。

当热水系统采用锅炉自生蒸汽定压时，在上锅筒引出饱和水的干管上应设置混水器。进混水器的降温水在运行中不应中断。

恒压装置的加压介质，宜采用氮气或蒸汽，不宜采用空气作为与高温水直接接触加压介质，以免对供热系统的管道、设备产生严重的氧腐蚀。采用氮气、蒸汽加压膨胀水箱作恒压装置时，恒压点无论接在循环水泵进口端或出口端，循环水泵运行时，应使系统不汽化；恒压点设在循环水泵的进口端，循环水泵停止运行时，应使系统不汽化。

由于蒸汽定压系统工作的稳定性取决于蒸汽压力，蒸汽压力的波动会影响定压点压力的波动，因此，实际上工程中较少使用。

3. 补水泵补水定压系统

当膨胀水箱或氮气及蒸汽定压方式不能满足系统的要求时，可利用补水泵所提供的压头来进行补水定压。根据补水泵的运行情况，可分为连续补水定压和间歇补水定压两种方式。

（1）连续补水定压。根据定压点的压力控制方式又可分为以下三种：

1）利用补水泵旁路上的压力调节阀保持定压点的压力。若系统压力升高，阀门开大些，若系统压力降低，则阀门关小些，使补给的水量与系统的泄漏量相适应。

当管网循环水泵停止运行而补水泵仍能继续工作时，可利用调节阀的开大关小来控制补给水量，使系统的压力波动控制在一个很小的范围内，以维持系统所必需的静压力。当由于突然停电而使补水泵定压装置失去作用时，可采用上水定压的辅助性措施，如图11-4所示。

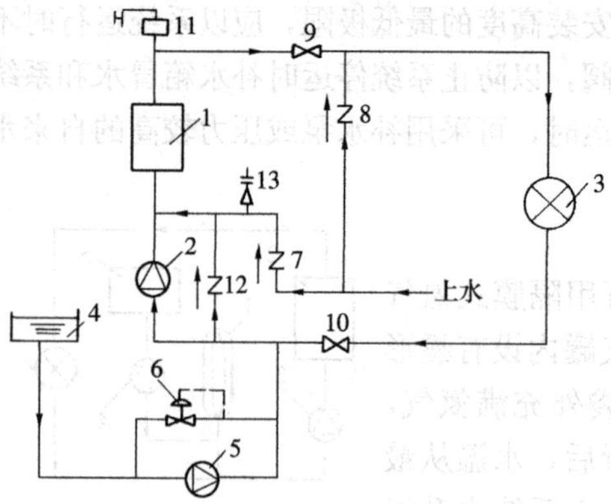

图 11-4 上水定压系统

1—锅炉；2—循环水泵；3—热用户；4—补给水箱；5—补给水泵；6—压力调节阀；7、8、12—止回阀；9—供水管总阀门；10—回水管总阀门；11—集气罐；13—安全阀

当循环水泵正常工作时，管路供水干管出口处的压力高于上水压力，但装设的止回阀 7、8，使管路循环水不会灌进上水管道内，上水压力对热力系统不起作用。当停电使循环水泵、补水泵不能工作时，可立即关闭供回水管总阀门 9、10，将热源与管路切断，同时缓慢开启锅炉顶部集气罐 11 的放气阀。由于上水压力的作用，止回阀开启，上水流经热水锅炉并由集气罐排出，从而避免了炉膛余热引起的锅水汽化。如上水压力大于热力系统静压力，还可保持管路与用户都不发生汽化。当循环泵突然停运时，会由于出水管中流体流动突然受阻，使循环泵进水管中水压骤然增高，产生水击。为此，应在循环泵进出水管的主管之间装设带有止回阀的旁通管作为泄压管。回水管中压力升高时，止回阀开启，管路循环水从旁路通过，从而减少了水击的力量。此外，在进水主管上应装设安全阀。

2）利用补给水调节阀保持定压点的压力。这种定压方式是将调节阀装在补给水管路上，用装在循环泵入口处压力测点的压力来控制调节阀的开大与关小（图 11-5）。当系统压力升高时，关小调节阀；反之，开大调节阀。在补水泵连续工作的情况下，补给水调节阀能使系统的压力波动限制在一个很小的范围内。采用这种定压方式必须安装安全阀，以将系统中膨胀水量排出系统外，不但增加了系统的失水量，也增加了排水热量损失。

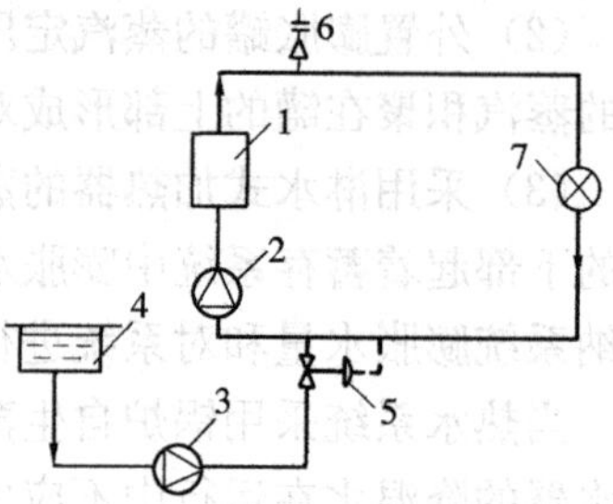

图 11-5 补给水调节阀定压系统

1—锅炉；2—循环泵；3—补给水泵；4—补给水箱；5—补给水调节阀；6—安全阀；7—热用户

3）利用循环泵旁路管设置定压点进行补水定压（图 11-6）。在管路循环泵 2 的出口和进口之间连一根旁路管 7，利用补水泵上的补给水调节阀使旁路管上的 J 点保持要求的压力，此即为定压点。当定压点的压力偏低时，补给水调节阀 5 开大，增大补水量；反之，关小补水调节阀 5，减少补水量。若补给水调节阀完全关闭压力仍不断升高，则泄水调节阀 6 开始泄水，一直到定压点压力恢复为正常值为止。当循环泵停用时，整个管路压力下降，则阀 6 全关，阀 5 开启，补水泵的补水作用使系统维持在等于定压点的静压力。

利用旁路管设置定压点进行补水定压的方法，可以降低运行时的动水压线，靠调节旁路管上两个阀门的开度，使管路的动水压线适当升高或降低，对调节系统的运行压力具有较大的灵活性。但定压点的压力有时不稳定。

（2）间歇补水定压。

利用接在循环泵入口处的电接点压力表来控制补水泵的启停。当循环泵入口处压力升高到某一值时，补水泵停止运行；当循环泵入口处压力降低到某一值时，补水泵启动向系统补水。循环泵停止运行时，补水泵继续运行。由于循环泵入口处压力值一直在某一范围内变化，因而实际上是变压式的定压系统，补水泵需频繁启动。近年来采用变频调速定压控制系统，使间歇补水定压变成了连续补水定压，如图 11-7 所示。工作原理是：由压力传感器测定压点 D 的压力，由调节器进行测定值与设定值的比较，然后通过变频器改变电机的输入功率，进而调节补水泵转速，控制补水量，使系统实现定压点的压力恒定。测定值大于设定值时，补水泵减速。测定值大于报警压力值时，安全阀动作，泄水降压；反之，补水泵加速。

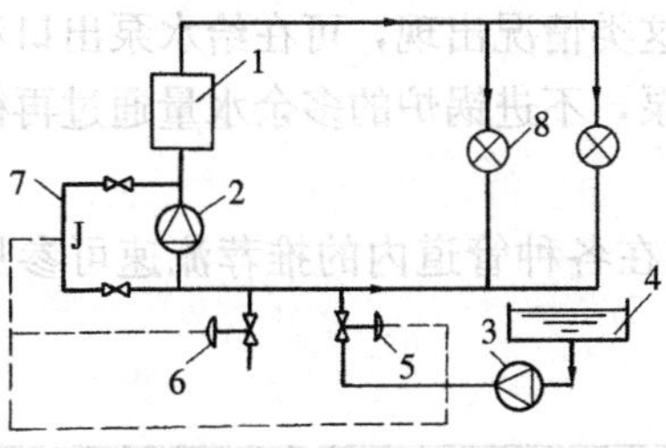

图 11-6　循环泵旁路管定压补水系统

1—锅炉；2—循环泵；3—补给水泵；4—补给水箱；5—补给水调节阀；6—泄水调节阀；7—旁路管；8—热用户

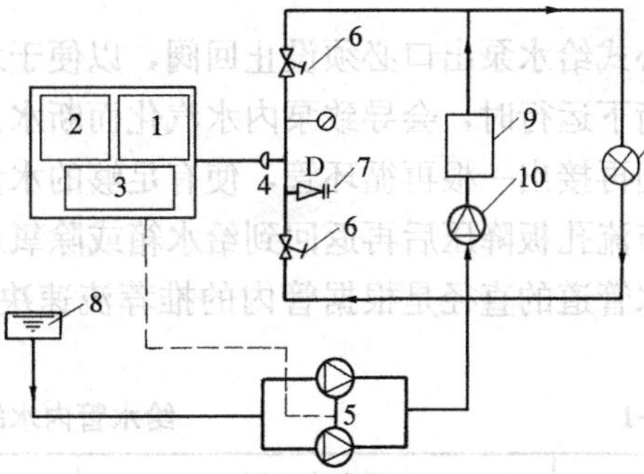

图 11-7　变频调速定压控制系统

1—变频器；2—调节器；3—控制面板；4—压力传感器；5—补给水泵；6—调节阀；7—安全阀；8—补给水箱；9—锅炉；10—循环水泵；11—热用户

总之，采用补水泵作恒压装置时，引入锅炉房的给水压力高于热水系统静压线，在循环泵停止运行时，应用给水保持静压；间歇补水时，补水泵启动时的补水点压力必须保证系统不发生汽化；由于系统不具备吸收水容积膨胀的能力，系统中应设泄压装置。

除了用锅炉自生蒸汽定压的热水系统外，在其他定压方式的热水系统中，热水锅炉在运行时的出口压力不应小于最高供水温度加 20℃后所对应的饱和压力，以防止锅炉有汽化的危险；热水锅炉应有防止或减轻因热水系统的循环泵突然停运后造成锅水汽化和水击的措施，如可采用向锅内加自来水，并在锅炉出水管的放汽管上缓慢排出汽和水，直到消除炉膛余热为止；也可采用备用电源，自备发电机组带动循环泵，或启动内燃机带动的备用循环泵。

第二节　给水系统设备及连接管路

一、给水管道

从给水箱或除氧水箱到给水泵的这段管道称为给水泵进水管道；由给水泵到锅炉的这段管道称为锅炉给水管道。这两段管道共同组成给水管道。

锅炉给水母管一般采用单母管；对常年不间断供汽的锅炉和给水泵不能并联运行的锅炉，给水母管可采用双母管或采用单元制（即一泵对一炉，另加一台公共备用泵），使给水管道及其附件随时可以检修。给水泵进水母管由于水压较低，一般应采用单母管；对常年不间断供汽，且除氧水箱等于或大于两台时，则宜采用分段的单母管。当其中一段管道出现事故时，另一段仍可保证正常供水。

在锅炉的每一个进水口上，都应装置止回阀和截止阀。止回阀和截止阀串联，并装于截止阀的前方（水先流经止回阀）。省煤器进口应设安全阀，出口处需设放气阀。非沸腾式省煤器应设给水不经省煤器直通锅筒的旁路管道。

每台锅炉给水管上应装设自动和手动给水调节装置。额定蒸发量小于或等于4t/h的锅炉可装设位式给水自动调节装置；等于或大于6t/h的锅炉宜装设连续给水自动调节装置。手动给水调节装置宜设置在便于司炉操作的地点。具有并联环路的热水锅炉，在各并联环路上也应装水量调节阀，各环路出水温度偏差不应超过10℃。锅炉出水管应装设压力表和切断阀。

离心式给水泵出口必须设止回阀，以便于水泵的启动，防止水倒流。由于离心式给水泵在低负荷下运行时，会导致泵内水汽化而断水。为防止这类情况出现，可在给水泵出口和止回阀之间再接出一根再循环管，使有足够的水量通过水泵，不进锅炉的多余水量通过再循环管上的节流孔板降压后再返回到给水箱或除氧水箱中。

给水管道的直径是根据管内的推荐流速决定的。水在各种管道内的推荐流速可参见表11-1。

表11-1　　给水管内水的常用流速

管子种类	活塞式水泵		离心式水泵		给水母管
	进水管	出水管	进水管	出水管	
水流速（m/s）	0.75～1.0	1.5～2.0	1.0～2.0	2.0～2.5	1.5～3.0

二、给水泵

常用的给水泵有电动（离心式）给水泵、汽动（往复式）给水泵、蒸汽注水器等。

1. 电动给水泵

电动给水泵容量较大，能连续均匀给水。离心泵的工作特性是随着水量的增大，相应的出水压头会降低，此时给水管道的阻力却增大（图11-8、图11-9）。因此在选用时应按最大出力和对应于这个最大出力下的压头为准。在正常负荷或低负荷下工作时，多余的压力可借阀门的节流来消除。一些小容量锅炉常选用旋涡泵。这种泵流量小、扬程高，但比离心泵效率低。

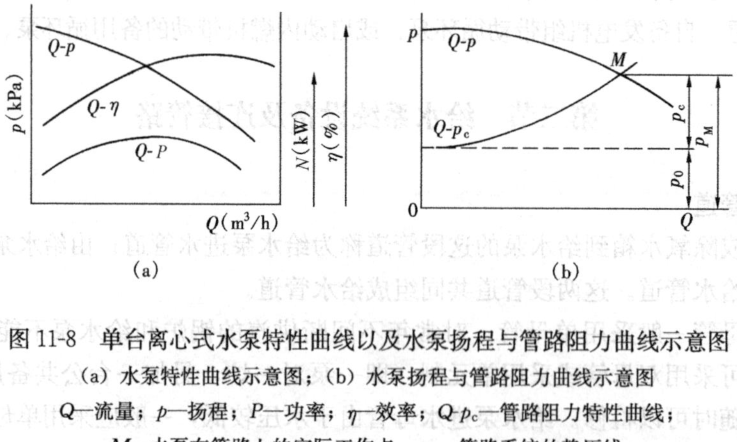

图11-8　单台离心式水泵特性曲线以及水泵扬程与管路阻力曲线示意图

(a) 水泵特性曲线示意图；(b) 水泵扬程与管路阻力曲线示意图

Q—流量；p—扬程；P—功率；η—效率；Q-p_c—管路阻力特性曲线；

M—水泵在管路上的实际工作点；p_0—管路系统的静压线

给水泵的总流量应能满足锅炉房所有锅炉在额定蒸发量运行时所需给水量的110%。如果锅炉房设有减温装置，还应计入其用水量。工业锅炉负荷一般不均衡，季节性变化比较大，因此给水泵容量和台数的选择应能适应锅炉房全年热负荷变化的要求。例如，低负荷期间，启动与之流量相适应的小容量给水泵；高负荷期间，启动大容量给水泵，使水泵处于正常调节范围内工作，以利于经济运行。给水泵应有备用，以便在停电、检修和发生机械故障时启动备用给水泵保证锅炉房正常供水。当任何一台给水泵停止运行时，其余给水泵的总流量应能满足所有锅炉在额定蒸发量下运行时所需给水量的110%。给水量包括锅炉蒸发量和排污量。当锅炉房设有蓄热器时，其用水量也应计入。为了保证给水泵安全、正常的工作，所选择的给水泵还应能适应最高给水温度的要求。

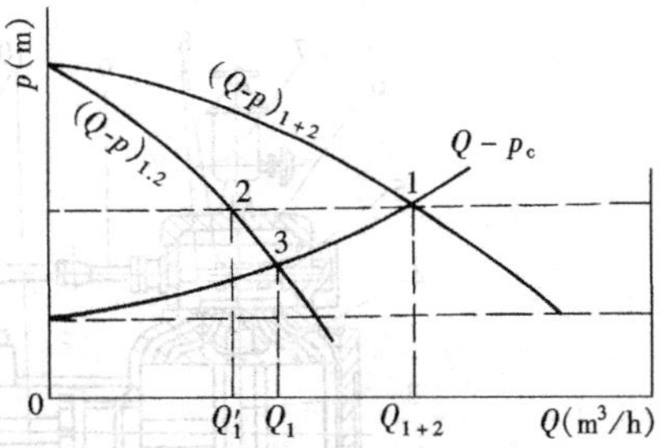

图11-9 两台同型号离心式水泵的并联曲线及与管路阻力曲线的叠加

注：1. 图中1点为两台水泵并联时的工作点；2点为并联时每台水泵的工作点；3点为一台水泵单独工作时的工作点。

2. 并联时总特性曲线为各台水泵等扬程下流量相加。

给水泵可以集中设置，通过母管向各台锅炉供水，也可以每台锅炉单独配置，但备用给水泵仍应与每台锅炉的给水管道连接，以确保供水。单独配置给水泵时，便于调节，对没有自动给水调节器的锅炉较适宜。集中供水时，系统可以简化，所配备的水泵数量可以减少。给水泵设置不少于2台；如果只有2台，则每台给水泵的流量必须具有110%的给水量。

以电动给水泵为常用给水泵时，宜采用汽动给水泵为事故备用泵，对于额定蒸发量小于等于1t/h，额定出口蒸汽压力小于等于0.7MPa的锅炉，可采用蒸汽注水器作为常用和备用给水装置。

给水泵的扬程应根据锅炉锅筒在设计的使用压力下安全阀的开启压力、省煤器和给水系统的压力损失、给水系统的水位差和计入适当的富余量来确定，即

$$p=(p_g+\Delta p)+p_1+p_2+p_3+p_4 \tag{11-1}$$

式中 p——给水泵的扬程，MPa。

p_g——锅炉工作压力，MPa。

Δp——安全阀开启压力与工作压力的差值，MPa；当锅炉额定蒸汽压力为1.27MPa时，$\Delta P=0.04$MPa，当锅炉额定蒸汽压力为1.27～3.82MPa时，$\Delta P=0.06$MPa。

p_1——省煤器阻力，MPa。

p_2——给水系统管路阻力，MPa。

p_3——给水箱最低水位与锅炉水位间液位压差，MPa。

p_4——附加压力，0.05～0.1MPa。

对于压力较低的锅炉，给水泵的扬程也可按式（11-2）近似计算

$$p=p_g+(0.1\sim0.2) \tag{11-2}$$

2. 汽动给水泵

汽动给水泵又称为蒸汽活塞泵或蒸汽往复泵，由蒸汽机和活塞式水泵两部分组成。为了简化传动机构，蒸汽机活塞和水泵活塞装在同一根活塞杆上。蒸汽机的进汽和排汽由滑阀控制。当蒸汽机汽缸中活塞两边的空间轮流进汽和排汽时，就会使活塞作前后往复运动，并直接带动水泵活塞作同样的往复运动，从而使水泵周期性的进水和出水。常用的蒸汽活塞泵是由相同的两组蒸汽机—水泵组合成一套双缸水泵，称为双缸蒸汽活塞泵，又因为此时两组汽缸中活塞的运动方向相反，所以又称为双作用蒸汽活塞泵，如图11-10所示。蒸汽活塞泵工

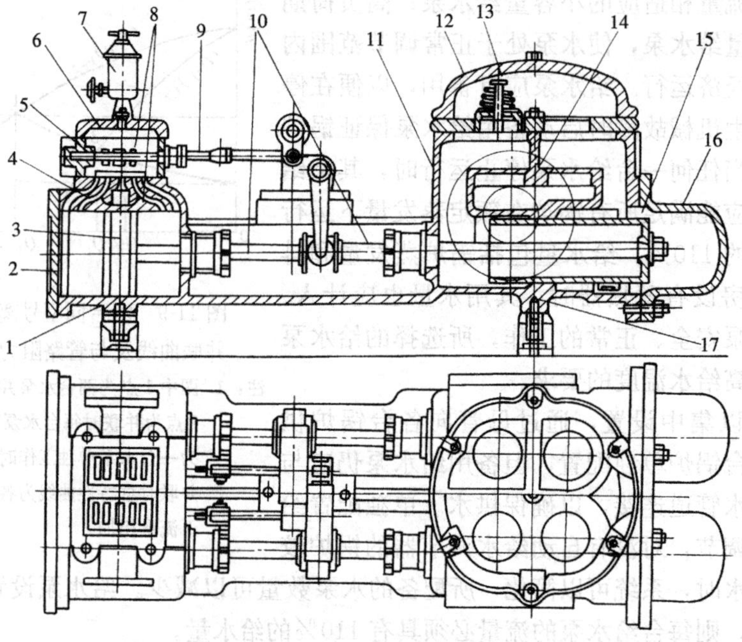

图 11-10 双缸蒸汽活塞泵结构图

1—汽缸；2—汽缸盖；3—汽缸活塞；4—进汽通道；5—滑阀；6—滑阀盖；7—油杯；
8—排汽通道；9—滑阀连杆；10—汽、水活塞连杆；11—水缸；12—水缸盖；
13—弹簧压出阀；14—进水道；15—水缸活塞；16—活塞端盖；17—泵底座

作可靠，启动容易，给水量调节方便，操作维护简单，但只能往复间歇地工作，出水量不均匀，给水有一定脉动，蒸汽耗用量也大，可作为停电时的备用泵。

汽动给水泵流量应能满足所有锅炉在额定蒸发量下运行时所需给水量的 20%～40%。这是因为停电时，辅机不能运行，锅炉已无法正常燃烧和供汽。给水母管为双母管时，汽动给水泵的流量不应小于最大一台电动给水泵流量，而且当其流量为所有运行锅炉额定蒸发量所需给水量的 20%～40%时，不必再设置其他事故备用泵。电动给水泵和汽动给水泵不能在同一根给水母管上并联运行。具有一级电力负荷的锅炉房可不设置事故备用汽动给水泵。

3. 蒸汽注水器

蒸汽注水器又称射水器。它是利用锅炉的蒸汽引射给水，使之升压而注入锅炉的设备。蒸汽注水器由蒸汽喷嘴、混合喷嘴、射水（压水）喷嘴、壳体和溢流阀等部件组成（图 11-11）。蒸汽从锅炉沿管道进入注水器的蒸汽喷嘴，以高速喷出，使该喷嘴出口周围产生真空，将水吸入注水器。蒸汽和水在混合喷嘴中混合，在混合过程中蒸汽被冷却，给水受到加热。由于混合喷嘴的截面形状为渐缩形，因此水在其中的流速不断提高，最后给水以高速离开混合喷嘴进入射水喷嘴。而射水喷嘴的通流截面为渐扩形，因此水在其中的流速不断下降，压力不断上升直至超过锅炉压力而进入锅炉。注水器开始启动时，注水器和进水管中存在空气，因而蒸汽最初带走的是空气，它不会被冷却，体积也不可能缩小，结果在混合喷嘴和射水喷嘴之间产生了额外的压力而顶开溢流阀，使蒸汽、空气和一部分水一起泄入溢水管。随着空气逐渐被驱尽，吸入的水量增多，蒸汽被急剧冷却而在混合喷嘴周围产生负压，

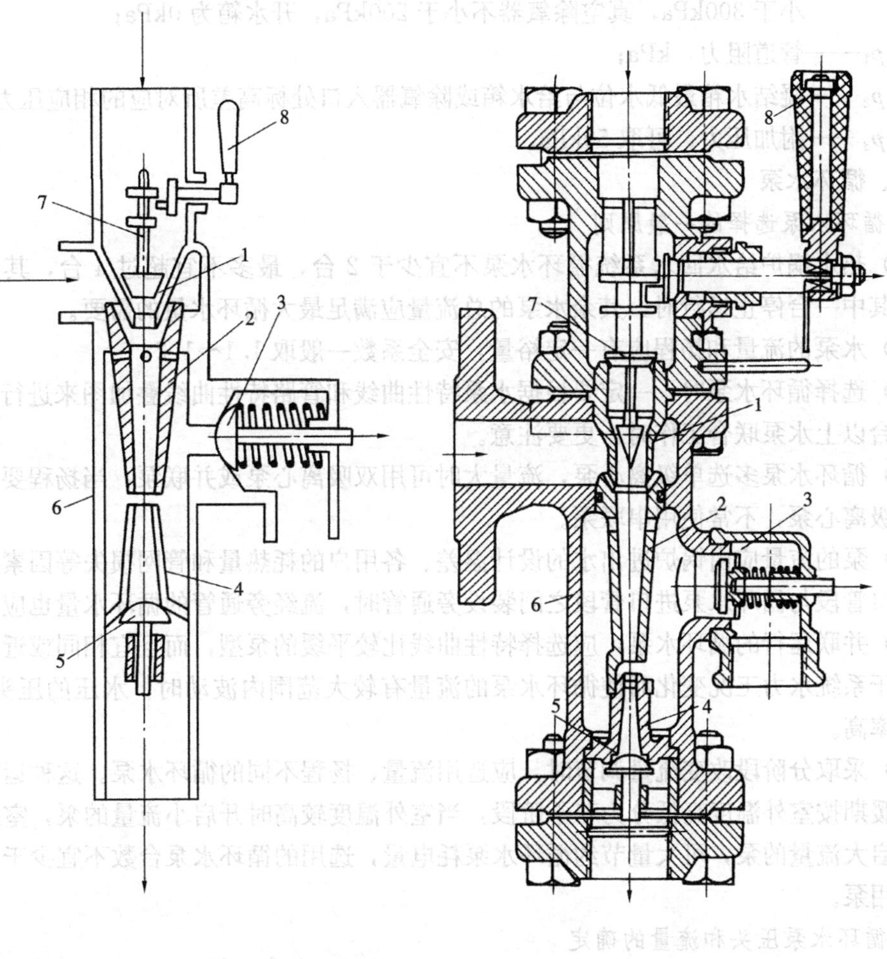

图 11-11　蒸汽注水器及其工作原理图

1—蒸汽喷嘴；2—混合喷嘴；3—溢流阀；4—射水喷嘴；5—止回阀；
6—注水器壳；7—进汽针形阀；8—手柄

溢流阀在其弹簧的作用下也关闭，此时水就被打入锅炉。蒸汽注水器结构简单、操作和维修方便，但蒸汽耗量大，注水量较小，只适用于蒸发量较小的蒸汽锅炉。注水器应为单炉配置。常用的单管自动上吸式注水器的吸水高度与水温和蒸汽压力有关。给水温度一般不得高于 40℃，安装时应使其吸水高度≤1m。

三、凝结水泵、软化水泵和原水加压泵

这三种水泵采用电动离心泵，前两种水泵一般各设有 2 台，其中 1 台备用。有条件时，凝结水泵和软化水泵可合用一台备用泵。原水加压泵是当进入锅炉房的原水（生水）压力不能满足水处理设备和其他用水设备的要求时而设置的，一般不设备用。

凝结水泵流量应不小于 1.2 倍最大小时凝结水回流量。当锅炉全部补水通过凝结水箱时，凝结水泵流量应满足所有锅炉在额定蒸发量下运行时所需给水量的 110%。凝结水泵的扬程按式（11-3）计算

$$p_n = p_{cy} + p_1 + p_2 + p_3 \quad (kPa) \tag{11-3}$$

式中　p_{cy}——除氧器要求的进水压力，喷雾式热力除氧器为 150～200kPa，解析除氧器不

小于300kPa，真空除氧器不小于200kPa，开水箱为0kPa；

p_1——管道阻力，kPa；

p_2——凝结水箱最低水位与给水箱或除氧器入口处标高差所对应的相应压力，kPa；

p_3——附加压力，可取50kPa。

四、循环水泵

1. 循环水泵选择的一般原则

(1) 热水锅炉给水回水系统循环水泵不宜少于2台，最多不宜超过4台，其中一台备用。当其中一台停止运行时，其余水泵的总流量应满足最大循环水量的需要。

(2) 水泵的流量和扬程应有一定裕量，安全系数一般取1.1～1.2。

(3) 选择循环水泵时，一定要根据水泵特性曲线和管路特性曲线叠加图来进行选取，特别是2台以上水泵联合工作时，更要注意。

(4) 循环水泵多选单级离心泵，流量大时可用双吸离心泵或并联泵，当扬程要求很高时可用多级离心泵，不常使用串联泵。

(5) 泵的流量应由锅炉进出水的设计温差、各用户的耗热量和管网损失等因素决定。在锅炉出口管段与循环水泵进口管段之间装设旁通管时，流经旁通管的循环水量也应计入。

(6) 并联运行的循环水泵，应选择特性曲线比较平缓的泵型，而且宜相同或近似，这样可使由于系统水力工况变化而使循环水泵的流量有较大范围内波动时，水压的压头变化小，运行效率高。

(7) 采取分阶段改变流量调节时，应选用流量、扬程不同的循环水泵。这种运行方式把整个采暖期按室外温度高低分为若干阶段，当室外温度较高时开启小流量的泵，室外温度较低时开启大流量的泵，可大量节约循环水泵耗电量，选用的循环水泵台数不宜少于3台，可不设备用泵。

2. 循环水泵压头和流量的确定

在热水锅炉给水回水系统中，系统循环水泵是在封闭的循环回路中工作，即水从循环水泵出口经过所有热交换器又回到循环水泵的入口。因此，在封闭的循环回路中，水泵所需的压头不受水的重位压降的影响，此时循环水泵的压头仅用来克服锅炉、换热器、管路的阻力，而不需要克服用户系统的重位压头。系统循环水泵所需的压头 p 按式(11-4)计算

$$p = \Delta p_g + \Delta p_w + \Delta p_y \tag{11-4}$$

式中 Δp_g——锅炉房内部的压力损失，kPa；

Δp_w——管路系统的压力损失，kPa；

Δp_y——用户系统的压力损失，kPa。

在采用双泵系统时，锅炉循环水泵和系统循环水泵的压头分别为式(11-5)所示

$$p_g = \Delta p_l + \Delta p_g \tag{11-5a}$$

$$p_x = \Delta p_w + \Delta p_y \tag{11-5b}$$

式中 p_g——锅炉循环水泵的压头，kPa；

p_x——系统循环水泵的压头，kPa；

Δp_l——连接锅炉和室外系统管段的压力损失，kPa；

Δp_g——锅炉本身的压力损失，kPa。

循环水泵的流量按式（11-6）计算

$$G=\frac{Q}{c\Delta t}\times 10^{-3}\quad (t/h) \tag{11-6}$$

式中　G——循环水泵流量，kg/h；

Q——供热系统计算热负荷，kW；

Δt——计算的系统供回水温差，℃；

c——水的比热，通常 $c=4.186$kJ/(kg·K)。

五、补水泵

1. 选择补水泵的要求

(1) 补水泵的流量，应等于热水系统正常补水量和事故补水量之和，并宜为正常补给水量的4～5倍。一般按热水系统（包括锅炉、管道和用热设备）实际循环总水量的4%～5%计算；

(2) 补水泵的扬程，不应小于补水点压力加30～50kPa的富余量；

(3) 补水泵不宜少于2台，其中1台备用。

2. 补水泵和补水箱容量的确定

补水泵的扬程可按式（11-7）确定

$$p=1.15(p_b+p_{xs}+p_{ys}-h)\quad (kPa) \tag{11-7}$$

式中　p——补水泵的扬程，kPa；

p_b——系统补水点要求压力值，kPa；

p_{xs}——补水泵吸入管阻力损失，kPa；

p_{ys}——补水泵压出管阻力损失，kPa；

h——补水箱最低水位高出系统补水点的高度压差，kPa。

补水箱容量可按储存1～1.5h的补水量来确定。补水箱应设两个，水箱一般选用矩形，当容量超过20m³时，建议采用圆形的，以节省钢材。

六、水箱

水箱主要有给水箱或除氧水箱、回水（凝结水）箱、软化水箱和中间水箱等。在有除氧水箱时，为保证除氧器的正常运行，应同时设置凝结水箱或软化水箱。在没有除氧水箱时，凝结水箱可以和给水箱合设或分设。给水箱或除氧水箱宜设置1个。常年不间断供热的锅炉房或容量大的锅炉房应各设置2个。给水箱的总有效容量为所有锅炉在额定蒸发量下运行时所需20～40min的给水量。小容量锅炉房以软化水箱作为给水箱时要适当放大有效容量。在确定给水箱或除氧水箱的布置时，应使给水泵有足够的灌注头或称正水头（即水箱最低液面与给水泵进口中心线的高差）。对水泵而言，这段高差是给予液体一定的能量，使液体在克服吸水管道和泵内部的压力降（称汽蚀余量）后在增压前的压力仍高于汽化压力，以避免水泵进口叶轮处发生汽化而中断给水。给水泵的最小灌注头 H_{min} 可按式（11-8）计算

$$H_{min}=\frac{p_{bh}-p_{gs}+\Sigma\Delta p+p_f}{\rho g}+\Delta h_y\quad (kPa) \tag{11-8}$$

式中 ρ、p_{bh}——使用温度下水的密度和饱和压力，单位分别为：kg/m³、kPa；

p_{gs}——给水箱液面压力，kPa；

$\Sigma\Delta p$——吸水管道阻力，kPa；

p_f——富余量，可取 3～5kPa，富余量是考虑热力除氧压力瞬变时及其他因素引起的压力变化；

Δh_y——泵的允许汽蚀余量，m。

泵的允许汽蚀余量由泵样本给出。当样本给出的是允许吸水高度时，可按式（11-9）换算

$$\Delta h_y = \frac{p_a - p_{bh}}{\rho g} + \frac{v_1^2}{2g} - H'_s \quad (\mathrm{m}) \tag{11-9}$$

式中 p_a——水箱液面压力，kPa；

v_1——泵吸入口处流速，m/s；

H'_s——使用条件下泵的允许吸水高度，m。

当样本给出的允许吸水高度 H_s 是按标准状态给出的，即在标准大气压下抽送常温（20℃）水时的数值，而使用条件与此不同时，按式（11-10）修正

$$H'_s = \frac{p_a}{\rho g} - 10.33 - \left(\frac{p_{bh}}{\rho g} - 0.24\right) + H_s$$

$$\approx \frac{p_a - p_{bh}}{\rho g} + H_s - 10 \quad (\mathrm{m}) \tag{11-10}$$

根据给水泵的允许吸水高度，也可直接按式（11-11）计算其最小灌注头

$$H_{min} = \frac{p_a - p_{gs} + \Sigma\Delta p + p_f}{\rho g} + \left(\frac{v_1^2}{2g} - H'_s\right) \quad (\mathrm{kPa}) \tag{11-11}$$

凝结水箱宜选用 1 个，常年不间断供汽时，宜选用 2 个或 1 个中间带隔板分为两格的水箱，其总有效容量宜为 20～40min 最大小时凝结水回水量。由于凝结水温度较高，为了保证凝结水泵的正常工作，减小凝结水箱和凝结水泵之间的高度差，可将部分或全部锅炉补水通过凝结水箱，降低水温，减少蒸发，此时，凝结水箱容量也应相应加大。

软化水箱的总有效量，应根据水处理的设计出力和运行方式确定。当设有再生备用软化设备时，软化水箱的总有效容量宜为 30～60min 的软化水消耗量。中间水箱总有效容量宜为水处理设备设计出力的 15～30min 储水量。锅炉房水箱应注意防腐，水温大于 50℃时，水箱要保温。

第三节 锅炉蒸汽系统、排污系统、汽水管道材料及热水锅炉热力系统

一、锅炉蒸汽系统

锅炉蒸汽系统由蒸汽管道、分汽缸以及阀门等组成。每台蒸汽锅炉一般都设有主蒸汽管和副蒸汽管。自锅炉向用户供汽的这段蒸汽管称为主蒸汽管；用于锅炉本身吹灰、汽动给水泵或注水器供汽的蒸汽管称为副蒸汽管。主蒸汽管、副蒸汽管及设在其上的设备、阀门、附件等组成蒸汽系统。

为了安全，在锅炉主蒸汽管上均应安装两个阀门，其中一个紧靠锅炉锅筒或过热器出口，另一个应安装在靠近蒸汽母管处或分汽缸上，阀和阀之间装有通向大气的疏水管和阀门，其内径不得小于 18mm。这是考虑到锅炉停运检修时，其中一个阀门失灵另一个还可关闭，避免母管或分汽缸中的蒸汽倒流。

锅炉房内连接相同参数锅炉的蒸汽管，宜采用单母管；对常年不间断供热的锅炉房，宜采用双母管，以便某一母管出现事故或检修时，另一母管仍可保证供汽；当锅炉房内设有分汽缸时，每台锅炉的主蒸汽管可分别接至分汽缸。

在蒸汽管道的最高点处需设置空气阀，以便在管道水压试验时排除空气。蒸汽管道应有坡度，在低处应装疏水器或放水阀，以排除沿途形成的凝结水。

锅炉本体、除氧器上的放汽管和安全阀排汽管应独立接至室外，避免排汽时污染室内环境，影响运行操作。两独立安全阀排汽管不应相连，可避免串汽和易于识别超压排汽点。

分汽缸起稳压缓冲调节及分配蒸汽的作用，它与主蒸汽管和送至各用户的分蒸汽管相连。分汽缸的设置应按用汽需要和管理方便的原则进行。对民用锅炉房及采用多管供汽的工业锅炉房或区域锅炉房，宜设置分汽缸；对于采用单管向外供热的锅炉房，则不宜设置分汽缸。

分汽缸可根据蒸汽压力、流量、连接管的直径及数量等要求进行设计。分汽缸直径一般可按蒸汽通过分汽缸的流速不超过 20～25m/s 计算。蒸汽进入分汽缸后，由于流速突然降低而分离出水滴。因此，在分汽缸下面应装疏水管和疏水器，以排除凝结水的水分。分汽缸宜布置在操作层的固定端，以免影响今后锅炉房扩建。靠墙布置时，离墙距离应考虑接出阀门及检修的方便。分汽缸前应留有足够的操作位置。

二、排污系统

在锅炉运行过程中，总会有一些杂质随给水进入锅炉，除有很少一部分随锅水中产生的蒸汽被带走外，大部分留在锅水中。随着锅水不断受热蒸发、浓缩，锅水中的杂质浓度不断增大。当杂质含量超过一定数值时，就会发生发沫、汽水共腾、蒸汽品质恶化、受热面结垢、金属腐蚀、水循环不良等现象。同时在锅炉运行过程中，锅水中会产生不少水渣，这些水渣会在锅内沉积，沉积过多会形成二次水垢，甚至堵管。为了控制锅水的含盐量、含硅量、碱度，排除积存在锅内的水渣，通常采用从锅炉中不断排出杂质含量较大的锅水和沉积的水渣，同时补入相同量的给水，这个过程称为锅炉排污。锅炉排污分为连续排污和定期排污两种。

（一）连续排污

连续排污即连续不断地排出一部分锅水使锅水中的含盐量、碱度等水质指标不超过规定的数值，以保证蒸汽品质。所以连续排污应从锅水杂质浓度最大的部位引出。一般锅水杂质浓度最大的部位位于锅筒水面附近，故又称为表面排污。连续排污也能同时排除悬浮在水中的细微水渣。

1. 排污率的确定

锅炉连续排污量的大小，常以排污率表示。排污率即锅炉排污量 D_p 占锅炉蒸发量 D 的百分数，用 p（%）表示

$$p=\frac{D_p}{D}\times 100\% \tag{11-12}$$

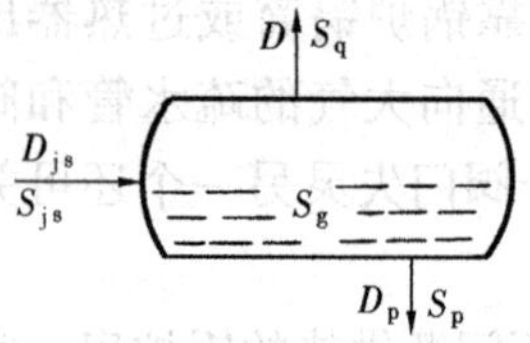

图 11-12 锅筒盐量平衡图

以含盐量为例，排污率也可由锅筒盐量平衡关系求得。图11-12为锅筒盐量平衡图。当锅水含盐量保持一定时，带入锅炉的盐量应等于排出锅炉的盐量，即

$$D_{js}S_{js} = DS_q + D_pS_p$$

因为 $D_{js} = D + D_p$；$S_p = S_g$

所以 $$D_p = \frac{D(S_{js} - S_q)}{S_g - S_{js}} \quad (t/h) \tag{11-13}$$

$$p = \frac{S_{js} - S_q}{S_g - S_{js}} \times 100\,\% \tag{11-14}$$

如果忽略蒸汽带走的盐量 S_q，则 $p = \frac{S_{js}}{S_g - S_{js}} \times 100\%$ (11-15)

式中 D、D_p、D_{js} ——分别为锅炉的蒸发量、排污量、给水量，t/h；

S_{js}、S_q、S_g、S_p ——分别为给水、蒸汽、锅水、排污水中盐的含量，mg/L。

在汽水系统中，当有凝结水返回锅炉房作为给水时，给水的水质如以含盐量表示，则为

$$S_{js} = S_b\alpha_b + S_n\alpha_n \tag{11-16}$$

式中 S_b——补给水的含盐量，mg/L；

S_n——凝结水的含盐量，mg/L；

α_b、α_n ——补给水及凝结水占总给水量的份额，即 $\alpha_b + \alpha_n = 1$。

如凝结水含盐量很少而被忽略时，则给水含盐量 $S_{js} = S_b\alpha_b$，代入式（11-15）可得

$$p' = \frac{S_b\alpha_b}{S_g - S_b\alpha_b} \times 100\% \tag{11-17}$$

同样方法，可以按碱度求出相应的排污率，选排污率中最大的一个，作为维持锅水水质的排污率。在给水品质一定的情况下，增加排污率，可以降低锅水杂质含量，但加大排污率将会增加热量和工质的损失。实践证明，排污率每增加1%，将使燃料消耗量增加约0.3%，所以在保证锅水水质及蒸汽品质的前提下，应尽量减少排污率。一般建议以软化水为补给水的工业锅炉或单独采用锅内加药处理的锅炉，排污率不超过10%（最好为5%）；以除盐水为补给水的锅炉，排污率不超过2.0%。如果超出上述排污率，就应改进给水处理工艺等，以提高给水品质，完善锅筒内汽水分离装置或蒸汽清洗装置，以提高蒸汽品质。为了防止锅内有水渣积聚，排污率应不小于0.3%。

2. 连续排污装置及系统

常见的连续排污装置有两种：一种是如图11-13（a）所示，沿上锅筒长度水平安装一根管径为28～60mm的排污取水管，管上开有很多孔径为5～10mm，孔间距为500mm的小孔，管子安装在锅筒正常水位下200～300mm处，以防止吸入蒸汽。对于有旋风分离器的锅炉，排污取水管可装在旋风分离器底部附近。对于分段蒸发的锅炉，则可装在盐段，以利于排除含污量大的锅水。另一种是在排污取水管的小孔上焊接短管如图11-13（b）所示，称为吸污管，管长为150～170mm。吸污管上端有椭圆形斜截口，并在管侧斜劈V形开口，开口高约100mm，吸污管顶部一般在正常水位下80～100mm处。

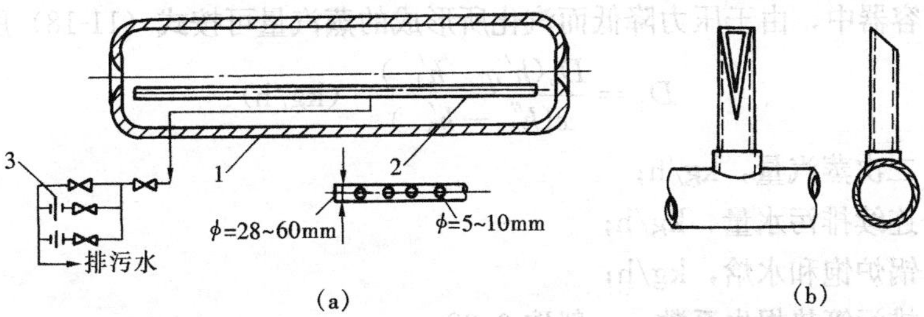

图 11-13 连续排污装置

1—锅筒；2—排污取水管；3—节流孔板

3. 连续排污水的利用

为了减少因排污而损失的水量和热量，一般是将连续排污水引入排污扩容器，在排污扩容器中压力突然降至0.12～0.2MPa表压，使部分排污水变成蒸汽（称为二次蒸汽），蒸汽可引入热力除氧器或给水箱中对给水进行加热，或者用来加热生活用水。排污扩容器中的饱和水则可引入表面式换热器中，利用其热量加热补水，排污水被冷却后排至地沟。图 11-14 即为排污水利用系统示意图。图11-15为连续排污扩容器结构图。由图可见，在锅炉出口处的连续排污管上，装设有节流阀。在锅炉出口和连续排污扩容器进口处，各设有一个切断阀。一般 2～4 台锅炉合设一台连续排污扩容器。连续排污扩容器装有安全阀。

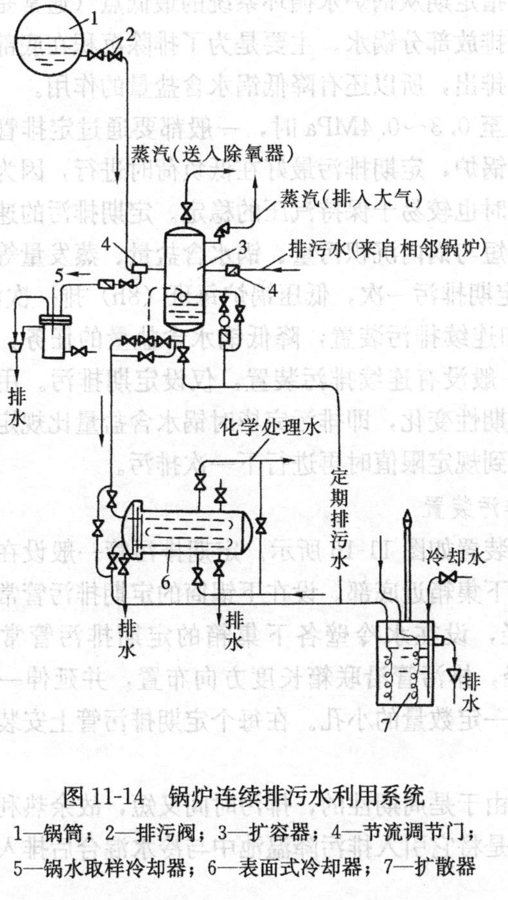

图 11-14 锅炉连续排污水利用系统

1—锅筒；2—排污阀；3—扩容器；4—节流调节门；5—锅水取样冷却器；6—表面式冷却器；7—扩散器

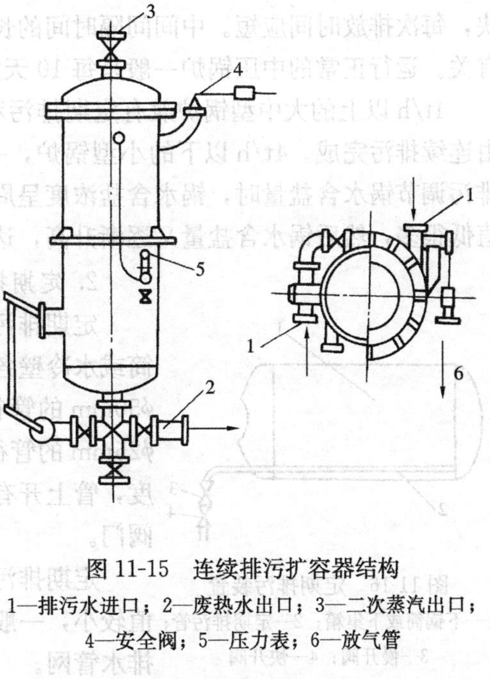

图 11-15 连续排污扩容器结构

1—排污水进口；2—废热水出口；3—二次蒸汽出口；4—安全阀；5—压力表；6—放气管

在排污扩容器中，由于压力降低而汽化所形成的蒸汽量可按式（11-18）所示计算

$$D_q=\frac{D_p(h'\eta-h'_1)}{x(h''_1-h'_1)}\quad(\text{kg/h})\tag{11-18}$$

式中 D_q——二次蒸汽量，kg/h；

D_p——连续排污水量，kg/h；

h'——锅炉饱和水焓，kg/h；

η——排污管热损失系数，一般取 0.98；

h'_1、h''_1——扩容器压力下饱和蒸汽的焓，kJ/kg；

x——二次蒸汽干度，一般取 0.97。

扩容器的容积按式（11-19）所示来确定

$$V=\frac{KD_q\nu}{R_v}\quad(\text{m}^3)\tag{11-19}$$

式中 K——容器富裕系数，一般取 1.3～1.5；

ν——二次蒸汽的比容，m^3/kg；

R_v——扩容器中，单位容积的蒸汽分离强度，一般在 400～1000m^3/(m^3·h)的范围内。

（二）定期排污

1. 定期排污

定期排污又称间断排污或底部排污，是指定期从锅炉水循环系统的最低点（通常是下锅筒及水冷壁下联箱，锅壳锅炉的锅壳底部）排放部分锅水。主要是为了排除沉积在底部的水渣和松散状沉淀物，同时因伴随一部分锅水排出，所以还有降低锅水含盐量的作用。

新建锅炉投运初期或备用锅炉点火升压至 0.3～0.4MPa 时，一般都要通过定排管排除锅水中的铁锈和积存的水渣。对于运行中的锅炉，定期排污最好在低负荷时进行，因为此时水循环速度低，水渣下沉，排污效果好，同时也较易于保持汽压的稳定。定期排污的速度应快，每次排放时间应短。中间间隔时间的长短与锅内沉积污量、锅水含盐量、蒸发量等因素有关。运行正常的中压锅炉一般是每 10 天定期排污一次，低压锅炉每班（8h）排一次污。

4t/h 以上的大中型锅炉兼有定期排污和连续排污装置，降低锅水含盐量的任务，主要由连续排污完成。4t/h 以下的小型锅炉，一般没有连续排污装置，仅设定期排污。用定期排污调节锅水含盐量时，锅水含盐浓度呈周期性变化，即排污完毕时锅水含盐量比规定的数值低很多，然后锅水含盐量又逐渐升高，达到规定限值时再进行下一次排污。

2. 定期排污装置

定期排污装置如图 11-16 所示。定期排污管一般设在下锅筒或水冷壁各下集箱近底部。设在下锅筒的定期排污管常采用 ϕ50mm 的管径，设在水冷壁各下集箱的定期排污管常采用 ϕ25mm 的管径，排污管沿联箱长度方向布置，并延伸一定长度，管上开有一定数量的小孔。在每个定期排污管上安装两个阀门。

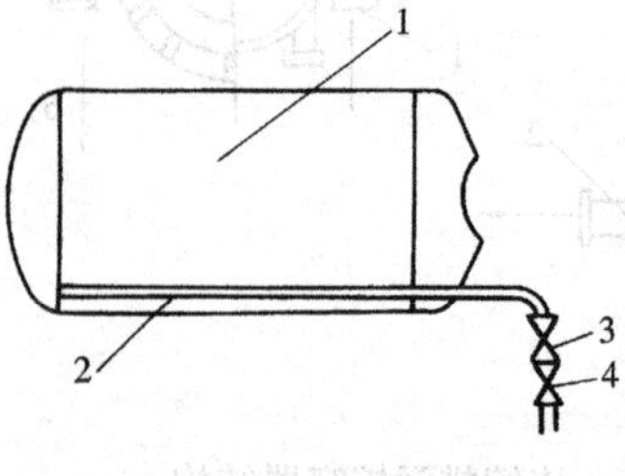

图 11-16 定期排污装置
1—下锅筒或下集箱；2—定期排污管；3—慢开阀；4—快开阀

定期排污由于是周期性的，排污时间又短，故余热利用价值较小，一般是将它引入排污降温池中与冷水混合后排入室外排水管网。

三、汽水系统管道及管件材料

当输送介质压力大于1MPa，温度大于200℃时，应采用无缝钢管。不超过以上范围时，可采用无缝钢管或水煤气输送管。管子及管件常用材料见表11-2。

表11-2　　管子及管件材料

介质种类	介质工作参数		管子及管件材料
	压力（MPa）	温度（℃）	
过热蒸汽	≤3.9	350～450	10号、20号钢
过热蒸汽	≤2.2	300～350	10号、20号钢
	≤1.6	250～350	Q215、Q235、Q255、Q275、10号、20号钢
饱和蒸汽、热水	1.6～1.8	>120	10号、20号钢
过热蒸汽、饱和蒸汽、热水	<1.6	≤250	Q215、Q235、Q255、Q275、10号、20号钢
	0.1～0.7	≤250	Q215、Q235、Q255

四、热水锅炉热力系统

热水锅炉给水回水系统可分为：由热水锅炉直接向用户供应热水的热力系统（图11-17）；由蒸汽锅炉生产蒸汽，经汽—水换热器换热后，向用户供应热水的热力系统（图11-18）；由热水锅炉生产高温热水，经水—水换热器换热，变成较低温度的热水，再向用户供应热水的热力系统（图11-19）。

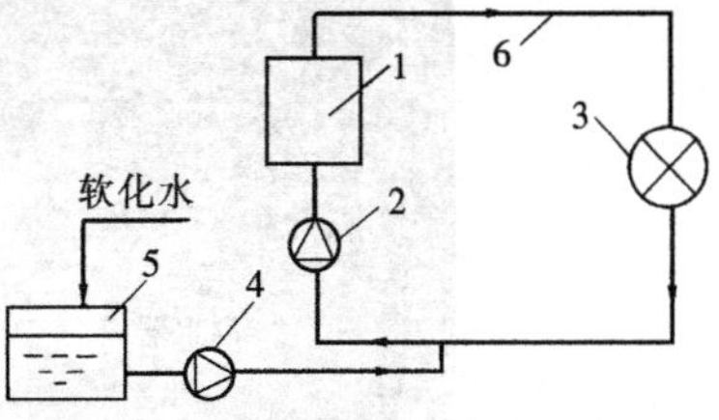

图11-17　热水锅炉直接供应热水的热力系统

1—热水锅炉；2—循环水泵；3—热用户；4—补水泵；5—补给水箱；6—热网管道系统

热水系统的小时泄漏量，由系统规模、供水温度等条件确定，宜为系统水容量的1%。

热水锅炉的热力系统与蒸汽锅炉的热力系统大同小异，只不过分汽缸换成了分水器，冷凝水管与软水箱换成了集水器。当锅炉房有几台热水锅炉时，相互之间存在干扰；锅炉热力系统热水循环的动力依靠热水泵时，系统供水泵的压水管路正好处于各供热回路水泵的吸水管路上，相互之间也存在干扰。所以在锅炉和分水器之间应用混水器将它们分开（图11-20、图11-21）。

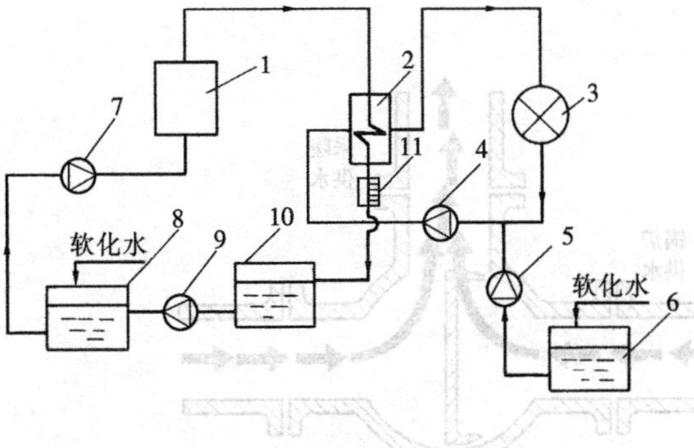

图11-18　设有汽—水换热器的供热热力系统

1—蒸汽锅炉；2—汽-水换热器；3—热用户；4—循环水泵；5—热网补水泵；6—补给水箱；7—锅炉给水泵；8—锅炉给水箱；9—凝结水泵；10—凝结水箱；11—疏水阀

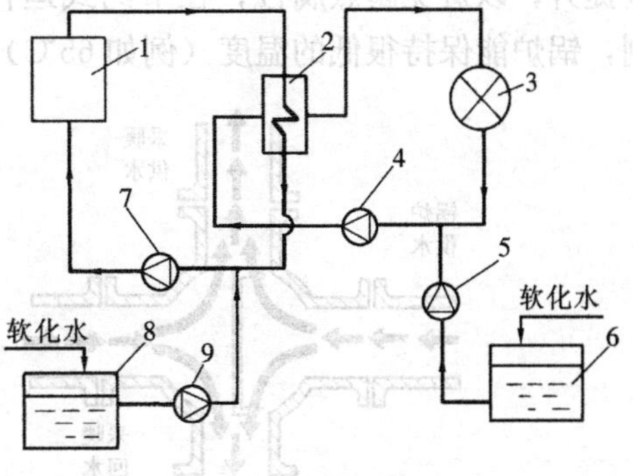

图11-19　设有水—水换热器的供热热力系统

1—热水锅炉；2—水—水换热器；3—热用户；4—循环水泵；5—热网补水泵；6—补给水箱；7—锅炉水循环泵；8—锅炉给水箱；9—锅炉补给水泵

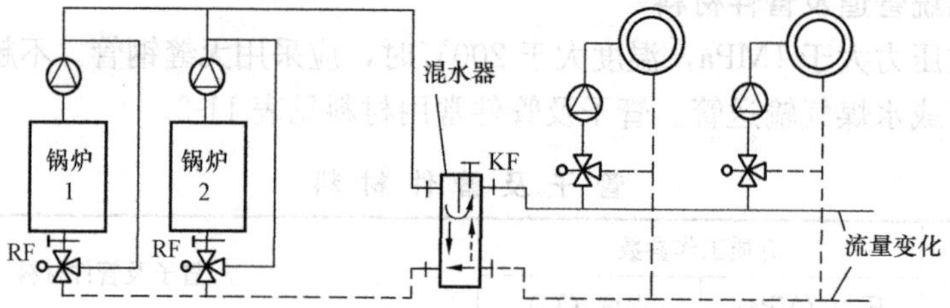

图 11-20 混水器的原理图

KF—锅炉调节传感器；RF—回水温度传感器

图 11-21 混水器与分水器连接实物照片

为了更好地加强锅炉和供热系统的调节功能、节约能源，在现代化的锅炉和供热系统中常使用三通混合装置或四通混合装置。根据结构，这种混合装置一般分为混合旋塞和混合截止阀。

混合旋塞通过旋转一个转动部件（最大旋转角度为 90°）来调节混合量，它有三通混合旋塞（图 11-22）和四通混合旋塞（图 11-23）。在有一个或两个调节回路的供热设备中，宜优先选用四通混合旋塞，因为一部分锅炉供水直接流入锅炉回水，使锅炉的回水温度得到一些提升，以避免露点腐蚀；在节约式运行（例如夜间）结束时，混合装置的孔开启受到限制，锅炉能保持很低的温度（例如 65℃）。

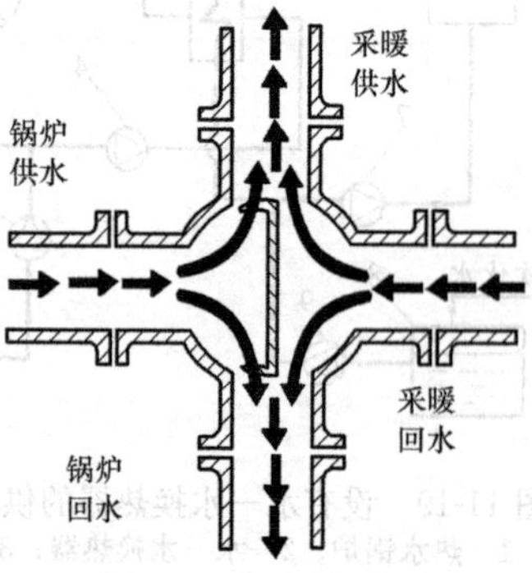

图 11-22 三通混合旋塞

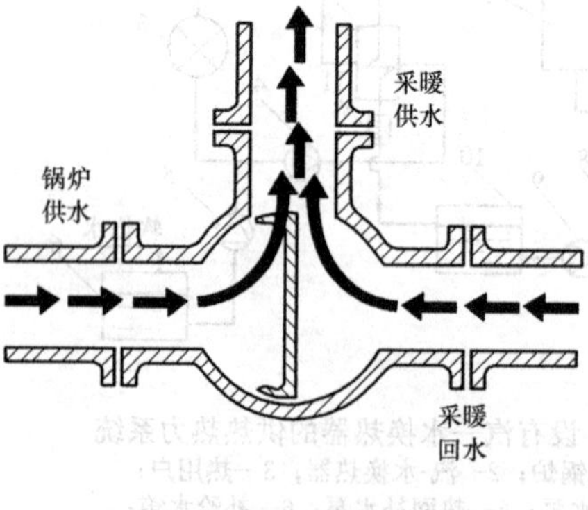

图 11-23 四通混合旋塞

混合截止阀（图 11-24）的结构与普通截止阀类似。具有若干个调节回路的、较大的供热系统中宜优先采用三通混合截止阀。它通过一个电动机驱动的轴件进行调节。混合截止阀调节的精度比混合旋塞高，但是价格高、压力损失比较大。

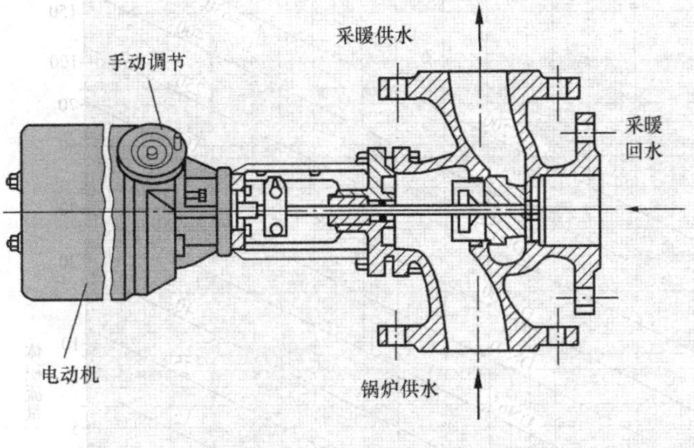

图 11-24　三通混合截止阀

三通混合阀有三个接头，将两种不同温度的介质在阀中混合（图 11-25）。接头 A 称为调节门，接头 B 称为旁通门。在压差小的时候（约小于 0.08MPa），混合阀也可以作为分配阀使用，当三通混合阀作为分配阀使用，介质在 AB 口分成两路，混合点在阀外。在压差较高的时候，就使用三通混合阀的功能。四通混合阀必须直接安装在锅炉的供水回路上，或者距离近、并比锅炉高一些（图 11-26）。

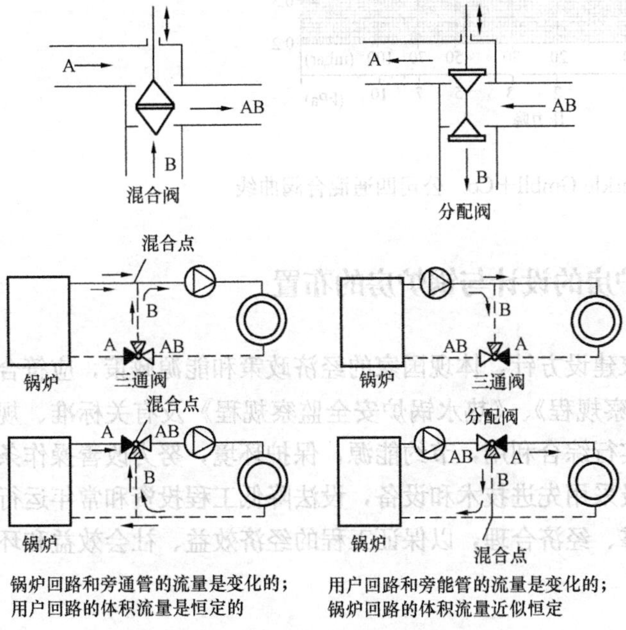

图 11-25　三通混合阀或分配阀的原理图

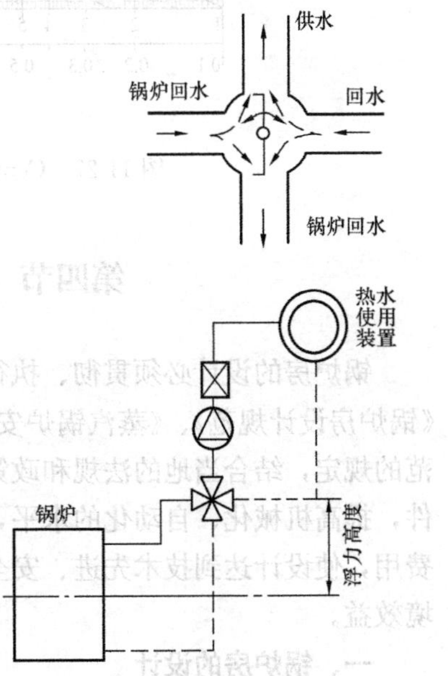

图 11-26　四通混合装置的安装位置与原理

三通或四通混合阀的压力降在 500Pa 和 5000Pa 之间，在选型时必须根据生产厂家给定

的曲线和阀权度 K_{VS} 考虑（图 11-27）。

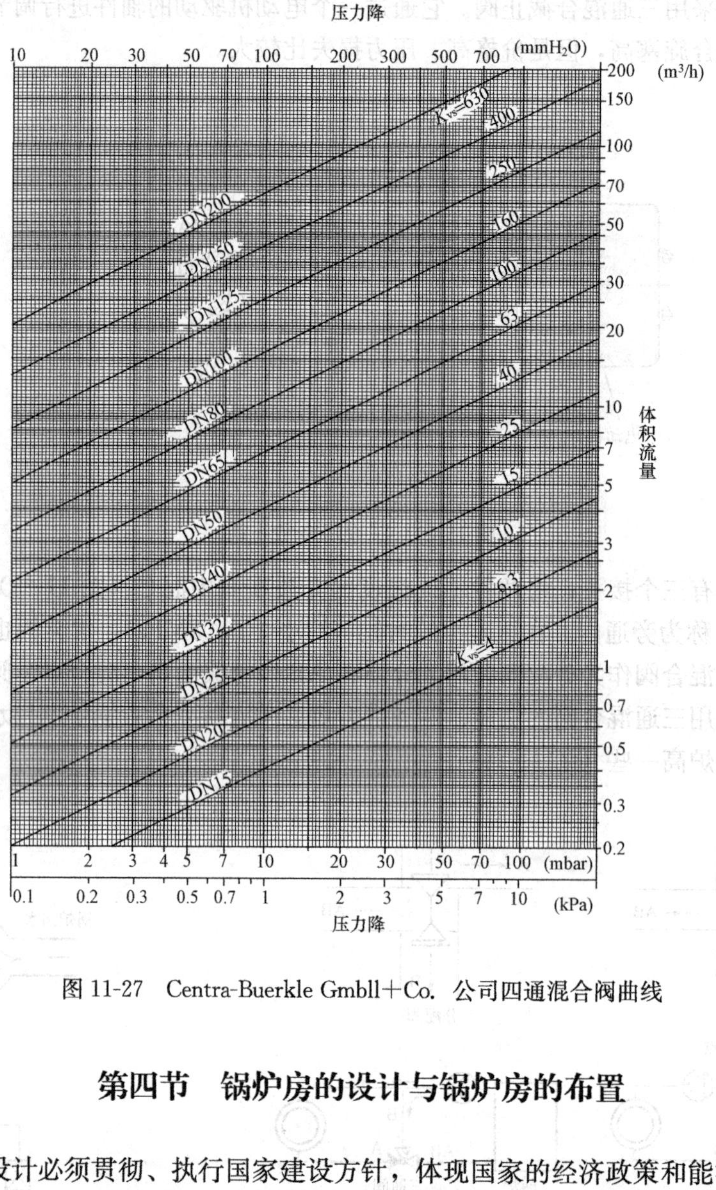

图 11-27　Centra-Buerkle Gmbll＋Co. 公司四通混合阀曲线

第四节　锅炉房的设计与锅炉房的布置

锅炉房的设计必须贯彻、执行国家建设方针，体现国家的经济政策和能源政策，应符合《锅炉房设计规范》、《蒸汽锅炉安全监察规程》、《热水锅炉安全监察规程》及有关标准、规范的规定，结合当地的法规和政策，实行综合利用，节约能源，保护环境，努力改善操作条件，提高机械化、自动化的水平，积极采用先进技术和设备，设法降低工程投资和常年运行费用，使设计达到技术先进、安全可靠、经济合理，以保证工程的经济效益、社会效益和环境效益。

一、锅炉房的设计

锅炉房工艺设计通常分两个阶段，先进行初步设计，经有关主管部门审查批准后进行施工图设计。设计人员在接到锅炉房设计时，一般按下列程序进行设计：

（1）调查和了解使用单位的性质、对供热介质种类、参数、负荷的要求。

（2）搜集和整理各项与工程有关的原始资料，有燃料资料、水质资料、热负荷资料、气象地质资料、设备材料资料、建设单位总平面图和地形图等。

（3）制订设计方案，进行多方案的比较，选择技术先进、经济、合理、满足用户需要的最佳方案，开始设计。

施工图设计的内容包括图纸目录、设计说明、系统图、设备与管道的平面图和剖面图、锅炉房区域总平面图、其他图及施工图预算。

在设计工作中，还应配合有关专业人员，共同完成锅炉房的整体设计。

二、锅炉房的位置

由于锅炉运行时排出烟尘、烟气、灰渣和产生噪声，是一个较大的污染源。如果锅炉房的位置选择不当，会直接影响本单位、周围单位的正常工作与生产，会直接影响周围居民的生活，会恶化大气和水的环境。所以锅炉房在总平面上的位置，应综合考虑以下几个方面的因素，并配合总图合理安排：

（1）锅炉房应靠近热负荷集中的地区，以便缩短供热管道的长度，减少热损失。

（2）锅炉房的位置应有较好的地形和地质条件，应建在供热区地势较低的区域，以便于凝结水或热水回水的自流回锅炉；但锅炉房的地面标高至少高出洪水位 500mm 以上。

（3）锅炉房的位置要便于燃料和灰渣的运输和存放。锅炉房附近的地面上或地下应有足够的空地以贮存燃料和堆放灰渣，而且应靠近河道、铁路或公路，使运输方便、运输距离最短、转运次数少。

（4）锅炉房的位置应符合《工业企业设计卫生标准》、《建筑设计防火规范》及其他安全规范中的有关规定。为了减少烟尘、煤、灰、烟气、噪声对周围环境的影响，锅炉房应位于常年主导风向的下风侧，锅炉房应有较好的朝向，以有利于自然通风和采光，炉前操作处应尽量避免西晒。

（5）锅炉房附近应留有扩建的余地，锅炉房扩建端不设置永久性或体型大的设备或构筑物。燃料储存、灰渣场也应留有扩建余地。

（6）锅炉房的位置应便于给水、排水和供电。

（7）如果企业有燃油储存罐、煤气站等，应尽量采用共用或部分共用的燃料供给系统、除灰系统和软水系统等。

锅炉房的位置选择要同时满足上述所有条件是不可能的，必须根据具体情况，分清主次，权衡利弊，进行全面考虑。通常首先考虑满足国家各项有关政策和安全防火规定，然后是考虑锅炉对环境的影响，距热负荷中心的远近。

三、锅炉房的布置

锅炉房布置得合理与否，直接影响到锅炉房的占地面积、基建投资、能源消耗以及锅炉经常运行的安全性和经济性。因此，在设计时应尽可能周密地、综合地考虑各方面因素，提出合理、经济的方案。

1. 锅炉房的区域布置

在锅炉房的区域内，除了锅炉房本身的建筑外，还有其他锅炉配套设施，例如烟囱、烟道、排污降温池、煤场（或储油罐、燃气调压站与管道系统）、灰渣场、运煤廊等。这些设施的布置必须满足有关规范的要求，使总占地面积较小、符合工艺流程、便于管理、运输方便、外形美观。

为了出入方便和锅炉房的美观，锅炉房的正面，即炉前司炉操作的一面或辅助间的一面，应面临主要道路。

为了减少对主要道路的污染和外观整齐，烟囱、烟道、排污降温池应布置在锅炉房的后面，不要面临主要道路。全年运行的锅炉房宜位于当地全年最小频率风向的上侧，季节性运行的锅炉房宜位于该季节盛行风向的下风侧。

煤场和灰场往往位于运煤设备出入锅炉房的一侧，可设在扩建端一侧。煤堆和灰堆距锅炉房应按防火规定，一般大于10m。

为了就近把凝结水送入锅炉给水箱，非严寒地区设在室外的凝结水回收池，多布置在锅炉房辅助间一侧。

图11-28是一个小型锅炉房区域布置图。该锅炉房设置了3台快装蒸汽燃煤锅炉，每台锅炉烟囱从顶部穿出，用手推车人工运煤和灰渣。锅炉辅助间面临主要干道，煤场和灰渣场位于锅炉房扩建一端，排污降温池设在锅炉房后面。

图11-29是人工运煤和灰渣的燃煤锅炉房区域布置的另一种形式。锅炉房的正面和辅助间都面临主要干道，烟囱和排污降温池设在锅炉后面。灰堆和煤场位于锅炉房后面。设有环形轻便铁轨，利用手推铁轨小车运煤和灰渣。

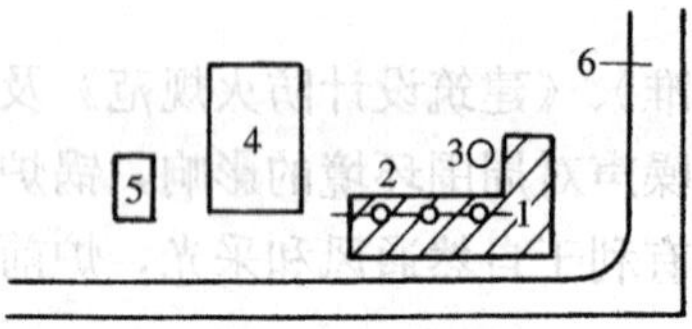

图11-28 人工运煤除灰的锅炉房区域布置图

1—锅炉房；2—烟囱；3—排污降温池；4—煤堆；5—灰堆；6—主要干道

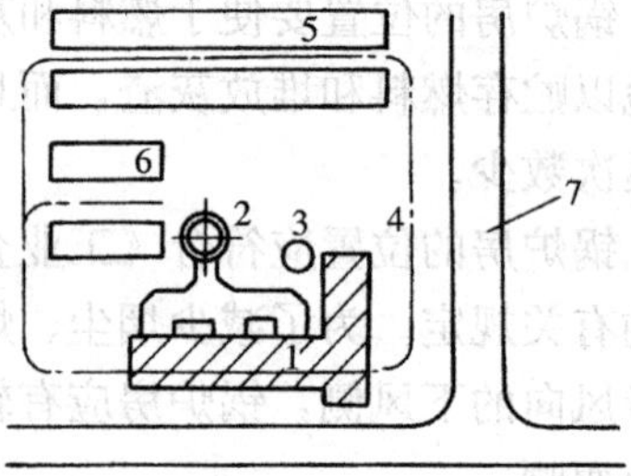

图11-29 用轻便轨道运煤除灰的锅炉房区域布置图

1—锅炉房；2—烟囱；3—排污降温池；4—轻便铁轨；5—煤堆；6—灰堆；7—主要干道

2. 锅炉房的建筑形式

锅炉房一般为独立建筑，它与相邻建筑物、燃料场（或库）之间必须满足建筑防火要求；锅炉房可以与食堂、浴室共同设计；在高层建筑中，锅炉房与燃料储存库设置在地下室；但使用密度大于空气的气体燃料时，锅炉房不得布置在低于室外地面的地下室或半地下室。

锅炉房的柱距、跨度等尺寸应尽量符合建筑模数的要求。小型锅炉房一般可设置锅炉间、水处理与化验间、配电间与休息室、浴室、厕所等。锅炉房的房间安排应确保安全、方便操作、检修和安装，还应使蒸汽（或热水）、给水、空气、烟气等介质的流程简短而通畅。

锅炉操作间通常布置在中间，前上方为运煤廊，后部为风机、除尘设备间及烟囱等，其他房间统称为辅助间，布置在锅炉房的固定端。

在拆除扩建发展端的端墙时，应不影响房屋的整体结构。一般小型锅炉房都采用单层布置，容量较大的锅炉可用两层或多层布置，如图11-30所示。在气候炎热地区的锅炉房，可以设计成半敞开式，即将上半截外墙取消，以便自然通风，另设雨棚遮雨。

3. 锅炉房的工艺布置

锅炉房的工艺布置，应本着使系统运行安全、经济合理，施工、安装、运行管理方便的原则进行；应尽量按工艺流程来布置工艺设备，使汽、水、燃料、灰渣、空气、烟气等系统流程简短、流畅，使阀门附件少，以减少流动阻力和动力消耗，便于操作、维护和运输；应尽量单层布置。

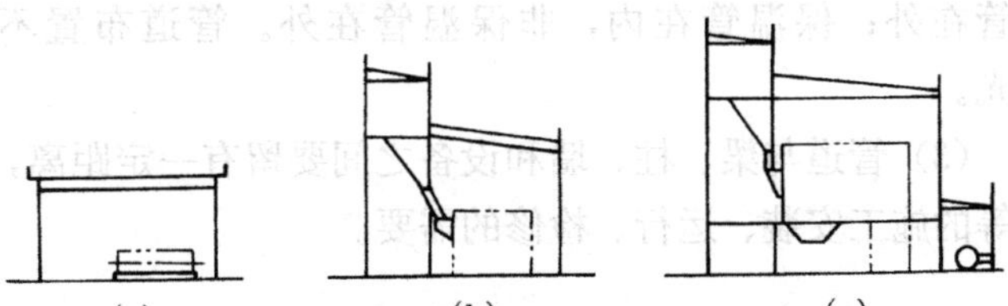

图 11-30　锅炉房建筑形式示意图

(a) 单层建筑；(b) 有运煤廊的单层建筑；(c) 双层建筑

锅炉房在进行设备布置时，应满足下列基本尺寸：

(1) 锅炉布置的尺寸要求。

1) 锅炉前端与锅炉房前墙的净距：蒸汽锅炉 1～4t/h、热水锅炉 0.7～2.8MW，不小于 3m；蒸汽锅炉 6～20t/h、热水锅炉 4.2～14MW，不小于 4m。当需要在炉前进行拨火、清炉操作时，炉前净距应能满足操作要求。链条炉前要留有检修炉排的场地；燃煤快装锅炉要为清扫烟箱、火管留有足够空间。燃油和燃气锅炉的前端应留有维修燃烧器、安放消音器的空间。

2) 锅炉侧面和后面的通道净距：蒸汽锅炉 1～4t/h、热水锅炉 0.7～2.8MW，不小于 0.8m；蒸汽锅炉 6～20t/h、热水锅炉 4.2～14MW，不小于 1.5m。通道净距应能满足吹灰、拨火、除渣、安装和检修螺旋除渣机的要求。

3) 锅炉的操作地点和通道的净空高度不小于 2m，并应能满足起吊设备操作高度的要求；当锅筒、省煤器等上方不需要通行时，其净空高度可为 0.7m。快装锅炉及本体较矮的锅炉，为满足通风要求，除应符合上述要求外，锅炉房屋架下弦标高，建议不小于 5m，如采取措施，可小于此值。

4) 灰渣斗下部的净空：当人工除渣时，不小于 1.9m；机械除渣时，要根据所选择的除渣机外形尺寸确定。除灰室宽度，每边应比灰车宽 0.7m。灰渣斗的内壁倾角不小于 60°。煤斗下的下底标高除了要保证溜煤管的角度不小于 60°外，还应考虑炉前采光和检修所要求的高度，一般高于运行层地面 3.5～4m。

(2) 辅助设备的布置要求。

1) 送、引风机和水泵等设备间的通道尺寸应满足设备操作和检修的需要，并且不应小于 0.8m；如果上述设备布置在锅炉房的偏屋时，从偏屋地坪到屋面凸出部分之间的净空，应能满足设备操作和检修的需要，并且不应小于 2.5m。

2) 机械过滤器、离子交换器、连续排污扩容器、除氧水箱等设备的突出部位间的净距，一般不应小于 1.5m。

3) 汽水集配器、水箱等设备前应考虑有供操作、检修的空间，其通道宽度不小于 1.2m。

4) 除尘器设于锅炉后部的风机间内，其位置应有利于灰尘的运输和设备的检修。

4. 连接设备的各种管道布置

(1) 管道的布置主要取决于设备的位置。

(2) 为了便于安装、支撑和检修以及整齐美观，管道应尽量沿墙和柱敷设，大管在内，小管在外；保温管在内，非保温管在外。管道布置不应妨碍门、窗的启闭与影响室内采光。

(3) 管道与梁、柱、墙和设备之间要留有一定距离，以满足焊接、装置仪表、附件和保温等的施工安装、运行、检修的需要。

第五节　锅炉房设计布置示例

下面介绍两个锅炉房设计布置简图与选用的主要设备。

一、两台 KZL2-0.7 型锅炉房

该锅炉房布置两台 KZL2-0.7 型快装锅炉，如图 11-31 (a)、(b) 所示。两台锅炉同时运行时，每小时生产 4t0.7MPa 的饱和蒸汽，生活和采暖用热水通过容积式热交换器获得。

该锅炉房选用的主要设备规格和数量见表 11-3。

表 11-3　锅炉房选用的主要设备的规格和数量

序号	名　称	型号规格	单位	数量
1	链条快装锅炉	KZL2-0.7 型锅炉	台	2
2	送风机	T4-72No3.5A 型	台	2
3	除尘器	PW-2 型	台	2
4	引风机	Y4-67-12 型 No5	台	2
5	钠离子交换器	ϕ760，出力 4.5t/h	台	2
6	盐水泵	102 型塑料泵 $10m^3/h$，$17mH_2O$	台	1
7	盐水池	2′	个	1
8	循环水泵	R 型热水循环泵	台	2
9	锅炉给水泵	1.5DB-0.7 型	台	2
10	蒸汽泵	2QS-4.8/17 型	台	1
11	容积式加热器	7′容积 5000L	台	2
12	框链除渣机	$L=12m$	台	1
13	分汽缸	ϕ300	台	1
14	电动葫芦	TVH-0.5 型，起升高度 6m	台	1

为了减轻噪声的影响，改善工作条件，锅炉房的送、引风机、除尘器均设在锅炉后部的风机间内，采用电动葫芦吊煤罐上煤，采用框链除渣机除渣。

锅炉房采用 PW-2 型除尘器；烟囱高度 30m，上口径 0.5m，用钢板制作。

选用两台 ϕ760mm 的固定床顺流再生钠离子交换器，其中一台备用。由于单台锅炉容量较小，锅炉给水只软化，不除氧。锅炉的给水系统采用两台电动离心泵，蒸汽泵作备用。热水循环系统采用两台循环水泵。由于锅炉容量较小，故未考虑定期排污水热量的回收利用，排污水直接排入室外降温池。

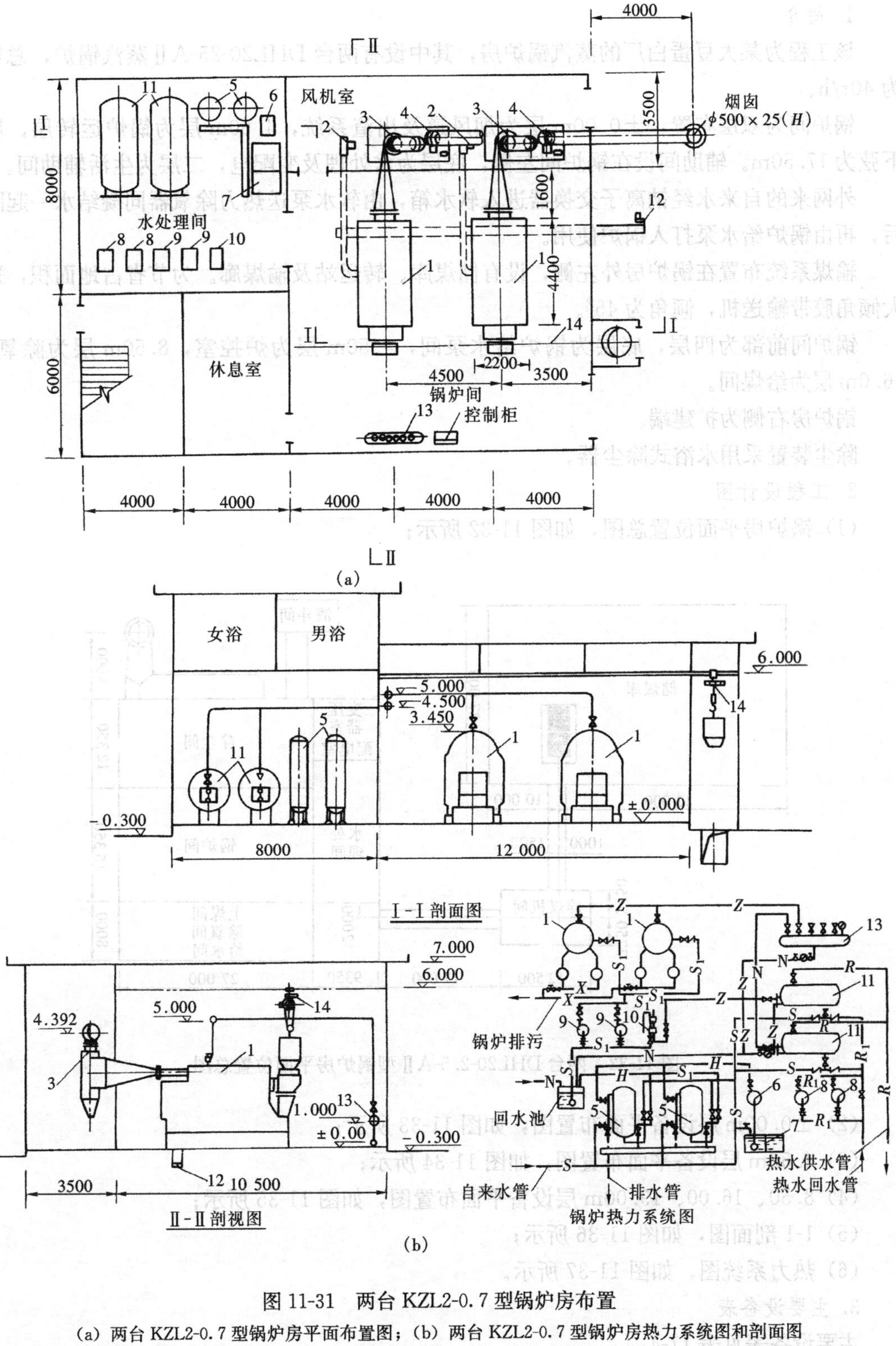

图 11-31　两台 KZL2-0.7 型锅炉房布置

（a）两台 KZL2-0.7 型锅炉房平面布置图；（b）两台 KZL2-0.7 型锅炉房热力系统图和剖面图

二、两台 DHL20-25-AⅡ型蒸汽锅炉房

1. 简介

该工程为某大豆蛋白厂的蒸汽锅炉房，其中设有两台 DHL20-25-AⅡ蒸汽锅炉，总容量为 40t/h。

锅炉间为双层布置，±0.00m 层为烟风道及出渣系统，4.50m 层为锅炉运转层，屋架下弦为 17.50m。辅助间设在锅炉间左侧，底层为水处理及变配电，二层为生活辅助间。

外网来的自来水经钠离子交换器进入软水箱，由软水泵送热力除氧器同凝结水一起除氧后，再由锅炉给水泵打入锅炉使用。

输煤系统布置在锅炉房外左侧，设有储煤库、转运站及输煤廊。为节省占地面积，采用大倾角胶带输送机，倾角为 45°。

锅炉间前部为四层，底层为锅炉给水泵间，4.50m 层为炉控室，8.50m 层为除氧间，16.0m 层为给煤间。

锅炉房右侧为扩建端。

除尘装置采用水浴式除尘器。

2. 工程设计图

(1) 锅炉房平面位置总图，如图 11-32 所示；

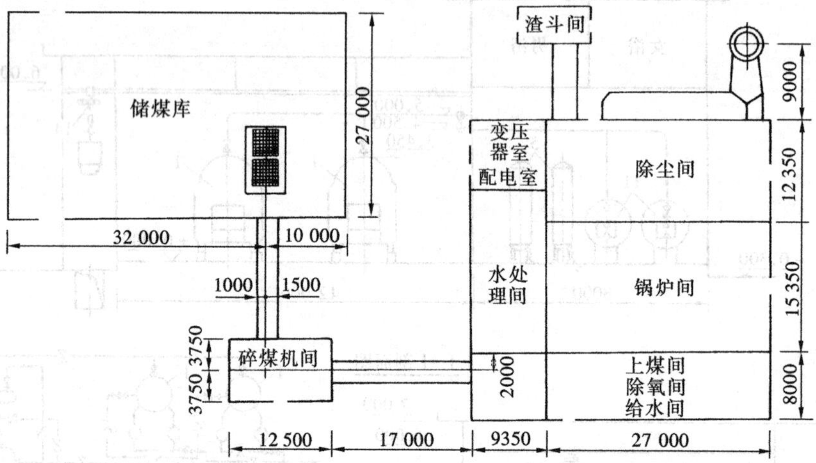

图 11-32 两台 DHL20-2.5-AⅡ型锅炉房平面位置总图

(2) ±0.00m 层设备平面布置图，如图 11-33 所示；

(3) 4.50m 层设备平面布置图，如图 11-34 所示；

(4) 8.50、16.00、19.00m 层设备平面布置图，如图 11-35 所示；

(5) 1-1 剖面图，如图 11-36 所示；

(6) 热力系统图，如图 11-37 所示。

3. 主要设备表

主要设备表见表 11-4。

表 11-4　两台 DHL20-2.5-AⅡ型蒸汽锅炉房主要设备表

序号	设备名称	型号及规格	单位	数量	备注
1	蒸汽锅炉	DHL20-25-ⅡA Q=20t/h　p=2.5MPa　t=226℃　给水温度 105℃	台	2	
2	鼓风机	4-73-11No.9DY200L-4 Q=30 000m³/h　H=259mmH₂O	台	2	P=30kW
3	引风机	Y5-47-12.4D　Y280M-4 Q=55680m³/h　H=3684Pa	台	2	P=90kW
4	锅炉给水泵	4GC-8　Q=30m³/h　H=344m	台	2	P=90kW
5	蒸汽泵	ZQ-G20/21　Q=20m³/h　H=210m	台	1	
6	软水箱	容积 30m³　ϕ3600×3200	台	1	
7	软水泵	KL65-160（Ⅰ） Q=35～65m³/h　H=35～28m	台	2	P=7.5kW
8	无顶压钠离子交换器	出水量 47m³/h　ϕ2000×5480	台	4	
9	盐液泵	50FB-25　Q=14.4m³/h　H=40m³	台	1	P=5.5kW
10	浓盐池	300×2500×1500	个	1	
11	稀盐池	3000×3000×1500	个	1	
12	磷酸盐溶解器	容积 40L	台	1	
13	磷酸盐加药器	LJ-40/60	台	1	
14	分汽缸	ϕ800×3050	个	1	
15	连续排污膨胀器	LP1.5	台	1	
16	定期排污膨胀器	DP3.5	台	1	
17	旋膜热力除氧器	YDQ-35 出力 35t/h　出水温度 104℃给水温度 20℃	台	2	
18	除氧水箱	容积 25m³	台	2	
19	1 号重链除渣机	排渣量 4～6t/h　α=15°	台	1	P=5.5kW
20	2 号重链除渣机	排渣量 4～6t/h　α=28°	台	1	P=7.5kW
21	运灰胶带输送机	B=500mm　α=0°	台	1	P=4kW
22	高效脱硫除尘器	GZT-20 处理烟气量 60 000m³/h　η=92%～97%	台	2	P=1.1kW
23	螺旋除灰机	ϕ250×6830	台	4	P=0.75kW
24	1 号大倾角胶带输送机	B=500mm　α=45°	台	1	P=5.5kW
25	2 号大倾角胶带输送机	B=500mm　α=45°	台	1	P=5.5kW
26	3 号槽型胶带输送机	B=500mm　α=0°	台	1	P=4kW
27	电动葫芦	CD1-24 起重量 1t	台	1	
28	取样器	ϕ250	个	4	

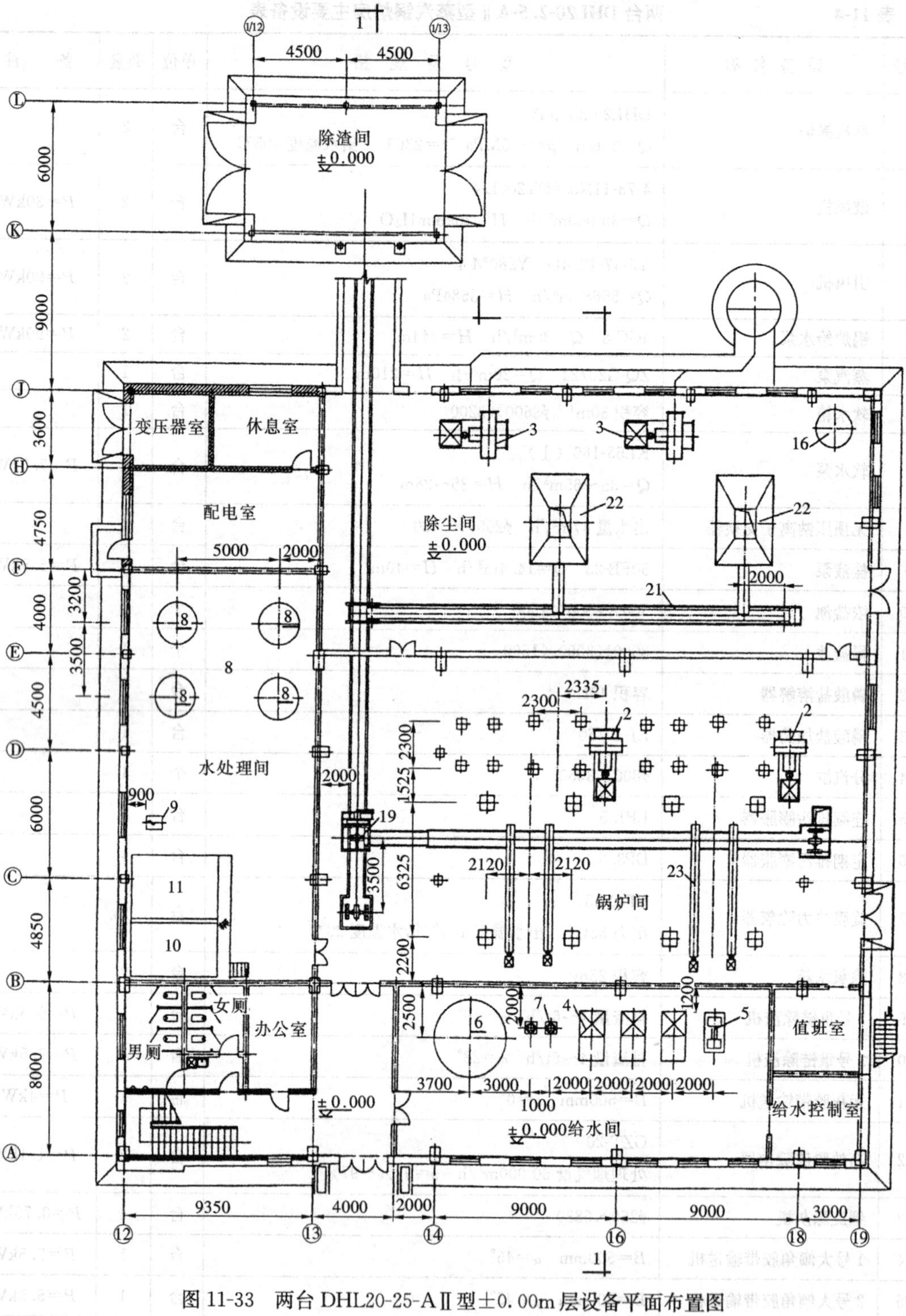

图 11-33 两台 DHL20-25-AⅡ型±0.00m 层设备平面布置图

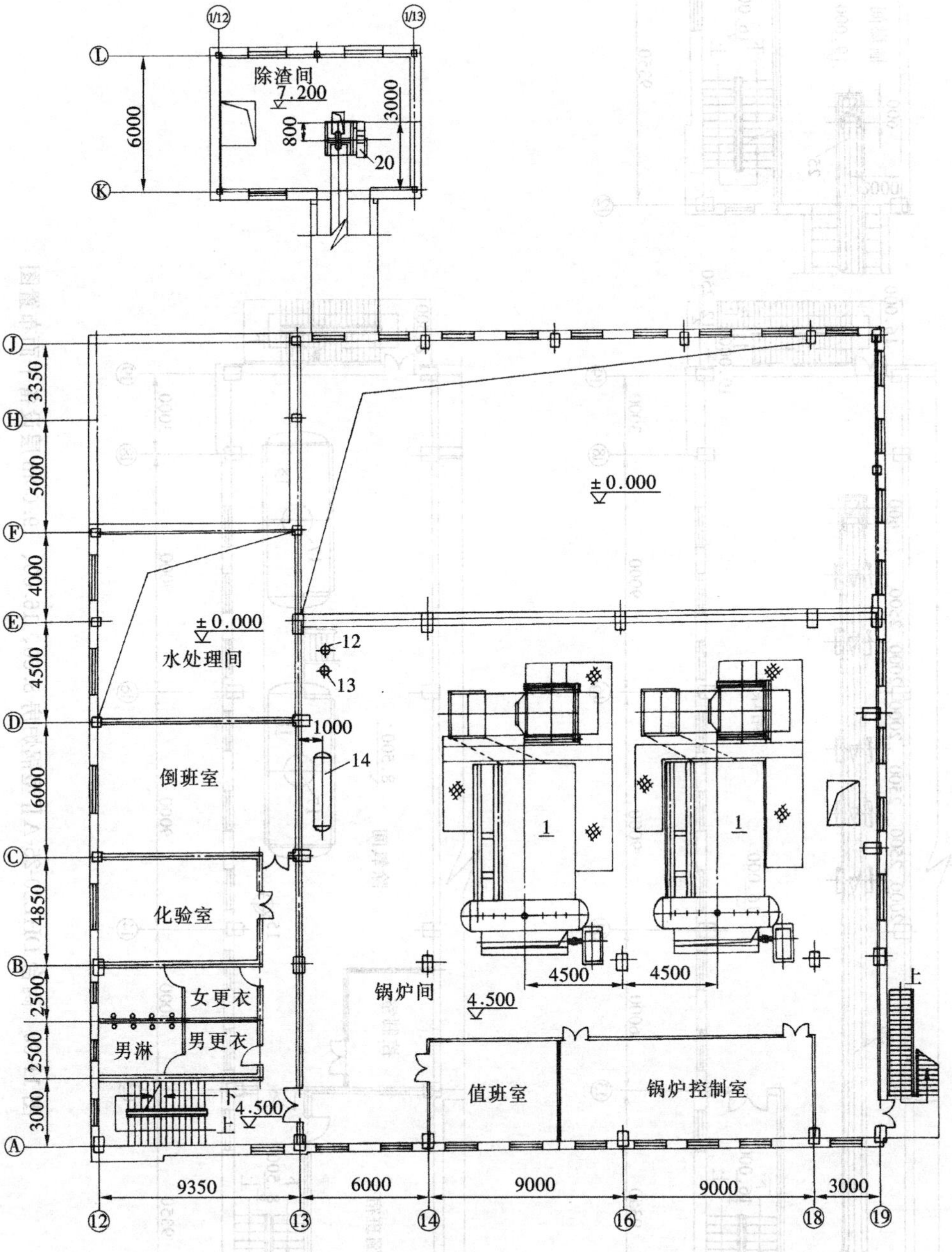

图 11-34 两台 DHL20-25-AⅡ型锅炉房 4.50m 层设备平面布置图

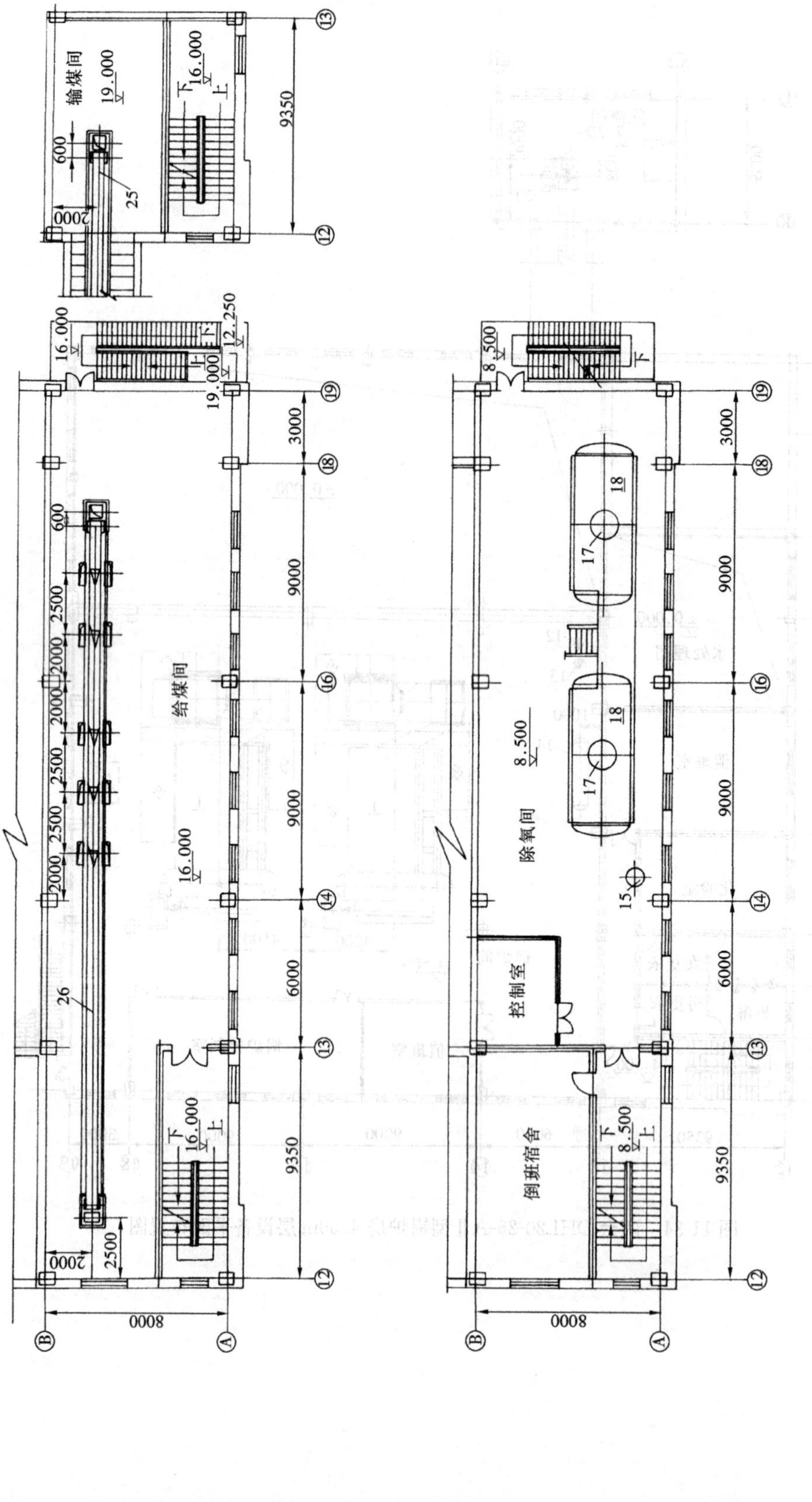

图 11-35 两台 DHL20-25-AⅡ型锅炉房 8.50、16.00、19.00m 层设备平面布置图

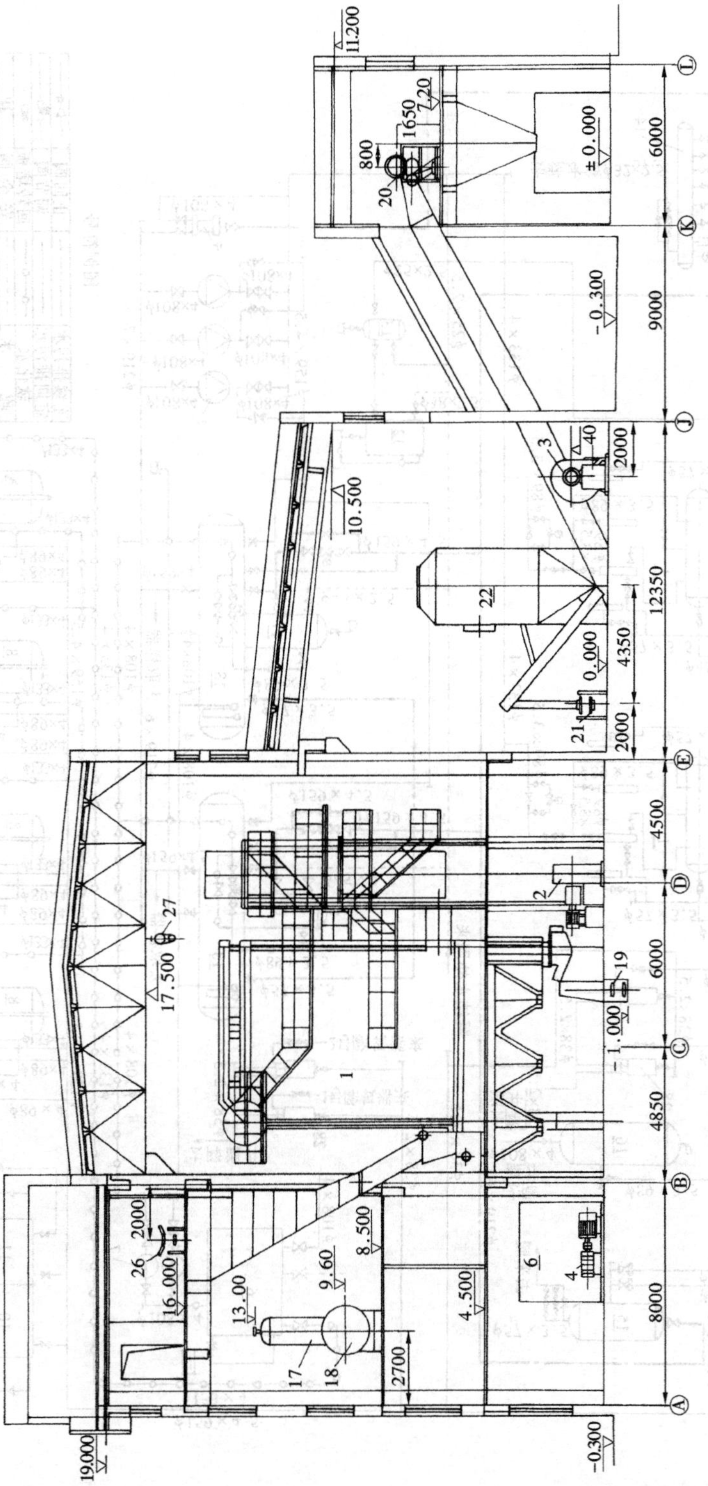

图 11-36　两台 DHL20-2.5-AⅡ型锅炉 1-1 剖面图

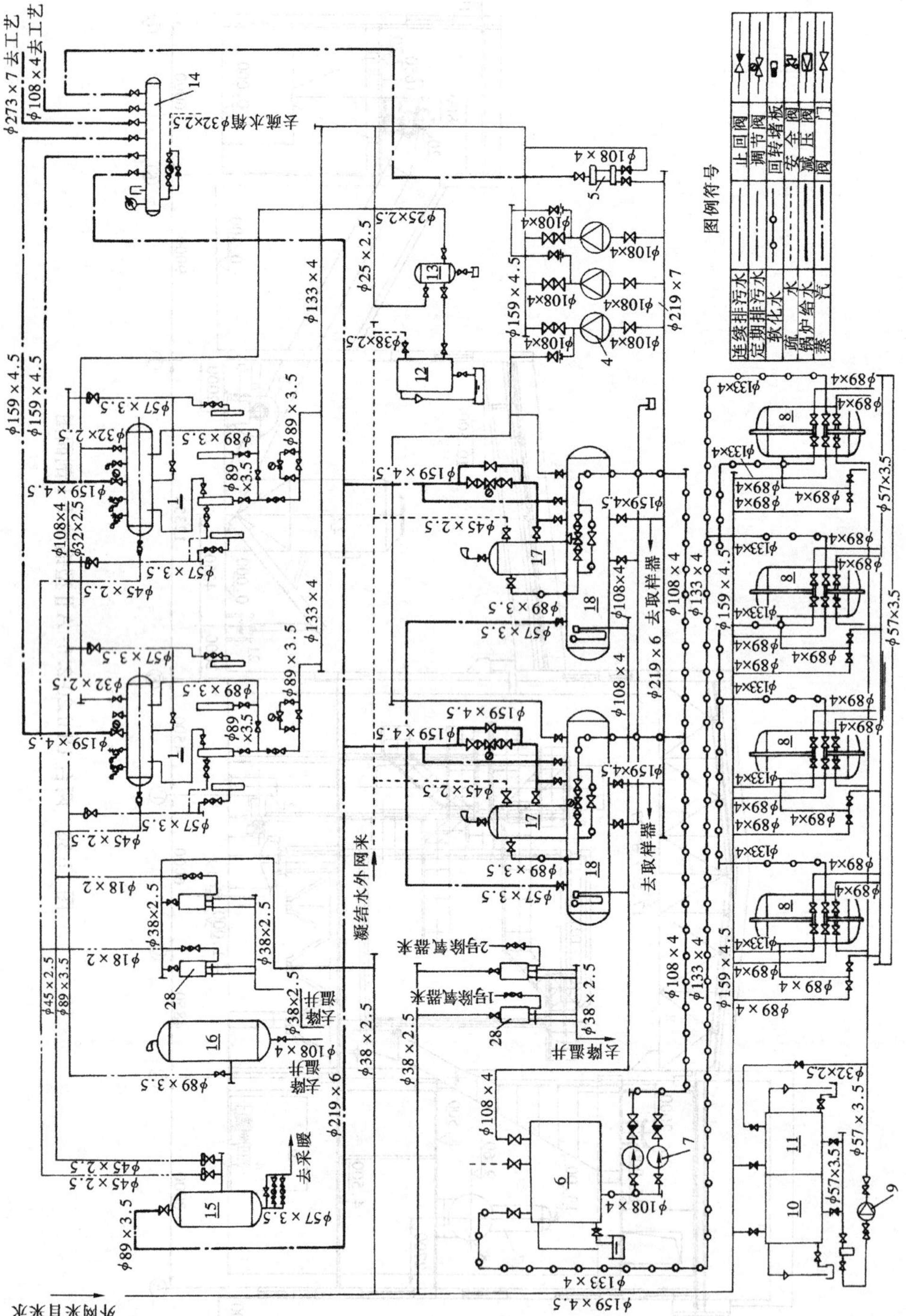

图 11-37 两台DHL20-25-AⅡ型锅炉房热力系统图

复　习　题

1. 试述蒸汽锅炉给水系统的组成。

2. 热水锅炉热力系统有哪些种类？

3. 给水泵、凝结水泵、循环水泵和补水泵的选择原则分别是哪些？

4. 锅炉房设计一般按什么样的程序进行？

5. 水箱的选择原则是什么？

6. 热力系统补水定压有哪些方式？各有什么特点？

7. 蒸汽锅炉在运行过程中为什么要进行排污？排污有哪些方式？如何分别实施？

8. 进行锅炉房设计时应搜集哪些原始资料？

9. 选择锅炉房位置时，应该综合考虑哪些因素？

10. 锅炉房在工艺布置时应注意哪些因素？

11. 锅炉房的内、外门应如何开？为什么？

12. 试进行一个当地锅炉房的工艺布置，并绘出设备布置平、剖面图。

13. 某自然循环过热蒸汽锅炉蒸发量为 D t/h，要求蒸汽含盐量不超过 S_q mg/L，排污率不超过 p，则：

（1）给水含盐量 S_{js} mg/L 不能超过多少？

（2）在锅炉运行中为保证蒸汽品质，应配置一个包括哪些设备的锅筒？用三视图画出锅筒结构，并描述配置设备的功能和工作原理。

14. 某 20t/h 蒸汽锅炉运行中测得给水、锅水、饱和蒸汽中的硅酸含量分别为 $S_{js}^{SiO_2}=0.12$mg/kg，$S_{g}^{SiO_2}=2.1$mg/kg，$S_{q}^{SiO_2}=0.02$mg/kg，试确定锅炉的排污率应为多少。

第十二章　锅炉受压元件强度计算和本体热力计算

在锅炉本体中，锅筒、集箱和管子等元件承受着工质压力（内压力）以及附加载荷的作用力，这些元件称之为受压元件。内压力包括正常运行条件下稳定不变的额定工作压力、锅炉起停过程中压力的升降以及水压试验过程中压力的变化等。附加载荷包括元件自重、工质重量等均匀外载以及支承、悬吊引起的局部集中外载等。受压元件的强度是指元件在上述载荷作用下在额定的工作期限内不被破坏（不失效）的能力。

锅炉受压元件通常工作在高温高压的环境下，同时还受到热应力和腐蚀介质的作用。如果因强度不够引起破裂甚至爆炸，就会严重危害人身安全，造成重大的经济损失；反之，为了安全而不适当地增加元件的壁厚，又会浪费大量钢材。对于运行已久的锅炉，金属受热面已遭到一定程度的腐蚀，也需要校核它还能在多大的工作压力下继续运行。因此，在设计锅炉或校核锅炉安全性能时，必须进行锅炉受压元件的强度计算。

我国已颁布了《水管锅炉受压元件强度计算》（GB/T 9222—2008）标准和《锅壳式锅炉受压元件强度计算》（GB/T 16508—1996）标准。这些标准都是为了保证锅炉的安全性和经济性而制定的，是进行锅炉受压元件强度计算的依据。对于结构形状相同的元件，两个强度计算标准的计算公式基本相同，但由于锅壳式锅炉与水管锅炉工作条件不同，因而二者取用的安全系数和许用应力不同，另外二者采用的计算压力、附加壁厚等也不完全相同，使用时要注意。本章重点介绍水管锅炉主要受压元件的强度计算方法。

第一节　锅炉受压元件强度计算基本参数的确定

锅炉受压元件强度计算的基本参数是许用应力、计算壁温和计算压力。

一、许用应力

锅炉受压元件的强度是根据许用应力计算的。所谓许用应力是指受压元件在工作条件下所允许的最小壁厚和最大承受力时的应力。其值应小于材料屈服限或条件屈服限 σ_s^t，以保证不因产生大面积屈服使材料性能变坏；应远小于抗拉强度 σ_b^t，以保证距破裂有较大的富余度；对于工作温度较高的元件还应小于持久强度 σ_D^t。材料在高温及恒定的应力作用下，随着时间的延长，塑性变形不断增加的情况称为蠕变现象。屈服点是指当材料丧失了抵抗继续变形的能力时所对应的应力值。而工程上规定对于没有明显屈服阶段的材料，把使试件发生 0.2%残余变形的应力值作为条件屈服点。抗拉强度 σ_b^t 是材料塑性变形到出现缩颈现象时所对应的应力值。材料的持久强度 σ_D^t 是指在一定温度下，经历指定的工作期限后，不发生蠕变破坏的最大应力。指定的工作期限即元件的寿命，一般取为 10^5 小时。我国水管锅炉受压元件强度计算标准规定材料的许用应力 $[\sigma]$ 按式（12-1）计算

$$[\sigma]=\eta[\sigma]_j \tag{12-1}$$

式中　η——基本许用应力的修正系数，根据受压元件结构特点和工作条件，按表 12-1 选用；

$[\sigma]_j$——基本许用应力，MPa，按式（12-2）计算，并取其中的最小值。

$$[\sigma]_j \leqslant \frac{\sigma_b}{n_b} \qquad (12\text{-}2a)$$

$$[\sigma]_j \leqslant \frac{\sigma_s^t}{n_s} \qquad (12\text{-}2b)$$

$$[\sigma]_j \leqslant \frac{\sigma_D^t}{n_D} \qquad (12\text{-}2c)$$

式中　σ_b——材料在 20℃时的抗拉强度，取材料最低保证值或试验结果的统计下限值，MPa；

σ_s^t——材料在计算壁温时的屈服点或规定非比例伸长应力（$\sigma_{0.2}^t$），取材料最低保证值或试验结果的统计下限值，MPa；

σ_D^t——材料在计算壁温时 10^5h 的持久强度，取试验结果的平均值，MPa；

n_b、n_s、n_D——对应于材料不同强度特性值的安全系数，取 $n_b=2.7$、$n_s=1.5$、$n_D=1.5$。

锅炉低碳钢、低碳锰钢及低碳锰钒钢在 350℃以下，其他低合金热强钢在 400℃以下，其基本许用应力一般只需按式（12-2a）和或（12-2b）计算，不必考虑式（12-2c）。

供热锅炉常用钢材在不同计算壁温下的基本许用应力 $[\sigma]_j$ 值可由表 12-2、表 12-3 直接查得，未列入表 12-2、表 12-3 的材料，其基本许用应力值按式（12-2a）～式（12-2c）计算并取最小值。对于计算壁温低于 250℃的碳钢，也可按式（12-3）确定基本许用应力

$$[\sigma]_j = \frac{\sigma_b}{3.3} \qquad (12\text{-}3)$$

表 12-1　基本许用应力的修正系数 η

元件形式和工作条件	η
锅筒和集箱筒体	
不受热（在烟道外或绝热）	1.00
受热（烟温不超过 600℃，或透过管束的辐射热流不大，且筒体壁面不受烟气强烈冲刷的锅筒）	0.95
受热（烟温超过 600℃）	0.90
管子（包括管接头）和锅炉范围内的管道	1.00
凸形封头	1.00
圆形平端盖	见表 12-12
圆形平堵头，圆形盖板或椭圆形盖板	1.00
异形元件	
不受热（在烟道外或绝热）	1.00
受热（烟温不超过 600℃）	0.95
受热（烟温超过 600℃）	0.90

注　对于额定压力不小于 16.7MPa 的锅筒和封头，η 值取为 0.95。

表 12-2 锅炉常用钢管在不同计算壁温下的基本许用应力 [σ]_J

MPa

钢号		10	20	20G	20MnG	25MnG	15MoG	20MoG	15CrMoG	12Cr2MoG	12Cr1MoVG	12Cr2MoWVTiB	12Cr3MoVSiTiB	10Cr9Mo1VNb	1Cr18Ni9	1Cr19Ni11Nb
室温	σ_b^{20}	335	410	400	415	485	450	415	440	450	470	540	610	585	520	520
	σ_s	195	225	215	240	275	270	220	225	280	255	345	440	415	205	205
计算壁温 t_{bi} (℃)	20	124	145	148	153	180	167	147	150	167	163	200	226	217	137	137
	250	104	125	125	132	151	116	125	148	124	156	168	196	198	113	131
	260	101	123	123	131	150	115	124	147	124	155	168	196	198	111	130
	270	98	120	120	130	148	114	123	146	124	154	168	196	198	110	129
	280	96	118	118	128	147	113	123	145	124	153	168	196	198	109	128
	290	93	115	115	127	145	112	122	144	124	152	168	196	198	108	126
	300	91	113	113	125	144	111	121	143	124	151	168	196	198	107	125
	310	89	111	111	124	142	110	121	141	124	149	168	196	198	106	124
	320	87	109	109	123	140	109	120	140	124	148	168	195	197	105	123
	330	85	106	106	121	138	108	119	138	124	146	168	195	197	105	122
	340	83	102	102	120	137	107	118	136	124	144	167	194	196	104	122
	350	80	100	100	115	135	106	118	135	124	143	167	194	195	103	121
	360	78	97	97	112	130	106	117	132	124	141	167	193	194	102	120
	370	76	95	95	108	127	105	116	132	124	140	166	192	193	101	119
	380	75	92	92	102	118	105	115	131	125	138	166	192	192	100	119
	390	73	89	89	95	110	104	114	129	123	137	165	191	190	100	118
	400	70	87	87	89	101	104	113	128	123	135	165	190	188	99	118
	410	68	83	83	84	94	103	112	127	123	133	164	189	186	98	117
	420	66	78	78	78	87	102	110	126	122	132	163	188	184	98	117
	430	61	75	75	73	81	102	109	125	122	131	162	187	182	97	117
	440	55	66	66	68	74	101	108	124	121	130	161	186	180	96	116
	450	49	57	57	62	67	100	107	123	116	128	160	185	177	95	116
	460	45	50	50	56	61	99	104	122	110	126	159	184	174	94	116

续表

钢号	10	20	20G	20MnG	25MnG	15MoG	20MoG	15CrMoG	12Cr2MoG	12Cr1MoVG	12Cr2MoWVTiB	12Cr3MoVSiTiB	10Cr9Mo1VNb	1Cr18Ni9	1Cr19Ni11Nb
470	40	43	43	49	54	99	100	120	103	125	158	182	171	94	115
480	37	38	38	42	48	94	95	119	95	124	156	181	168	93	115
490						83	84	112	88	121	155	179	165	93	115
500						68	70	96	81	118	153	177	161	92	115
510						55	57	82	74	110	148	145	156	91	114
520						43	48	69	68	98	124	120	138	91	114
530								59	61	86	106	100	124	90	113
540								49	54	77	90	86	111	89	113
550								41	48	71	84	79	105 (102)	88	112
560								33	42	65	79	72	100 (94)	88	112
570									37	57	74	66	92 (85)	83	109
580									32	50	69	59	83 (77)	76	104
590											64	53	74 (69)	70	99
600											56	47	66 (62)	64	91
610													57 (55)	59	82
620													49	54	73
630													42	50	67
640													36	46	60
650													30	42	54
660														38	49
670														35	44
680														32	39

注　(1) 相邻计算壁温数值之间的 $[\sigma]_j$，可用算术内插法确定，但需舍充小数点后的数字。

(2) 铸钢件的 $[\sigma]_j$ 取表中相应数值中的 0.7。锻钢件的基本许用应力，当用型钢锻造时，可取表中相应钢号的数值；当用钢锭锻造时，可取表中相应钢号数值的 0.9。

(3) 表中黑方框中的数据系按持久强度 σ_D^t 计算的，与此数据相对应的温度表示该钢种持久强度对基本许用应力起控制作用的温度。

(4) 括号内的数据为厚度大于 75mm 钢管的许用应力值。

表 12-3 **锅炉常用钢板在不同计算壁温下的基本许用应力 $[\sigma]_j$** MPa

钢号		Q235	20G		16MnG				19MnG			22MnG	13MnNiMoNbG			
钢板厚度(mm)			≤60	>60 ≤100	≤36	>36 ≤60	>60 ≤100	>100 ≤150	≤60	>60 ≤100	>100 ≤150		≤50	>50 ≤100	>100 ≤125	>125 ≤150
室温	σ_b^{20}	375	400	390	470	470	440	440	510	490	480	515	570	570	570	570
	σ_s	235	225	205	305	285	265	245	335	315	295	275	400	390	380	375
计算壁温 t_{bi} (℃)	20	137	148	144	174	174	163	163	189	181	178	183	211	211	211	211
	250	113	125	103	147	140	133	120	163	153	143	148	211	211	211	208
	260	111	123	102	144	137	131	118	161	151	141	148	211	211	211	207
	270	108	120	101	141	135	128	116	158	148	138	148	211	211	211	206
	280	105	118	99	139	132	125	114	155	145	135	148	211	211	211	205
	290	103	115	98	136	129	123	112	153	143	133	148	211	211	209	204
	300	101	113	97	133	127	120	110	150	140	130	148	211	211	208	203
	310		111	96	132	125	119	109	147	137	127	148	211	211	207	201
	320		109	95	131	124	117	107	145	135	125	147	211	211	206	200
	330		106	94	129	123	116	106	142	132	122	145	211	211	205	199
	340		102	93	128	121	115	105	139	129	119	144	211	209	204	198
	350		100	92	127	120	113	103	137	127	117	141	211	208	203	196
	360		97	91	125	119	112	102	133	123	114	138	211	205	199	194
	370		95	90	124	117	111	101	129	120	111	135	210	201	196	191
	380		92	89	122	116	109	99	125	117	109	127	205	197	193	189
	390		89	88	120	115	108	98	121	113	106	117	199	194	190	186
	400		87	85	117	113	107	97	117	110	103	107	193	190	187	184
	410		83	77												
	420		78	69												
	430		75	62												
	440		66	55												
	450		57	49												

二、计算壁温

计算受压元件的基本许用应力 $[\sigma]_j$ 时，需先确定受压元件的计算壁温。我国水管锅炉受压元件强度计算标准规定：用于强度计算的计算壁温取受压元件温度最高部位的内外壁温的算术平均值，且锅炉过热器出口的蒸汽温度在允许范围内的波动值不予考虑。在任何情况下，锅炉受压元件的计算壁温不应取得低于 250℃，算得的壁温如低于 250℃，则按 250℃计算。为了便于使用，水管锅炉各受压元件的计算壁温 t_{bi} 列于表 12-4～表 12-6 中。

表 12-4～表 12-6 中，t_{bi} 为计算壁温,℃；t_b 为对应于计算压力下的介质的饱和温度（热水锅炉为出水温度),℃；t_j 为介质温度,℃，取额定蒸发量下介质的平均温度；Δt 为介质温度偏差,℃，即计算截面受热最强管中介质温度超过平均温度的部分，在任何情况下不应取得小于 10℃；X 为介质混合程度系数，对于集箱，一般取为 0.5，当介质从集箱端部进入

时，允许取为 0；对于不受热的过热蒸汽集箱，即使完全混合，也应取 $X\Delta t=10℃$。

表 12-4　锅筒筒体计算壁温①t_{bi}　℃

工 作 条 件			计算公式
不受热（在烟道外）			$t_{bi}=t_j$
采取可靠绝热措施		在烟道内	$t_{bi}=t_j+10$
		在炉膛内	$t_{bi}=t_j+40$
被密集管束所遮挡②			$t_{bi}=t_j+20$
不绝热	在烟温小于 600℃的对流烟道内		$t_{bi}=t_j+30$
	在烟温为 600～900℃的对流烟道内		$t_{bi}=t_j+50$
	在烟温为 900℃以上的对流烟道内或炉膛内		$t_{bi}=t_j+90$

① 对于受热的锅筒筒体，本表给出的计算公式系指水空间受热的情况。

② 指透过管束的辐射热流不大，而且锅筒筒体壁面不受烟气的强烈冲刷。当介质为饱和温度时，$t_j=t_b$。

表 12-5　集箱和防焦箱筒体①计算壁温 t_{bi}　℃

内部介质	工 作 条 件	计算公式
水或汽水混合物	在烟道外（不受热）	$t_{bi}=t_j$
	在烟道内，采取可靠绝热措施，防止受辐射和燃烧产物的直接作用	$t_{bi}=t_j+10$
	在烟温小于 600℃的对流烟道内，不绝热	$t_{bi}=t_j+30$
	在烟温为 600～900℃的对流烟道内，不绝热	$t_{bi}=t_j+50$
	在炉膛内，不绝热	$t_{bi}=t_j+110$
饱和蒸汽	在烟道外（不受热）	$t_{bi}=t_b$
	在烟道内，采取可靠绝热措施，防止受辐射和燃烧产物的直接作用	$t_{bi}=t_b+25$
	在烟温小于 600℃的对流烟道内，不绝热	$t_{bi}=t_b+40$
	在烟温为 600～900℃的对流烟道内，不绝热	$t_{bi}=t_b+60$
过热蒸汽	在烟道外（不受热）	$t_{bi}=t_j+X\Delta t$
	在烟道内，采取可靠绝热措施，防止受辐射和燃烧产物的直接作用	$t_{bi}=t_j+25+X\Delta t$
	在烟温小于 600℃的对流烟道内，不绝热	$t_{bi}=t_j+40+X\Delta t$
	在烟温为 600～900℃的对流烟道内，不绝热	$t_{bi}=t_j+60+X\Delta t$

① 对于受热的汽水混合物集箱和防焦箱筒体，本表给出的公式，系指不出现自由水面的情况。

表 12-6　管子和管道的计算壁温 t_{bi}　℃

元 件	条 件	计算公式
沸腾管	锅炉额定压力不超过 13.7MPa 及 q_{max}不超过 407kW/m²	$t_{bi}=t_b+60$
省煤器	对流式省煤器	$t_{bi}=t_j+30$
	辐射式省煤器	$t_{bi}=t_j+60$
过热器	如无热力计算资料，在结构及布置合理的提前下，可按下述方法处理①	
	对流式过热器	$t_{bi}=t_j+50$
	辐射式或半辐射式（屏式）过热器	$t_{bi}=t_j+100$
管道	在烟道外（不受热）	$t_{bi}=t_j$

① 有热力计算资料时，过热器管计算壁温 t_{bi}可按式（12-4）计算

$$t_{bi}=t_j+J\left(\frac{q_{max}\beta}{\alpha_2}+\frac{q_{max}S}{1000\lambda}\frac{\beta}{\beta+1}\right)+\Delta t \quad (℃) \tag{12-4}$$

式中 J——均流系数；

q_{max}——最大热流密度，kW/m²；

β——管子外径与内径之比；

α_2——管内壁对介质的对流放热系数，kW/(m²·℃)；

S——管壁厚，mm；

λ——管子的导热系数，kW/(m·℃)。

三、计算压力

锅炉受压元件强度计算时所取用的压力值称为计算压力。计算压力为表压，因为受压元件所承受的是其内部介质绝对压力与外界大气压力之差。

锅筒筒体、集箱筒体和管子的计算压力 p 按式（12-5）计算

$$p = p_g + \Delta p_a \quad (\text{MPa}) \tag{12-5}$$

$$p_g = p_e + \Delta p_z + \Delta p_{sz} \quad (\text{MPa}) \tag{12-6}$$

式中 p_g——工作压力（表压）。

p_e——锅炉额定压力（锅炉铭牌压力，表压），MPa。

Δp_z——最大流量时计算元件至锅炉出口之间的压力降，MPa。

Δp_{sz}——计算元件所受液柱静压力值，MPa，当计算元件所受液柱静压力值不大于（$p_e+\Delta p_z+\Delta p_{sz}$）的 3%时，则取 Δp_{sz}等于 0。

Δp_a——设计附加压力，MPa。当 $p_e \leqslant 0.8$ 时，$\Delta p_a = 0.03$；当 $0.8 < p_e \leqslant 5.9$ 时，$\Delta p_a = 0.04p_e$；当 $p_e > 5.9$ 时，$\Delta p_a = 0.05p_e$。

第二节 圆筒形元件的强度计算

在锅炉受压元件中，绝大部分是圆筒形的如锅筒、集箱、受热面管子等，其重量约占全部受压元件重量的 90%以上，因此，合理设计圆筒形受压元件的壁厚对节约材料、提高元件使用安全性有重要影响。

除受热面管子外，在锅炉筒体和集箱上都需要连接各种用途的管子，例如锅筒上的上升管和下降管等，即锅筒的形状不是“光滑”的圆筒形，而是在锅筒上有各种大小的开孔。由于开孔的影响，筒体的强度将会减弱，为了分析的方便，我们先讨论无管孔减弱的筒体的强度计算方法，它可以直接用于管子和管道的强度计算。

一、未减弱的圆筒形元件的强度计算

（一）未减弱的圆筒形元件的应力分析

圆筒形元件在受内压力 P 的作用下主要产生两种变形，即轴向伸长和径向胀大。壁上的任意一点将产生三个方向的主应力：沿圆筒切线方向的切向应力 σ_1，沿圆筒轴线方向的轴向应力 σ_2 及沿圆筒直径方向的径向应力 σ_3，如图 12-1 所示。由于圆筒形元件的壁厚相对于筒体的直径一般要小得多，所以在进行筒体强度分析时，可按薄壁圆筒来处理，切向应力和轴向应力沿壁厚均匀分布。

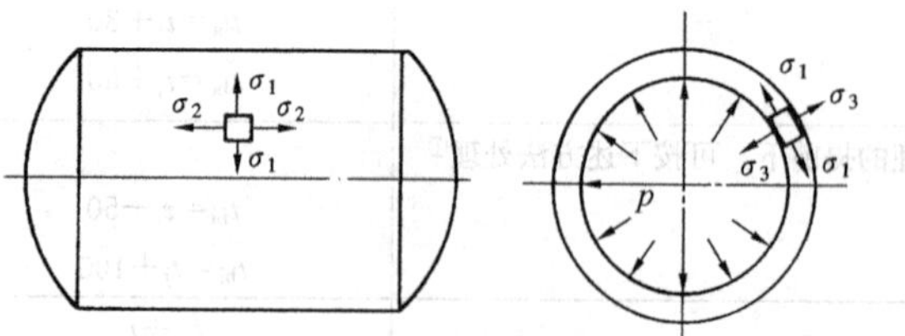

图 12-1 圆筒形元件的三向应力分析

求切向应力 σ_1 时，可设想用一通过轴线的纵向截面将圆筒截开，如图 12-2 所示。所截取的分离体将在介质压力 p 和切向应力 σ_1 所组成的内力作用下平衡，由分离体的力平衡可得

$$2\sigma_1 lS = pD_n l \Longrightarrow \sigma_1 = \frac{pD_n}{2S} \quad (\text{MPa}) \tag{12-7}$$

式中　l——筒身长度，mm；

S——圆筒形元件的壁厚，mm；

p——介质的表压力，MPa；

D_n——圆筒形元件的内径，mm。

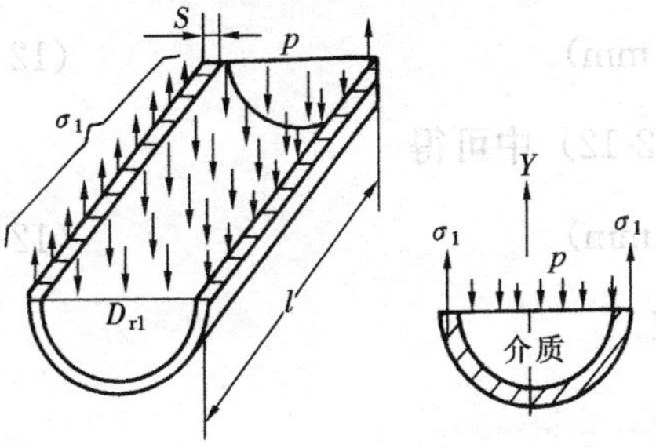

图 12-2　计算切向应力 σ_1 的分离体

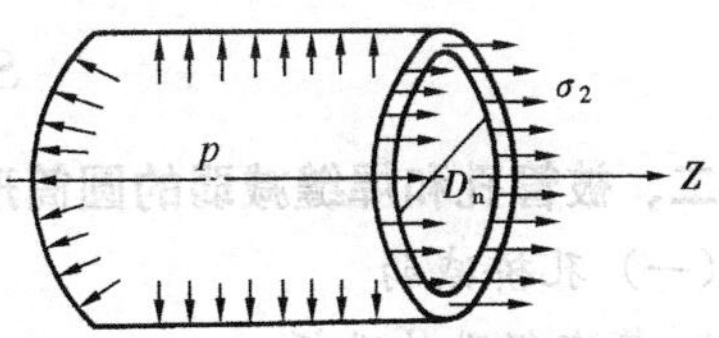

图 12-3　计算轴向应力 σ_2 的分离体

求轴向应力 σ_2 时，可假想用一个与轴线相垂直的横截面将圆筒形元件截开，如图 12-3 所示。所截取的分离体将在介质压力 p 和轴向应力 σ_2 所组成的内力作用下平衡，即

$$\sigma_2 \pi D_n S = \frac{\pi D_n^2}{4} p \Longrightarrow \sigma_2 = \frac{pD_n}{4S} \quad (\text{MPa}) \tag{12-8}$$

至于径向应力 σ_3，由于圆筒形元件仅受到内部介质压力 p 的作用，故内壁径向应力和 p 相等，作用于外壁的压力为零，故外壁的径向应力亦为零。径向应力 σ_3 可取为内、外壁径向应力的平均值，即

$$\sigma_3 = -\frac{p}{2} \quad (\text{MPa}) \tag{12-9}$$

式中的负号表示为压应力。将 σ_1、σ_2 和 σ_3 作比较，$\sigma_1 > \sigma_2 > \sigma_3$；$\sigma_1 = 2\sigma_2$。当 $D_n/S \gg 1$ 时，则 $\sigma_1 \gg p$，因此，对于薄壁圆筒的强度计算，常常忽略径向应力的影响，近似认为 $\sigma_3 = 0$。

（二）未减弱的圆筒形元件的强度计算

锅炉受压元件绝大部分由低碳钢和低合金钢制造。大量实验和实践证实，这些元件在承受过大的内压力作用时，会产生很大的塑性变形，直至剪断而破坏。

目前，几乎所有国家锅炉强度计算标准采用最大剪应力强度理论（又称第三强度理论）作为建立锅炉受压元件的强度准则。第三强度理论认为元件处在某种应力状态时，只要其中任意一点的最大剪应力 τ_{max} 达到单向拉伸时材料的最大剪应力极限值时，就会引起元件发生破坏。强度条件为

$$\tau_{max} \leqslant [\tau] = \frac{[\sigma]}{2} \tag{12-10}$$

式中　$[\tau]$——材料在单向拉伸时的许用剪应力；

$[\sigma]$——单向拉伸许用应力。

对于一般空间应力状态，最大剪应力 $\tau_{max} = \frac{1}{2}(\sigma_{max} - \sigma_{min})$。锅炉圆筒形受压元件在介质

内压力作用下，壁内各点沿切向、轴向和径向分别存在三个主应力 σ_1、σ_2 和 σ_3。最大主应力 $\sigma_{max}=\sigma_1$，最小主应力 $\sigma_{min}=\sigma_3$，故 $\tau_{max}=\frac{1}{2}(\sigma_1-\sigma_3)$，于是有

$$\sigma_1-\sigma_3\leqslant[\sigma] \qquad (12\text{-}11)$$

将式（12-7）及式（12-9）代入式（12-11）中可得无减弱圆筒形元件筒体理论计算壁厚 S_L 的计算公式

$$S_L\geqslant\frac{pD_n}{2[\sigma]-p}\quad(\text{mm}) \qquad (12\text{-}12)$$

若以外径来表示，则 $D_n=D_w-2S$，代入式（12-12）中可得

$$S_L\geqslant\frac{pD_w}{2[\sigma]+p}\quad(\text{mm}) \qquad (12\text{-}13)$$

二、被管孔和焊缝减弱的圆筒形元件的强度计算

（一）孔桥减弱

1. 等直径孔的孔桥

孔桥即孔间截面。等直径纵向（轴向）相邻两孔[图 12-4(a)]的孔桥减弱系数按式（12-14）计算

$$\varphi=\frac{(t-d)\ S}{tS}=\frac{t-d}{t} \qquad (12\text{-}14)$$

式中 φ——由于纵向开孔使金属截面减少的程度，即筒体强度减弱的程度；

t——孔间距，mm；

S——壁厚，mm；

d——孔径，mm。

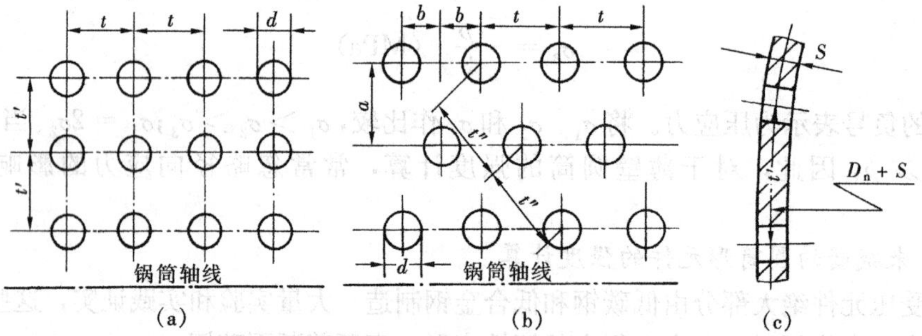

图 12-4 孔桥示意图

(a) 横向和纵向孔桥；(b) 斜向孔桥；(c) 筒体断面示意图

等直径横向相邻两孔的孔桥减弱系数 φ'[图 12-4(a)]按式（12-5）计算

$$\varphi'=\frac{t'-d}{t'} \qquad (12\text{-}15)$$

式中 t'——筒体平均直径（D_n+S）圆周上的节距。

等直径斜向相邻两孔的孔桥减弱系数 φ''[图 12-4(b)]按式(12-16)计算

$$\varphi''=\frac{t''-d}{t''} \qquad (12\text{-}16)$$

$$t''=a\sqrt{1+n^2} \tag{12-17}$$

$$n=\frac{b}{a} \tag{12-18}$$

式中　b——两孔间在筒体轴线方向上的距离，mm；

a——两孔间在筒体平均直径圆周方向上的距离，mm。

在计算时，通常将 φ'' 折算成斜向孔桥当量减弱系数 φ_d

$$\varphi_d=K\varphi'' \tag{12-19}$$

式中　K——换算系数，按式（12-20）计算。

$$K=\frac{1}{\sqrt{1-\frac{0.75}{(1+n^2)^2}}} \tag{12-20}$$

当 $n\geqslant 2.4$ 时，可取 $K=1$，此时 $\varphi_d=\varphi''$。当 $\varphi_d>1$ 时，均取 $\varphi_d=1$。φ_d 亦可按线算图 12-5 直接查取。

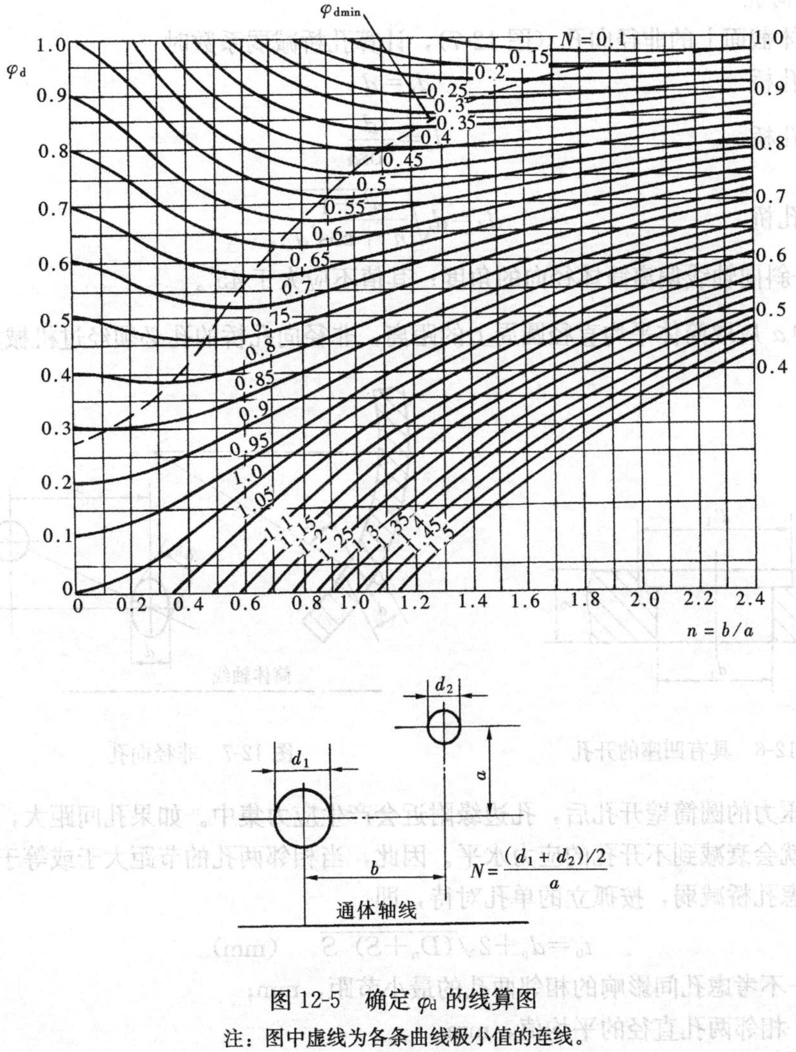

图 12-5　确定 φ_d 的线算图

注：图中虚线为各条曲线极小值的连线。

如果是椭圆孔，计算孔桥减弱系数时，孔径 d 按该孔沿相应节距方向的尺寸确定。

从式（12-18）及式（12-20）可看出，当 $b=0$，则 $n=0$，$K=2$，此时 $\varphi_d=2\varphi''$。因此若将横向孔桥减弱系数折算为纵向孔桥减弱系数时，则须乘以 2，成为 $2\varphi'$。由于 $\sigma_1=2\sigma_2$，所以这一结论是必然的。

2. 相邻两孔直径不同

若相邻两孔直径不同，在计算孔桥减弱系数时，式（12-14）～式（12-16）中的直径 d 应以相邻两孔平均直径 d_p 取代

$$d_p=\frac{d_1+d_2}{2} \tag{12-21}$$

3. 具有凹座的开孔

具有凹座的开孔（图 12-6），其截面积为 $d_1(S-h)+hd'_1$，求减弱系数时，孔径 d 用当量直径 d_d 代入

$$d_d=d_1+\frac{h}{S}(d'_1-d_1) \tag{12-22}$$

4. 非径向孔

对于筒体截面上的非径向孔（图 12-7），计算孔桥减弱系数时

对纵向孔桥
$$d_d=d \tag{12-23}$$

对横向孔桥
$$d_d=\frac{d}{\cos\alpha} \tag{12-24}$$

对斜向孔桥
$$d_d=d\sqrt{\frac{n^2+1}{n^2+\cos^2\alpha}} \tag{12-25}$$

式中 α——斜向轴线偏离筒体径向的角度；其值不应大于 45°。

$n=\frac{b}{a}$ 中 a 应取筒体平均直径圆周上的距离，非径向孔桥的孔必须经过机械加工。

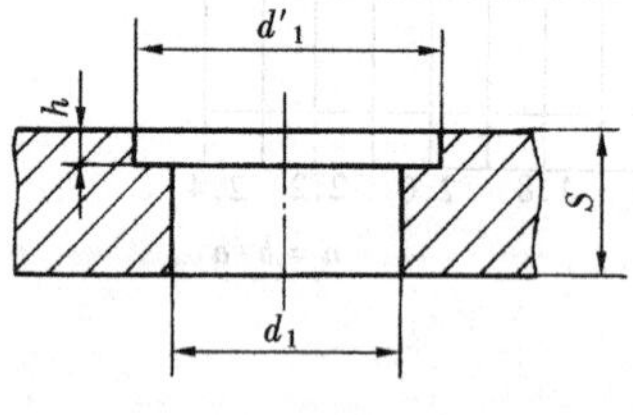

图 12-6 具有凹座的开孔

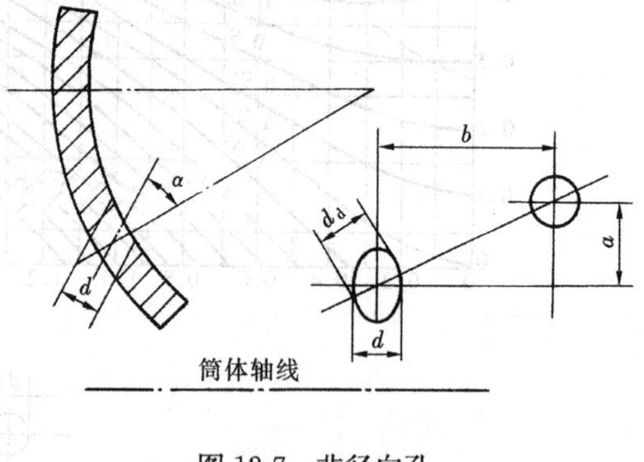

图 12-7 非径向孔

承受内压力的圆筒壁开孔后，孔边缘附近会产生应力集中。如果孔间距大，孔桥上局部增高的应力就会衰减到不开孔的应力水平。因此，当相邻两孔的节距大于或等于下式计算值时，可不考虑孔桥减弱，按孤立的单孔对待，即

$$t_0=d_p+2\sqrt{(D_n+S)S} \quad \text{(mm)} \tag{12-26}$$

式中 t_0——不考虑孔间影响的相邻两孔的最小节距，mm；

d_p——相邻两孔直径的平均值，mm。

对于胀接管孔，为了使塑性变形区域不重叠及保证胀接质量，要求孔桥减弱系数 φ、φ'及φ''，一般不宜小于0.3。由于焊接时焊缝附近存在热影响区，材料的塑性可能有所降低，而胀接管管孔周围会产生塑性变形。为了防止塑性变形区域和热影响区重叠，规定焊缝附近不应有胀接管孔，胀接管孔中心与焊缝边缘的距离不应小于0.8d，且不小于(0.5d+12) mm。焊接管孔也应避免开在焊缝上，不得已需开孔时，应满足锅炉制造技术条件的要求。

（二）焊缝减弱

焊缝也是一种减弱形式，焊缝减弱系数表示对焊缝强度的不信任程度，与焊接方法、坡口形式、检查手段、残余应力消除程度、工艺掌握程度及钢材类别等因素有关。按锅炉制造技术条件检验合格的焊缝，φ_h 可按表12-7选取。

表 12-7　焊缝减弱系数 φ_h

焊接方法	焊缝形式	φ_h
手工电焊或气焊	双面焊接有坡口对接焊缝	1.00
	有氩弧焊打底的单面焊接有坡口对接焊缝	0.90
	无氩弧焊打底的单面焊接有坡口对接焊缝	0.75
	在焊缝根部有垫板或垫圈的单面焊接有坡口对接焊缝	0.80
熔剂层下的自动焊	双面焊接对接焊缝	1.00
	单面焊接有坡口对接焊缝	0.85
	单面焊接无坡口对接焊缝	0.80
电渣焊		1.00

注　在基本许用应力按持久强度确定的情况下，对于 $\varphi_h \leqslant 0.80$ 的焊缝，φ_h 取表中数值；对于 $\varphi_h > 0.80$ 的焊缝，φ_h 取0.80。

对于环向焊缝，若焊缝上无孔桥，则环向焊缝可不予考虑。

在强度计算时，应取 φ、$2\varphi'$、φ_d 和 φ_h 中最小值为圆筒体的最小减弱系数 φ_{min}。若孔桥位于焊缝上时，该部位的减弱系数取孔桥减弱系数和焊缝减弱系数的乘积。

三、筒形元件的强度计算

（一）强度计算公式

1. 理论计算壁厚的计算公式

在设计计算时，锅炉各受压元件的理论计算壁厚 S_L 和取用壁厚 S 分别按式(12-27)、(12-28)求得

锅筒筒体

$$S_L=\frac{pD_n}{2\varphi_{min}[\sigma]-p}\quad(mm)\tag{12-27a}$$

集箱筒体

$$S_L=\frac{pD_w}{2\varphi_{min}[\sigma]+p}\quad(mm)\tag{12-27b}$$

直管或直管段

$$S_L=\frac{pD_w}{2\varphi_h[\sigma]+p}\tag{12-27c}$$

由钢管弯成的弯管，弯管外侧的理论计算厚度

$$S_{wL}=YS_L \quad (12\text{-}27d)$$

各受压元件的取用壁厚 S 应满足

$$S \geqslant S_{min}=S_L(\text{或 } S_{wL})+C \quad (mm) \quad (12\text{-}28)$$

上几式中 S_{min}——各受压元件的最小取用壁厚，mm；

Y——弯管形状系数，$Y=\dfrac{4R+R_w}{4R+2D_w}$；

R——弯管中心线的半径，mm；

D_w——管子外径，mm；

C——考虑腐蚀减薄、钢板负偏差和工艺减薄的附加壁厚，mm。

由钢板压制的焊接弯管（$R/D_w>3.5$）和铸造弯管的厚度按直管计算。

管接头（连接受热面管子的除外）的取用壁厚，对于额定蒸汽压力大于 2.5MPa 的锅炉不应小于$(0.015D_w+3.2)$mm。

2. 允许最小减弱系数和最高允许工作压力的确定原则

锅炉各受压元件的允许最小减弱系数 $[\varphi]$ 和校核计算时最高允许工作压力 $[p]$ 按式(12-29)～式(2-34)计算：

锅筒筒体

$$[\varphi]=\frac{p(D_n+S_y)}{2[\sigma]S_y} \quad (12\text{-}29)$$

$$[p]=\frac{2\varphi_j[\sigma]S_y}{D_n+S_y} \quad (MPa) \quad (12\text{-}30)$$

集箱筒体

$$[\varphi]=\frac{p(D_w-S_y)}{2[\sigma]S_y} \quad (12\text{-}31)$$

$$[p]=\frac{2\varphi_j[\sigma]S_y}{D_w-S_y} \quad (MPa) \quad (12\text{-}32)$$

直管和直管段

$$[p]=\frac{2\varphi_h[\sigma]S_y}{D_w-S_y} \quad (MPa) \quad (12\text{-}33)$$

弯管

$$[p]=\frac{2\varphi_h[\sigma]S_{wy}}{YD_w-S_{wy}} \quad (MPa) \quad (12\text{-}34)$$

式中 φ_j——校核部位的减弱系数；

S_y——各受压元件的有效壁厚，mm。S_y 可按式 $S_y=S-C$ 求得，此时，$\varphi_j=\varphi_{min}$；S_y 也可取对应于 φ_j 处实际测量壁厚减去以后可能的腐蚀减薄值，此时应以 S_y 和 φ_j 两者乘积的最小值代入式（12-30)、式（12-32）～式（12-34）中。

此外，锅筒筒体和集箱筒体的最高允许计算压力还应满足开孔加强的要求。带弯管的管子或管道的最高允许计算压力应取式（12-33）和式（12-34）中的较小值。

式(12-27a)、式(12-29)和式(12-30)适用于 $\beta_L \leqslant 1.3$ 的情况，β_L 值按式 $\beta_L=1+2\dfrac{S_L}{D_n}$计算。

式（12-27b)、式（12-31）和式（12-32）对于水、汽水混合物或饱和蒸汽集箱筒体适

用于 $\beta_L \leqslant 1.5$ 的情况，对于过热蒸汽集箱筒体适用于 $\beta \leqslant 2.0$ 的情况；式（12-27c）、式（12-27d）、式（12-33）和式（12-34）适用于 $\beta \leqslant 2.0$ 的情况，β_L 值按式 $\beta_L = \frac{D_w}{D_w - 2S_L}$ 计算。

（二）附加壁厚

附加壁厚 C 是考虑诸如钢板或管子厚度的负偏差、元件使用期间的腐蚀减薄量、筒体制造过程中的工艺减薄量、弯管时的工艺减薄量以及弯管应力所产生的影响。

1. 锅筒筒体和集箱筒体、管子和管道的附加壁厚 C 的计算

$$C = C_1 + C_2 + C_3 \tag{12-35}$$

式中 C_1——考虑腐蚀减薄的附加壁厚，一般取为 0.5mm。对锅筒筒体，若 $S>20$mm，取 $C_1=0$，但若腐蚀较严重，应根据实际情况确定 C_1 值；对集箱和直管段，若在设计运行期限内，腐蚀和氧化减薄值超过 0.5mm，则应取实际的减薄值。

C_2——考虑工艺减薄的附加壁厚，按各制造厂实际情况选取。当锅筒板厚不大于 100mm 时，一般情况下可按表 12-8 选取；由钢管制成的直集箱筒体、直管或直管段，取 $C_2=0$；由钢管弯成的圆弧形集箱筒体，$C_2 = \frac{S_L}{(4n-1)(2n+1)}$；由钢管弯成的弯管，$C_2 = \frac{25D_w}{100R - 25D_w}(S_{wL} + C_1)$；当弯管外侧厚度实际制造工艺减薄率大于 a（$a = 25D_w/R$）时，a 值应取实际制造工艺减薄率值。由钢板压制的焊接弯管（$n>3.5$），C_2 取钢板压制时的实际工艺减薄率值。

n——圆弧形集箱中心线的半径 R 与集箱筒体外径 D_w 的比值，即 $n = \frac{R}{D_w}$。

C_3——考虑钢板厚度负偏差的附加壁厚，mm。当钢板厚度 $S \leqslant 20$mm 时，取钢板标准规定厚度负偏差；当 $S>20$mm 时可不必考虑。如钢板厚度负偏差超过 0.5mm，则在附加壁厚中还应加上此超出值。

表 12-8　卷制工艺减薄值

卷制工艺		减薄值（mm）
热卷	$p_e \geqslant 9.8$MPa	4
	$p_e < 9.8$MPa	3
冷卷	热校	1
	冷校	0

对于由钢管制成的直集箱筒体和直管或直管段，C_3 按式（12-36）计算

$$C_3 = \frac{m(S_L + C_1)}{100 - m} \tag{12-36}$$

式中 m——钢管厚度负偏差与取用壁厚的百分比值。

对于由钢管弯成的圆弧形集箱筒体和弯管，C_3 按式（12-37）计算

$$C_3 = \frac{m[S_L(\text{或} S_{wL}) + C_1 + C_2]}{100 - m} \tag{12-37}$$

对于由钢板压制的焊接弯管（$n>3.5$），C_3 也可取实际钢板厚度负偏差。

2. 铸造弯管的附加壁厚 C 的计算

$$C = A_1 S_L + 2 \tag{12-38}$$

其中

$$A_1 = \frac{D_w}{4R - 2D_w} \tag{12-39}$$

3. 校核计算时附加壁厚C的计算

(1) 直集箱筒体和直管段的附加壁厚C按式(12-40)计算

$$C=C_1+C_3 \tag{12-40}$$

其中

$$C_3=\frac{mS}{100} \tag{12-41}$$

(2) 圆弧形集箱筒体的附加壁厚C按式(12-42)计算

$$C=C_1+C_2+C_3 \tag{12-42}$$

其中

$$C_2=\frac{S-C_1-C_3}{2n(4n+1)} \tag{12-43}$$

C_3 按式(12-41)计算。

(3) 由钢管弯成的弯管及由钢板压制的焊接弯管($n>3.5$),其附加壁厚C按式(12-44)计算

$$C=C_1+C_2+C_3 \tag{12-44}$$

其中

$$C_2=\frac{25D_w}{100R}(S+C_3) \tag{12-45}$$

(4) 铸造弯管的附加壁厚C按式(12-46)计算

$$C=\frac{A_1S+2}{1+A_1} \tag{12-46}$$

由钢板压制的焊接弯管($n>3.5$),C_2 取实际工艺减薄值,C_3 取钢板厚度负偏差。

(三) 对厚度的限制

任何情况下,锅筒筒体的取用厚度不应小于6mm。采用胀接管连接时,锅筒筒体的取用厚度不应小于12mm。允许置于烟温不小于600℃的烟道或炉膛内的不绝热锅筒筒体、集箱筒体、防渣箱筒体,其厚度不应大于表12-9的规定。

表12-9 不绝热锅筒筒体、集箱、防渣箱筒体的最大允许厚度

工 作 环 境	锅筒筒体(mm) $p_e\leqslant 2.5$MPa	集箱筒体(mm) $p_e>2.5$MPa	集箱和防渣箱筒体(mm) $p_e\leqslant 2.5$MPa
在烟温大于900℃的烟道或炉膛	26	30	15
在烟温为600~900℃的烟道内	30	45	20

对于热流密度580kW/m^2 及以上的受热面管子,确定的直管段及弯管取用厚度应满足 $S\leqslant\dfrac{D_w}{1+\dfrac{D_wq_{max}}{10^5\lambda}}$ 的要求。

第三节 凸形封头及平端盖的强度计算

锅炉的锅筒和集箱常用的封头主要有两种形式:凸形封头及平封头(通常称为平端盖)。凸形封头是一种回转壳体。壳体的回转曲线为半椭圆的称为椭球形封头,回转曲线为半圆形

的称为球形封头。由于椭球形封头受力情况比平端盖好，加工工艺要求比球形封头低，占据空间较球形封头小，故一般锅筒和集箱上常采用椭球形封头如图 12-8 所示。对直径较小的集箱，封头则常采用加工方便、占据空间较小的平端盖。

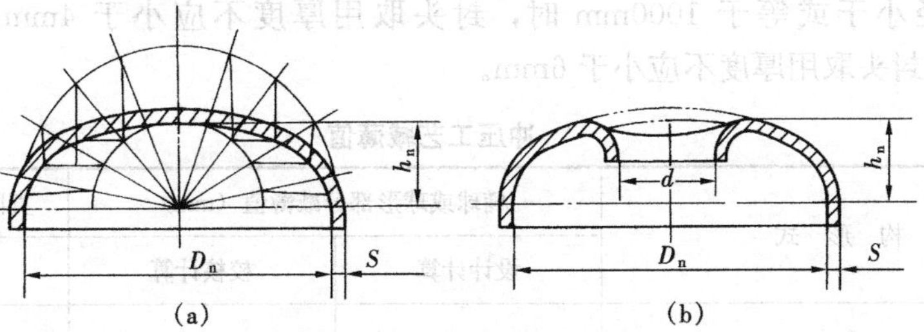

图 12-8　椭球形封头

(a) 无孔；(b) 有孔

一、凸形封头的强度计算

1. 理论计算壁厚、取用壁厚、最高允许计算压力的确定

凸形封头在设计计算时的理论计算壁厚 S_L 按式（12-47）计算

$$S_L=\frac{pD_nY}{2\varphi[\sigma]-p} \tag{12-47}$$

$$Y=\frac{1}{6}\left[2+\left(\frac{D_n}{2h_n}\right)^2\right] \tag{12-48}$$

式中　Y——封头形状系数，按式（12-48）计算；

h_n——封头内高度，mm；

D_n——封头内径，mm；

φ——封头减弱系数，按表 12-10 选取。

表 12-10　　封头减弱系数 φ

封头结构形式	φ	封头结构形式	φ
无孔，无拼接焊缝	1.00	有孔，有拼接焊缝，但二者重合②	取 φ_h 和 $1-\frac{d}{D_n}$ 中较小者
无孔，有拼接焊缝	φ_h①	有孔，有拼接焊缝，但二者不重合②	$\varphi_h\left(1-\frac{d}{D_n}\right)$
有孔，无拼接焊缝	$1-\frac{d}{D_n}$		

① 焊缝减弱系数 φ_h 按表 12-7 选取。

② 孔中心与焊缝边缘距离大于（0.5d+12）mm 为不重合，小于、等于为重合。

封头和它的直段的计算壁厚不应小于式（12-27a）所确定的当筒体减弱系数 $\varphi_{min}=1$ 时所确定的锅筒筒体部分的计算壁厚。

封头的取用壁厚 S 应满足

$$\left.\begin{aligned}S&\geqslant S_{min}=S_L+C \quad (mm)\\ S&\geqslant S_{zL}+C_1+C_3 \quad (mm)\end{aligned}\right\} \tag{12-49}$$

式中　C——封头的附加壁厚，mm，按式 $C=C_1+C_2+C_3$ 计算；

C_1——腐蚀减薄附加壁厚，按确定锅筒体附加壁厚中 C_1 值的原则处理；

C_2——考虑工艺减薄的附加壁厚，mm，其中冲压工艺减薄值可按表 12-11 选取；

C_3——考虑钢板厚度负偏差的附加壁厚，mm；

S_{zL}——封头直段部分理论计算厚度，根据式（12-27a）计算，mm。

封头内径小于或等于 1000mm 时，封头取用厚度不应小于 4mm；封头内径大于 1000mm 时，封头取用厚度不应小于 6mm。

表 12-11　　冲压工艺减薄值

结构形式	椭球或球形部分减薄值（mm）		直段部分减薄值（mm）
	设计计算	校核计算	设计、校核计算
椭球封头 $\left(0.20\leqslant\frac{h_n}{D_n}\leqslant0.35\right)$	$0.1\ (S_L+C_1)$	$0.09\ (S-C_3)$	0
深椭球和球形封头 $\left(0.35\leqslant\frac{h_n}{D_n}\leqslant0.50\right)$	$0.15\ (S_L+C_1)$	$0.13\ (S-C_3)$	0

校核计算时，封头最高允许计算压力 $[p]$ 按式（12-50）计算

$$[p]=\frac{2S_y[\sigma]\varphi}{YD_n+S_y}\quad (\text{MPa}) \tag{12-50}$$

式中　S_y——有效壁厚，$S_y=S-C$，mm；S_y 也可以取为实际测量最小壁厚减去以后可能的腐蚀减薄值。

同时，$[p]$ 不应超过按式（12-30）所确定的封头直段的最高允许压力。

式（12-47）及式（12-48）只适用于$\frac{h_n}{D_n}\geqslant0.2$，$\frac{S_L}{D_n}\leqslant0.1$，$\frac{d}{D_n}\leqslant0.6$ 的情况，其中 d 为封头上开孔直径或椭圆孔的长轴尺寸，mm。

2. 凸形封头上的开孔的要求

（1）如封头上除中心人孔以外还开有其他孔时，若孔径＞38mm，则任意两孔边缘之间的投影距离 $L\geqslant\frac{1}{3}(L_1+L_2)$；若孔径≤38mm，则任意两孔边缘之间的投影距离 $L\geqslant L_2$，如图 12-9（a）所示。

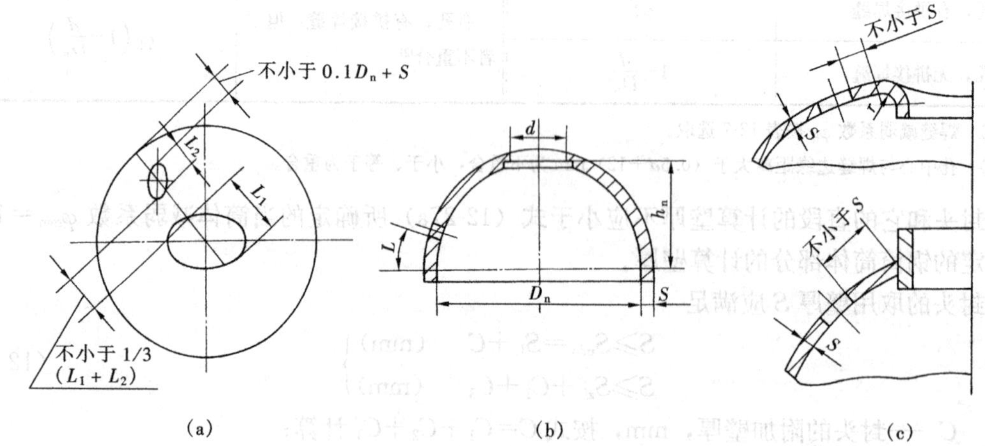

图 12-9　凸形封头对开孔位置的要求

（2）对于$\frac{h_n}{D_n}\leqslant 0.35$的椭球形封头，孔边缘至封头边缘之间的投影距离$\geqslant(0.1D_n+S)$，如图 12-9（a）所示。对于$\frac{h_n}{D_n}>0.35$的深椭球形封头，边缘离开封头和直段交接处的弧长$L\geqslant\sqrt{D_n S_L}$，如图 12-9（b）所示。

（3）位于扳边人孔附近的孔，除遵守上述条件外，还必须使开孔边缘与扳边弯曲点之间的距离（或者与焊接圈焊缝之间的距离）$\geqslant S$，如图 12-9（c）所示。

（4）扳边孔不得开在焊缝上。

（5）当封头上有如图 12-9（b）所示的封闭人孔用密封面切口时，切口部位径向最小剩余厚度不应小于封头成品最小需要厚度（理论计算厚度与考虑腐蚀减薄的附加壁厚之和）。

二、平端盖的强度计算

平端盖在设计计算时的最小需要壁厚按式（12-51）计算

$$S_{Lmin}=KD_n\sqrt{\frac{p}{[\sigma]}}\quad (mm)\tag{12-51}$$

平端盖的取用壁厚 S_1 应满足式（12-52）

$$S_1\geqslant S_{Lmin}\quad (mm)\tag{12-52}$$

校核计算时，平端盖的最高允许计算压力［p］按式（12-53）计算

$$[p]=\left(\frac{S_1}{KD_n}\right)^2[\sigma]\quad (MPa)\tag{12-53}$$

式中　［σ］——许用应力，MPa，按集箱计算壁温查表 12-2 或表 12-3 求得，基本许用应力的修正系数 η 可以按表 12-12 选取；

K——与平端盖结构形式有关的系数，按表 12-12 选取。

表 12-12　　平端盖的系数 K 和修正系数 η

序号	平端盖形式	结构要求	K		η		备　注
			无孔	有孔	$l\geqslant 2S$	$2S>l\geqslant S$	
1	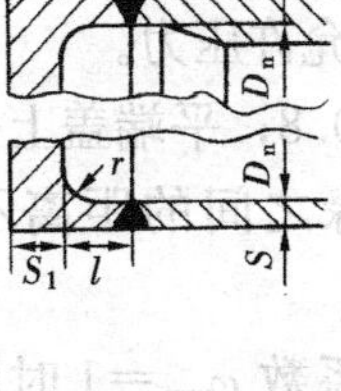	$r\geqslant\frac{2}{3}S$ $l\geqslant S$	0.4	0.45	1.05	1.0	推荐优先采用的结构形式

续表

序号	平端盖形式	结构要求	K 无孔	K 有孔	η $l\geqslant 2S$	η $2S>l\geqslant S$	备注
2	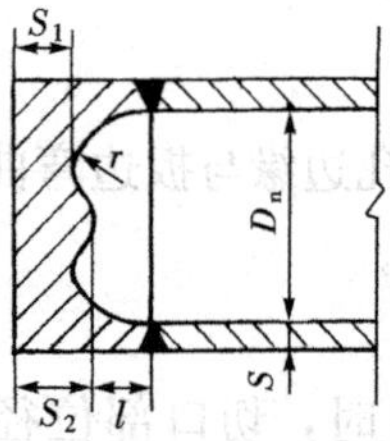	$r\geqslant 1.5S$ $S_2\geqslant 0.8S_1$	0.4	0.45	0.9		
3	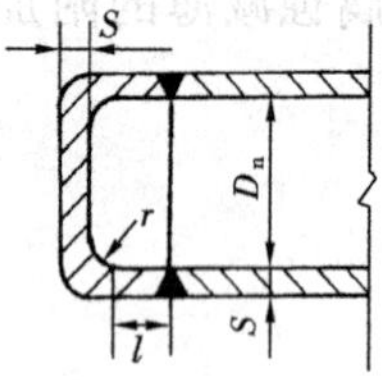	$r\geqslant 3S$ $l\geqslant S$	0.4	0.45	1.0	0.95	
4	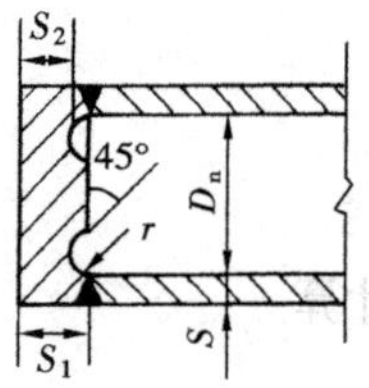	$r\geqslant\frac{1}{3}S$ 和 $r\geqslant$5mm $S_2\geqslant 0.8S_1$	0.4	0.45	0.9		用于额定压力不大于 6.3MPa 的集箱端盖
5	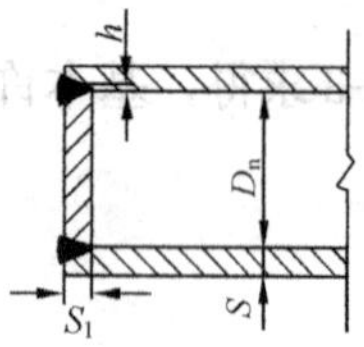	$h\leqslant$ (1+0.5)mm	0.6	0.7	0.85		用于额定压力不大于 2.5MPa 且 D_n 不大于 426mm 的集箱端盖
6	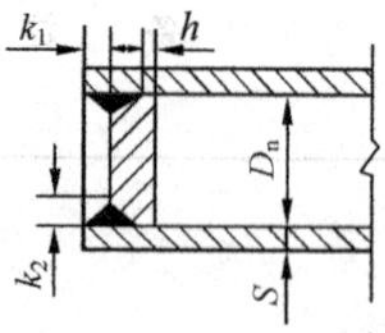	$k_1\geqslant S$ $k_2\geqslant S$ $h\leqslant$ (1+0.5)mm	0.6	0.7	0.85		用于额定压力不大于 2.5MPa 且 D_n 不大于 426mm 的集箱端盖
			0.4	0.4	1.05		用于水压试验

同时，[p] 不应超过按式（12-32）所确定的平端盖直段的最高允许压力。

平端盖上中心孔的直径或长轴尺寸与端盖内径之比值不应大于 0.8；平端盖上任意两孔边缘之间的距离不应小于其中小孔的直径；孔边缘至平端盖外缘之间的距离不应小于 $2S_{Lmin}$；孔不得开在内转角过渡圆弧处。

平端盖直段部分的壁厚不应小于按式（12-27b）计算，当减弱系数 $\varphi_{min}=1$ 时所确定的集箱筒体的最小需要壁厚。

第四节　孔的加强计算

锅筒、集箱和凸形封头等受压元件上开孔之后，在孔边缘附近的局部区域会产生应力集中现象，有时应力集中系数可达3.0以上。此时，必须对这些孔进行加强，使孔边缘的应力集中程度降低到允许范围内。

一、未加强孔的最大允许直径

未受到孔排和焊缝减弱的承压元件，当取用壁厚等于计算所得的最小需要壁厚时，元件壁内的当量应力正好等于许用应力。此时，如果在元件上开孔，则孔边缘的应力将超过许用应力而达到不允许的程度。实际上，承压元件的取用壁厚 S 均大于最小需要壁厚 S_{min}，即元件的强度除了承受内压还有一定裕度。所以，只要开孔所引起的元件强度减弱能由多余的壁厚裕度补偿，就可以在元件上开孔，而不用采取其他的加强措施。

对于受孔排减弱的承压元件，其壁厚是根据孔桥处的应力来确定的，则孔桥区域以外部位就有多余的壁厚裕度。在这些部位也可开一定直径的孔。

由上述可知，只要承压元件的壁厚有一定的裕度，开一定直径的孔并不会减弱元件的强度。这种不影响元件强度的最大开孔孔径称为未加强孔的最大允许直径。元件壁厚的裕度越大，未加强孔的最大允许直径也越大。

胀接孔、螺丝孔或其他不施焊的孔都应认为是未加强孔。如管接头与锅筒筒体或集箱筒体连接的形式为填角焊缝（图12-10）以及虽采用图12-11的孔的加强结构形式，但不满足式（12-55）加强条件的孔也都属于未加强孔。

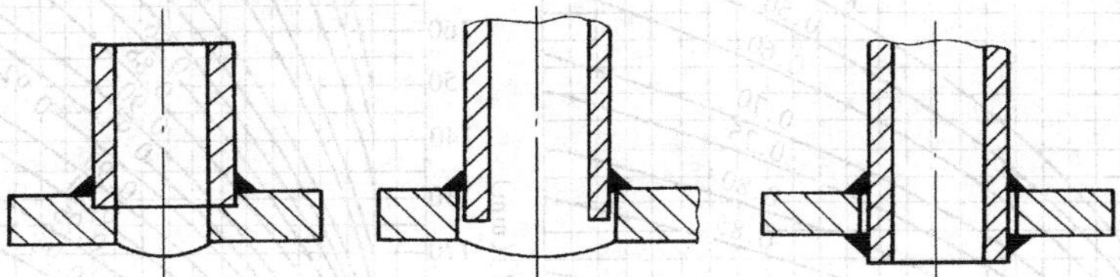

图12-10　不能作为加强结构的管接头焊接形式

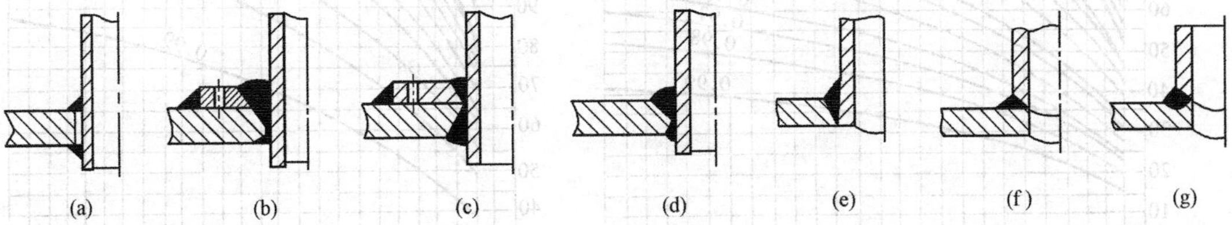

图12-11　孔的加强结构形式

(a) ～ (c) 不开坡口双面焊接插入管接头或开坡口双面焊接插入管接头加焊接垫板，只适用于额定压力不大于2.5MPa的锅炉；(d) ～ (g) 为管接头开坡口、筒体开坡口或二者都开坡口的焊接结构

对于圆筒形元件通常按式（12-54）计算未加强孔的最大允许开孔直径

$$[d]=8.1\sqrt[3]{D_n S_y\ (1-k)}\quad (mm) \tag{12-54}$$

对锅筒筒体，$k=\dfrac{pD_n}{(2\,[\sigma]-p)\ S_y}$

对集箱筒体，$k=\dfrac{p(D_w-2S_y)}{(2[\sigma]-p)S_y}$

式中 $[d]$——未加强孔的最大允许直径，mm；

D_n——圆筒形元件内径，mm；

S_y——圆筒形元件的有效壁厚，mm，$S_y=S-C$；

S——圆筒形元件的取用壁厚，mm；

C——圆筒形元件的附加壁厚，mm。

k——系数；

D_w——圆筒形元件外径，mm。

当 $k<0.4$ 时，强度自然满足，不必进行加强。当 $k\geqslant 0.4$ 时，如果开孔直径超过最大允许孔径 $[d]$ 值时就应予以加强。

式（12-54）的适用范围为：$D_nS_y\leqslant 130\times10^3\text{mm}^2$ 及 $[d]\leqslant 200$mm。如果 $D_nS_y>130\times10^3\text{mm}^2$，则按 $D_nS_y=130\times10^3\text{mm}^2$ 代入计算式，如果计算所得的 $[d]>200$mm，则仍取 $[d]=200$mm。这样规定是为了更安全。

为了便于计算，GB/T 9222—2008 中规定锅筒筒体和集箱筒体上的未加强孔，其最大允许开孔直径可通过线算图 12-12 查得。当 $D_nS_y>130\times10^{-3}\text{mm}^2$ 时，按 $D_nS_y=130\times10^{-3}$ mm^2 查取，若查出的 $[d]>200$mm 时，取 $[d]=200$mm。

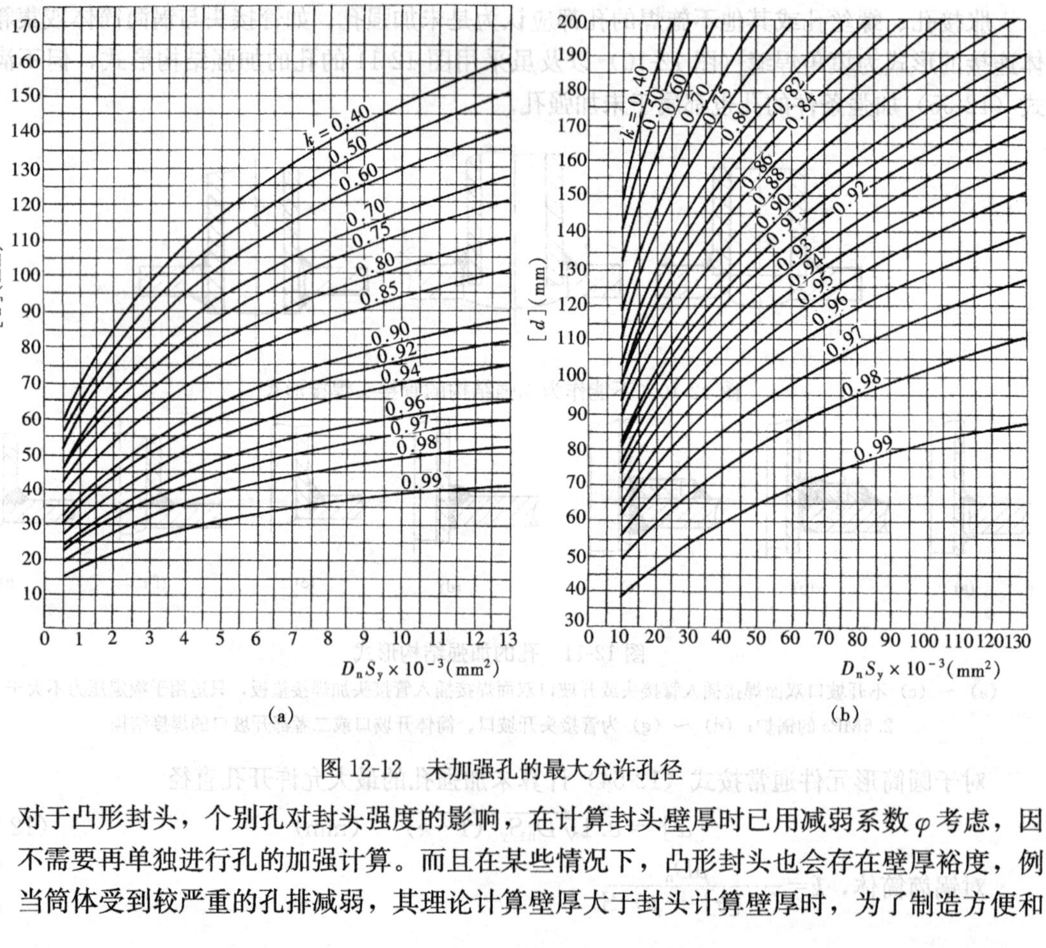

(a) (b)

图 12-12 未加强孔的最大允许孔径

对于凸形封头，个别孔对封头强度的影响，在计算封头壁厚时已用减弱系数 φ 考虑，因而，不需要再单独进行孔的加强计算。而且在某些情况下，凸形封头也会存在壁厚裕度，例如，当筒体受到较严重的孔排减弱，其理论计算壁厚大于封头计算壁厚时，为了制造方便和使用钢板规格的统一，封头的取用壁厚等于筒体的取用壁厚，使封头就具有一定的壁厚裕度，从而允许在封头上开设一定直径的未加强孔。此时，未加强孔的最大允许直径 $[d]$ 可按式（12-55）确定

$$[d]=(1-k_1)D_n\ (\text{mm}) \tag{12-55}$$

式中　k_1——系数，$k_1=\dfrac{pD_nY}{4[\sigma]S_y}$。

二、孔的加强计算

当筒体或封头上的开孔直径超过未加强孔的最大允许孔径时，就必须在孔的周围采取加强措施，一般的加强措施有两类：一类是在开孔处牢固地焊上短管接头；另一类是焊上环形垫板，使之与容器一起承受负荷。

孔的加强方法，仅适用于 $d/D_n<0.8$，且 $d<600$mm 的径向开孔。如为椭圆孔，则仅适用于长轴和短轴之比不大于 2 的开孔，此时 d 为椭圆孔长轴尺寸。

锅炉筒体或封头上开孔的加强计算，一般都采用"等面积加强"的计算方法。等面积加强法就是使在有效加强范围内的多余面积（即加强面积）等于或大于需要加强的面积。由于管孔对筒体或封头强度减弱的影响只在管孔附近的局部范围内，因此在管孔附近增加承载面积就能起到加强作用，而且，只有当加强结构布置在原来应力集中的区域内，加强才有效。开孔加强的有效范围如表 12-13 的图中 $BCDE$ 的矩形范围内。

表 12-13　开孔加强的有效范围及结构计算

形式	Ⅰ	Ⅱ	Ⅲ
加强结构	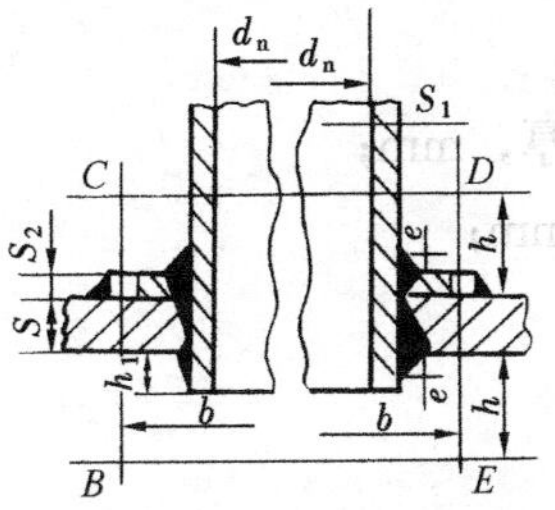 双面管接头和垫板联合加强 $S_2<S_1$，$h_1\leqslant h$ 图 12-11 中（a）和（b）	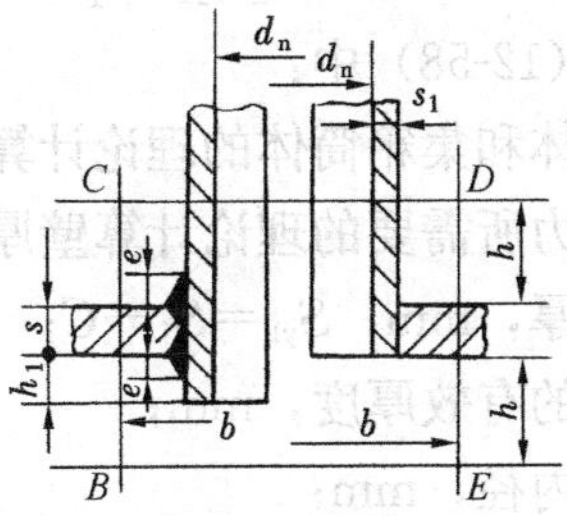 双面管接头加强 $h_1\leqslant h$ 单面管接头加强 $h_1=0$ 图 12-11 中（c）和（d）	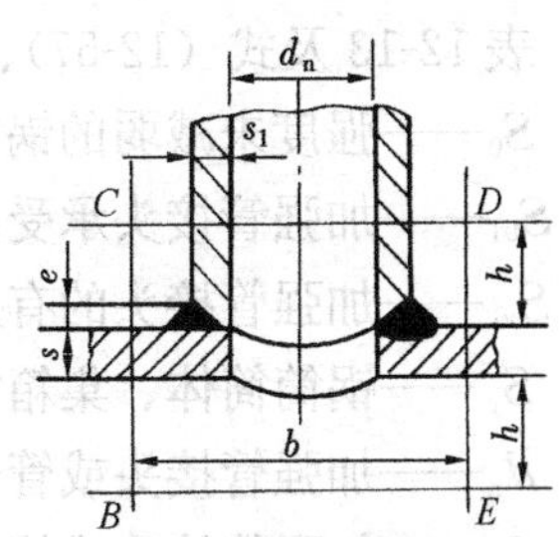 单面管接头加强 图 12-11 中（e）和（f）
A	$\left[d_n+2S_{y1}\left(1-\dfrac{[\sigma]_1}{[\sigma]}\right)\right]S_0$	$\left[d_n+2S_{y1}\left(1-\dfrac{[\sigma]_1}{[\sigma]}\right)\right]S_0$	d_nS_0
A_1	$2e^2$	$2e^2$	e^2
A_2	$[2h(S_{y1}-S_{01})+2h_1S_{y1}]\dfrac{[\sigma]_1}{[\sigma]}$	$[2h(S_{y1}-S_{01})+2h_1S_{y1}]\dfrac{[\sigma]_1}{[\sigma]}$	$2h(S_{y1}-S_{01})\dfrac{[\sigma]_1}{[\sigma]}$
A_3	$0.8S_2(b-d_n-2S_1)\dfrac{[\sigma]_2}{[\sigma]}$	0	0
A_4	$\left[d_n-2S_{y1}\left(1-\dfrac{[\sigma]_1}{[\sigma]}\right)\right](S_y-S_0)$	$\left[d_n-2S_{y1}\left(1-\dfrac{[\sigma]_1}{[\sigma]}\right)\right](S_y-S_0)$	$d_n(S_y-S_0)$

注　对图 12-11（f）、（g）结构形式，当开孔直径 d 与管接头内径 d_n 不同时，d_n 用 d 代替。

有效加强高度按以下选取：

$S_1/d_n\leqslant 0.19$ 时，取 $h=2.5S_1$ 和 $h=2.5S$ 中的较小值；

$S_1/d_n>0.19$ 时，取 $h=\sqrt{(d_n+S_1)\ S_1}$

式中 S——筒体或封头的取用壁厚，mm；

S_1——加强管接头的取用壁厚，mm；

d_n——焊接管接头和管子的内径，mm。

有效加强宽度取：$b=2d_n$，如为椭圆孔，则 d_n 为纵截面上的尺寸。

根据等面积加强原则，筒体或封头上开孔的加强应满足式（12-56）条件

$$A_1+A_2+A_3+A_4\geqslant A \tag{12-56}$$

式中 A——加强所需要面积，mm^2；

A_1——起加强作用的焊缝面积，mm^2；

A_2——起加强作用的管接头面积，mm^2；

A_3——起加强作用的垫板面积，mm^2；

A_4——起加强作用的筒体或封头的面积，mm^2。

且加强所需面积的三分之二应分布在离孔边四分之一孔径范围内。

表 12-13 中的 S_0 及 S_{01} 按式（12-57）、式（12-58）计算

对锅筒筒体
$$S_0=\frac{pD_n}{2[\sigma]-p} \tag{12-57a}$$

对集箱筒体
$$S_0=\frac{p(D_w-2S_y)}{2[\sigma]-p} \tag{12-57b}$$

$$S_{01}=\frac{p(d_w-2S_{y1})}{2[\sigma]_1-p} \tag{12-58}$$

表 12-13 及式（12-57）、式（12-58）中：

S_0——强度未减弱的锅筒筒体和集箱筒体的理论计算壁厚，mm；

S_{01}——加强管接头承受内压力所需要的理论计算壁厚，mm；

S_{y1}——加强管接头的有效壁厚，mm，$S_{y1}=S_1-C$；

S_y——锅筒筒体、集箱筒体的有效厚度，mm；

d_n——加强管接头或管子的内径，mm；

d_w——加强管接头或管子的外径，mm；

e——焊接管接头的焊缝高度，mm；

b——垫板的有效加强宽度，mm；

S_2——垫板的厚度，mm；

$[\sigma]$——筒体材料的许用应力，MPa；

$[\sigma]_1$——管接头材料的许用应力，MPa；

$[\sigma]_2$——垫板材料的许用应力，MPa。

当加强元件钢材的许用应力大于被加强元件钢材的许用应力时，则按被加强元件钢材的许用应力计算。

三、孔桥的加强计算

孔桥的加强通常是利用管接头对孔桥减弱系数较小的孔桥进行加强，以提高孔桥减弱系数，使其等于或大于筒体允许最小减弱系数 $[\varphi]$，从而确定最大允许当量直径 $[d]_d$。

孔桥加强计算的原则仍是等面积加强，所不同的是需要加强的面积不是开孔在未削弱筒体上

所占有的面积 S_0d_n，而是加强至对应于整个筒体允许最小的减弱系数 $[\varphi]$ 的当量直径 $[d]_d$。

GB/T 9222—2008 规定锅筒筒体和集箱筒体上纵向、横向、斜向孔桥用管接头加强时，首先必须采用整体焊接结构，其次允许的最小孔桥减弱系数

$$[\varphi]<\frac{4}{3}\varphi_w \tag{12-59}$$

式中　φ_w——被加强孔桥在未加强前按孔径计算的纵向、两倍横向或斜向当量减弱系数。

根据 $[\varphi]$ 值，可求得最大允许当量直径 $[d]_d$：

对于纵向孔桥　$$[d]_d=(1-[\varphi])\,t \tag{12-60}$$

对于横向孔桥　$$[d]_d=\left(1-\frac{[\varphi]}{2}\right)t' \tag{12-61}$$

对于斜向孔桥　$$[d]_d=\left(1-\frac{[\varphi]}{K}\right)t'' \tag{12-62}$$

式中　t、t'、t''——分别为纵向、横向、斜向相邻两孔节距，mm；

K——斜向孔桥换算系数。

用于加强孔桥的管接头（图 12-13）应符合式（12-63a）或式（12-63b）的条件：

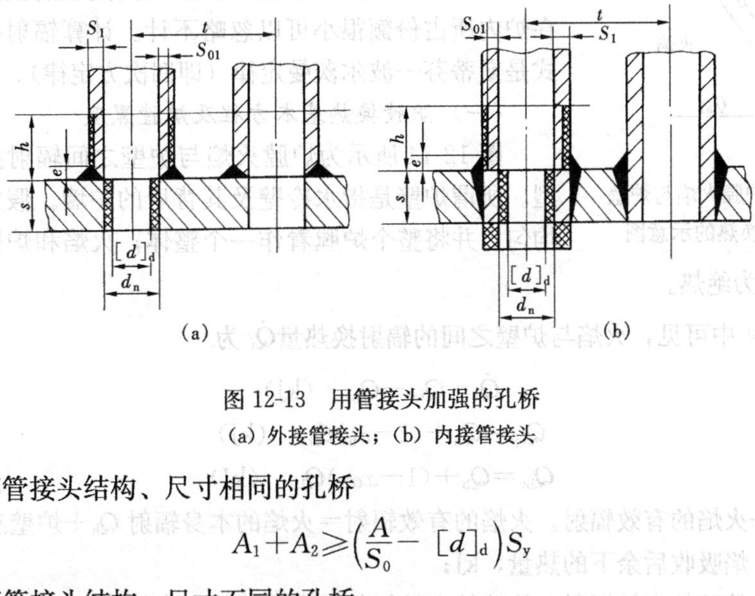

图 12-13　用管接头加强的孔桥

（a）外接管接头；（b）内接管接头

对于相邻管接头结构、尺寸相同的孔桥

$$A_1+A_2\geqslant\left(\frac{A}{S_0}-[d]_d\right)S_y \tag{12-63a}$$

对于相邻管接头结构，尺寸不同的孔桥

$$A'_1+A'_2+A''_1+A''_2\geqslant\left(\frac{A'+A''}{S_0}-2[d]_d\right)S_y \tag{12-63b}$$

式中　A、A_1、A_2——面积，mm^2，按表 12-13 中的公式计算；

S_y——筒体有效壁厚，mm，$S_y=S-C$；

A'、A'_1、A'_2 和 A''、A''_1、A''_2——面积，mm^2，按表 12-13 中计算 A、A_1、A_2 的公式计算。

第五节　锅炉本体的热力计算

一、锅炉热力计算基本内容

锅炉热力计算就是锅炉各级受热面的传热量计算或受热面积的计算，内容包括辅助计

算、结构计算、热平衡计算和传热计算。

辅助计算包括燃料燃烧需要的空气量，燃烧产生的烟气量、烟气与空气的焓值，锅炉热平衡与燃料消耗量等。结构计算包括各级受热面的面积计算，介质通流截面的计算，以及有关传热的结构特性计算。热平衡计算和传热计算确定各级受热面的传热量或需要的面积。

锅炉热力计算按照计算的目的可分为设计热力计算和校核热力计算。设计热力计算是在给定的热力参数、受热面布置及其结构特性、燃料性质下确定各级受热面的受热面积及锅炉燃料消耗量等。校核热力计算是在已知锅炉结构、受热面积以及燃料性质等情况下，确定各级受热面的吸热量、受热面进出口工质温度与烟气温度及锅炉燃料消耗量等。实践证明，校核热力计算较为方便。

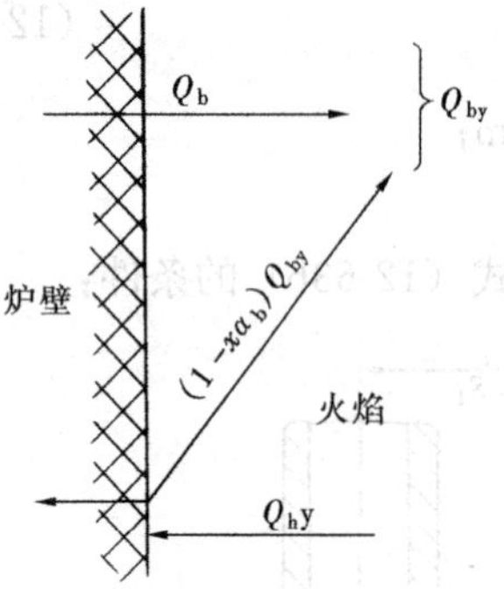

图 12-14 炉膛火焰与炉壁之间辐射换热的示意图

锅炉热力计算是受热面设计、改造、热力工况分析、空气动力计算、通风设备配置等的前提和基础，本节主要阐述炉膛和对流受热面热力计算的方法和步骤。

二、炉膛热力计算

炉膛热力计算方法基于炉膛主要是辐射换热，对流换热在炉内所占份额很小可以忽略不计。计算辐射换热的基本公式是斯蒂芬—波尔茨曼定律（即四次方定律）。

（一）炉膛换热基本方程及炉膛黑度

图 12-14 所示为炉膛火焰与炉壁之间辐射换热的简化模型。所谓炉壁是指水冷壁及其背后的炉墙。假定水冷壁分布均匀，并将整个炉膛看作一个整体；火焰和炉壁是物性均匀的灰体；炉墙为绝热。

从图 12-14 中可见，火焰与炉壁之间的辐射换热量$\dot{Q}_f$ 为

$$\dot{Q}_f = Q_{hy} - Q_{by} \quad (kJ) \tag{12-64}$$

$$Q_{hy} = Q_h + (1-\alpha_h)Q_{by} \quad (kJ) \tag{12-65}$$

$$Q_{by} = Q_b + (1-x\alpha_b)Q_{hy} \quad (kJ) \tag{12-66}$$

式中 Q_{hy}——火焰的有效辐射，火焰的有效辐射＝火焰的本身辐射 Q_h＋炉壁有效辐射被火焰吸收后余下的热量，kJ；

Q_{by}——炉壁的有效辐射，炉壁的有效辐射＝水冷壁的本身辐射 Q_b＋来自火焰又被水冷壁反射回的热量，kJ。

将（12-65）、式（12-66）两式代入式（12-64）可得

$$\dot{Q}_f = \frac{x\alpha_b Q_h - \alpha_h Q_b}{1-(1-\alpha_h)(1-x\alpha_b)} \quad (kJ) \tag{12-67}$$

水冷壁本身辐射 $$Q_b = \sigma_0 \alpha_b A_f T_b^4 = \sigma_0 \alpha_b x A_{bz} T_b^4 \quad (kJ) \tag{12-68}$$

火焰的本身辐射 $$Q_h = \sigma_0 \alpha_h A_{bz} T_h^4 \quad (kJ) \tag{12-69}$$

将式（12-68）和式（12-69）带入式（12-67）可得

$$\dot{Q}_f = \frac{\sigma_0 A_{bz}(T_h^4 - T_b^4)}{1/(x\alpha_b) + 1/\alpha_b - 1} = \frac{\sigma_0 A_f (T_h^4 - T_b^4)}{1/\alpha_b + x(1/\alpha_h - 1)} \quad (kJ) \tag{12-70}$$

令
$$\alpha_1=\frac{1}{1/\alpha_b+x\ (1/\alpha_h-1)} \tag{12-71}$$
则
$$\dot{Q}_f=\sigma_0\alpha_1 A_f\ (T_h^4-T_b^4) \tag{12-72}$$
以上各式中　α_h、α_1、α_b——分别为火焰黑度、炉膛的系统黑度和水冷壁的表面黑度，α_b 可取为 0.8；

x——炉膛平均有效角系数，也是炉膛水冷程度（$x=A_f/A_{bz}$）；

A_f——炉膛有效辐射受热面积，m^2；

A_{bz}——炉膛周界面积，对层燃炉，为除火床以外的炉膛周界面积之和，m^2；

σ_0——黑体辐射常数，$\sigma_0=5.67\times10^{-11}kW/(m^2\cdot K^4)$；

T_b、T_h——水冷壁表面温度和火焰的平均温度，K。

式（12-72）是炉膛传热计算的基本公式，又称四次方温差公式。该公式建立在火焰与炉壁之间辐射换热的简化模型上，所以它表示的炉膛系统黑度仅适用于室燃炉。

对于层燃炉，不仅有火焰的本身辐射，灼热的火床表面也向水冷壁受热面辐射热量。只是火床的辐射流在穿越炉膛空间时，会部分被火焰吸收，余下的才会投射到水冷壁受热面上。假定火床是黑体，其温度等于火焰平均温度。这样，火焰的本身辐射就包括火焰及火床两部分的辐射，即
$$Q'_h=\alpha_h\sigma_0 A_{bz}T_h^4+\ (1-\alpha_h)\ \sigma_0 RT_h^4=\sigma_0 A_{bz}T_h^4\ [\alpha_h+\ (1-\alpha_h)\ R/A_{bz}]\quad (kJ) \tag{12-73}$$
与原来的简化模型中火焰的本身辐射（$Q_h=\sigma_0\alpha_h A_{bz}T_h^4$）相比较，如果将简化模型中的 α_h 用 $\alpha_h+\ (1-\alpha_h)\ R/A_{bz}$代替，即可反映层燃炉炉膛辐射的特点。

将式（12-71）炉膛系统黑度中的 α_h 用 $\alpha_h+\ (1-\alpha_h)\ R/A_{bz}$代替，并令 $\rho=R/A_{bz}$，则层燃炉的炉膛系统黑度 α_1 就可写成
$$\alpha_1=\frac{1}{\dfrac{1}{\alpha_b}+x\dfrac{(1-\alpha_h)\ (1-\rho)}{1-\ (1-\alpha_h)\ (1-\rho)}} \tag{12-74}$$

从式（12-74）可见，层燃炉$\dot{Q}_f$ 与 A_f、T_b、α_1、T_h 有关，而系统黑度 α_1 与 α_h、α_b、x、ρ 有关。所以欲计算$\dot{Q}_f$ 必先确定相关参数值。由于火焰成分和浓度沿其行程是有变化的，并且随燃料种类、燃烧方法和燃烧工况的不同而各异，因而在炉膛换热计算中，只能以平均的火焰黑度为准，并以炉膛出口处的烟温和成分作为计算依据。

（二）炉膛几何结构计算

炉膛几何结构计算包括炉膛容积，炉膛周界面积、有效辐射面积等的计算。

1. 炉膛容积

层燃炉炉膛容积 V_1 是指炉子火床表面至炉膛出口烟窗之间的容积。炉膛容积的周界：底部为火床表面；四周及顶部为水冷壁中心线所在的表面，若水冷壁覆盖有耐火涂料层或耐火砖，则周界为涂层或火砖的向火表面，在未布置水冷壁的炉墙处，则为墙的内表面；炉膛出口截面为出口烟窗第一排水管中心线的所在平面。

在计算火床表面时，炉排上的燃料层厚度一般取为 150mm；有挡渣器的链条炉排，火床长度计算到挡渣器与炉排接触点的垂直平面为止；对未装挡渣器的炉排，计算到炉排末端的垂直平面处。

2. 炉膛周界总面积

炉膛周界总面积 A_l 是指包围炉膛容积的所有周界封闭面积的总和，它包含火床面积 R、全部水冷壁面积、炉墙面积和出口烟窗面积，即 $A_l=R+A_{bz}$（m^2）。

对于靠墙敷设的水冷壁，其所占的面积为水冷壁管中心线所在的面积，它等于水冷壁边界管中心线的间距 b 和水冷壁管受热长度 l 的乘积，即 $A=bl$（m^2）。

如炉膛内布置有双面水冷壁时，其所占面积也是炉膛周界面的组成部分，应作为炉膛面积计算，它按双面水冷壁所在面积的两倍计算，即 $A=2bl$（m^2）。

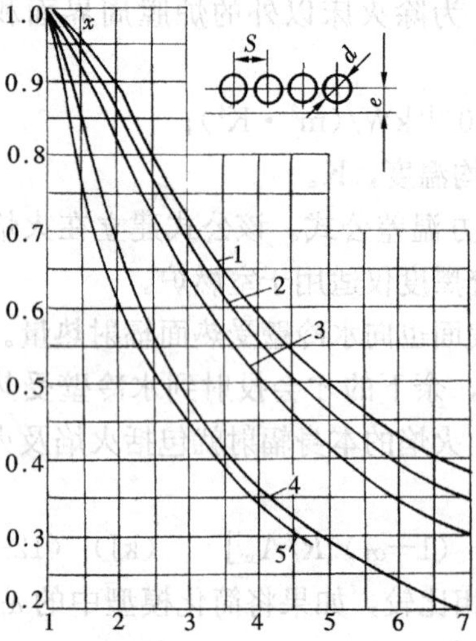

图 12-15 单排光管水冷壁的有效角系数

曲线 1～曲线 4 考虑炉墙辐射，其中 1—$e/d\geqslant1.4$；2—$e/d=0.8$；3—$e/d=0.5$；4—$e/d=0$；5—不考虑炉墙辐射，$e/d\geqslant0.5$

3. 有效辐射受热面积 A_f

炉膛内辐射换热虽由水冷壁完成，但水冷壁的辐射受热面积并不等于水冷壁的表面积，二者存在如下关系

$$A_{fi}=x_iA_{bi} \tag{12-75}$$

式中 A_{fi}——某一区段的有效辐射受热面积，m^2；

A_{bi}、x_i——某一区段的炉壁面积（m^2）和其相应的角系数；

炉膛有效辐射受热面总面积为

$$A_f=\sum A_{fi}=\sum x_iA_{bi} \quad (m^2) \tag{12-76}$$

角系数是一个几何量，它表示离开某个表面（如火焰表面）的辐射能够落到（投影到）另一个表面（如水冷壁受热面）上的份额。x 的数值与管子的相对节距 S/d 及管子中心线离开炉墙的相对距离 e/d 有关（见图 12-15）。在一定的 e/d 下，增加 S/d，火焰落到水冷壁管上的份额减少，即 x 值下降；在一定的 S/d 下，增加 e/d，则被炉墙反射后落到水冷壁管子上的辐射热量也增加，即增大了有效角系数；但当 $e/d\geqslant1.4$ 后，被炉墙反射后落到水冷壁管上的辐射份额不再变化。

此外，增大 S 将使炉墙上布置的管子数目减少，炉膛辐射受热面积减少，炉墙内表面温度增高；减小 S 会使单位受热面积的吸热量减少，金属利用率降低，而炉墙结构可减薄。e 的距离过大会失去水冷壁保护炉墙的作用。

对层燃炉通常水冷壁的 $S/d=2.5$，$e/d=0.5$～1.5，管径一般为 51～60mm。对于快装锅炉，为了减轻炉墙重量，常采用鳍片管或密布光管。

对膜式水冷壁（$S/d=1$），火焰辐射热量全部落到水冷壁上，$x=1$；对炉膛出口烟窗而言，可取 $x=1$，这是因为炉膛火焰投射在出口烟窗上的辐射热，陆续通过烟窗后各排管子，不再有反射，全部被吸收。

对炉膛出口处布置的管排而言，x 不能认为等于 1，炉膛火焰对炉膛出口处布置的管排的有效角系数为

$$x_{gs}=1-(1-x_1)(1-x_2)(1-x_3)\cdots(1-x_i) \tag{12-77}$$

式中 x_1、x_2、x_3、x_i——分别为第一排、第二排、第三排、第 i 排管的有效角系数，按图 12-15 中的曲线 5 查得。

对于覆盖有卫燃带、炉拱等的水冷壁，若材料为耐火涂层，取 $x=0.3$；若材料为耐火砖，取 $x=0.15$。

对于没有敷设水冷壁的炉墙，取 $x=0$。

整个炉膛的平均有效角系数也称为炉膛水冷程度 x，即

$$x=\frac{A_f}{A_l-R} \tag{12-78}$$

（三）火焰黑度

火焰黑度可由图 12-16 查得或按式（12-79）计算

$$\alpha_h=1-e^{-kp\delta} \tag{12-79}$$

式中　k——炉内介质的辐射减弱系数，$1/(m\cdot MPa)$；

p——炉膛内气体介质的压力，对一般供热锅炉，$p=0.1MPa$；

δ——有效辐射层厚度，m，对炉膛 $\delta=3.6\dfrac{V_l}{A_l}$；

V_l——炉膛容积，m^3；

A_l——炉膛周界总面积，m^2。

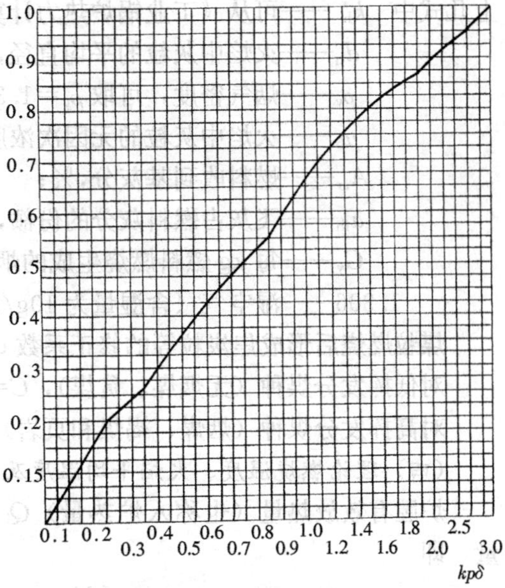

图 12-16　火焰的黑度

炉膛中具有辐射能力的介质有三原子气体、灰粒、焦炭粒、炭黑粒子等。在燃烧固体燃料时，炉内介质的辐射减弱系数 k 由三原子气体的辐射减弱系数 k_q 和固体颗粒（灰粒和焦炭粒）的辐射减弱系数 k_g 组成，即

$$k=k_q+k_g\quad[1/(m\cdot MPa)] \tag{12-80}$$

三原子气体减弱系数 k_q，按式(12-81)计算

$$k_q=\left(\frac{7.8+16r_{H_2O}}{\sqrt{10r_q p\delta}}-0.1\right)\left(1-0.37\frac{T''_l}{1000}\right)r_q\quad[1/(m\cdot MPa)] \tag{12-81}$$

式中　T''_l——炉膛出口烟温，K；

r_q——三原子气体容积份额，为水蒸气和二氧化碳、二氧化硫气体容积份额的总和，即 $r_q=r_{H_2O}+r_{RO_2}$。

式（12-81）可写成

$$k_q=k_q^*\cdot r_q\quad[1/(m\cdot MPa)] \tag{12-82}$$

其中 k_q^* 由《工业锅炉热力计算方法》对应的线算图中查取。

固体颗粒的辐射减弱系数 k_g 由灰粒减弱系数 k_h 和焦炭粒等的修正系数 C 组成，即

$$k_g=k_h+C\quad[1/(m\cdot MPa)] \tag{12-83}$$

灰粒减弱系数按下式计算

$$k_h = k_h^* \mu_h = \frac{43\,000\rho_y}{\sqrt[3]{T''^2_l d_h^2}}\mu_h = \frac{7600\mu_h}{\sqrt[3]{T''^2_l}} \quad [1/(m \cdot MPa)] \tag{12-84}$$

$$\mu_h = \frac{A_{ar} a_{fh}}{100 G_y} \quad (kg灰/kg烟气) \tag{12-85}$$

$$G_y = 1 - \frac{A_{ar}}{100} + 1.306\alpha V_k^0 \quad (kg/kg) \tag{12-86}$$

上几式中　k_h^*——可从《工业锅炉热力计算方法》对应的结算图中查取；

d_h——火焰中灰粒的平均直径，对层燃炉 $d_h=20\mu m$；

ρ_y——烟气密度，可取 $\rho_y=1.3kg/m^3$；

μ_h——火焰中灰粒的无因次浓度，按式（12-85）计算；

A_{ar}——燃料收到基灰分，%；

a_{fh}——飞灰占燃料灰分的份额，对层燃炉 $a_{fh}=0.15\sim0.30$；

G_y——每kg燃料燃烧生成的烟气重量，kg/kg，按式（12-86）计算；

1.306——湿空气（含湿量为10g/kg干空气）在标准状态下的密度，kg/m^3。

煤粒燃烧后形成焦炭粒等的修正系数 C，可根据煤种按以下数据进行选取：

对低挥发分煤种（无烟煤、贫煤），$C=0.3$；

对高挥发分煤种（烟煤、褐煤和页岩），$C=0.15$。

（四）理论燃烧温度、火焰平均温度及水冷壁管外积灰层表面温度

炉膛有效放热量（也称入炉热量）Q_l 是指1kg真正参与燃烧的燃料所带入炉膛的热量，即

$$Q_l = Q_r \frac{100-q_3-q_4-q_6}{100-q_4} + Q_k \quad (kJ/kg) \tag{12-87}$$

式中　Q_r——每kg燃料带入炉膛的热量，在燃烧过程中由于有热损失，所以燃烧后的有效放热量为 $Q_r \frac{100-q_3-q_4-q_6}{100}$，折算到每kg计算燃料时，燃料在炉膛内有效放热量为 $Q_r \frac{100-q_3-q_4-q_6}{100-q_4}$；

Q_k——燃烧需要的空气带进炉膛的热量。

当燃料燃烧不用预热空气时

$$Q_k = \alpha''_l V_k^0 (ct)_{lk} \quad (kJ/kg) \tag{12-88}$$

当锅炉装有空气预热器向炉内送热空气时

$$Q_k = (\alpha''_l - \Delta\alpha_l) V_k^0 (ct)_{rk} + \Delta\alpha_l V_k^0 (ct)_{lk} \quad (kJ/kg) \tag{12-89}$$

根据炉膛有效放热量 Q_l 可求出炉膛理论燃烧温度。所谓理论燃烧温度，是假定在绝热情况下将 Q_l 作为烟气的理论焓而得到的烟气理论温度 t_{ll}，由

$$Q_l = V_y c_{pj} t_{ll} \quad (kJ/kg) \tag{12-90}$$

得

$$t_{ll} = \frac{Q_l}{V_y c_{pj}} \quad (℃) \tag{12-91a}$$

或

$$T_{ll} = t_{ll} + 273 \quad (K) \tag{12-91b}$$

式中　V_y——在 α''_l 情况下每kg燃料燃烧后的烟气容积，m^3/kg；

c_{pj}——烟气从 0℃到 t_{ll} 温度范围内的平均容积比热，kJ/(m³·℃)。

炉膛换热计算中，火焰平均温度 T_h 按卜略克—肖林公式计算，即

$$T_h^4 = T_{ll}^{4(1-n)} T_1''^{4n} \quad (K) \tag{12-92}$$

式（12-92）中指数 n 反映燃烧工况对炉膛内火焰温度场的影响，由大量实验数据归纳后得出，对于层燃炉，取 $n=0.7$。

水冷壁管外积灰层表面温度 T_b，可按式（12-93）计算

$$T_b = \varepsilon q_f + T_{gb} \quad (K) \tag{12-93}$$

式中　T_{gb}——水冷壁管金属壁温，因壁厚较薄，金属导热系数大，可视为管内工作压力下介质的饱和温度，K；

ε——管外积灰层热阻，它决定于燃烧性质和炉内燃烧工况，一般可取 $\varepsilon=2.6$ (m²K/kW)；

q_f——水冷壁受热面辐射热流密度，$q_f = B'_j Q_f / A_f$，kW/m²；

B'_j——每秒计算燃料消耗量，kg/s。

（五）炉膛出口烟气温度

在进行炉膛热力计算时，炉膛出口烟气温度 t''_1（℃）或 T''_1（K）的选择是一个重要问题。所谓炉膛出口烟温一般是指防渣管前，进对流管束时的烟气温度。当防渣管的排列很稀 $S_1<4d$ 时，可把防渣管后的烟气温度作为炉膛出口烟气温度，但此时应把拉稀的防渣管受热面计入炉内辐射受热面。

炉膛出口烟气温度是燃烧产物经过炉内换热后的结果。炉膛出口烟温的大小，决定着锅炉辐射受热面及对流受热面吸热量的比例关系。辐射换热量与烟温的四次方成正比，处于烟气高温区段的炉膛辐射受热面，其热负荷比对流受热面高得多。当吸收同等热量时，辐射受热面需要的受热面积及金属耗量就比对流受热面少。同时如果炉内的辐射受热面布置的太少，炉膛出口烟气温度将升高，当燃用固体燃料时，由于烟气中夹带着熔融状态的灰粒，还会造成炉子出口处的对流受热面产生结渣，使气流不畅甚至堵塞烟道，影响锅炉的正常工作。反之，如果炉内的辐射受热面布置的太多，不仅炉膛出口烟气温度将降低，相应的炉温也会降低，从而影响燃烧的顺利进行和换热强度，节省金属的优越性也不能充分体现。因此，必定存在一个最经济的炉膛出口烟气温度，此时总的受热面金属耗量为最少。燃用固体燃料时，炉膛出口烟气温度的高限应比灰分的软化温度 ST 低 100℃左右，一般为 1100～1150℃。低限则要保证炉内充分燃烧，一般应大于 800～900℃；对于液体和气体燃料，根据有关资料，推荐 t''_1=1200～1400℃。对燃用重油的锅炉，因会出现对流过热器管的结渣及高温腐蚀问题，一般 t''_1 取用推荐值的低限。对气体燃料，因其燃烧产物的发光性差，辐射较弱，故应充分发挥其对流换热作用，且在提高对流受热面中的烟速时也不受磨损的制约，所以炉子的出口烟温可取得较高，但当布置对流过热器时，需考虑过热器的管壁温度在材料强度允许的范围内。

（六）炉膛换热计算

前已述及，炉膛换热的基本方程是辐射换热四次方温差公式，对每 kg 计算燃料而言，则式（12-72）可写成

$$Q_f = \frac{\dot{Q}_f}{B'_j} = \frac{\sigma_0 \alpha_l A_f}{B'_j}(T_h^4 - T_b^4)\,(\mathrm{kJ/kg}) \tag{12-94}$$

或
$$q_f=\frac{\dot{Q}_f}{A_f}=\sigma_0\alpha_1(T_h^4-T_b^4)\quad(\mathrm{kW/m^2})\tag{12-95a}$$

变形为
$$q_f=\frac{\sigma_0 T_h^4}{\frac{1}{\alpha_1}+\frac{\sigma_0}{q_f}T_b^4}\quad(\mathrm{kW/m^2})\tag{12-95b}$$

令
$$m=\frac{\sigma_0}{q_f}T_b^4=\frac{\sigma_0}{q_f}(\varepsilon q_f+T_{gb})^4$$

得
$$q_f=\frac{\sigma_0 T_h^4}{1/\alpha_1+m}\quad(\mathrm{kW/m^2})\tag{12-95c}$$

从炉膛烟气侧热平衡也可得出炉膛辐射换热量

$$Q_f=\varphi V_y c_{pj}(T_{ll}-T''_1)=\varphi V_c(T_{ll}-T''_1)=\varphi(Q_1-h''_1)\quad(\mathrm{kJ/kg})\tag{12-96}$$

或
$$q_f=\frac{B'_j Q_f}{A_f}=\frac{B'_j\varphi V_c}{A_f}(T_{ll}-T''_1)\quad(\mathrm{kW/m^2})\tag{12-97}$$

$$V_c=V_y c_{pj}=\frac{Q_1-h''_1}{T_{ll}-T''_1}\quad[\mathrm{kJ/(kg\cdot K)}]\tag{12-98}$$

$$\varphi=1-\frac{Q_5}{\eta+Q_5}$$

上式中　φ——保热系数，即工质吸收的热量与烟气放出的热量之比；

h''_1——炉膛出口烟气焓，kJ/kg；

$V_y c_{pj}$——在 T_{ll} 和 T''_1 的温度区间内，每 kg 燃料所产生烟气的平均热容量，kJ/(kg·K)。

将式(12-95c)与式(12-97)结合，得

$$\frac{B'_j\varphi V_c}{A_f}(T_{ll}-T''_1)=\frac{\sigma_0 T_h^4}{1/\alpha_1+m}\tag{12-99}$$

令上式中 $B_0=\frac{\varphi B'_j V_c}{\sigma_0 A_f T_{ll}^3}$——波尔茨曼准则；$\theta_h=\frac{T_h}{T_{ll}}$——火焰无因次温度；$\theta''_1=\frac{T''_1}{T_{ll}}$——炉膛出口无因次温度。则式（12-99）可写成炉膛换热无因次方程式

$$B_0\left(\frac{1}{\alpha_1}+m\right)=\frac{\theta_h^4}{1-\theta''_1}=\frac{\theta_1''^{4n}}{1-\theta''_1}\tag{12-100}$$

式中 m 值主要考虑 T_b 的影响，根据层燃炉炉膛中辐射热流密度 q_f 的范围以及对不同压力参数供热锅炉所作的计算，说明 q_f 对 m 的影响不大，而 T_{gb} 的影响较大。为便于计算，对不同工作压力锅炉由表 12-14 取相应的 m 值。

表 12-14　　m 值

锅炉工作压力（表压）(MPa)	0.7	1.0	1.3	1.6	2.5
m 值	0.13	0.14	0.15	0.16	0.18

为计算方便，将式（12-100）制成线算图（图 12-17），在求得 B_0（$1/\alpha_1+m$）值后，直接查出炉膛出口烟温无因次数。

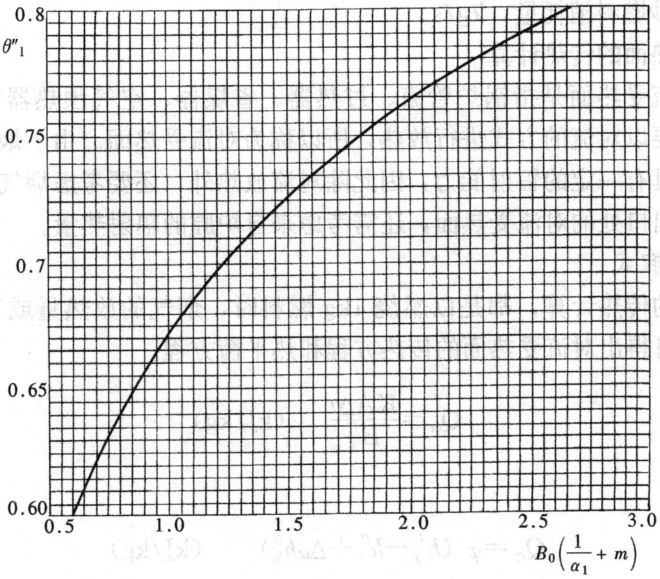

图 12-17 炉膛传热计算

（七）炉膛换热计算步骤

（1）根据已有锅炉的图纸（校核计算）或根据预先拟定的炉膛布置草图（设计计算）确定炉膛几何特性：计算炉膛各面炉墙面积 A_{bi}，炉膛周界总面积 A_1 和炉膛容积 V_1。确定水冷壁的几何特性并计算炉膛有效辐射受热面总面积 A_f、炉排面积 R、炉膛水冷程度 x 以及炉膛有效辐射层厚度 δ。

（2）计算炉内有效放热量 Q_1，在选定炉子出口过量空气系数 α''_1 的情况下，由焓温表求得理论燃烧温度 t_{ll}。

（3）先假定一个炉膛出口烟气温度 t''_1，在焓温表中求得相应的 h''_1，从而可计算烟气的平均热容量 $V_y c_{pj}$。

（4）计算炉膛火焰黑度 α_h、炉膛系统黑度 α_1 和波尔茨曼准则 B_0。

（5）选取 m 值，计算 B_0（$1/\alpha_1+m$）值后由线算图 12-17 中查取 θ''_1。

（6）所得炉膛出口烟气温度 t''_1 应与所假定的炉膛出口烟气温度基本相近，其相差值不应大于 100℃，否则重新假定 t''_1 后再次计算，直至差值小于 100℃为止，最后以计算所得的 t''_1 为准。

（7）计算炉膛辐射受热面平均热流密度

$$q_f=\frac{B'_j Q_f}{A_f} \quad (\mathrm{kW/m^2}) \tag{12-101}$$

（8）计算炉膛容积热强度、炉排热强度

$$q_V=\frac{B' Q_{ar,net}}{V_1} \quad (\mathrm{kW/m^3}) \tag{12-102}$$

$$q_R=\frac{B' Q_{ar,net}}{R} \quad (\mathrm{kW/m^2}) \tag{12-103}$$

式中 B'——每秒燃料消耗量，kg/s。

三、对流受热面的传热计算

锅炉中的对流受热面是指锅炉管束、过热器、省煤器、空气预热器等。在这些受热面中，高温烟气主要以对流的方式进行放热，所以称为对流受热面。由于烟气中含有三原子气体及飞灰，它们具有一定的辐射能力，因此除对流放热外，还要考虑烟气的辐射放热。此外对于布置在炉膛出口处的对流受热面，还需考虑来自炉膛的辐射热量。

（一）基本方程式

对流受热面的传热计算，都是以燃烧 1kg 燃料时，烟气的放热量或工质的吸热量为计算基础的。由此可得出对流受热面的传热方程和热平衡方程。

传热方程式

$$Q_{cr}=\frac{KA\Delta t}{B'_j}\quad (kJ/kg) \tag{12-104a}$$

热平衡方程式

烟气侧

$$Q_{rp}=\varphi\ (h'_y-h''_y+\Delta\alpha h^0_k)\quad (kJ/kg) \tag{12-104b}$$

工质侧

$$Q_{rp}=\frac{D'\ (h''-h')}{B'_j}-Q_f\quad (kJ/kg) \tag{12-104c}$$

式中 Q_{rp}——在某一对流受热面中，每 kg 计算燃料产生的烟气放给受热面的热量，在稳定传热情况下，它等于工质的吸热量也就是经过受热面的传热量 Q_{cr}，kJ/kg；

K——在某一对流受热面中，由管外烟气至管内工质的传热系数，kW/(m² · K)；

A——某一对流受热面的计算传热面积，m²；

Δt——平均温差，℃；

B'_j——每秒计算燃料消耗量，kg/s；

φ——保热系数；

h'_y和h''_y——烟气进入和离开此受热面时的焓，kJ/kg；

h'和h''——工质在受热面进口和出口处的焓，kJ/kg；

D'——每秒工质的流量，kg/s；

Q_f——工质所吸收来自炉膛的辐射热量，kJ/kg。

式（12-104a、b、c）是对流受热面计算的基本方程式，在已知对流受热面传热面积的情况下，需要确定烟气经放热后的焓 h''_y及相应的温度 t''_y，即计算的关键在于确定传热系数 K。

对炉膛出口烟窗后的对流受热面，接受来自炉膛的辐射热 Q'_f 可按式（12-105）计算

$$Q'_f=\frac{\eta_{ch}q_fA_{ch}x_{gs}}{B'_j}\quad (kJ/kg) \tag{12-105}$$

式中 q_f——炉膛辐射受热面的平均热流密度，kW/m²；

η_{ch}——烟窗部位的热流密度分布不均匀系数，如烟窗设在整片炉墙的上部，$\eta_{ch}=0.6$，如烟窗设在炉墙的一侧，且沿整片炉墙高度上，$\eta_{ch}=0.8$；

A_{ch}——烟窗面积，m²；

x_{gs}——管束的有效角系数。

（二）传热系数

锅炉对流受热面的传热系数可用式(12-106a)表示

$$K=\frac{1}{\frac{1}{\alpha_{1h}}+\frac{\delta_h}{\lambda_h}+\frac{\delta_b}{\lambda_b}+\frac{\delta_{sg}}{\lambda_{sg}}+\frac{1}{\alpha_{2sg}}}\quad [kW/(m^2\cdot K)] \tag{12-106a}$$

式中　α_{1h}——烟气对有积灰层管壁的放热系数，$kW/(m^2\cdot K)$；

$\frac{\delta_h}{\lambda_h}$——积灰层的热阻，$m^2\cdot K/kW$；

$\frac{\delta_b}{\lambda_b}$——金属管壁的热阻，在传热计算中往往可忽略不计；

$\frac{\delta_{sg}}{\lambda_{sg}}$——管壁内表面水垢层的热阻，在锅炉正常工作时，不允许有较厚的水垢存在，因此在传热计算中可不计算；

α_{2sg}——水垢层对内部工质的放热系数，由于锅炉正常运行不允许有较厚水垢层，因此，可采用干净管壁对工质的放热系数 α_2 来代替 α_{2sg}。

则式(12-106a)可简化为

$$K=\frac{1}{\frac{1}{\alpha_{1h}}+\frac{\delta_h}{\lambda_h}+\frac{1}{\alpha_2}}\quad [kW/(m^2\cdot K)] \tag{12-106b}$$

由于烟气对积灰层的放热热阻$\frac{1}{\alpha_{1h}}$以及积灰层的热阻$\frac{\delta_h}{\lambda_h}$都很难单独测定，因此计算时用灰污系数 ε 代替，ε 在数值上表示管壁积灰后所引起热阻的增加，即 $\varepsilon=\frac{1}{K}-\frac{1}{K_0}$。其中$\frac{1}{K}=\frac{1}{\alpha_{1h}}+\frac{\delta_h}{\lambda_h}+\frac{1}{\alpha_2}$表示有积灰时的传热热阻；$\frac{1}{K_0}=\frac{1}{\alpha_1}+\frac{1}{\alpha_2}$表示无积灰时的传热热阻（$\alpha_1$ 是无积灰时烟气对管壁的放热系数）。所以 $\varepsilon=\frac{1}{K}-\frac{1}{K_0}=\frac{1}{\alpha_{1h}}+\frac{\delta_h}{\lambda_h}-\frac{1}{\alpha_1}$或$\frac{1}{\alpha_1}+\varepsilon=\frac{1}{\alpha_{1h}}+\frac{\delta_h}{\lambda_h}$。把这个关系代入式(12-106b)可得

$$K=\frac{1}{\frac{1}{\alpha_1}+\varepsilon+\frac{1}{\alpha_2}}\quad [kW/(m^2\cdot K)] \tag{12-106c}$$

如近似地认为 $\alpha_{1h}\approx\alpha_1$，则 $\varepsilon\approx\delta_h/\lambda_h$，式（12-106c）可写成

$$K\approx\frac{1}{\frac{1}{\alpha_1}+\frac{\delta_h}{\lambda_h}+\frac{1}{\alpha_2}} \tag{12-106d}$$

灰污系数的影响因素很多，除与烟气流速有关外，还与管束结构的特性、燃料种类、运行工况等有关。它无法用简单的数学公式来描绘，所以暂且用工业试验加以确定并逐步完善。

（三）有效系数

既然灰污系数的确定要依靠大量试验，使用起来不方便，从而引入有效系数 ψ

$$\psi=K/K_0 \tag{12-107a}$$

或
$$K=\psi K_0=\frac{\psi}{1/\alpha_1+1/\alpha_2}\quad [\mathrm{kW/(m^2 \cdot K)}] \tag{12-107b}$$

比较式（12-106a）与式（12-107b），就可得出灰污系数与有效系数之间的关系为

$$\psi=\frac{1}{1+\varepsilon k_0} \tag{12-108a}$$

或
$$\psi\approx\frac{1+\alpha_1/\alpha_2}{1+\frac{\alpha_1}{\alpha_2}+\frac{\delta_h}{\lambda_h}\alpha_1} \tag{12-108b}$$

有效系数 ψ 的数值可按不同受热面分别取用：

对蒸汽过热器，$\psi=0.6\sim0.7$；对锅炉管束及钢管省煤器，$\psi=0.55\sim0.65$；对管束空气过热器，$\psi=0.75\sim0.80$。对积灰少、冲刷条件好的情况下，ψ 值可取上限；对中间有管板的管式空预器，ψ 值取下限。

烟气对洁净管壁的放热系数 α_1 可写成

$$\alpha_1=\alpha_d+\alpha_f \tag{12-109}$$

式中 α_d——烟气对管壁的对流放热系数，$\mathrm{kW/(m^2 \cdot K)}$；

α_f——烟气对管壁的辐射放热系数，$\mathrm{kW/(m^2 \cdot K)}$。

对于锅炉对流管束和省煤器，由于 α_2 值很高($\alpha_2\gg\alpha_1$)，传热系数可写成

$$K=\psi\alpha_1=\psi(\alpha_d+\alpha_f)\quad [\mathrm{kW/(m^2 \cdot K)}] \tag{12-110}$$

对于受到来自炉膛辐射的对流受热面如防渣管、对流管束，传热系数可写成：

$$K=\frac{\psi\alpha_1}{1+\frac{Q'_f}{Q_d}(1-\psi)}\quad [\mathrm{kW/(m^2 \cdot K)}] \tag{12-111}$$

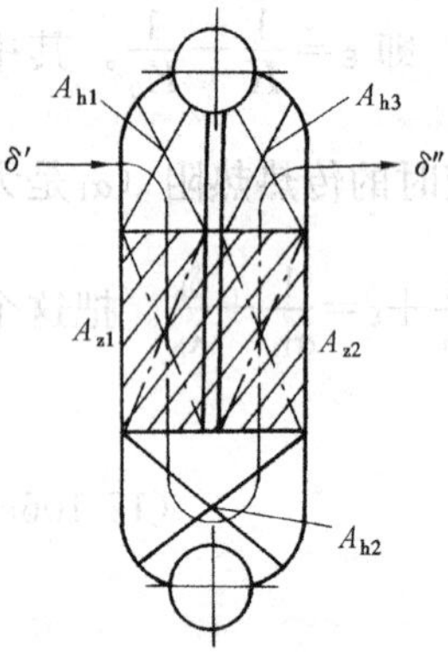

图 12-18 横向—纵向混合冲刷管束示意图

对被烟气混合冲刷的锅炉管束如图 12-18 所示。计算传热系数时可按以下原则：①烟气流量和烟气温度，可取整个管束的平均值，以简化计算；②烟气速度对放热影响较大，而且不同冲刷时速度变化也较大，因此速度应按横向冲刷部分和纵向冲刷部分分别计算。按不同的速度和平均温度，借助于相应的公式和线算图，分别先求出各部分受热面的放热系数，然后计算它们各自的传热系数，再按式（12-111）得到整个管束的平均传热系数

$$K_{av}=\frac{K_hA_h+K_zA_z}{A_h+A_z}\quad [\mathrm{kW/(m^2 \cdot K)}] \tag{12-112}$$

式中 K_h 和 K_z——分别为横向和纵向冲刷部分的传热系数，$\mathrm{kW/(m^2 \cdot K)}$；

A_h、A_z——分别为横向和纵向冲刷部分的受热面积，$\mathrm{m^2}$。

空气预热器一般布置在烟温较低的烟道内，可不考虑烟气的辐射影响，其传热系数可写成

$$K=\frac{\psi\alpha_d\alpha_2}{\alpha_d+\alpha_2}\quad [\mathrm{kW/(m^2 \cdot K)}] \tag{12-113}$$

第六节　传热温压和平均流速的确定

一、传热温压

在对流传热过程中，吸热介质和放热介质的温度沿着受热面不断变化，两种介质的温度差也随之变化。为简化计算，在对流受热面传热计算中，是采用计算段受热面的传热温压来计算受热面总的传热量。传热温压即参与热交换的两种介质在计算段受热面中的平均温差。传热温压的大小与两种介质相互间流动方向有关。但当受热面一侧的工质温度保持不变时（如防渣管及锅炉管束），则平均温差和相对流向无关。

1. 纯流动方式的温压计算

纯顺流或纯逆流方式的温压可按对数平均温差计算

$$\Delta t=\frac{\Delta t_{\max}-\Delta t_{\min}}{\ln\frac{\Delta t_{\max}}{\Delta t_{\min}}}\quad (℃) \tag{12-114}$$

式中　$\Delta t_{\max}$、$\Delta t_{\min}$——受热面进、出口处两种介质温差的最大值和最小值，℃。

当 $\Delta t_{\max}/\Delta t_{\min}\leqslant 1.7$ 时，可采用算术平均温差来计算

$$\Delta t=0.5\ (\Delta t_{\max}+\Delta t_{\min})=t_y-t\quad (℃) \tag{12-115}$$

式中　t_y、t——两种介质各自的进、出口温度的算术平均值，℃。

$$t_y=0.5\ (t'_y+t''_y),\ t=0.5\ (t'+t'')$$

2. 混合流动温压计算

在冷热两种介质进、出口温度相同的条件下，逆流的平均温差最大，顺流的平均温差最小。在实际的对流受热面布置中，往往不是纯逆流或纯顺流，通常采用的是混合流动系统（如串联混合流、平行混合流、交叉混合流），其平均温差介于逆流与顺流两者之间。各种混合流动系统的平均温差为

$$\Delta t=\psi_t\Delta t_{nl}\quad (℃) \tag{12-116}$$

式中　Δt_{nl}——把计算系统看作逆流时的平均温差，℃；

ψ_t——考虑到系统不是逆流的温差修正系数。

对于任何系统，如符合式（12-117）的条件

$$\Delta t_{sl}\geqslant 0.92\Delta t_{nl}\quad (℃) \tag{12-117}$$

则可用式（12-118）计算平均温差

$$\Delta t=0.5\ (\Delta t_{nl}+\Delta t_{sl})\quad (℃) \tag{12-118}$$

式中　Δt_{sl}——把系统作顺流时的平均温差，℃。

如不符合式（12-117）的条件，则须根据具体的流动系统来确定 ψ_t 值，确定方法见《工业锅炉热力计算方法》，然后用式（12-116）计算平均温差。

二、平均流速

确定对流放热系数时，须先按式（12-119）确定烟气或工质的平均流速 v

$$v=\frac{V}{A}\quad (m/s) \tag{12-119}$$

式中　A——通道截面积，m^2；

V——容积流量，m^3/s。

对不同介质，容积流量V按下式计算

烟气 $$V=\frac{B_j'V_y\ (t_y+273)}{273}\quad (m^3/s) \tag{12-120a}$$

蒸汽或水 $$V=D'v_{av}\quad (m^3/s) \tag{12-120b}$$

空气 $$V=\frac{B_j'\beta_k V_k^0\ (t+273)}{273}\quad (m^3/s) \tag{12-120c}$$

上三个式子中 V_y——标准状态下，对1kg燃料，按受热面平均过量空气系数计算所得的烟气容积，m^3/kg；

v_{av}——在平均温度和平均压力下蒸汽或水的比容，m^3/kg；

β_k——通过空气预热器的空气量与理论空气量的比值；

t_y——烟气计算温度，等于被加热介质的平均温度加上传热平均温差值($t_y=t+\Delta t$)，当烟温降≤300℃时，烟气计算温度按$\frac{1}{2}\ (t_y'+t_y'')$求得。

三、管壁积灰层表面的温度

计算辐射放热系数a_f时，必须先确定管壁积灰层表面的温度T_{hb}或t_{hb}，对于过热器可用式(12-121)求得

$$t_{hb}=t+\frac{B_j'\ (Q+Q_f)}{A}\left(\varepsilon+\frac{1}{\alpha_2}\right)\quad (℃) \tag{12-121}$$

式中 t——管内介质的平均温度,℃；

α_2——管壁向蒸汽的放热系数，$[kW/(m^2\cdot K)]$；

Q——燃烧1kg燃料时，其烟气对受热面的放热量，kJ/kg，根据预先假定的终温用热平衡方程计算而求得；

Q_f——受热面从炉膛辐射所得的热量，kJ/kg；

A——受热面面积，m^2；

ε——灰垢系数，$m^2\cdot K/kW$，燃用固体燃料时，蒸汽过热器的灰垢系数$\varepsilon=4.3\ m^2\cdot K/kW$。

对其他受热面的积灰层表面温度可按式(12-122)求得

$$t_{hb}=t+\Delta t_h \tag{12-122}$$

式中 Δt_h——积灰层两侧的温差,℃。对于炉膛出口处的防渣管，$\Delta t_h=80$℃；对于锅炉管束，布置在高温区($t_y>400$℃)的省煤器，$\Delta t_h=60$℃；对于低温区($t_y\leqslant 400$℃)省煤器，$\Delta t_h=25$℃。

第七节 对流受热面传热计算方法概要

一、对流受热面传热计算的步骤

对流受热面的传热计算通常也是采用校核计算的方法，即根据已知的受热面的结构特性，工质的入口温度(如过热器，省煤器等)，计算燃料消耗量、烟气入口温度、漏风系数和漏风焓等，确定受热面的传热量和烟气，工质的出口温度，计算步骤大致如下：

(1) 确定受热面的烟气出口温度 t''_{y}，并由焓温表查得出口烟焓 h''_{y}，然后按烟气侧的热平衡方程式算出烟气放热量 Q_{rp}。

(2) 按工质的热平衡方程式求得工质出口焓 h''，并由水蒸气表查得相应出口温度 t''（如过热器）。

(3) 求得烟气平均温度 t_{y} 和工质平均温度 t，以及烟气平均流速和工质平均流速 v。

(4) 确定 α_{d}、α_{f}。

(5) 确定烟气侧的放热系数 α_{1}，并在需要时求取工质侧的放热系数 α_{2}。

(6) 选取有效系数，确定传热系数。

(7) 按烟气和工质的进出口温度 t'_{y}，t''_{y}，t'，t''以及它们的相对流向，确定平均温差。

(8) 按传热方程式求得受热面的传热量 Q_{cr}。

(9) 检验计算受热面的烟气出口温度的原假定是否合理，可按下式计算烟气放热量 Q_{rp} 和传热量 Q_{cr} 的误差百分数，即

$$\delta Q=\left|\frac{Q_{rp}-Q_{cr}}{Q_{rp}}\right|\times 100\% \tag{12-123}$$

当防渣管 $\delta Q\leqslant 5\%$；无减温器的过热器 $\delta Q\leqslant 3\%$；其他受热面当 $\delta Q\leqslant 2\%$时，则可认为假定的烟气出口温度是合理的，该部分受热面的传热计算可告结束。此时，温度和焓的最终数值应以热平衡方程式中的值为准。当 δQ 不符合上述要求时，必须重新假定烟气出口温度 $t''_{y,\mathrm{II}}$ 再次进行计算，如果 $t''_{y,\mathrm{II}}$ 和第一次假定的 $t''_{y,\mathrm{I}}$ 相差不到 50℃，则传热系数可不必重算，只需重算平均温差以及 Q_{rp} 和 Q_{cr}，然后再校核，直到符合要求为止。

为了避免多次重算的麻烦，在实际应用中也可采用图解法，如图 12-19 所示。可以假定三个烟气出口温度 $t''_{y,\mathrm{I}}$，$t''_{y,\mathrm{II}}$，$t''_{y,\mathrm{III}}$，然后按传热方程和热平衡方程式分别算出这三个假定温度下的 Q 值，连接热平衡方程式的解 1，3，5 及传热方程式的解 2，4，6 则可得两线的交点，交点所示的温度即为实际的烟气出口的温度 t''_{y}。

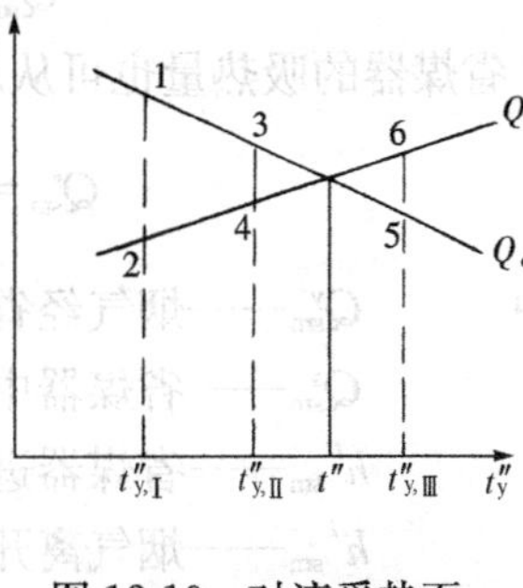

图 12-19　对流受热面烟气出口温度图解求法

二、对流受热面传热计算特点

（一）防渣管及锅炉管束

由于管内工质系沸腾的汽水混合物，其温度恒等于工作压力下的饱和温度，故工质侧的热平衡方程式（12-104c）可不用。烟气和工质的平均温差可按式（12-115）计算。

当防渣管排数 $Z_{2}\geqslant 5$ 时，可认为由炉膛辐射在管束上的热量全部被管束吸收掉了，而不会透到后面的对流管束上去。如 $Z_{2}<5$ 时，就应计算穿过防渣管束，投到其后受热面上的辐射热量，其计算公式为

$$Q'_{f}=\frac{(1-x_{gs})\ n_{ch}q_{f}A_{ch}}{B'_{j}}\quad (\text{kJ/kg}) \tag{12-124}$$

式中符号与式（12-105）相同。然后仍按（12-111）式修正传热系数。

（二）过热器的传热计算

蒸汽过热器的计算根据已知条件亦可分两种：一种是已知过热蒸汽参数，需要确定过热器的受热面积；另一种是已知过热器的受热面积，需要核算过热蒸汽可以达到的温度以及烟

气在流经过热器后的温度。

过热器的传热计算仍以式（12-104a、12-104b）为基础，同时应补充工质侧的吸热方程式（12-104c），即过热器以对流传热方式的吸热量为

$$Q_{gr}^{d}=\frac{D'\ (h''-h')}{B_j'}-Q_{gr}^{f}\quad (kJ/kg) \tag{12-125}$$

当需要确定过热器受热面时，蒸汽的出口及入口参数 h''、h' 均为已知，在求得过热器接受来自炉膛的辐射热的情况下按式（12-125）可求得过热器的对流吸热量 Q_{gr}^{f}，此热量亦等于烟气流经过热器的放热量 Q_{gr}^{d}，这样就可求得过热器的出口烟焓和烟温。再从传热方程中求得所需的受热面积。不过，在求传热系数 K 时，必须先参考有关资料，预定过热器的结构布置以及大致的尺寸进行试算。最后应使传热方程所得的热量和热平衡方程所得的结果基本一致，相差不超过 3%。

当过热器布置在对流烟道中且未接受到来自炉膛的辐射热时，则 $Q_{gr}^{f}=0$。

（三）烟气侧及水侧的热平衡

锅炉受热面的设计计算过程中，在炉膛、防渣管、过热器及锅炉管束的传热计算后，为了检验前面的计算是否正确，可以对省煤器先进行烟气侧及水侧的热平衡计算。由于省煤器及空气预热器的吸热量是已知的，因此此项热平衡计算可以先进行。

省煤器的进口烟焓 h'_{sm} 就是省煤器前锅炉管束的出口烟焓，经过管束的传热计算已是确定的数值，而省煤器的出口烟焓 h''_{sm}（$=h'_{ky}$）可以通过空气预热器中空气的吸热量推算出来，因此省煤器烟气侧的热平衡式为

$$Q_{sm}^{y}=\varphi\ (h'_{sm}-h''_{sm}+\Delta\alpha_{sm}h_{lk}^{0})\quad (kJ/kg) \tag{12-126}$$

省煤器的吸热量也可从水侧的热平衡式求得，即

$$Q_{sm}^{s}=\frac{Q_{gl}}{B_j'}-\ (Q_f+Q_{fz}^{d}+Q_{gs}^{d}+Q_{gr}^{d})\quad (kJ/kg) \tag{12-127}$$

式中 Q_{sm}^{y}——烟气经省煤器的放热量，kJ/kg；

Q_{sm}^{s}——省煤器中工质的吸热量，kJ/kg；

h''_{sm}——省煤器进口的烟气焓，即烟气离开对流管束时的焓即 I''_{gs}，kJ/kg；

h'_{sm}——烟气离开省煤器的焓，即空气预热器进口的烟气焓 I'_{ky}，kJ/kg；

h_{lk}^{0}——理论冷空气的焓，kJ/kg；

Q_{gl}——锅炉本体的有效利用热量，kW；

Q_f——炉内辐射换热量，kJ/kg；

Q_{fz}^{d}，Q_{gs}^{d}，Q_{gr}^{d}——分别为防渣管、锅炉管束和过热器从烟气中吸收的热量，kJ/kg。

Q_{sm}^{y} 和 Q_{sm}^{s} 按理应该是相等的，但计算中总会有误差，如能达到以下要求则计算精度可认为满足要求，即

$$\frac{Q_{sm}^{y}-Q_{sm}^{s}}{Q_r}\times 100\%\leqslant\pm 0.5\ (\%) \tag{12-128}$$

（四）省煤器的传热计算

在计算时通常已知省煤器的烟气进口温度，省煤器的进水温度和假定的省煤器烟气出口温度，从烟气侧的热平衡方程式（12-104b）可以求得烟气放热量，此热量就是经省煤器的给水的吸热量，由此可根据式（12-129）求得省煤器出水焓和相应的温度为

$$Q_{sm}=\frac{D'_{sm}\ (h''_{sm}-h'_{sm})}{B'_j}\quad (kJ/kg) \tag{12-129}$$

式中　D'_{sm}——省煤器的给水流量，考虑到锅炉的排污量，它应比锅炉的蒸发量大（$D'_{sm}=D'+D'_{pw}$），kg/s；

h''_{sm}，h'_{sm}——省煤器出口和入口的给水焓值，kJ/kg。

然后根据传热方程式（12-104a）确定所需的受热面积。对供热锅炉常用的铸铁鳍片省煤器在不同烟气流速时的传热系数 K 值，可由下式计算

$$K=K_0 c_y \tag{12-130}$$

式中　c_y——烟气温度修正系数；

K_0——铸铁鳍片省煤器的基本传热系数，可由图 12-20 查得。图中方形鳍片铸铁省煤器的曲线是考虑经常吹灰的，当不吹灰时传热系数应减小 20%。

铸铁鳍片省煤器常用的规格及其结构特性见表 12-15。

表 12-15　　铸铁鳍片省煤器的结构特性

每根管子特性	符号	单位	方形鳍片铸铁省煤器				圆形鳍片省煤器
长度	L	mm	1500	2000	2500	3000	1990
烟气侧受热面	A_{sm}	m²	2.18	2.95	3.72	4.49	5.50
烟气流通截面	A	m²	0.088	0.120	0.152	0.184	0.21
理论重量	G	kg	52	68.6	84.9	100.8	

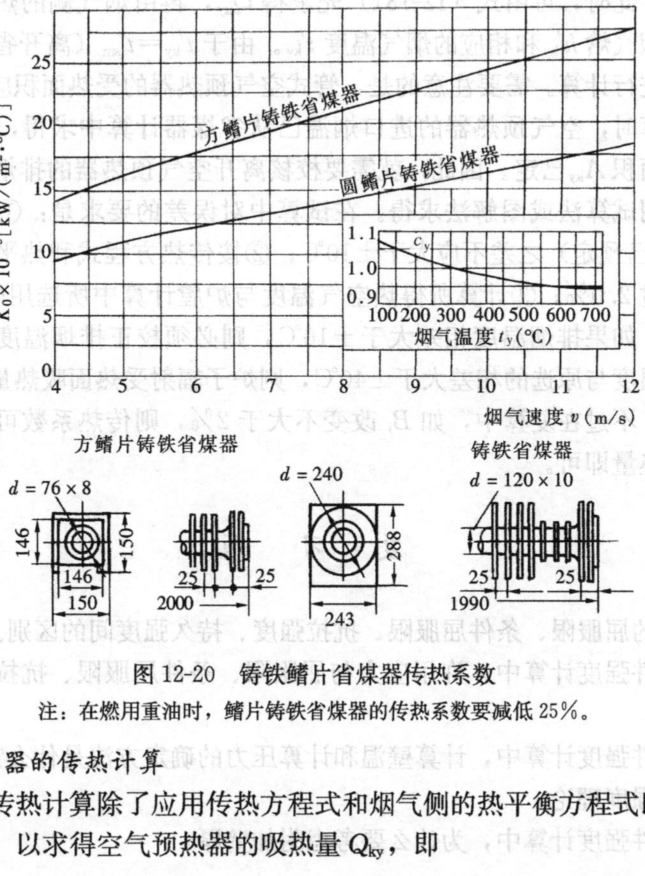

图 12-20　铸铁鳍片省煤器传热系数

注：在燃用重油时，鳍片铸铁省煤器的传热系数要减低 25%。

（五）空气预热器的传热计算

空气预热器的传热计算除了应用传热方程式和烟气侧的热平衡方程式以外，还用到空气侧的热平衡方程式，以求得空气预热器的吸热量 Q_{ky}，即

$$Q_{ky}=\beta_k(h^0_{rk}-h^0_{lk}) \quad (kJ/kg) \tag{12-131}$$

$$\beta_k=(\beta'_k+\beta''_k)/2 \tag{12-132}$$

$$\beta''_k=\beta'_k+\Delta\alpha_{ky} \tag{12-133}$$

式中 h^0_{lk}，h^0_{rk}——分别为进、出空气预热器理论空气量的焓，kJ/kg；

β_k——空气预热器空气侧过量空气系数，按式（12-132）计算；

β'_k、β''_k——空气预热器空气侧进口和出口处过量空气系数；

$\Delta\alpha_{ky}$——空气预热器的漏风系数，对单级管式空气预热器 $\Delta\alpha_{ky}=0.05$。

因此，式（12-131）可写作

$$Q_{ky}=(\beta''_k+0.5\Delta\alpha_{ky})(h^0_{rk}-h^0_{lk}) \quad (kJ/kg) \tag{12-134}$$

于是，可应用烟气侧的热平衡方程式求得空气预热器进口烟气焓，即

$$h'_{ky}=h''_{ky}+\frac{Q_{ky}}{\varphi}-\Delta\alpha_{ky}h^0_k \quad (kJ/kg) \tag{12-135}$$

式中 h'_{ky}，h''_{ky}——空气预热器进、出口烟气焓，kJ/kg；

h^0_k——理论空气量的焓，按空气预热器进、出口的空气平均温度计算，kJ/kg。

空气预热器的传热计算有两种可能，一是根据需要新设计空气预热器；二是对已有的空气预热器进行校验计算。

（1）设计时，由于空气预热器是布置在最后的尾部受热面，进空气预热器的冷空气温度及离开空气预热器的排烟温度均已知。为了得到一定温度的热空气，必须求出空气预热器应布置的受热面积，此时，可由式（12-131）先求得 Q_{ky}，再由烟气侧的热平衡方程式求得进入空气预热器的烟气焓 h'_{ky}和相应的烟气温度 t'_{ky}。由于 $t'_{ky}=t''_{sm}$（离开省煤器的烟气温度），进而可对省煤器进行计算。需要注意的是，管式空气预热器的受热面积应按平均管径计算。

（2）校验计算时，空气预热器的进口烟温已从省煤器计算中求得，进口空气温度也已知，同时，受热面积 A_{ky}已定。因此，就需要校核离开空气预热器的排烟温度和出口热空气温度，这时可采用试算法或图解法求得。在试算中对误差的要求是：①计算所得排烟温度（在热平衡计算中已预定）之差不应大于±10℃；②按传热方程式和热平衡方程式算出的热量之差，不应超过 2.0%；③计算所得热空气温度与炉膛计算中所选用的热空气温度之差，不应超过±40℃。如果排烟温度相差大于±10℃，则必须校正排烟温度、锅炉效率及耗煤量；如果热空气温度与原选的相差大于±40℃，则炉子辐射受热面吸热量和各部分受热面吸热量都要作修正，不过在复算中，如 B_j 改变不大于 2%，则传热系数可以不变，而只修正温度、温差及吸热量即可。

复　习　题

1. 试述材料的屈服限、条件屈服限、抗拉强度、持久强度间的区别。

2. 在受压元件强度计算中，许用应力与屈服限、条件屈服限、抗拉强度、持久强度间有何关系？

3. 在受压元件强度计算中，计算壁温和计算压力的确定方法是什么？

4. 简述第三强度理论。

5. 在受压元件强度计算中，为什么要考虑附加壁厚？

6. 孔有哪些加强结构形式？

7. 筒体或封头上开孔应满足什么条件？

8. 试述层燃炉炉膛容积、炉膛周界面积、有效辐射面积的确定原则。

9. 试述火焰黑度、炉膛的系统黑度、水冷壁的表面黑度间的区别、联系。

10. 解释：角系数、理论燃烧温度、炉膛有效放热量。

11. 炉膛出口烟温的选取原则是什么？

12. 试述灰污系数和有效系数的区别、联系。

13. 在锅炉本体热力计算中，哪些地方需要进行误差控制？为什么？

第十三章 锅炉房的运行管理

供热锅炉是压力容器设备，又是耗能与排放烟尘与有害气体的大户，加强锅炉房的管理，对锅炉安全、正常的运行起着重要作用，对锅炉的节能及环境保护也有着重要的意义。本章主要介绍供热锅炉在运行管理方面的基本知识，烘炉和煮炉的内容将在施工技术课中介绍。

第一节 锅炉房的运行管理

一、锅炉运行的必要条件

(1) 锅炉的使用证：新装、移装锅炉，应经当地市级质量监督有关部门检查合格，获得使用证后才允许投入运行。运行后，还必须按规程要求，进行定期检验，以保证锅炉在运行期间的安全。

(2) 司炉工培训：司炉工应经劳动部门安全技术培训、考核合格后获得"司炉操作证"，才能上岗。司炉工所操作的锅炉必须与取得的司炉操作证的类别相符。

(3) 健全的管理制度：要使得锅炉能安全运行，必须建立司炉工的操作规程、岗位责任制、交接班制、巡回检查制度、定期检验和检修制度、维修保养和清洁卫生制度、水质管理制度、事故报告制度等制度。

1) 操作规程：设备投运前的检查与准备工作；设备启动与正常运行的操作方法；设备正常停运和紧急停运的操作方法；设备的维护保养；设备事故的处理操作方法。

2) 岗位责任制：按锅炉房配备的班组长、司炉工、维修工、水质化验人员等工作岗位，规定职责范围内的任务和要求。

3) 交接班制度：明确交接班的要求、检查内容和交接手续。

4) 巡回检查制度：明确定时检查的内容、路线及记录项目。

5) 定期检验和检修制度：明确定时检验和检修的设备、安全附件的任务和要求。

6) 维修保养和清洁卫生制度：明确锅炉本体、安全装置与仪表、辅机的维护保养周期、内容和要求；明确锅炉房设备及内外卫生区域的划分和清扫要求。

7) 水质管理制度：明确水质定时化验的项目和合格标准。

8) 事故报告制度：确定事故发生后应及时汇报事故的原因、处理措施以及今后应吸取的教训。

表 13-1 为评定锅炉房的检查评分表。

表 13-1 锅炉房检查评分表

项 目	检 查 内 容	标准得分	实际得分	备注
管理情况	(1) * 主管领导能定期检查、指导锅炉房的安全管理工作	4		
	(2) * 配有专职或兼职管理人员，并能认真履行职责	4		
	(3) * * 技术资料齐全，有锅炉使用登记证和定期检验合格证	5		

续表

项目	检查内容	标准得分	实际得分	备注
管理情况	(4) 规章制度齐全，并能认真执行，无违章违纪现象	3		
	(5)** 司炉工持证操作	5		
	(6) 配有必需的设备维修力量，设备能及时维修保养	2		
	(7) 规则规定的六种记录齐全，填写认真，保存良好	2		
设备运行状况	(8)** 锅炉运行正常，无重大事故	5		
	(9)** 锅炉受压元件无危害安全的严重缺陷	5		
	(10)** 压力表符合规程要求，灵敏可靠，有定期校验记录	5		
	(11)** 安全阀符合规程要求，灵敏可靠，有定期校验记录	5		
	(12)** 水位表符合规程要求，无泄漏，指示清晰准确，有冲洗记录	5		
	(13)** 水位报警器符合规程要求，动作可靠，有定期校验记录（≥2t/h 的锅炉）	4		
	(14) 极限低水位联锁保护装置灵敏可靠，有定期校验记录（≥2t/h 的锅炉）	4		
	(15) 超压联锁保护装置灵敏可靠，有定期校验记录（6t/h 的锅炉）	2		
	(16) 熄火保护装置灵敏可靠，有定期校验记录（燃用煤粉、油或气体的锅炉）	2		
	(17) 水泵运行正常	2		
	(18) 鼓、引风机运行正常	2		
	(19) 排污阀、给水截止阀及其他管道、阀门无跑冒滴漏	2		
水处理	(20)** 有水处理措施能满足锅炉水质要求	4		
	(21)* 水质化验人员经培训，有证操作	3		
文明生产	(22) 锅炉房地面、门窗、设备及用具做到定人、定时清扫	3		
	(23) 锅炉房周围环境清洁、煤场、灰场堆放整齐	1		
	(24) 锅炉房照明、通风良好	1		
节能与环保	(25)* 燃料、蒸汽、水、电有计量，有考核，有记录，有成本核算	10		
	(26)* 消烟除尘设备运转正常，烟气排放符合要求	10		

注 (1)** 为关键项，* 为主要项。

(2) 先进锅炉房总分应在 90 分以上，且 ** 项和 * 项必须全部达到标准得分。总分在 60 分以下，或有一个 ** 项得 0 分，为不合格锅炉房。60 分以上且无 ** 项得 0 分，为合格锅炉房。

(3) 被查锅炉如没有表中所列（13）～（16）项要求时，则可将相应项的标准得分分配到其他 ** 项中，使本表总分值仍为 100 分。

二、运行前的准备

锅炉在投入运行前应进行内外部检查，尤其是新装或大修后的锅炉，应由专业技术人员认真地检查一遍。

1. 锅炉内部的检查与使用准备

(1) 检查锅炉及集箱内有无附着物及遗留杂物。

(2) 密闭所有的人孔和手孔，必要时更换密封垫圈（片），防止渗漏。

2. 燃烧设备的检查

(1) 在不送入燃料的情况下，进行燃烧设备及无障碍的试运转。有燃烧器时，检查燃烧器的装配状态及其各接点。检查从储油罐到燃烧器之间的管道、油泵、油嘴、油加热器、滤网等是否正常。对新换或修理过的管路，可用蒸汽或压缩空气吹扫线路，除去残存杂物。

(2) 检查燃气压力是否合适。对燃煤锅炉要检查上煤、加煤设备的运转状况，检查炉排的完整性和运转状况。

(3) 对吹灰器、空气预热器和引风机的闸板等状态进行检查，确认其无异常情况。

(4) 检查烟道阀门的密闭性、操作的灵活性，检查出灰门的严密性。在确认正常后，将烟道各出入检查门孔密闭。

3. 上水与试验

(1) 打开空气阀向锅炉上水（无空气阀可稍提起安全阀），排除锅炉内的空气。向锅炉内上水的时速要缓慢；进水时间，夏季控制为1h，冬季不少于2h。小容量的锅炉进水时间可适当缩短。水温不宜过高，冬季水温应在50℃以下（水温太高，会使受热面膨胀不均匀而产生热应力，造成管子胀口泄漏）。

(2) 上水时，应检查人孔、手孔、其他法兰接合面及排污阀等处的密封性。发现有漏水时，应拧紧螺丝；若仍漏水，应停止上水，并放水至适当水位，更换密封垫圈（片）。无泄漏后恢复上水。

(3) 当锅筒水位升至水位计最低水位指示线时，停止进水；观察半小时，锅筒水位应保持不变，升高或降低都不正常，应迅速查明原因，及时修理。

4. 锅炉附件的检查

(1) 检查压力表、水位计有无异常。压力表的弯管、连接管的安装及阀门的开闭无异常，水表柱和汽水连接管及水表柱的泄水阀状态无异常。压力表应在半年内经过法定部门检验。

(2) 检查安全阀应已调整到规定的始启排放压力，检查排泄管与泄水管的安装是否合理、排泄管是否阻塞。

(3) 检查排污阀的开闭是否灵活，填料盖的材料是否留有充分的调节余地，排污管路是否有异常。

(4) 检查主汽阀、给水截止阀和止回阀的开闭状态无异常，阀盖的材料是否留有余量。

5. 自动控制系统的检查

(1) 电路与控制板：检查各线路与控制板的功能是否正常，各接点有无异常。

(2) 管路：检查空气、油（气）、水管路，检查点火用的燃料管路。

(3) 检查各操作机构的机械部件工作是否灵活。

(4) 检查水位报警器检测体内有无脏物和障碍，显示是否正确，动作是否灵敏，电路系统接线与锅炉连接管的连接是否正确。

(5) 检查火焰监测器安装正确与否，受光面、保护镜、密封镜等是否被污染、破裂；检查点火电极与燃烧器之间的相对位置是否合适；检查电极是否有损耗、其间隙大小是否合适。

6. 附属设备的检查

(1) 给水设备：检查水泵与电机的运行状态是否正常。例如是否有明显振动及异常声音，电机的工作电流是否正确、稳定，填料盖的机械密封性、轴承的温度等。

（2）水处理设备：检查离子交换器内部树脂有无污染、破碎细化、阻塞出入孔穴；检查树脂数量是否符号要求；检查树脂罐、管道、阀门等，有无被腐蚀、泄漏和阻塞等。

（3）通风设备：检查送风机与引风机转动是否正常；试运行时，检查风道有无异常。

三、点火前的准备

1. 检查与调整锅炉水位

（1）锅炉水位应达到规定的正常水位，首次（冷炉）上水的水位不应超过正常水位线。因为锅炉点火后，锅水受热膨胀，水位就会上升，甚至超过最高安全水位线。若出现这种情况，必须通过排污来调整水位。

（2）对照两组水位表反映的水位是否一致，如果不同，就要查找原因，并做冲洗检查，排除故障。

（3）水位表若有污染，清晰度差，必须加以清洗或更新。

2. 排污试验

确认排污良好无误后，将阀门完全关闭，并注意不能有渗漏。

3. 检查压力表

检查压力表的指针位置。在无压力时，有限制钉的压力表指针应在线上钉处，没有限制钉的压力表，指针应在零位或不超过允许误差的范围内。不合格的应及时更换。压力表连管上的旋塞处于开启位置。

4. 检查给水系统

检查软水箱内的水量是否充足，给水管路及阀门是否畅通。进行手动及自动给水操作试验，并确认其性能良好，动作正确。

5. 炉内通风换气

将烟道闸板打开，进行炉内换气，有引风机的应先启动换气。自然换气及烟道较长多弯的，换气时间一般不少于10min；用机械引风换气的，一般不少于5min。

6. 检查燃烧及通风设备

（1）再一次检查炉排及传动部分、检查储油罐油量、检查燃气储气罐或气体管路的压力。

（2）检查燃料管路、过滤器、燃料泵的状态，检查管路上阀门的开闭。

（3）启动油加热器，使油保持适当的温度，检查调节阀的开闭是否符合要求，确认低水位报警器能正常动作。

（4）检查火焰监测器的受光面及保护镜是否清晰透明、各连锁系统的限制器是否正常。

完成以上工作，就可以进行点火了。

四、点火和升压

燃油炉和燃气炉一般采用自动高压点火。如果一次没有点着，不得接着点火，必须充分通风后再重新点火。

燃煤锅炉可用木材或其他易燃物引火，严禁用挥发性强的油类易燃物引火。在点火时，如果烟囱抽力不足或没有抽力，可在烟囱底部点燃一些木柴，以加强通风。长期停用、比较潮湿的烟道，点火时容易向外喷火。在点火前也要用木柴在烟囱底部加热，使烟囱内空气温度升高，促进通风。当锅水温度达到60℃时，开始投入新煤，扩大燃烧面积。燃烧要缓慢加强，升温不能太快，以免使锅炉各部分受热不均，损坏锅炉部件或炉墙。

当蒸汽从空气阀（或提升的安全阀）中冒出时，即可关闭空气阀（或安全阀），并注意锅炉的压力的上升。如果锅炉装有两块压力表，应检验二者所指示的汽压是否相等。从点火到升压至工作压力所需要的时间一般为1～2h。当汽压上升到工作压力的三分之二时，应微开锅炉主汽阀进行蒸汽管道的暖管工作。即用蒸汽将常温下的蒸汽管道、阀门均匀加热，并把加热冷凝水排出去，以防止送汽时发生水击事故和过大的热应力而损坏管道、阀门及法兰。暖管应注意疏水，暖管的时间根据管道直径大小、长度、蒸汽温度和季节气温的不同而定。一般对工作压力为0.7MPa以下的锅炉，暖管时间约半小时左右。

在升压过程中，为防止非沸腾式省煤器中水汽化使省煤器损坏，有旁通烟道的，可让烟气通过旁通烟道，而不经过省煤器；没有旁通烟道的，应打开再循环管，使水经省煤器返回水箱。

锅炉房内如果有几台锅炉同时运行，蒸汽母管内已由其他锅炉输入蒸汽，再将新升火锅炉内的蒸汽合并到蒸汽母管的过程称为并汽（或并炉）。并汽前应减弱燃烧，开启蒸汽母管上的疏水阀，再次冲洗水位计。并汽应在锅炉汽压与蒸汽母管汽压相差0.05～0.02MPa时进行。先缓开主汽阀（有旁通阀的先开旁通阀），等到蒸汽管中听不到汽流声时，才能逐渐开大主汽阀，主汽阀全开后，再倒转半圈，以免长时间受热卡死，拧不动。然后关闭旁通阀。并汽时要注意汽压、水位的变化。若管道内有水击现象，应加强疏水后再并汽。

并汽后，关闭省煤器旁通烟道，或关闭再循环管，使省煤器正常运行；各锅炉的给水应配合锅炉蒸发量，使锅炉维持正常水位；同时打开连续排污阀进行表面排污。

最后对所有的仪表再检查一次，再试验一下高低水位报警器、自动给水装置，即可投入运行。

热水锅炉的系统充水可用补给水泵，当无补给水泵时，可用网路循环泵系统充水。系统充水的顺序是：锅炉→网路→热用户。充水时应注意开启放气阀排气，当放气阀冒水时，关闭放气阀，充水即告完毕。充水完毕1～2h后，应再次打开系统顶部放气阀，排出残存的空气。然后启动循环水泵，待锅水开始循环后即可点火升温。升温期间除了应监视锅水温度和压力之外，还要冲洗压力表存水弯。当水温达到60～70℃时，应试用排污装置，然后试用补水设备。

五、锅炉的正常运行

锅炉正常运行时，锅炉房的工作人员主要是对锅炉的水位、汽压、汽水质量和燃烧情况的动态进行监视和控制，使锅炉安全运行、并能适应用户的耗汽量或耗热量的波动。

1. 控制水位

锅炉在正常运行中，锅水不断蒸发，管网有泄漏，导致水位下降，司炉工需要通过仪表不间断地监视锅内水位，及时地给水。为了防止锅炉发生缺水和满水事故，应尽量做到均衡给水，以保持锅炉水位随负荷大小进行调整。在低负荷运行时，锅炉水位应稍高于正常水位线，以免负荷增加时造成低水位；在高负荷运行时，锅炉水位应稍低于正常水位线，以免负荷减少时造成高水位。水位的允许波动范围，一般不超过正常水位线±50mm。水位的控制一般通过自动或手动来进行。水管锅炉锅筒的最低安全水位，应能保证对下降管可靠地供水。火管锅炉的最低安全水位，应高于最高火界100mm。对于直径小于等于1500mm的卧式回火管锅炉的最低安全水位，应高于最高火界75mm。

为了防止出现假水位，水位表应经常冲洗，每班2～3次（图13-1）。在负荷变化较大时，可能出现暂时的虚假水位。当负荷突然增加时，蒸发量不能很快跟上，造成汽压下降，水位会因锅筒内汽、水两相的压力不平衡而出现先上升再下降的现象；当负荷突然减少时，压力会上升，水位会先下降而后上升。因此，在监视和调整水位时，要能正确判断水位的真假，以免操作失误。锅水中含盐量过高，也会产生由于汽水共腾而使水位偏高的假水位，因此要使连续排污装置保持正常。

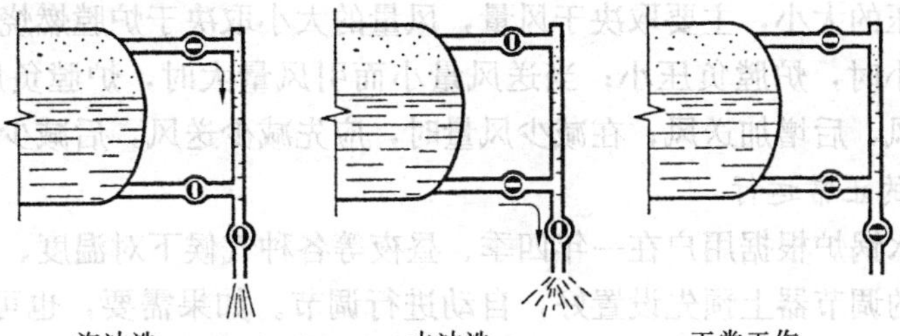

图13-1 水位表的冲洗过程

2. 调整汽压

压力表显示的汽压应在正常的范围内，不得超过最高允许压力的红线。超过红线时，安全阀开始排汽；如不能排汽，必须立即用人工方法开启安全阀。安全阀每星期做一次手动排汽试验，每月做一次自动排汽试验。压力表每半年至少校验一次。

锅炉汽压的变化，是因为蒸发量滞后于蒸汽负荷的变化。当蒸发量大于蒸汽负荷时，汽压就上升；反之则下降。调节汽压，就是调节蒸发量，而蒸发量的大小又取决于燃烧的调节。强化燃烧时，蒸发量就增加；减弱燃烧时，蒸发量就减少。为了保持锅炉汽压稳定，当负荷减少时，相应减弱燃烧；当负荷增加时，相应强化燃烧。现代化的锅炉对汽压的控制一般是自动化的，手动控制的具体调节步骤是：

(1) 当负荷减少时，汽压升高，如果锅炉内的实际水位高时，先减弱燃烧，再适当减少给水量；如果锅炉内的实际水位低时，应先加大给水量，等水位恢复正常后，再根据负荷及汽压的变化，适当调整燃烧和给水量。

(2) 当负荷增加时，汽压降低，如果这时水位高，应先减少或暂停给水，再增加燃料供给量和送风量，加强燃烧，提高蒸发量，使汽压和水位保持正常；如果这时水位低，应先增加燃料供给量和送风量，同时逐渐增加给水量。

链条炉一般用调整炉排速度的方法（炉层厚度不变）来满足负荷变化的需要。

如果锅炉负荷不变，汽压升高或降低，应及时检查燃烧情况，调整燃料供给量及送风量，以保持汽压正常。

分段送风的锅炉，炉排小风门的开度应视燃烧情况及时调节。锅炉正常运行时，炉排前后两端的风门可以关闭，在火焰小处可稍开，在炉排中部燃烧旺盛区，风门要开大些。

3. 控制水质

在锅炉正常运行中，应认真执行《工业锅炉水质》标准及按其制定的水质管理制度，锅水含盐量的调节控制应作为日常的重要工作，做好水质管理工作和日常记录。

含盐浓度的控制靠调节连续排污量，即调节排污阀的开度，阀门开度根据化验结果来确定。锅内沉积物由定期排污排除，没有连续排污的小型锅炉，也靠定期排污减少锅水含盐量。定期排污应在高水位低负荷时进行，一般每班至少要排污一次；排污时间不超过半分钟。排污时，先开截止阀，再开快速排污阀；排污结束时，先关闭快速排污阀，再关截止阀。为了排除两阀之间积水，可再开快速排污阀排尽积水后关闭。

4. 调节通风量

锅炉在正常运行时，炉膛负压维持在 20～30Pa。负压过高，容易吸入过多的冷空气，降低炉膛温度，增加热损失；负压过低，易使火焰烟气向外喷出，损坏设备，烧伤人员，污染环境。炉膛负压的大小，主要取决于风量，风量的大小取决于炉膛燃烧工况的需要。当送风量大而引风量小时，炉膛负压小；当送风量小而引风量大时，炉膛负压大。在增加风量时，应先增加引风，后增加送风；在减少风量时，应先减少送风，后减少引风。

5. 热水锅炉的正常运行

现代化的热水锅炉根据用户在一年四季、昼夜等各种气候下对温度、压力等参数不同的要求，都在锅炉的调节器上预先设置好，自动进行调节。如果需要，也可以临时进行修正。我国现在使用的大都是半自动调节。

(1) 出水温度的控制：如果出水温度过高，会引起锅水汽化，导致超压甚至发生爆炸事故。热水锅炉的出水温度一般控制在低于运行压力下相应饱和温度 20℃以下。操作人员应牢记该锅炉的最高允许温度值，当水温接近该值时，应及时采取减弱燃烧的措施。一旦出水温度超过最高允许值，应立即紧急停炉。

(2) 运行压力的控制：热水锅炉运行时应随时监控锅水压力、回水压力。锅炉本体上的压力表显示值总是大于分水器上压力表的显示值。而且这两块压力表显示的压差应当是恒定的，当二者压差不变但数值下降时，说明系统中的水量在减少，应补水。如果在补水后压力仍然不能恢复正常，说明系统中有严重的泄漏，应立即采取措施。若锅炉压力不变而回水管压力上升，说明系统有“短路”现象。同时还要经常观察循环水泵出、入口的压力，根据这些压力值，可以判断循环水泵工作是否正常。

(3) 炉膛负压的调整：锅炉正常运行时，炉膛负压一般维持在 20Pa。与蒸汽锅炉一样，炉膛负压的大小，主要取决于引风量和送风量的匹配。判断风量的大小，可以通过炉膛火焰和烟气的颜色大致作出判断（表 13-2)。

表 13-2　　根据炉膛火焰和烟气判断风量的大小

判断的因素	风量适当	风量过大	风量过小
火焰	亮黄色	白亮刺眼	暗黄或暗红色
烟气	灰白色	白色	黑色

(4) 排污：热水锅炉上安有定期排污管。排污最好在停泵时进行，这时锅水平缓，排污效果好。当锅水温度大于 100℃时，严禁排污，以免大量锅水排出，造成压力急剧下降，引起锅水汽化。排污一般可每周进行一次。若采用锅内加药处理或水质较差时，可适当增加排污次数。

(5) 除污：热水锅炉系统在回水干管上都设有除污器，以防止回水将管网与用户中的污物带入锅炉。除污器一般每月除污一次。除污时应先打开除污器的旁通阀门，切断除污器与系统的联系，使系统水绕过除污器，经旁通管进入循环水泵。然后放掉除污器中的积水，打开除污器清除污物。最后用清水将除污器冲洗干净，即可重新投入运行。

六、锅炉的停炉、维护与保养

为了使锅炉能够持久、安全、经济地运行，必须加强对锅炉的维护与保养，这也是防止热效率降低、避免使用状态恶化和锅炉事故的重要措施。

1. 压火停炉

燃煤锅炉在12小时以内暂不供热，可以进行压火停炉。压火前应先减少风量和给煤量，逐渐降低负荷，然后停止送、引风机，进行排污，并向锅炉进水，使水位稍高于正常水位，关闭烟道和风道的阀门，开启炉门，根据不同燃烧设备进行操作，使火处于不着不灭的状态，并关闭主汽阀，开启省煤器旁通烟道或省煤器的循环管阀门，使省煤器不致过热。压火期间应经常监视水位和汽压的动态，防止炉火熄灭或复燃。

2. 正常停炉

燃煤锅炉在定期检修、节假日期间或采暖期结束时需要进行的停炉，称为正常停炉。正常停炉的步骤是：

（1）逐渐降低负荷，给水自动调节应改为手动调节；停止燃料供给；停止送风，减少引风；关闭主汽阀，开启省煤器旁通烟道或循环管，关闭给水阀。

（2）当燃煤燃尽时，停止引风，关闭烟道挡板，清除灰渣，关闭炉门、灰门，并注意水位和排汽泄压。

（3）待锅内无汽压时，开启空气阀，以免锅内产生真空；停炉6h后，开启烟道挡板、灰门、炉门等进行通风，并少量换水，当锅水温度降到70℃以下时，放出全部锅水，并清洗和铲除锅内水垢。

3. 紧急停炉

（1）锅炉在运行中遇到下列异常情况之一时，应立即采取停炉措施：①锅内缺水，虽经“叫水”仍见不到水位；②锅内满水，经“叫水”仍见不到水位；③不断加大给水量及采取其他措施，但水位仍继续下降；④给水系统发生故障，不能向锅炉进水；⑤水位计或安全阀全部失效；⑥锅炉元件损坏，危及运行人员安全；⑦锅炉设备损害、炉墙倒塌或锅炉构架被烧红等严重威胁人身或设备的安全运行；⑧其他异常情况，且超过锅炉安全运行允许范围。

（2）紧急停炉的操作步骤是：①发出事故信号，通知热用户；②停止燃料供给和送风，迅速扒出炉内燃煤或把燃煤放入灰渣斗，引水浇熄；③将锅炉与蒸汽母管完全隔断，开启空气阀、安全阀，迅速排放蒸汽，降低压力；④炉火熄灭后，将烟、风挡板、炉门、灰门打开，以便自然通风加速冷却；⑤因缺水事故而紧急停炉时，严禁向锅炉给水，不得用开启空气阀或安全阀有关排汽的处理办法，以防事故扩大，如无缺水现象，可采取排污和给水交替的降压措施；⑥因满水事故而紧急停炉时，应停止给水，开启排污阀放水，使水位适当降低，同时开启主汽管、汽水集配器、蒸汽母管上的疏水器，防止蒸汽大量带水使管道发生水击；⑦对燃油、燃气炉，应停止燃烧器的运行，切断燃料供应，打开烟道挡板，对炉膛及烟道内进行通风冷却。

4. 停炉保养

锅炉停用后，放出锅水，锅内湿度很大，受热面内表面形成一层水膜，水膜中的氧气和铁起化学反应，会导致锅炉腐蚀。被腐蚀的锅炉投入运行后，在高温下又会加剧腐蚀，造成金属的机械强度降低，缩短锅炉的寿命。因此，做好锅炉的停炉保养工作是非常重要的。停炉保养一般有干法保养和湿法保养：

(1) 干法保养：适用于停炉时间较长，特别是夏季停用的采暖热水锅炉。锅炉停用后，将锅水放尽，利用锅内余热，使金属表面烘干，清除水垢和烟灰，关闭蒸汽管（供热水管）、给水管和排污管道上的阀门，与其他正在运行的锅炉完全隔绝。然后将干燥剂（按锅炉容积，生石灰：2～3kg/m^3，无水氯化钙：2kg/m^3）放入锅筒及炉排上，以吸收潮气。最后关闭所有人孔、手孔。放入干燥剂约一周后，检查干燥剂的情况，以后每隔一个月左右检查一次，并及时更换失效的干燥剂。

(2) 湿法保养：利用碱性溶液（氢氧化钠：8～10kg/t；碳酸钠：20kg/t；磷酸三钠：20kg/t）在一定浓度下具有防锈作用的原理来防止锅炉金属腐蚀，一般适用于停炉时间为1个月内的锅炉。锅炉停炉后，放尽锅水，清除水垢和烟灰，关闭所有人孔、手孔、阀门等，锅炉送入软化水至最低水位线，用专用泵把配制好的碱性保护液注入锅炉，再将软化水充满锅炉（包括省煤器），直至水从开启的空气阀冒出。然后关闭空气阀和给水阀，为使溶液混合均匀，可用专用泵进行水循环，还要定期取样化验，如果碱度减低，应补加碱液。当锅炉恢复使用时，应将全部锅水放出，或放出一半再上水稀释，直至合乎锅水标准为止。

5. 定期检修

锅炉在运行中，其内表面会生成水垢、泥渣，外表面会附着燃烧生成物，导致锅炉本体腐蚀、降低锅炉热效率、危及锅炉的安全运行。因此，需要制订检修制度，进行锅炉内、外的全面清扫。运行的锅炉应每年进行一次停炉内外部检验。对设备状态和管理工作较好的，经当地质量监督部门同意，可以每两年进行一次。每六年进行一次水压试验。

(1) 使用的照明和机械设备，应特别注意绝缘性能；必须切断与其他锅炉连通的蒸汽管、给水管；对锅炉内及烟道内进行充分的通风换气；准备登高的工具与保险装置。

(2) 清扫前，先检查锅炉内部水垢、泥渣等情况，并做好记录，供确定下次清扫时间等参考。

(3) 清扫锅筒内的附件（如给水管、汽水分离器等），清扫和检验锅炉的安全附件（如安全阀、排污阀、水位表、给水阀、压力表等）。为防止异物落入锅筒的排污口与管接口等，清扫时要用布或铁网等盖好。

(4) 去除水垢时，不得损伤锅体；进行化学清洗时，产生的气体（如氢气等）必须及时扩散，严禁烟火。

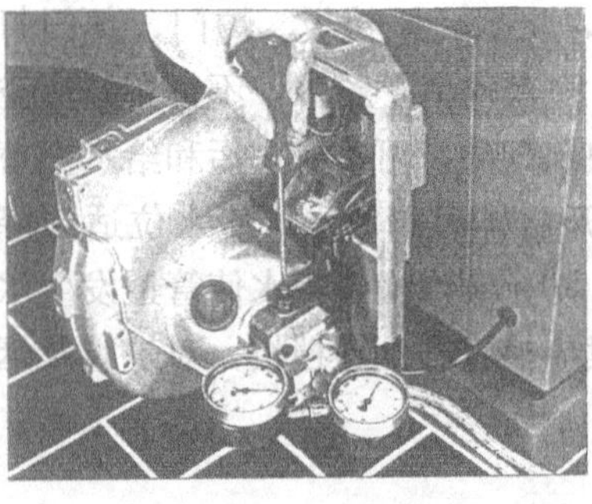

图 13-2 油泵的调节

(5) 清扫烟道时要使炉膛和烟道彻底通风换气；特别是燃煤锅炉的烟道，要防止煤气中毒，应有人监护，并挂牌警示；对炉膛和烟道各部位的积灰情况、受热面污损情况进行检查和记录，为确定以后清扫时间、吹灰方法提供依据；清扫分为人工清扫和机械清扫两种。

(6) 清扫燃烧器前，应将电缆插头拔出，燃气燃烧器应与进气管分开；清扫燃烧器时，可以使用刷子、喷雾型清洁剂和水；清扫和校正监测电极和点火电极。

(7) 在组装好所有附件后，必须严格检查是否有安装遗漏，是否有工具和螺栓等遗留在锅炉内。

(8) 燃气和燃油燃烧器必须进行气压和油压的测量和调整（图 13-2）；对锅炉的各部分设备进行起动和试运行；锅炉整体试运行；对烟气和热效率进行测量、分析和调节。一切合格后，方可结束检修工作。

七、锅炉房的资料管理与锅炉运行的节能指标

1. 锅炉房的资料管理

锅炉房应有下列记录、并保存一年以上：

(1) 锅炉及附属设备的运行记录；

(2) 交接班记录；

(3) 水处理设备运行及水质化验记录；

(4) 设备检修保养记录；

(5) 设备主管领导和锅炉房管理人员的检查记录；

(6) 事故记录。

2. 锅炉节能指标

锅炉的燃料消耗在世界各国的能源消耗中占有相当大的比例，因此节约燃料是锅炉管理工作的一项重要任务。下面是国家标准对锅炉节能的一些指标：

(1) 锅炉热效率（表 13-3）。

表 13-3　燃煤锅炉热效率指标

锅炉容量（t/h）	<1	1～1.5	≥2	≥4	≥10
锅炉热效率（%）	≥50	≥55	≥60	≥65	≥72

(2) 过剩空气系数（表 13-4）。

表 13-4　锅炉过剩空气系数

锅炉种类	层燃炉	容量≤4t/h 锅炉尾部出口	燃油炉	燃气炉
过剩空气系数	1.3～1.5	1.5～1.8	1.10～1.15	1.1～1.2

(3) 燃煤锅炉排渣含渣量（表 13-5）。

表 13-5　燃煤锅炉含渣量

锅炉额定功率（MW）	劣质煤	烟煤			贫煤	无烟煤			褐煤
		Ⅰ	Ⅱ	Ⅲ		Ⅰ	Ⅱ	Ⅲ	
0.7	28	23	20	18	20	25	28	23	20
1.4	25	20	18	16	18	20	23	18	18
2.8～5.6	23	18	16	14	16	18	20	15	16
>7	20	16	14	12	14	15	18	13	14

(4) 排烟温度：一般为 150～160℃，主要是测定的排烟热损失必须低于表 13-4、表 13-5。

第二节　锅　炉　事　故

一、锅炉事故的分类

由于锅炉设备在运行中处于较高温度和较高压力下，在管理不严、操作不当时，会发生

异常情况而造成设备损坏，这种事件称为锅炉设备的事故。锅炉事故按设备损害的程度分为三类：

(1) 一般事故：指锅炉损害程度不严重，不需停炉就可进行修理的事故。

(2) 重大事故：指锅炉由于受压部件严重损害（如变形、渗漏)、附件损坏、爆管或炉膛爆炸等引起炉墙倒塌、钢架严重变形，造成被迫停止运行进行修理的事故。

(3) 爆炸事故：指锅炉的受压部件在承压状态下突然发生破裂，使锅炉压力瞬间降到等于外界大气压力的事故。这是所有锅炉事故中最严重、破坏性最大的事故。因为在锅炉爆炸的瞬间，蒸汽和锅水由于压力的迅速下降，体积急剧膨胀，使大量的汽水混合物几乎全部冲出炉外，形成巨大的冲击波，锅炉可能被抛出数十米、甚至数百米，同时可能摧毁和震坏建筑物，造成严重的破坏和人员伤亡。因此，要特别防止这类事故的发生。

二、锅炉事故产生的原因

锅炉事故有锅炉爆炸、锅内缺水、锅内满水、汽水共腾等，造成锅炉事故的原因是多方面的，主要有以下几个原因：

(1) 设计制造的问题：结构不合理，材质不符合要求，焊接质量不好，受压元件强度不够等。

(2) 安装、改造、检修质量的问题：焊接质量不好，未完全按照规范安装。

(3) 安全附件和附属设备的问题：锅炉房工艺设计不周，有关安全的附件和设备不全或不灵敏等。

(4) 运行管理问题：锅炉操作人员技术不熟练、误操作，或违反劳动纪律、违章作业，管理不善、设备没有进行定期检验等。

三、锅炉爆炸事故与常见事故及处理

1. 锅炉爆炸

导致锅炉爆炸的主要原因：

(1) 锅炉严重缺水，钢板被烧红，机械强度降低，司炉工违反操作规程，向锅内进水；

(2) 钢板内、外表面因腐蚀减薄，强度不够而破裂；

(3) 压力表、安全阀失灵使锅炉严重超压；

(4) 锅炉受热面内水垢太厚，使金属过热烧坏。

在发生锅炉爆炸事故后，要保护现场，为调查事故创造条件；立即组织抢救，采取措施，防止事故蔓延扩大；及时按规定报告上级主管部门和有关部门，请他们进行调查、鉴定，分析事故原因，认真总结教训、及时填写事故报告书，向有关领导汇报情况；采取相应措施，防止类似事故再次发生。

2. 锅内缺水

这种事故是指锅内水位低于最低允许水位，是锅炉爆炸的主要原因，需要引起足够的重视。

锅内缺水的原因有：司炉工劳动纪律松弛与误操作所致，例如长期忘记上水，排污后忘了关闭排污阀或关闭不严，水位计不按时冲洗，使汽水连通管堵塞形成假水位等；由于设备缺陷或其他故障，例如给水自动调节阀失灵，水源突然中断，停止给水等。

当发现锅内缺水时，应立即冲洗水位计，并用“叫水法”检查缺水的程度。“叫水法”只适用于水连通管高于最高火界的锅炉，对水位计的水连通管低于最高火界的锅炉，如卧式快装锅炉等，一旦在玻璃水位计内看不见水位时，不允许用“叫水法”，而必须紧急停炉。因为即使叫出了水，水位也已低于安全水位，烟管水管等受热面已露出水面而被干烧，再进水势必扩大事故。“叫水法”是先打开水位计的放水阀5（图13-3），关闭通汽旋塞3，然后慢慢关闭放水阀5，观察水位计内是否有水位出现。如果“叫水”后，水位能重新出现，则为轻微缺水；水位不能出现的，说明水位已降到水连通管以下，则为严重缺水。二者处理的方法分别是：

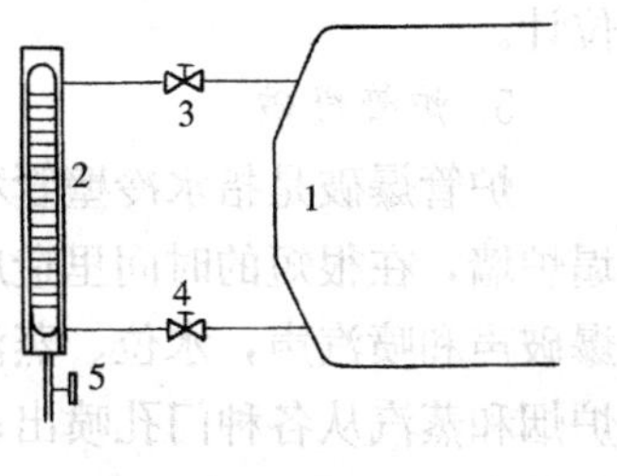

图13-3 水位计示意图
1—锅炉；2—水位计；3—汽连通阀；4—水连通阀；5—放水阀

（1）轻微缺水：先减少给煤和送风，减弱燃烧，并缓慢地向锅炉进水，同时要迅速查明缺水的原因（例如给水管、炉管、省煤器管是否漏水，阀门是否开错等），及时处理。待水恢复到最低水位线上以后，再增加给煤和送风，加强燃烧。

（2）严重缺水：绝不能先向锅炉进水。因为这时由于缺水，钢管过热甚至烧红，水接触烧红的炉管便产生大量的蒸汽，汽压猛增，就会引起锅炉爆炸。所以锅内严重缺水时，严禁向锅炉进水，而应采取紧急停炉措施，并将情况迅速报告有关负责人。等锅炉冷却后，对各部件进行技术检查，做妥善处理并经鉴定合格后，方可继续使用。

3. 锅内满水

锅内满水是指锅内的水位超过了最高许可水位，使蒸汽空间的垂直距离减小，造成蒸汽大量带水，法兰连接处向外冒气、滴水，使蒸汽管道积盐结垢和发生水击。

锅内满水的原因有：司炉工疏忽大意、对水位监视不够，给水阀泄露或忘记关闭；给水自动调节器失灵；水位计的汽、水连通管阻塞或放水旋塞漏水，造成水位指示不正确，使司炉工误操作。

当发现锅内满水时应立即冲洗水位计，用“叫水法”检查是否有假水位、确定满水程度。在冲洗水位计后，关闭水连通阀4，再开放水阀5。若看到有水从水位计的上边下降，可判定是轻微满水；若只看到水向下流，而没有水位下降，表明是严重满水。满水处理方式是：

（1）轻微满水：在减弱燃烧的同时，停止给水，开启排污阀放水，直至水位正常时，关闭所有放水阀后，再恢复正常运行。

（2）严重满水：应紧急停炉。停止给水，加强排污阀放水、疏水阀的疏水，待水位恢复正常后，关闭各排污阀及疏水阀，再恢复升火运行。

4. 汽水共腾

这种事故是锅筒内水位波动的幅度超出正常情况，表现为水位计内出现泡沫，水面剧烈波动，难以看清水位。锅水含盐量过大，蒸汽管道内发生水击等。

汽水共腾的原因是：由于不注意锅炉的经常排污，不经常对锅水进行化验，造成锅水品质差（碱度增大、含盐量增加，悬浮物增多）；并炉时开启主汽阀过快，或者升火锅炉的汽压高于蒸汽母管内的汽压，使锅筒内蒸汽大量涌出；严重超负荷运行。汽水共腾使蒸汽带水、降低蒸汽品质、产生水击等。

事故的处理：减弱燃烧，降低锅炉负荷，关小主汽阀，全开锅炉连续排污阀；开启蒸汽管道上的疏水阀排除存水；适当开启底部排污阀，同时加强给水，防止水位过低；取水化验，待锅水品质合格，汽水共腾现象消失后，方可恢复正常运行。故障排除后要彻底冲洗水位计。

5. 炉管爆破

炉管爆破是指水冷壁管和对流管束破裂，是性质严重的事故。它会损坏邻近的管壁、冲塌炉墙，在很短的时间里造成锅炉严重缺水，使事故扩大。它表现为炉膛或烟道内有明显的爆破声和喷汽声，水位、蒸汽压力、排烟温度迅速下降，烟气变白；炉膛内负压变为正压，炉烟和蒸汽从各种门孔喷出；给水流量明显大于蒸汽流量；炉内火焰发暗，燃烧不稳定，甚至灭火。

炉管爆破的原因主要有：水质不合标准，使管壁结垢或腐蚀，造成管壁过热，强度降低；水循环不良，使管子局部过热而爆破；管壁被烟灰长期磨损减薄；升火速度过快，或停炉速度过快，管子热胀冷缩不匀，造成焊口破裂；管子材质和安装质量不好（如管壁有分层、夹渣等缺陷，或焊接质量低劣等）。

发生炉管爆破时，有数台锅炉并列运行时，应将故障锅炉与蒸汽母管隔断，其他的处理步骤是：

(1) 炉管爆破轻微：若尚能维持正常水位、故障不会迅速扩大时，可短时间减少负荷运行，等备用锅炉升火后再停炉。

(2) 炉管爆破严重：若不能维持水位和汽压时，必须按程序紧急停炉。

6. 炉膛爆炸

这种事故多发生于燃油和燃气锅炉，在点火、停炉或处理其他事故的过程中，当炉膛内可燃物质和空气混合的浓度达到爆炸极限范围时，遇明火就会发生炉膛爆炸，造成炉墙倒塌、炉体损坏，甚至造成人员伤亡事故。

炉膛爆炸的主要原因有：运行中灭火、没有及时中断燃料的供给；调节器失灵，点火前没有先开引风机、通过通风清除炉内残余可燃物质；正常停炉没有遵守先停燃料后停送、引风机的原则。

炉膛爆炸的处理方法是：立即停止向炉内供给燃料，停止送风；如果炉墙倒塌或有其他损坏，应紧急停炉，组织抢修。

7. 热水锅炉超温汽化

这种事故表现为压力突然升高，炉内有水击声、管道发生震动，超温警报器发出报警信号，安全阀排出蒸汽。它会破坏锅炉的正常水循环；产生水击，引起炉体晃动，使连接的管路遭到破坏，甚至发生爆炸事故。

这种事故的原因有：循环水泵因停电或故障而突然停止运行，系统水停止流动，锅水温度升高而汽化；在间歇采暖系统中，因燃煤锅炉炉膛压火不好，引起锅水超温而汽化；供热系统管路因冻结、气塞等原因使系统堵塞，热水送不出去；锅炉缺水及定压装置的压力不足等。

发生热水锅炉超温汽化的处理方法是：

(1) 在下列情况下，应立即紧急停炉，在查明原因、妥善处理后，方可重新启动：因停电停泵引起锅水超温汽化，安全阀排汽后，压力表指针仍继续上升时；供热系统管路因冻塞或气塞使热水送不出去，锅水汽化并发出震耳冲击声时；因定压装置压力不够或失效而引起经常性汽化；经判断确属锅炉缺水引起超温汽化时。

(2) 在下列情况下，应采取措施减弱燃烧、降低锅水温度：自然循环系统锅水汽化时；

由汽化引起强烈炉振时；因停电停泵引起锅水超温汽化，安全阀排汽后，压力表指针不再继续上升时。此时应立即打开炉门，减弱燃烧，并开启锅炉上部的泄放阀和上水阀，关闭出水阀，边排汽边降低锅水温度，直至消除炉内余热为止。

复 习 题

1. 锅炉运行的必要条件是什么？锅炉运行前应做哪些准备工作？
2. 锅炉的停炉有哪些方式？锅炉房有哪些维护和保养工作？
3. 锅炉有哪些常见事故和爆炸事故？在发生这些事故时应如何处理？

参 考 文 献

[1] 夏喜英. 锅炉与锅炉房设备. 哈尔滨：哈尔滨工业大学出版社，2001.
[2] 奚士光. 锅炉及锅炉房设备. 北京：中国建筑工业出版社，1995.
[3] 夏喜英. 锅炉与锅炉房设备. 北京：中国建筑工业出版社，1995.
[4] 康文甲等. 管道工. 上海：上海科学技术出版社，1988.
[5] Joachim Albers/usw. Der Zentralheizungs-und Lueftungsbauer Technologie：Handwerk und Technik—Hamburg，2006.
[6] Herbert Zierhut. Heizungs-und Lueftungstechnik. Wuerzburg/Stuttgart Ernst Klett，2004.
[7] Gerd Boehm. 供热锅炉及热水处储存器的选择和使用. 斯图加特＋苏黎世 Karl Kraemer 出版社，1998.
[8] Recknagel＋Sprenger＋Hoenmann. Taschenbuch fuer Heizung＋Klima Technik. Muenchen Wien：R. Oldenburg Verlag，98/99.
[9] 孟燕华. 工业锅炉安全运行与故障处理. 北京：原子能出版社，2000.
[10] 陈继龙. 中小型工业锅炉选型与操作指南. 北京：机械工业出版社，2000.
[11] 容銮恩，袁镇福，刘志敏，田子平合编. 电站锅炉原理. 北京：中国电力出版社，2003.
[12] C·N·莫强主编. 锅炉设备空气动力计算（标准方法）（第三版）. 北京：电力工业出版社，1981.
[13] 宋业林编著. 锅炉水处理实用手册. 北京：中国石化出版社，2007.